E-Book inside.

Mit folgendem persönlichen Code können Sie die E-Book-Ausgabe dieses Buches downloaden.

```
9r65p-6yn43-
 01801-341tj
```

Registrieren Sie sich unter
www.hanser-fachbuch.de/ebookinside
und nutzen Sie das E-Book auf Ihrem Rechner*, Tablet-PC und E-Book-Reader.

Der Download dieses Buches als E-Book unterliegt gesetzlichen Bestimmungen bzw. steuerrechtlichen Regelungen, die Sie unter www.hanser-fachbuch.de/ebookinside nachlesen können.
* Systemvoraussetzungen: Internet-Verbindung und Adobe® Reader®

Freund/Rücker
Praxishandbuch BPMN

Bleiben Sie auf dem Laufenden!

Unser **Computerbuch-Newsletter** informiert Sie monatlich über neue Bücher und Termine. Profitieren Sie auch von Gewinnspielen und exklusiven Leseproben. Gleich anmelden unter:

www.hanser-fachbuch.de/newsletter

Jakob Freund
Bernd Rücker

Praxishandbuch BPMN

Mit Einführung in DMN

6., aktualisierte Auflage

HANSER

Die Autoren:
Jakob Freund und *Bernd Rücker*, Berlin

Alle in diesem Buch enthaltenen Informationen, Verfahren und Darstellungen wurden nach bestem Wissen zusammengestellt und mit Sorgfalt getestet. Dennoch sind Fehler nicht ganz auszuschließen. Aus diesem Grund sind die im vorliegenden Buch enthaltenen Informationen mit keiner Verpflichtung oder Garantie irgendeiner Art verbunden. Autoren und Verlag übernehmen infolgedessen keine juristische Verantwortung und werden keine daraus folgende oder sonstige Haftung übernehmen, die auf irgendeine Art aus der Benutzung dieser Informationen – oder Teilen davon – entsteht. Ebenso übernehmen Autoren und Verlag keine Gewähr dafür, dass beschriebene Verfahren usw. frei von Schutzrechten Dritter sind. Die Wiedergabe von Gebrauchsnamen, Handelsnamen, Warenbezeichnungen usw. in diesem Buch berechtigt deshalb auch ohne besondere Kennzeichnung nicht zu der Annahme, dass solche Namen im Sinne der Warenzeichen- und Markenschutz-Gesetzgebung als frei zu betrachten wären und daher von jedermann benutzt werden dürften.

Bibliografische Information der Deutschen Nationalbibliothek:
Die Deutsche Nationalbibliothek verzeichnet diese Publikation in der Deutschen Nationalbibliografie; detaillierte bibliografische Daten sind im Internet über http://dnb.d-nb.de abrufbar.

Dieses Werk ist urheberrechtlich geschützt.
Alle Rechte, auch die der Übersetzung, des Nachdruckes und der Vervielfältigung des Buches, oder Teilen daraus, vorbehalten. Kein Teil des Werkes darf ohne schriftliche Genehmigung des Verlages in irgendeiner Form (Fotokopie, Mikrofilm oder ein anderes Verfahren) – auch nicht für Zwecke der Unterrichtsgestaltung – reproduziert oder unter Verwendung elektronischer Systeme verarbeitet, vervielfältigt oder verbreitet werden.

© 2019 Carl Hanser Verlag München, www.hanser-fachbuch.de
Lektorat: Brigitte Bauer-Schiewek
Copy editing: Jürgen Dubau, Freiburg/Elbe
Layout: die Autoren mit LaTeX
Umschlagdesign: Marc Müller-Bremer, www.rebranding.de, München
Umschlagrealisation: Max Kostopoulos
Datenbelichtung, Druck und Bindung: Kösel, Krugzell
Ausstattung patentrechtlich geschützt. Kösel FD 351, Patent-Nr. 0748702
Printed in Germany

Print-ISBN: 978-3-446-46111-6
E-Book-ISBN: 978-3-446-46112-3
E-pub-ISBN: 978-3-446-46205-2

Inhalt

Vorwort			XI
1	**Einführung**		**1**
1.1	Business Process Management		1
	1.1.1	Definition	1
	1.1.2	BPM in der Praxis	2
	1.1.3	Camunda-BPM-Kreislauf	3
	1.1.4	Prozessautomatisierung	5
1.2	Die BPM-Standards		7
	1.2.1	Workflows mit BPMN	7
	1.2.2	DMN für regelbasierte Entscheidungen	8
	1.2.3	Strukturierte und unstrukturierte Workflows	10
	1.2.4	Einführungsbeispiel	11
1.3	Kann BPMN den Graben schließen?		15
	1.3.1	Das Dilemma	15
	1.3.2	Die Kunden eines Prozessmodells	16
1.4	Ein Methoden-Framework für BPMN		18
	1.4.1	Das Camunda-Haus	19
	1.4.2	Das große Missverständnis	20
1.5	Domänen, Systemgrenzen und BPMN-Monolithen		23
2	**BPMN – die Notation im Detail**		**27**
2.1	BPMN verstehen		27
	2.1.1	Was BPMN leisten soll – und was nicht	27
	2.1.2	Eine Landkarte: die BPMN-Basiselemente	28
	2.1.3	Perspektiven bei der Prozessbetrachtung	30
	2.1.4	Modelle, Instanzen, Token und Korrelationen	30

		2.1.5	BPMN auf Deutsch	31
		2.1.6	Symbole und Attribute	32
2.2		Einfache Aufgaben und Blankoereignisse		32
2.3		Prozesspfade mit Gateways gestalten		34
		2.3.1	Datenbasiertes exklusives Gateway	34
		2.3.2	Paralleles Gateway	37
		2.3.3	Datenbasiertes inklusives Gateway	40
		2.3.4	Standardfluss und Steckenbleiben	43
		2.3.5	Komplexes Gateway	44
2.4		Prozesspfade ohne Gateways gestalten		46
2.5		Lanes		48
2.6		Ereignisse		52
		2.6.1	Bedeutung in BPMN	52
		2.6.2	Nachrichten	56
		2.6.3	Zeit	58
		2.6.4	Fehler	60
		2.6.5	Bedingungen	60
		2.6.6	Signale	61
		2.6.7	Terminierungen	62
		2.6.8	Links	63
		2.6.9	Kompensation	64
		2.6.10	Mehrfach	68
		2.6.11	Mehrfach parallel	69
		2.6.12	Eskalation	69
		2.6.13	Abbruch	70
		2.6.14	Ereignisbasiertes Gateway	70
		2.6.15	Ereignisbasiertes paralleles Gateway	72
2.7		Spezielle Aufgaben		73
		2.7.1	Typisierung	73
		2.7.2	Markierung	75
		2.7.3	Globale Aufgaben und Aufruf-Aktivität	78
2.8		Teilprozesse		79
		2.8.1	Komplexität kapseln	79
		2.8.2	Modularisierung und Wiederverwendung	82
		2.8.3	Angeheftete Ereignisse	84
		2.8.4	Markierung	86
		2.8.5	Transaktionen	88
		2.8.6	Ereignis-Teilprozesse	90

2.9	Pools und Nachrichtenflüsse		92
	2.9.1	Der Dirigent und sein Orchester	92
	2.9.2	Regeln für die Anwendung	95
	2.9.3	Die Kunst der Kollaboration	96
	2.9.4	Pools zuklappen	98
	2.9.5	Mehrfachinstanz-Pools	99
2.10	Daten		100
2.11	Artefakte		102
	2.11.1	Anmerkungen und Gruppierungen	102
	2.11.2	Eigene Artefakte	104
2.12	Vergleich mit anderen Notationen		105
	2.12.1	Erweiterte Ereignisgesteuerte Prozesskette (eEPK)	105
	2.12.2	UML-Aktivitätsdiagramm	107
	2.12.3	ibo-Folgeplan	109
	2.12.4	Kennzahlen und Wahrscheinlichkeiten	110
2.13	Choreographien und Konversationen		111
3	**Strategische Prozessmodelle**		**115**
3.1	Über dieses Kapitel		115
	3.1.1	Ziel und Nutzen	115
	3.1.2	Anforderungen an das Modell	116
	3.1.3	Vorgehen	117
3.2	Fallbeispiel Recruiting-Prozess		119
3.3	Einschränkung der Symbolpalette		121
	3.3.1	Pools und Lanes	121
	3.3.2	Aufgaben und Teilprozesse	124
	3.3.3	Gateways	125
	3.3.4	Ereignisse und ereignisbasiertes Gateway	127
	3.3.5	Daten und Artefakte	129
	3.3.6	Eigene Artefakte	130
	3.3.7	Ein- und Ausblenden von Symbolen	131
3.4	Prozessanalyse auf strategischer Ebene		132
3.5	Konversationen und Choreographien		135
4	**Operative Prozessmodelle**		**139**
4.1	Über dieses Kapitel		139
	4.1.1	Ziel und Nutzen	139
	4.1.2	Anforderungen an das Modell	140
	4.1.3	Vorgehen	141

4.2		Vom strategischen zum operativen Prozessmodell	143
4.3		Prozesse der Participants	145
4.4		Vorbereitung der Prozessautomatisierung	149
	4.4.1	Konzeption der Unterstützung durch eine Workflow Engine	149
	4.4.2	Notwendige Prozesse der Workflow Engine	151
	4.4.3	Weitere Anforderungen	154
	4.4.4	Technische Umsetzungen außerhalb der Workflow Engine	154
	4.4.5	Technische Umsetzung ohne Workflow Engine	157
4.5		Praxistipps für die operative Ebene	160
	4.5.1	Vom Happy Path zur bitteren Wahrheit	160
	4.5.2	Der wahre Nutzen von Teilprozessen	165
	4.5.3	Prozesse anhand der Systemgrenzen schneiden	167
	4.5.4	Die Grenzen der Formalisierung	168
	4.5.5	Flexibilität in BPMN-Modellen	169
	4.5.6	Geschäftsentscheidungen aus den Prozessen holen	171
4.6		Einschränkung der Symbolpalette?	175

5 DMN – Überblick und Einführung ... 177

5.1		DMN verstehen	177
5.2		Notationselemente	179
	5.2.1	Entscheidungstabellen	179
	5.2.2	Ausdrücke in Entscheidungstabellen	182
	5.2.3	Hit Policy – die Auswertungsvorschrift	184
	5.2.4	FEEL für Fortgeschrittene	188
	5.2.5	Decision Requirements	190
5.3		Praxistipps	192
	5.3.1	Verknüpfung von BPMN und DMN	192
	5.3.2	Entscheidungen mit Decision Flow	193
	5.3.3	Der Entscheidungsregelkreis	196

6 Automatisierung ... 199

6.1		Ziel und Nutzen	199
6.2		Grundlagen	200
	6.2.1	Modellausführung mit Workflow und Decision Engine	200
	6.2.2	Ausführbarkeit der Standards BPMN und DMN	202
	6.2.3	Alternative Automatisierungssprachen	203
	6.2.4	Wann lohnt sich der Einsatz einer Workflow Engine?	204

	6.2.5	Wann lohnt sich der Einsatz einer Decision Engine?	205
	6.2.6	Workflow und Decision Engine im Zusammenspiel	206
6.3	Technische Prozessflüsse im operativen BPMN-Modell automatisieren		208
	6.3.1	Anforderungen an das Modell	208
	6.3.2	Vorgehen	208
	6.3.3	Das ausführbare BPMN-Modell	209
6.4	Praxistipps		212
	6.4.1	Die „Zero Code"-Falle	212
	6.4.2	Eingebettete und dezentrale Workflow Engines	214
	6.4.3	Mythos Austauschbarkeit der Engine	215
	6.4.4	Modellieren oder programmieren	216
	6.4.5	Technische Herausforderungen meistern	218
	6.4.6	Akzeptanzkriterien bei der Einführung einer BPM-Plattform	220

7 BPMN im Unternehmen einführen 225

7.1	Ziele		225
7.2	Rollen		227
	7.2.1	Von Gurus, Anhängern und Ungläubigen	227
	7.2.2	Verankerung in der Organisation	229
	7.2.3	Ausbildung der BPMN-Gurus	230
7.3	Methoden		231
	7.3.1	Symbolpalette	232
	7.3.2	Namenskonventionen	233
	7.3.3	Layouting	234
	7.3.4	Modellierungsalternativen	235
	7.3.5	Design Patterns	235
7.4	Werkzeuge		238
	7.4.1	Definition des eigenen BPM-Stacks	238
	7.4.2	Das BPMN-Modellierungswerkzeug	240
	7.4.3	Camunda BPM – eine Open-Source-BPM-Plattform	241
	7.4.4	Es muss nicht immer Software sein	242
7.5	(Meta-)Prozesse		245
7.6	Praxisbeispiel: Prozessdokumentation bei Energie Südbayern		246
	7.6.1	Unternehmensprofil	246
	7.6.2	Ausgangspunkt und Beauftragung	246
	7.6.3	Projektverlauf	246
	7.6.4	Fazit	247
	7.6.5	Interview mit dem Projektverantwortlichen	247

8	**Tipps für den Einstieg**	251
8.1	Entwickeln Sie Ihren Stil	251
8.2	Finden Sie Leidensgenossen	252
8.3	Fangen Sie an	252
9	**Übersetzung BPMN Englisch-Deutsch**	253
	Literatur	255
	Index	257

Vorwort

■ Vorwort zur 6. Auflage

Schon wieder eine neue Auflage. Dabei ist es doch noch gar nicht lange her, oder? Stimmt, es sind nur ungefähr zwei Jahre vergangen. Aber es ist schon wieder unglaublich viel passiert. Zum Beispiel ist unsere Firma Camunda extrem erfolgreich, und wir begleiten inzwischen nicht nur Tausende von Kunden bei der Arbeit mit BPMN, sondern liefern auch die derzeit erfolgreichste Open-Source-BPM-Plattform am Markt, die weltweit bei zahlreichen namhaften Unternehmen zum Einsatz kommt, von Goldman Sachs oder der Allianz über die Nasa bis zu T-Mobile oder Zalando.

Dadurch können wir unsere Methodiken, Ideen und Hypothesen inzwischen sehr professionell an einer stetig wachsenden Anzahl von Anwendern validieren und täglich mehr über Prozessautomatisierung lernen. Dabei gibt uns unser großartiges Team stetig Impulse und liefert Ideen, die wir in der Qualität nie selbst haben könnten.

In dieser Auflage haben wir uns nun darauf fokussiert, die zwei wichtigsten Lektionen der letzten zwei Jahre einzuarbeiten:

- Wir haben Praxiserfahrung mit dem CMMN-Standard sammeln können. CMMN haben wir in der fünften Auflage erst eingeführt. Wir haben uns davon versprochen, unstrukturierte Fallbearbeitung modellieren und automatisieren zu können. Leider hat sich dies in unserer Praxis nicht bewahrheitet, daher haben wir in dieser Auflage *CMMN wieder entfernt*. Lesen Sie mehr darüber in Abschnitt 1.2.3 auf Seite 10. Dafür haben wir Abschnitt 4.5.5 auf Seite 169 aufgenommen, wo wir Muster zur Flexibilität in BPMN besprechen.
- In der IT gibt es aktuell einen klaren Trend zu *Microservices*, wodurch Funktionalitäten in kleinere Einheiten geschnitten werden, die dann in Teams autonom entwickelt werden können. Wir haben diesem Thema in Abschnitt 1.5 auf Seite 23 eine kleine Einführung verpasst. Denn dieser Architekturstil hat Auswirkungen auf die Prozessmodellierung in BPMN, vor allem gilt es *BPMN-Monolithen* zu vermeiden. Wir besprechen daher einerseits in Abschnitt 4.5.3 auf Seite 167, dass operative Prozessmodelle die Systemgrenzen der Microservices berücksichtigen müssen, und anderseits in Abschnitt 6.4.2 auf Seite 214, dass Workflow Engines in dieser Welt ein Implementierungsdetail eines Microservices sind, und dementsprechend dezentral betrieben werden sollten.

Also dann: Anfangen – und viel Spaß dabei!

Vorwort zur 5. Auflage

Jo – mal wieder viel passiert ...

Diese lapidare Aussage hatten wir eigentlich nur als Platzhalter für das noch zu schreibende Vorwort eingefügt. Aber sie fasst es perfekt zusammen:

- BPMN ist inzwischen fest etabliert und im Jahr 2013 auch als ISO-Standard „geadelt" worden.
- Im März 2014 verabschiedete die OMG, die Institution hinter BPMN, mit CMMN einen neuen Standard, der BPMN sehr gut ergänzt, um unstrukturierte Geschäftsprozesse abzubilden.
- Dieselbe OMG legte im September 2015 noch einmal nach und verabschiedete den DMN-Standard, der sich um die Modellierung und Automatisierung von Entscheidungen dreht und ebenfalls eine hervorragende Ergänzung der BPMN ist.

Grund genug, unser Praxishandbuch in der fünften Auflage um eine kompakte Beschreibung der beiden Neuzugänge zu ergänzen. Wir haben sowohl CMMN als auch DMN in unserem eigenen Softwareprodukt Camunda BPM bereits eingebaut und somit die technische Grundlage geschaffen, um alle drei Standards sowohl separat als auch kombiniert anzuwenden. Das ist auch schon mehrfach geschehen, und insofern können wir, sieben Jahre, nachdem wir zum ersten Mal unsere Praxiserfahrungen mit BPMN aufgeschrieben haben, nun auch die ersten praktischen Erfahrungen zu CMMN und DMN mit Ihnen teilen.

Daneben haben wir zahlreiche punktuelle Aktualisierungen und Verbesserungen vorgenommen. Speziell das Kapitel zur Automatisierung wurde komplett überarbeitet, da wir in unzähligen Praxisprojekten inzwischen noch viel besser verstanden haben, welche Informationen für dieses Buch relevant sind. Im Tausch gegen neue Inhalte entfernten wir jegliche BPMN-XML-Beispiele, da diese sowieso niemand gelesen hat.

Und wir haben zwei Begriffe umbenannt:

In früheren Auflagen nannten wir eine Software, die BPMN-Modelle technisch ausführt, eine „Process Engine". In dieser Ausgabe werden Sie feststellen, dass wir stattdessen den Begriff „Workflow Engine" verwenden. Wir tragen damit dem Umstand Rechnung, dass BPMN ein sehr gut geeignetes Instrument ist, um klar strukturierte Abläufe zu modellieren und zu automatisieren. Sie ist aber weniger gut geeignet für unstrukturierte Abläufe, die sich nicht immer als eindeutiges Ablaufdiagramm beschreiben lassen. Auch solche unstrukturierten Abläufe verstehen wir jedoch als „Geschäftsprozesse", um die wir uns kümmern werden, um unser Unternehmen voranzubringen. Deshalb sprechen wir nicht mehr von einer „Process Engine", wenn wir die Ausführung strukturierter Abläufe meinen, sondern eben von einer „Workflow Engine".

Ebenfalls abgeschafft haben wir den Begriff der „Rule Engine". Wie oben erwähnt, gibt es inzwischen den DMN-Standard, und das „D" steht für „Decision", also Entscheidung. Dahinter verbirgt sich ein aus unserer Sicht sehr sinnvoller Paradigmenwechsel. Stellen Sie sich einmal folgende Frage: Ist es Ihnen wichtiger, Regeln einzuhalten, oder die richtigen Entscheidungen zu treffen? Na bitte.

Natürlich kann die Einhaltung von Regeln erforderlich sein und muss dementsprechend auch bestimmte Entscheidungen determinieren. Aber den Fokus auf die Idee der „richtigen Entscheidung" zu legen, empfinden wir als die bessere Option. Auch auf technischer Ebene kann eine „Decision Engine", also eine Software, die Entscheidungsmodelle ausführt, durchaus anders funktionieren als eine „Rule Engine". Wir glauben, dass dem „Business Decision Management" die Zukunft gehört und man sowohl auf fachlicher wie auch auf technischer Ebene mit den entsprechenden Methoden, Standards und Technologien besser beraten ist.

Zu guter Letzt können wir nicht der Versuchung widerstehen, uns selbst auf die Schulter zu klopfen: Als wir im Jahr 2009 die erste Fassung dieses Buchs schrieben, gingen wir auch auf die Grenzen von BPMN ein. Wir stellten fest, dass BPMN für unstrukturierte Aktivitäten weniger gut geeignet ist und hier eher Lösungen im Bereich des „Case Management" erforderlich werden. Außerdem prophezeiten wir, dass die Kombination von BPMN mit dem Thema „Business Rules" eines der größten Potenziale für Business Process Management insgesamt darstellt. Sieben Jahre später gibt es einen CMMN-Standard für Case Management und einen DMN-Standard, der eine – wie wir meinen – Verbesserung des Business-Rule-Ansatzes darstellt. Beide sind darauf ausgelegt, mit BPMN kombiniert zu werden, und so konnten wir die exakt selben Abschnitte, in denen zuvor die Grenzen von BPMN genannt wurden, um Hinweise auf diese neuen Lösungsansätze ergänzen.

Da sagt der Berliner: „Siehste!"

Jetzt wünschen wir Ihnen wie immer viel Erfolg bei der Arbeit mit BPMN, CMMN und DMN und natürlich viel Vergnügen beim Lesen dieses Buchs!

PS: Als aufmerksamer Leser ist Ihnen vielleicht nicht entgangen, dass unser Buch nicht dicker geworden ist, obwohl wir zwei nagelneue Kapitel eingefügt haben. Das wurde durch das neue Layout ermöglicht, das nicht nur moderner daher kommt, sondern auch Papier einspart. Also bitte wundern Sie sich nicht, wenn einige Abschnitte kürzer erscheinen als in früheren Auflagen, sie sind es nicht.

■ Vorwort zur 4. Auflage

„Ah, die Herren Freund und Rücker! Schön, Sie zu sehen, ich bin ein echter Fan Ihres Buches. Am besten gefällt mir Ihr Methoden-Framework, das hat uns sehr geholfen."

„Das freut uns zu hören. Wir haben es in der neuesten Auflage übrigens visuell überarbeitet."

„Ach tatsächlich? Schade eigentlich, ich mochte die Pyramide."

„Jetzt ist es ein Haus."

„Verstehe, sehr vernünftig! Jedes Haus hat einen Keller, und da sitzt die IT drin. Und oben auf dem Dach, da sitze ich und habe den Überblick. Ich bin hier nämlich der Chef!"

„Na ja, so war das eigentlich nicht gemeint, sondern … "

„Paperlapapp! Aber trotzdem die Frage, warum überhaupt diese Änderung?"

„Weil es manchmal zu Missverständnissen geführt hat. Zum Beispiel dachten manche Leute, die ‚technischen' Prozessmodelle wären stets eine Verfeinerung der ‚fachlichen' Prozessmodelle."

„Sind sie doch auch! Sehen Sie, bei uns laufen die Projekte so: Die Fachabteilung erstellt mithilfe der Betriebsorganisation ein fachliches Prozessmodell, das ist die Vorgabe, und das geben wir dann in den Keller, Sie wissen schon, und die IT setzt das dann um. Das können die ja ganz einfach machen, sie müssen ja nur das fachliche Modell in ein technisches Modell verfeinern!"

„Und, wie gut funktionieren diese Projekte?"

„Ach, natürlich gibt es da immer wieder Probleme, Missverständnisse, Verzögerungen und so weiter. Aber so ist das halt mit der IT. Da muss man dann auch einfach mal Druck machen!"

„Ja sehen Sie, und deshalb haben wir die Darstellung geändert. Sie beschreiben da nämlich einen eher ungeschickten Ansatz."

„Na hören Sie mal! Haben Sie etwa eine bessere Idee?"

„Ja, und die finden Sie in Abschnitt 1.4.1 auf Seite 19 in unserer neuen Auflage."

„Verstehe, dann werde ich mir das mal angucken. Gibt es sonst noch Neuigkeiten?"

„Naja, wir haben ein paar Fehler korrigiert, einige Verbesserungsvorschläge umgesetzt und Aussagen zu ‚aktuellen Themen' aktualisiert, da sie heute nicht mehr gelten."

„Haben Sie ein Beispiel?"

„Ja, wir haben unter anderem die aktuelle Relevanz des BPEL-Standards neu bewertet."

„Des was?"

„Genau."

„Gibt es auch Neuigkeiten bei den BPMN-Softwaretools?"

„Vielen Dank für diese Frage. Wir sind inzwischen selbst ein BPMN-Toolhersteller, und in Abschnitt 7.4.2 auf Seite 240 beschreiben wir die Camunda BPM Platform und unser neuestes Projekt bpmn.io."

„Wie, Sie machen hier jetzt auch noch Werbung für Ihre Software? Ist das überhaupt legal? Ich bin empört!"

„Aber es hilft, das Ganze an einem konkreten Beispiel zu erklären. Sonst bleibt es doch graue Theorie. Außerdem sind Camunda BPM und bpmn.io Open Source."

„Ach so, na dann. Dann muss ich ja gar nichts dafür bezahlen. So wie Freibier!"

„Na ja, ganz so simpel ist das Thema Open Source jetzt auch wieder nicht-"

„Ach, Sie schon wieder mit Ihren Belehrungen! Ich lese jetzt lieber Ihr Buch, das widerspricht mir wenigstens nicht ständig."

„Viel Vergnügen!"

Vorwort zur 3. Auflage

Kürzlich, beim abendlichen Bier am Rande einer Konferenz, fragte uns eine gar nicht so unbekannte Persönlichkeit der deutschen IT-Szene: „Ihr bei Camunda, ihr seid doch so ein junges, unkonventionelles Team. Warum beschäftigt ihr euch eigentlich mit so einem Alte-Männer-Thema wie BPM?".

Das hat uns zu denken gegeben.

Business Process Management ist also ein Thema für alte Männer? Zugegeben, es weckt gewisse Assoziationen an dunkle Anzüge und diskrete Krawatten, also an die typische, das

Selbstbewusstsein unterstützende Berufsbekleidung von Leuten, die sich nicht sicher sind, ob ihre Arbeit eigentlich einen Nutzen stiftet. Das ist nicht gerade jung und unkonventionell, und zu unserem Selbstverständnis passt das auch nicht. Aber, fragten wir uns, warum macht uns BPM dann so viel Spaß?

Weil wir mit BPM dafür sorgen, dass ein Unternehmen *besser funktioniert*! Das gilt auch und gerade für den Einsatz neuer Technologien, weshalb BPM-Projekte häufig einen sehr innovativen Charakter besitzen. Es ist einfach unglaublich spannend, völlig neue Möglichkeiten der Wertschöpfung nicht nur grundsätzlich zu erforschen, sondern auch ganz konkret umzusetzen. Und das nicht „nur" auf der konzeptionellen Ebene, in strategischen Papieren oder PowerPoint-Präsentationen, aber eben auch nicht „nur" in den Tiefen der technischen Implementierung, in denen man gar nicht mehr weiß, warum eigentlich dieses oder jenes programmiert werden soll. Sondern eben ganzheitlich, sowohl betriebswirtschaftlich als auch softwaretechnisch, von Anfang bis Ende und A bis Z.

Wir kennen keine Disziplin, die einem so umfassenden Anspruch mit derart konkreten Methoden und Technologien gerecht wird wie BPM.

Außerdem glauben wir, dass das ganze Thema „BPM" in eine neue Phase eingetreten ist, die mit dem traditionellen Verständnis von Prozessmanagement im Sinne verstaubter Organisationshandbücher, abgehobener „Performance-Analysen" und wohlklingender, aber völlig unverbindlicher Management-Empfehlungen nichts mehr zu tun hat.

Wir treffen mehr und mehr Menschen, die sich um derartiges Geplänkel nicht scheren, die einfach nur wollen, dass etwas *besser funktioniert*. Das sind die „neuen BPM-Cracks", und sie sind ungeduldig. Sie interessieren sich nicht für politische Ränkespiele und akzeptieren keine scheinbaren Sachzwänge. Sie beherrschen neue Methoden und Tools, und diese nutzen sie, um denjenigen zu helfen, die bereit sind, neue Wege zu gehen und damit diejenigen zu überholen, die lieber im Status quo verharren.

Diese neuen BPM-Cracks nutzen BPMN. Sie haben verstanden, dass BPMN anspruchsvoll ist und wenig zu tun hat mit dem Malen von Ablaufdiagrammen, die für die bereits erwähnten Organisationshandbücher verwendet wurden. Sie gehören einer weltweiten Community an, die einen gemeinsamen Standard nutzt und weiterentwickelt. In dieser Community gibt es nicht mehr „die IT", der man einen Auftrag übergibt und die diesen gefälligst umzusetzen hat. Die IT ist kein Bestandteil, sondern eine Facette dieser Community, so wie sie eine Facette eines modern aufgestellten Unternehmens ist, in dem Business und IT völlig losgelöst von der Abteilungszugehörigkeit eine vertrauensvolle, kontinuierliche und sehr intensive Zusammenarbeit praktizieren.

BPMN wurde im Februar 2011 in der Version 2.0 verabschiedet, und in der Praxis ist sie mittlerweile etabliert. Der Standard wird zur Prozessdokumentation genutzt, für die Analyse und Verbesserung von Prozessen und natürlich für die Prozessautomatisierung. Wir haben inzwischen über 500 unterschiedliche Menschen in unseren Projekten und Seminaren an BPMN herangeführt und die unterschiedlichsten Abläufe modelliert. Wir haben auch ihre Grenzen kennengelernt, beispielsweise bei der Modellierung von Prozessen, die von Fall zu Fall höchst unterschiedlich ausfallen und daher schwer vorherzusehen sind.

Unter *www.bpmn.info/anwender* finden Sie eine Auflistung von Organisationen, die BPMN einsetzen. Bei vielen wird BPMN in der Breite genutzt, also mit zahlreichen Modellierern. Daraus ergeben sich besondere Herausforderungen, weshalb wir diesem Thema in der 3. Auflage ein neues Kapitel gewidmet haben.

Wir wünschen Ihnen Erfolg bei der Arbeit mit BPMN und hoffen, auch Sie in den Reihen der unkonventionellen Menschen begrüßen zu dürfen, die eine Menge Spaß an einem scheinbaren „Alte-Männer-Thema" haben.

■ Vorwort zur 2. Auflage

Das ging schneller als gedacht: Im Januar 2010 erschien die erste Auflage dieses Buches, und im Juli war sie ausverkauft. Das liegt mit Sicherheit besonders an der Popularität der BPMN, aber die sehr positiven Bewertungen des Buches in den verschiedenen Internet-Foren und das viele Lob der Leser haben uns natürlich auch sehr gefreut.

In den letzten Monaten sind einige wichtige Dinge passiert:

Zum einen hat die Finalization Task Force (FTF) der Object Management Group (OMG) die neue Version 2.0 der BPMN fertig gestellt und zur offiziellen Freigabe an das zuständige OMG-Gremium übergeben. Wir sind im August 2009 selbst in die OMG eingetreten und haben an dieser FTF teilgenommen, und es war zwar anstrengend, aber auch eine wunderbare Erfahrung, mit den vielen klugen und engagierten Menschen dort zusammenzuarbeiten. BPMN 2.0 steht also ganz kurz vor der Veröffentlichung, und insofern war der Abverkauf der ersten Auflage eine gute Gelegenheit, das Buch in dieser Hinsicht auf den neuesten Stand zu bringen.

Zum zweiten arbeiten immer mehr Menschen auch im deutschsprachigen Raum mit der BPMN. Der Statistik im Vorwort zur ersten Auflage lässt sich eine aktuelle Auswertung des BPM-Netzwerks gegenüberstellen (Abbildung 1), das zwischenzeitlich auf weit über 7000 Mitglieder angewachsen ist. Wie man sieht, ist das Interesse an der BPMN ungebrochen groß. Im Verhältnis zu früher gibt es aber deutlich mehr Menschen mit BPMN-Praxiserfahrung:

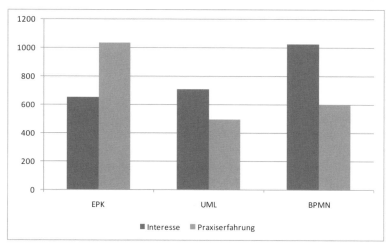

Abbildung 1 Popularität von Prozessnotationen auf BPM-Netzwerk.de (Stand Juli 2010)

Die Anzahl der Mitglieder, die eine Praxiserfahrung mit BPMN angeben, hat sich im Vergleich zum September 2009 um rd. 45 % erhöht, bei der EPK und UML sind es jeweils nur rund 25 %.

Und auch qualitativ ist die Entwicklung erfreulich: Die vielen Diskussionen rund um BPMN, die im Internet, den diversen Print-Magazinen und auf Konferenzen stattfinden, bewegen sich mittlerweile auf einem viel höheren Niveau als noch vor zehn Monaten. Zahlreiche Menschen diskutieren Fragestellungen rund um die sinnvolle Anwendung, aber auch die Grenzen und Schwächen des Standards auf eine Art und Weise, die ein fundiertes Grundwissen und ernst zu nehmende praktische Erfahrung offenbart. Man könnte sagen, der „BPMN-Reifegrad" ist in der jüngsten Zeit spürbar gestiegen.

Auch der Softwaremarkt ist in Bewegung: Zahlreiche BPM-Hersteller, allen voran IBM, Oracle und SAP, setzen auf BPMN 2.0 und haben teilweise bereits entsprechende Produkte veröffentlicht. Auch die brandneue BPM-Plattform Activiti setzt BPMN 2.0 um und ist sogar komplett Open Source verfügbar. Und mit BPMN.info existiert inzwischen ein deutschsprachiges Forum, das sich nicht nur vollständig dem Thema BPMN widmet, sondern das es sogar erlaubt, kostenlos und ohne Softwareinstallation BPMN-Prozessmodelle direkt online zu erstellen und in die Diskussion einzubringen.

Das alles sind Entwicklungen, die nur durch die Standardisierung der BPMN ermöglicht wurden. Insofern bleibt es spannend, wie es mit dem Standard weitergeht. Es gibt noch viele Aspekte, die verbesserungswürdig sind, weshalb wir uns auch bereits dem OMG-Gremium zur Entwicklung der BPMN 2.1 angeschlossen haben.

Jetzt gilt es aber zunächst, die neuen Möglichkeiten der BPMN 2.0 erfolgreich in der Praxis anzuwenden. Wir wünschen Ihnen viel Spaß und Erfolg dabei!

■ Vorwort zur 1. Auflage

Let's go BPMN!

Warum haben Sie dieses Buch gekauft? Entweder,

- Sie wollen mal schauen, was die BPMN so zu bieten hat, oder
- Sie haben sich bereits für BPMN entschieden und wollen jetzt loslegen.

In beiden Fällen hegen Sie ein Interesse an BPMN. Damit sind Sie nicht allein: In der Online-Community BPM-Netzwerk.de sind über 6000 BPM-Professionals aus dem deutschsprachigen Raum vernetzt. Eine statistische Auswertung der rund 2400 hinterlegten Detailprofile hat im September 2009 ergeben, dass sich 870 Mitglieder für die BPMN interessieren (Abbildung 2 auf Seite XVIII). Das sind rund 36 % aller Mitglieder, die sich die Mühe machen, dieses Profil zu hinterlegen. Im Vergleich: Für die in Abschnitt 2.12 auf Seite 105 vorgestellten Notationen EPK und UML interessieren sich jeweils nur rd. 23 % dieser Mitglieder.

Für das große Interesse an BPMN gibt es zwei Gründe: BPMN ist ein Standard und soll eine Brücke zwischen Business und IT schlagen. Mit ziemlicher Sicherheit ist mindestens einer dieser beiden Gründe auch der Auslöser für Ihr Interesse – stimmt's?

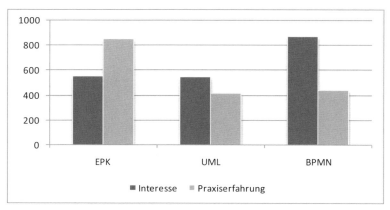

Abbildung 2 Popularität von Prozessnotationen auf BPM-Netzwerk.de (Stand September 2009)

Wir wagen eine weitere Wette: Sie haben keine oder nur wenig Praxiserfahrung im Umgang mit der BPMN. Wie in Abbildung 2 ebenfalls erkennbar, steht die Chance für das Fehlen von Praxiserfahrung ca. 2:1. Und aus unseren Projekten, Seminaren und persönlichen Gesprächen wissen wir, dass von denen, die eine BPMN-Erfahrung angeben, maximal 20 % die BPMN tatsächlich umfangreich angewandt haben.

„Das ist nicht fair", können Sie jetzt einwenden: „Wenn ich mir ein Praxishandbuch zur BPMN kaufe, liegt es doch auf der Hand, dass ich noch keine Praxiserfahrung besitze."

Paradoxerweise nicht: Sogar die 20 % „echten" BPMN-Anwender berichten zu 100 % von großen Schwierigkeiten bei der praktischen Anwendung. Es sind genau diese Praktiker, die uns schon seit geraumer Zeit fragen, wann das Praxishandbuch endlich fertig ist.

Wir selbst finden die praktische Anwendung der BPMN übrigens auch sehr schwierig. Trotzdem haben wir uns getraut, dieses Buch zu schreiben. Unser Selbstvertrauen ist folgenden Umständen zu verdanken:

- Wir sind eine kleine Beratungsfirma, die sich komplett auf Business Process Management (BPM) spezialisiert hat. Wir machen also seit geraumer Zeit ausschließlich BPM-Projekte.
- Unsere Projekte drehen sich sowohl um das organisatorische Prozessmanagement als auch um die technische Prozessumsetzung. Wir müssen also tagtäglich die Brücke schlagen, für die BPMN entwickelt wurde.
- Wir haben deshalb die noch recht junge BPMN in kurzer Zeit bereits intensiv angewandt und einiges daraus gelernt.
- Wir haben nicht für jedes BPMN-Problem eine Lösung. Aber wir gehören ziemlich sicher zu denjenigen, die sich derzeit am besten mit der Notation und ihrer praktischen Anwendung auskennen.

Das klingt ziemlich angeberisch. Aber Sie sollen wissen, wie es zu diesem Buch gekommen ist und was Sie erwarten dürfen. In den nächsten Kapiteln und Abschnitten wollen wir Ihnen also nicht nur die Notation erklären. Es geht uns vor allem darum, die Fallstricke bei der Anwendung aufzuzeigen, pragmatische Lösungen vorzuschlagen und allgemein hilfreiche Tipps zu geben. Denn die BPMN kann ein sehr mächtiges Werkzeug sein, das Ihr BPM-Engagement hervorragend unterstützt. Dafür muss man aber auch wissen, wie man dieses Werkzeug bedient. Darum geht es in diesem Buch.

Danksagungen

Wir hätten dieses Buch nicht schreiben können ohne die Menschen, die uns dabei halfen. Das heißt, wir hätten es schon schreiben können, aber es wäre ein schreckliches Buch geworden.

Prof. Dr. Thomas Allweyer ist selbst Autor einer hervorragenden Einführung in die BPMN ([All08]). So gesehen war seine Unterstützung besonders bemerkenswert, und umso dankbarer sind wir für sein schnelles, ausführliches und sehr hilfreiches Feedback zu unseren Texten und Konzepten.

Die Berliner BPM-Offensive (bpmb.de) haben wir gemeinsam mit Gero Decker, Alexander Großkopf, Prof. Dr. Jan Mendling, Dr. Frank Puhlmann, Torben Schreiter und Matthias Weidlich gegründet. Sie alle sind absolute BPMN-Experten, und ihre Hilfe beim Auffinden von Fehlern und Widersprüchen im Manuskript war Gold wert.

Dr. Frank Michael Kraft ist ein Spezialist für die technische Prozessmodellierung mit BPMN und war ein wertvoller Sparring-Partner, vor allem bei der Erstellung des Kapitels zur Automatisierung.

Thomas Niebisch hat sich dem Requirements Engineering verschrieben. Seine Ideen zur Kopplung von BPMN und UML waren ein wichtiger Impuls für unser Framework und die intensiven Diskussionen mit ihm waren ausgesprochen spannend und erhellend.

Ein Dank gehört dem Hanser Verlag und besonders Margarete Metzger für ihre Geduld und tolle Zusammenarbeit.

Unsere Kunden haben sehr viel zur Entstehung dieses Buches beigetragen. Es sind ihre Prozesse und Anforderungen, die den Ausgangspunkt unseres Frameworks bildeten. Und es sind ihre Diskussionsbereitschaft und vor allem ihr Vertrauen, die die praxisnahe Entwicklung und Erprobung ermöglichen. Dafür möchten wir ihnen ganz besonders danken.

Unser größter Dank gehört unseren Kollegen bei Camunda. Sie alle haben die Entwicklung dieses Buches unterstützt und teilweise auch selbst an den Konzepten mitgewirkt. Vor allem aber sind sie der Grund dafür, dass wir jeden Tag wieder gern zur Arbeit gehen.

1 Einführung

1.1 Business Process Management

BPMN zu verstehen ist leichter, wenn Sie auch BPM verstehen. Also nehmen Sie sich doch kurz die Zeit dazu, dann verstehen Sie auch, warum die BPMN erfunden wurde.

1.1.1 Definition

Das Thema Business Process Management (BPM) wird von zahlreichen Autoren und Experten unterschiedlich definiert. Wir folgen der Definition der European Association of BPM (EABPM), die in der deutschen Fassung ihres Referenzwerkes „BPM Common Body of Knowledge" [Eur09] schreibt:

> *Die englische Bezeichnung „Business Process Management" oder BPM wird synonym verwendet für Geschäftsprozessmanagement oder auch einfach Prozessmanagement. Als Prozess wird eine Reihe von festgelegten Tätigkeiten (Aktivitäten, Aufgaben) definiert, die von Menschen oder Maschinen ausgeführt werden, um ein oder mehrere Ziele zu erreichen. Letztlich geht es darum, einen Kundennutzen zu schaffen und damit auch für das Unternehmen Wert zu generieren.*
>
> *Business Process Management (BPM) ist ein systematischer Ansatz, um sowohl automatisierte als auch nicht automatisierte Prozesse zu erfassen, zu gestalten, auszuführen, zu dokumentieren, zu messen, zu überwachen und zu steuern und damit nachhaltig die mit der Unternehmensstrategie abgestimmten Ziele zu erreichen. BPM umfasst die bewusste und zunehmend IT-unterstützte Bestimmung, Verbesserung, Innovation und Erhaltung von End-to-end-Prozessen.*

Der Begriff „End-to-end-Prozess" ist etwas irreführend, weil damit eigentlich „von Anfang bis Ende" gemeint ist. Es geht also darum, nicht nur Prozessfragmente zu betrachten, sondern den Prozess als Ganzes zu verstehen und ihn entsprechend ganzheitlich zu bewerten und zu optimieren. Wir halten die Definition der EABPM auch deshalb für hilfreich, weil sie zunächst ganz explizit zwischen automatisierten und nicht automatisierten Prozessen unterscheidet, diese dann aber gleichermaßen in den Betrachtungshorizont von BPM rückt. Mit dieser Definition schaffen wir ein Grundsatzverständnis für BPM, das für die erfolgreiche Anwendung absolut notwendig ist: Es geht weder darum, Prozesse lediglich aus organisatorischer Perspektive zu verbessern, noch reicht es aus, sie allein durch neue IT zu unterstützen.

Eine kombinierte Anwendung der Methoden aus beiden Bereichen ist notwendig und eine partnerschaftliche Zusammenarbeit der beiden Fraktionen unumgänglich.

1.1.2 BPM in der Praxis

Wann wird BPM angewandt? Als spezialisierte Berater haben wir in den meisten Fällen eine der folgenden drei Ausgangssituationen für ein BPM-Projekt erlebt:

1. Bestehende Prozesse sollen organisatorisch und/oder durch IT verbessert werden.
2. Bestehende Prozesse sollen dokumentiert werden.
3. Neue Prozesse sollen eingeführt werden.

Den ganz überwiegenden Anteil unserer Projekte stellt dabei der erste Fall und dort vor allem die Prozessverbesserung mithilfe von IT. Die Motivation für solche Projekte ist natürlich häufig eine Verbesserung der Effizienz, indem man beispielsweise Medienbrüche durch neue Softwareschnittstellen abbaut und somit das manuelle Abtippen von Formularen überflüssig macht. Aber auch eine IT-gestützte Überwachung und kennzahlenbasierte Auswertung laufender Prozesse, zum Beispiel im Rahmen des Rechnungseingangs oder der Bearbeitung von Kundenbeschwerden, gehört in dieses Segment.

Der zweite Fall, die reine Dokumentation von Prozessen, kommt in der Regel aus zwei Gründen vor: Erstens, damit sich die am Prozess beteiligten Mitarbeiter bei ihrer täglichen Arbeit orientieren können. Zweitens, weil die Dokumentation im Rahmen juristischer Anforderungen oder zur Erlangung einer bestimmten Zertifizierung, z. B. nach ISO 9000, erforderlich ist.

Den dritten und vergleichsweise seltenen Fall der Neueinführung von Prozessen erleben wir vor allem in Unternehmen, die sich auf veränderte Marktbedingungen einstellen und neue Vertriebskanäle erschließen wollen, oder auch im Rahmen der Platzierung neuer Produkte.

In der öffentlichen Diskussion werden außerdem gern die allgemeine Einführung von BPM und die grundsätzliche Erhöhung der Prozessorientierung des Unternehmens als Projektauslöser genannt. In der Praxis laufen tatsächlich einige Projekte, zumeist in größeren Unternehmen, offiziell unter dieser Flagge. Wenn man genau hinschaut, trifft auf solche Projekte aber stets eine der beiden folgenden Eigenschaften zu:

1. Entweder bezieht sich das Projekt im Kern doch wieder auf bestimmte Prozesse, die verbessert, dokumentiert oder neu eingeführt werden sollen. Das wird dann auch gern als „akuter Anlass" bezeichnet.
2. Oder das Projekt dient tatsächlich der ganz allgemeinen, „strategischen" BPM-Einführung. Dann stiftet es keinen direkten Nutzen, sondern wurde vermutlich im Rahmen der Profilierungsstrategie eines karrierebewussten Managers angestoßen.

Gerade die zweite Behauptung stößt nicht immer auf Gegenliebe, wie Sie sich denken können. Sie entspricht aber unserer Erfahrung, und wir vertreten sie vehement: BPM, Prozessmanagement oder wie auch immer man es nennen möchte, hat noch nie etwas gebracht, wenn es zum Selbstzweck eingeführt wurde.

Wir empfehlen deshalb immer ein Schritt-für-Schritt-Vorgehen, wenn BPM eingeführt wird. Jeder Schritt muss einen konkreten, messbaren Nutzen bringen, der den damit verbundenen Aufwand mehr als rechtfertigt. Ist dies geschehen, kann der nächste Schritt unternommen werden. Das bedeutet nicht, dass bei diesem Vorgehen zwangsläufig Insellösungen entstehen. Das Ergebnis eines jeden Schritts ist ein weiterer Beitrag zu einem großen Ganzen: der Prozessorientierung des Unternehmens. Damit dies gelingt, müssen Sie Ihre Schritte in die richtige Richtung lenken. Beim Wandern benutzen Sie dazu Karte und Kompass, bei der Einführung von BPM ein gutes Vorgehensmodell und Ihren gesunden Menschenverstand.

1.1.3 Camunda-BPM-Kreislauf

Vorgehensmodelle sind immer entweder zu trivial oder zu komplex. Wenn sie zu trivial sind, enthalten sie nur selbstverständliche Banalitäten und eignen sich bestenfalls für Marketingpräsentationen. Komplexe Vorgehensmodelle versuchen hingegen alle Eventualitäten vorwegzunehmen und nageln den Anwender auf einen Plan fest, der an dessen Realität meistens vorbeigeht.

Aber ganz ohne Modell fehlt uns die bereits erwähnte Karte, an der wir uns in unseren BPM-Projekten orientieren müssen. Wir haben uns deshalb das gängigste Vorgehensmodell für BPM angesehen, den einfachen BPM-Kreislauf, und diesen ausgehend von unserer Praxiserfahrung ein wenig weiterentwickelt. Das Ziel war ein relativ leichtgewichtiges Modell, das uns nicht zu sehr einengt, aber eben doch etwas realistischer ist als die bunten Kreisläufe in den diversen Marketingfolien, die man auf Konferenzen häufig sieht. Wir nennen es einfach den „Camunda-BPM-Kreislauf" und Sie finden ihn in Abbildung 1.1.

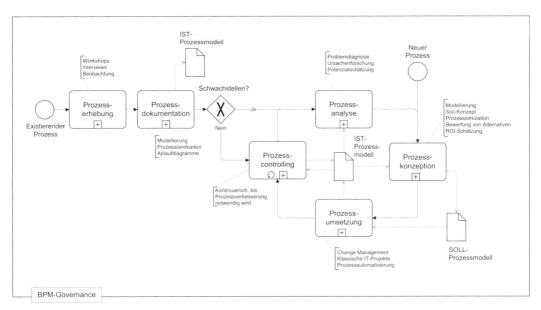

Abbildung 1.1 Der Camunda-BPM-Kreislauf

Der Kreislauf ist zur Anwendung für separate Prozesse gedacht, er kann also für jeden Prozess einzeln durchlaufen werden und sich jeweils in unterschiedlichen aktuellen Stadien befinden. Ausgelöst wird er durch eine der beiden folgenden Ausgangssituationen:

- Es soll ein existierender Prozess dokumentiert und/oder verbessert werden.
- Es soll ein ganz neuer Prozess eingeführt werden.

Ein bereits existierender Prozess muss zunächst erhoben werden. In dieser **Prozesserhebung** wird der Prozess sauber von vor- bzw. nachgelagerten Prozessen abgegrenzt. Es wird ermittelt, welche Leistung dieser Prozess gegenüber welchem Kunden erbringt und welche Priorität er aus Sicht des Unternehmens besitzt. Die im Prozess auszuführenden Aufgaben sowie die am Prozess beteiligten Rollen und IT-Systeme werden mithilfe von Erhebungstechniken wie z. B. Workshops oder Einzelinterviews identifiziert.

Die Erkenntnisse der Prozesserhebung werden in einem IST-Prozessmodell dokumentiert. Diese **Prozessdokumentation** kann aus ganz unterschiedlichen Diagrammen und weiterführenden Beschreibungen zusammengesetzt werden, sie besteht also häufig nicht nur aus einem einzelnen Ablaufdiagramm.

Im Rahmen einer systematischen Untersuchung des IST-Prozesses werden die Ursachen für wahrgenommene Schwachstellen eingegrenzt und eindeutig identifiziert. **Prozessanalysen** werden entweder durchgeführt, weil ein erstmalig dokumentierter Prozess offenkundige Schwachstellen besitzt oder im Rahmen des kontinuierlichen Prozesscontrollings Schwachstellen erkannt wurden, die sich nicht allein durch kleinere Anpassungen beheben lassen.

Die in der Prozessanalyse erkannten Ursachen für Schwachstellen sind der Ausgangspunkt für eine erneute **Prozesskonzeption**. Hier können ggf. unterschiedliche Varianten mithilfe der Prozesssimulation evaluiert werden. Eine Prozesskonzeption findet auch dann statt, wenn ein Prozess neu eingeführt werden muss. In beiden Fällen ist das Ergebnis ein SOLL-Prozessmodell.

Die **Umsetzung** des SOLL-Prozessmodells in einen realen Prozess findet in der Regel sowohl organisatorisch als auch in Form eines IT-Projekts statt. Für die organisatorische Umsetzung spielen das Change Management im Allgemeinen und die Prozesskommunikation im Besonderen eine entscheidende Rolle, für die IT-Umsetzung erfolgt entweder eine Prozessautomatisierung oder die klassische Entwicklung, Anpassung oder Beschaffung einer Software. Das Ergebnis der Prozessumsetzung ist ein IST-Prozess, der dem SOLL-Prozessmodell entspricht und somit automatisch auch vollständig dokumentiert ist.

Während die Phasen von der Prozesserhebung bis zur Prozessumsetzung meistens im Rahmen eines Projekts durchlaufen werden, findet das **Prozesscontrolling** kontinuierlich statt, es geht also um den laufenden Betrieb des Prozesses. Die wichtigsten Aufgaben im Prozesscontrolling sind die ständige Überwachung einzelner Prozessinstanzen und die Auswertung gemessener Kennzahlen, um auftretende Schwachstellen frühzeitig zu erkennen. Punktuelle, auf einzelne Instanzen bezogene Prozessprobleme müssen direkt behoben werden. Strukturelle Prozessprobleme können, sofern die Mittel vorhanden sind, ebenfalls direkt behoben werden, wobei dann das IST-Prozessmodell ggf. manuell nachgezogen werden muss. Falls die strukturellen Ursachen der Probleme jedoch unklar oder komplexer Natur sind, muss ein Verbesserungsprojekt eingeleitet werden, das wieder mit einer systematischen Prozessanalyse hinsichtlich der erkannten Schwachstellen beginnt. Die Entscheidung, ein solches Projekt einzuleiten, sollte beim Prozessverantwortlichen liegen und in Abstimmung mit den Prozessbeteiligten getroffen werden. Das kontinuierliche Prozesscontrolling wird häufig nur als Nachfolger der Prozessumsetzung betrachtet. Tatsächlich kann es sich aber auch direkt an die initiale Dokumentation des Prozesses anschließen, nämlich dann, wenn eine sofortige Verbesserung zunächst nicht notwendig erscheint.

Sie sehen bereits, welche zentrale Rolle das Prozessmodell im BPM-Kreislauf spielt, und erahnen somit auch die Bedeutung eines Modellierungsstandards wie der BPMN. Sie sehen außerdem, dass die Prozessmodellierung *keine* Phase in diesem Kreislauf darstellt. Sie ist hingegen eine Methode und besitzt eine Querschnittsfunktion, weil sie in allen Phasen eine Rolle spielt, besonders in der Prozessdokumentation und der Prozesskonzeption. Leider treffen wir immer wieder auf Menschen, die „Prozessmodellierung" mit einer IST-Dokumentation von Prozessen gleichsetzen und sie deshalb als Phase in den Kreislauf einordnen. Das ist ein Missverständnis.

Der BPM-Kreislauf stellt auf einfache Weise ein mögliches Vorgehen zur kontinuierlichen Verbesserung ausgewählter Prozesse dar. Seine konkrete Anwendung erfordert eine Harmonisierung der verantwortlichen Rollen, der angewandten Methoden und der unterstützenden Softwarewerkzeuge. Diesen „Dreiklang" zu erreichen, ist Aufgabe der BPM-Governance. Sie bildet eine prozessübergreifende Klammer um alle BPM-Projekte, die Sie durchführen.

Der Begriff „Prozessautomatisierung" ist nun sowohl in der BPM-Definition der EABPM gefallen als auch in der Beschreibung des BPM-Kreislaufs. Die BPMN wurde erfunden, um Prozesse besser automatisieren zu können. Deshalb müssen Sie dieses Thema verstehen, auch wenn Sie selbst kein IT-Spezialist sind. Ihr Verständnis wird Ihnen sehr dabei helfen, das „Wesen" der BPMN zu durchschauen und mit ihrer Hilfe eine Brücke zwischen Business und IT zu bauen.

1.1.4 Prozessautomatisierung

Stellen wir uns einen einfachen Prozess vor: Ein Kreditantrag geht per Post ein und landet auf dem Schreibtisch eines Sachbearbeiters der Bank. Der Sachbearbeiter prüft den Antrag zunächst visuell. Dann begibt er sich auf die Webseite der Schufa und gibt dort die Daten des Antragstellers ein, um eine Bonitätsauskunft zu erhalten. Wenn diese positiv ausfällt, erfasst er den Antrag in einer speziellen Software (nennen wir sie „BankSoft") und leitet die Unterlagen an seinen Vorgesetzten weiter, damit er den Antrag bewilligt.

Eine Automatisierung dieses Prozesses könnte folgendermaßen aussehen: Der Kreditantrag geht per Post ein, wird gescannt und per Texterkennung in ein elektronisches Dokument umgewandelt. Dieses Dokument wird nun von einer bestimmten Software, der sogenannten „Workflow Engine", übernommen und in die virtuelle Aufgabenliste des Sachbearbeiters gelegt. Diese Aufgabenliste könnte zum Beispiel ein Teil seiner persönlichen Intranet-Webseite sein, in einem E-Mail-Programm wie MS Outlook integriert sein o. Ä. Der Sachbearbeiter öffnet die Aufgabe und prüft den Antrag visuell am Bildschirm. Wenn der Antrag dieser ersten Prüfung standhält, klickt er auf den entsprechenden Button in der Maske. Die Workflow Engine ruft nun über eine Schnittstelle den Auskunftsdienst der Schufa auf, übergibt die Personendaten und erhält die Bonitätsauskunft. Wenn diese Auskunft positiv ausfällt, spielt die Workflow Engine den Antrag über eine Schnittstelle in „BankSoft" ein und legt eine Aufgabe in die Aufgabenliste des Vorgesetzten, damit er den Antrag bewilligt.

Ob dieser Prozess bereits optimal ist, kann man natürlich noch diskutieren. Aber das Prinzip der Prozessautomatisierung sollte deutlich geworden sein:

- Prozessautomatisierung heißt **nicht** zwangsläufig, dass der gesamte Prozess vollautomatisch abläuft.

- Die zentrale Komponente der Prozessautomatisierung ist die **Workflow Engine**, die ein technisches Prozessmodell abarbeitet.
- Die Workflow Engine **steuert** den Prozess, indem sie menschliche Prozessbeteiligte über anstehende Aufgaben informiert und das Ergebnis der Erledigung verarbeitet (Human Workflow Management) und indem sie interne oder externe IT-Systeme über Schnittstellen aufruft (Service-Orchestrierung).
- Die **Entscheidung** darüber, welche Aufgaben oder Service-Aufrufe unter welchen Bedingungen stattfinden sollen oder nicht, trifft die Workflow Engine mithilfe des technischen Prozessmodells und des Ergebnisses einer Aufgabenerledigung oder eines Service-Aufrufs. Es ist also nicht zwangsläufig so, dass der Ablauf eines automatisierten Prozesses nicht mehr durch die Prozessbeteiligten beeinflussbar wäre.

In Abbildung 1.2 sehen Sie eine abstrahierte Darstellung dieses Prinzips.

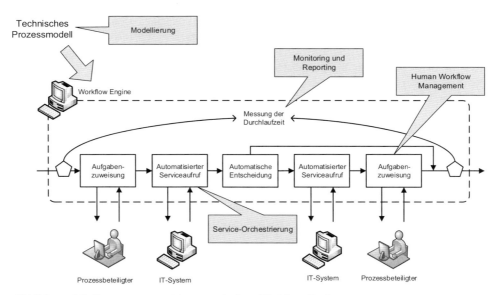

Abbildung 1.2 Prozessautomatisierung mit einer Workflow Engine

Haben Sie den Eindruck, dass die Prozessautomatisierung eigentlich auch nur eine Form von Softwareentwicklung ist? Dann liegen Sie richtig: Die Workflow Engine ist der Compiler oder Interpreter und das technische Prozessmodell ist der Programmcode. Trotzdem ist eine Workflow Engine das Mittel der Wahl, wenn es um die Prozessautomatisierung geht:

- Die Workflow Engine ist auf die Abbildung von Prozesslogik spezialisiert. Sie bringt deshalb viele Dinge von Haus aus mit, die man mit einer klassischen Programmierumgebung mühsam neu entwickeln müsste. Mit einer Workflow Engine ist man also wesentlich produktiver bei der Prozessumsetzung. Auf der anderen Seite können Sie mit einer Workflow Engine natürlich keine allgemeinen Softwareanwendungen entwickeln wie Textverarbeitungen, Tabellenkalkulationen oder Malprogramme.
- Eine Workflow Engine kombiniert Workflow Management und Anwendungsintegration. Das macht sie zu einem sehr mächtigen Werkzeug, mit dem man alle möglichen Prozesse von Anfang bis Ende unabhängig von verwendeten IT-Systemen oder dem Standort

der Prozessbeteiligten umsetzen kann. In manchen BPM-Softwarelösungen wird die Workflow Engine auch um einen separaten Enterprise Service Bus (ESB) oder andere Komponenten ergänzt, um diese Vielseitigkeit zu erlangen.
- Da die Workflow Engine den Prozess steuert, hat sie auch den vollständigen Überblick. Sie weiß jederzeit, wo der Prozess gerade steht oder wie lange die Abarbeitung des Prozesses oder einzelner Aufgaben gedauert hat. Damit kann sie direkt die Kennzahlen messen, die für eine Überwachung laufender Prozesse oder die Auswertung der Prozessleistung notwendig sind. Diese Möglichkeit ist ein Quantensprung für ein erfolgreiches Prozesscontrolling.

Diese drei Punkte allein rechtfertigen bereits den Einsatz einer Workflow Engine. Es existiert allerdings noch ein viertes Nutzenargument: Die Workflow Engine arbeitet auf Basis eines technischen Prozessmodells. Im Idealfall kann dieses Modell auch von Nicht-Technikern entwickelt oder zumindest verstanden werden, um die Kommunikation zwischen Business und IT zu fördern und endlich eine Prozessdokumentation zu erhalten, die auch tatsächlich der gelebten Realität entspricht.

1.2 Die BPM-Standards

In diesem Buch liegt der Fokus auf BPMN als Standard für die Modellierung und Automatisierung von Prozessen. Tatsächlich gibt es jedoch noch einen weiteren Standard, der mit BPMN eng verwandt ist und es sehr gut ergänzt: den DMN-Standard für das Management von Entscheidungen.

Wir werden daher in diesem Abschnitt einen ersten Überblick über beide Standards geben und auch beschreiben, wie diese ineinandergreifen und kombiniert verwendet werden können.

1.2.1 Workflows mit BPMN

BPMN stand zunächst für „Business Process Modeling Notation", wurde in der ersten Fassung maßgeblich von Stephen A. White von IBM entwickelt und 2004 von der Business Process Management Initiative (BPMI) veröffentlicht. Von Anfang an war die Zielsetzung, eine standardisierte, grafische Prozessnotation bereitzustellen, die auch für die Prozessautomatisierung verwendet werden konnte. 2005 übernahm die Object Management Group (OMG) die BPMI und somit auch die weitere Entwicklung der BPMN. Die OMG ist in der IT-Welt eine wichtige Institution und besonders durch die Unified Modeling Language (UML) bekannt, einem Modellierungsstandard für das Softwaredesign. Mit der Übernahme durch die OMG begann auch der weltweite Siegeszug der BPMN, da schon allein die Standardisierung für viele Unternehmen einen großen Anreiz für den Umstieg darstellte.

Im Februar 2011 wurde die aktuell geltende Version 2.0 von der OMG offiziell verabschiedet, an der auch wir mitwirken durften. Mit dieser neuen Version wird auch das Kürzel BPMN anders ausgeschrieben: Es steht jetzt für „Business Process Model and Notation", was dem Umstand Rechnung trägt, dass mittlerweile nicht nur die Notation definiert ist, sondern auch das sogenannte „formale Metamodell".

Im September 2013 wurde BPMN von der International Organization for Standardization (ISO) unter ISO/IEC 19510:2013 auch als ISO-Standard publiziert. Seitdem wird die Notation bewusst stabil gehalten, denn ein Wildwuchs an Versionen würde viele der Vorteile zunichte machen, denn dann würde zum Beispiel jedes Tool eine andere Version unterstützen oder Bücher müssten auf viele Versionsunterschiede Rücksicht nehmen.

Falls Sie sich jetzt fragen, was diese mysteriöse BPMN eigentlich genau sein soll – im „materiellen" Sinne –, wollen wir Sie aufklären: Die BPMN ist eine Spezifikation, die in Form eines schnöden Dokuments existiert. Dieses Dokument können Sie als PDF-Datei auf der Webseite der Object Management Group (OMG) kostenlos herunterladen [Obj09]. In der Version 1.2 bestand es aus ca. 320 Seiten, die Version 2.0 umfasst ca. 500 Seiten. Beide sind lediglich in englischer Sprache verfügbar. Alle BPMN-Symbole, ihre Bedeutung und die Regeln, nach denen sie kombiniert werden dürfen, sind in diesen Dokumenten definiert.

Paradoxerweise konnten BPMN-Prozessmodelle bis zur Version 2.0 nicht direkt in Workflow Engines ausgeführt werden. Die Version 1.2 definierte noch nicht alle für die Ausführung notwendigen technischen Attribute. Dies führte in der Vergangenheit zu zahlreichen eher unglücklichen Versuchen, eine Konvertierung („Mapping") von BPMN-Modellen zu BPEL-Modellen zu erreichen (siehe Abschnitt 6.2.3 auf Seite 203). Erst mit der BPMN 2.0 wurde eine direkte Ausführbarkeit von BPMN-Prozessmodellen ermöglicht.

BPMN-Prozessmodelle können inzwischen also direkt in Workflow Engines ausgeführt werden, was ein wichtiges Argument für ihre Verwendung ist. Das zweite wichtige Argument ist die Standardisierung. Diese führt zu folgenden Vorteilen:

- Sie werden unabhängiger von bestimmten BPM-Tools, weil Sie nicht jedes Mal eine neue Notation erlernen müssen, wenn Sie das Tool wechseln. Schon heute existieren über 100 BPMN-Werkzeuge und viele davon sind sogar kostenlos verfügbar.
- Sie haben eine gute Chance, dass auch Ihre Gesprächspartner aus anderen Firmen (Kunden, Lieferanten, Berater etc.) die BPMN beherrschen und Ihre Prozessmodelle deshalb schneller verstehen.
- Wenn Sie neue Mitarbeiter einstellen, besteht auch dort eine größere Chance, dass diese Ihre BPMN-Prozessmodelle bereits lesen oder erstellen können.
- Sie profitieren davon, dass sowohl Hochschulen als auch Privatunternehmen Zeit und Geld investieren, um auf Basis von BPMN weitergehende Lösungen zu entwickeln. Unser später vorgestelltes BPMN-Framework ist ein Beispiel für dieses Engagement – wir hätten es niemals entwickelt, wenn BPMN kein Standard wäre.

1.2.2 DMN für regelbasierte Entscheidungen

DMN steht für „Decision Model and Notation" und wird genau wie BPMN von der OMG verwaltet. DMN wurde im September 2015 in Version 1.0 verabschiedet. Zum Zeitpunkt dieser Auflage war Version 1.2 aktuell, auf die wir uns in diesem Buch beziehen.

Eine Entscheidung im DMN-Sinn ist das Ableiten eines Ergebnisses („Output") aus gegebenen Tatsachen („Input") auf Basis einer definierten Logik („Decision Logic").

Es geht bei DMN also, anders als bei BPMN, nicht um Aktivitäten oder Abläufe. Ansonsten folgt DMN aber derselben Idee: Entscheidungen können durch Fachanwender modelliert und in einer Decision Engine ausgeführt werden. Genau wie bei BPMN enthält die DMN-

Standardspezifikation also sowohl eine verbale Beschreibung der Notation als auch ein XML-basiertes, formales Metamodell.

Im DMN-Standard werden unterschiedliche Wege angeboten, um Entscheidungen zu modellieren. Der populärste Weg ist die Entscheidungstabelle („decision table"), die in Abschnitt 5.2.1 auf Seite 179 beschrieben wird.

Innerhalb von Entscheidungstabellen müssen Sie die konkreten Bedingungen definieren, die für die Ermittlung eines Ergebnisses benötigt werden. Diese Definition muss fachlich verständlich und technisch ausführbar sein (Sie erkennen sicherlich die Analogie zur BPMN). Deshalb werden Sie eine formale Sprache namens Friendly Enough Expression Language (FEEL) verwenden, die ebenfalls Teil des DMN-Standards ist. Sie wird in Abschnitt 5.2.4 auf Seite 188 vorgestellt.

Komplexe Entscheidungen bestehen häufig aus einer Reihe vergleichsweise einfacher Entscheidungen. Die in Abschnitt 5.2.5 auf Seite 190 erklärten Decision Requirements Diagrams (DRD) helfen uns dabei, komplexe Entscheidungen in ihre Bestandteile zu zerlegen und damit übersichtlicher zu machen.

Ähnlich wie bei BPMN ist der Wert von DMN am höchsten, wenn die modellierten Entscheidungen in einer DMN-kompatiblen Decision Engine ausgeführt werden. Dadurch ergeben sich folgende Vorteile:

- **Transparenz:** Es ist für jeden leicht nachvollziehbar, wie bestimmte Entscheidungen getroffen werden. Das Wissen darüber ist weder nur in den Köpfen der entsprechenden Mitarbeiter noch im schwer einsehbaren Quellcode einer Anwendung vergraben.
- **Nachvollziehbarkeit:** Jede Entscheidung kann durch die Decision Engine automatisch protokolliert werden. Dadurch lässt sich auch im Nachgang nachvollziehen, warum bestimmte Entscheidungen getroffen wurden.
- **Flexibilität:** Die Entscheidungslogik kann schneller und einfacher angepasst werden. Sie muss weder durch langwierige Schulungen oder Arbeitsanweisungen in der Organisation ausgerollt werden noch müssen Softwareanwendungen angepasst und über Deployment-Prozeduren in Produktion gebracht werden. An dieser Stelle ist DMN sogar der BPMN ein wenig überlegen: Die Änderung von BPMN-Diagrammen, die in einer Engine ausgeführt werden, ist häufig zu anspruchsvoll, als dass sie Nicht-Programmierer gefahrlos vornehmen können. Das ist auf den ersten Blick nicht gleich erkennbar, denn wie schwierig kann das Hinzufügen, Verschieben oder Entfernen von ein paar Symbolen schon sein? Auf den zweiten Blick offenbart sich jedoch, dass der technische Prozess immer nur Teil einer Anwendungsarchitektur ist und man diese möglicherweise bricht, wenn man ihn verändert. Das kann zwar auch bei DMN-Entscheidungstabellen passieren, insgesamt sind die Konsequenzen dort aber besser erkennbar und anders als bei BPMN sind auch keine technischen Attribute hinter den Symbolen zu pflegen. In der Summe ist es also bei DMN eher möglich, den Fachbereich unabhängig von der IT an der Gestaltung oder Anpassung von Softwarelösungen zu beteiligen.

Es liegt auf der Hand, dass Aktivitäten und Entscheidungen bei der Betrachtung von Geschäftsprozessen eng verwoben sind. Tatsächlich wurde auch in der BPMN bereits mit Version 2.0, also im Februar 2011 und somit über vier Jahre vor der ersten Version von DMN, eine Geschäftsregelaufgabe („business rule task") definiert. Schon damals ging man also davon aus, dass im Zuge der Abarbeitung von Prozessen immer wieder Regelwerke geprüft werden, um etwas zu entscheiden. Allerdings war damals der Begriff „Decision Management" noch nicht gängig, sondern es wurde von „Business Rule Management" gesprochen, was die Bezeichnung des Aufgabentyps in BPMN erklärt.

1.2.3 Strukturierte und unstrukturierte Workflows

Obwohl BPMN sich dem Namen nach auf Geschäftsprozesse fokussiert, gilt eine wichtige Einschränkung: Es gibt Prozesse, die sich wenig bis gar nicht dafür eignen, mit BPMN modelliert und automatisiert zu werden. Diese Prozesse nennt man „unstrukturiert", was ausdrücken soll, dass sie nicht stets gleichartig und vorhersehbar ablaufen. Ein Beispiel: Wenn die Notärztin zum Unfallort gerufen wird, dann wird sie dort wahrscheinlich kein BPMN-Diagramm abarbeiten, sondern auf Basis ihrer Kenntnisse und Erfahrungen selbst entscheiden, welche Aktivitäten auszuführen sind.

Neben diesem sehr plakativen Beispiel gibt es viele weitere, weniger offensichtliche Beispiele aus nahezu allen Branchen und Unternehmensbereichen. Deshalb gibt es neben der BPMN seit einiger Zeit den CMMN-Standard. CMMN steht für „Case Management Model and Notation" und wurde von der OMG im März 2014 in Version 1.0 publiziert und liegt inzwischen in Version 1.1 vor.

In der fünften Auflage dieses Buches haben wir ein eigenes Kapitel zu CMMN hinzugefügt. Dort hatten wir die Notation im Detail eingeführt. In der Zwischenzeit haben wir zahlreiche Kundenprojekte begleitet und uns den Einsatz in der Praxis genau angeschaut. Dabei mussten wir feststellen, das CMMN auch nach über zwei Jahren noch nicht „abhebt" und vor allem im Vergleich zu BPMN und DMN kaum angewendet wird. Über die Zeit haben wir immer mehr Zweifel bekommen, was die Praxistauglichkeit angeht. Eine typische Beobachtung war beispielsweise, dass die Logik, ob bestimmte Aktivitäten möglich, notwendig oder gar verboten sind, in komplexen Regelwerken versteckt ist. Diese Regelwerke waren abseits der CMMN definiert und auch nicht grafisch sichtbar. Das CMMN-Modell wurde eigentlich reduziert auf eine Art Spiegelstrichliste von Aktivitäten. Und die grafischen Diagramme wurden selten den Fachbereichen überhaupt gezeigt. In Summe kann man also unstrukturierte Fallbearbeitung meist einfacher mit anderen Mitteln abbilden.

Daher haben wir CMMN in der sechsten Auflage wieder entfernt, um unsere Leser nicht zu verwirren. Stattdessen möchten wir in Abschnitt 4.5.5 auf Seite 169 beschreiben, wie man ein gewisses Maß an Unstrukturiertheit auch mit BPMN behandeln kann und wann dieser Ansatz an die Grenzen stößt.

Schließen Sie jetzt bitte die Augen (im metaphorischen Sinn) und stellen Sie sich vor, Sie führten einen Workshop zur Konzeption eines Geschäftsprozesses durch. Sie befinden sich in einem Raum mit den Menschen, die in diesem Prozess beteiligt sind, und Sie haben das Ziel, ein BPMN-Prozessmodell festzuhalten. Sie beginnen mit einem harmlosen kleinen Kreis, dem Starterereignis, und erkundigen sich dann nach der ersten Aufgabe. Doch diese hängt von zahlreichen Bedingungen ab, die aus den Leuten nur so heraussprudeln. Es scheint, Sie müssten zunächst eine Bedingungsprüfung mit einem Gateway modellieren, aus dem nicht zwei oder drei, sondern viel mehr mögliche Wege herausführen. Im weiteren Verlauf kommt immer wieder zur Sprache, dass man unter Umständen im Prozess zurückspringen muss. Das lässt sich mit BPMN an sich gut abbilden. Wenn aber mehr als die Hälfte der Aufgaben möglicherweise damit endet, dass man eine frühere Aufgabe wiederholen muss, ergibt sich schnell ein unübersichtliches Spaghetti-Diagramm.

Wenn Sie in eine solche Situation geraten sind, gibt es zwei mögliche Auswege:

1. Sie machen den Leuten klar, dass sie in Zukunft strukturierter arbeiten müssen. Das bedeutet, es gibt weniger Ausnahmen, Abweichungen, Rücksprünge oder Ähnliches. Dies wird dazu führen, dass sie weniger flexibel im Prozess agieren können, was zu Frustration bei Mitarbeitern und Kunden führen kann. Auf der anderen Seite wird nur auf diese Weise sichergestellt, dass der Prozessablauf vorhersehbar und einheitlich stattfindet (was wiederum zu Begeisterung bei Kunden führen kann) und dass man weniger vom impliziten Wissen der Menschen abhängt, die den Prozessablauf steuern.

2. Sie akzeptieren, dass dieser Prozess nicht einheitlich strukturiert werden kann, weil jeder Fall (!) anders gelagert sein kann. Sie müssen den Leuten, die diese Fälle bearbeiten, einen weitgehenden Freiraum zugestehen, damit sie ihre Kenntnisse und Erfahrungen voll zur Anwendung bringen können. In der Konsequenz kann die Fallbearbeitung nicht als BPMN-Prozessablauf dargestellt werden, und Sie müssen auf eine alternative Umsetzung ausweichen. Hier kommen dann meist Case Management Tools, Individualsoftware, Groupware oder simple Helferlein wie IFTTT oder Trello zum Einsatz.

Und auch wenn BPMN von einer klaren Sequenz, also einer Reihenfolge in der Bearbeitung der Aufgaben ausgeht, kann es natürlich auch Verzweigungen, Rückflüsse oder Reaktionen auf mögliche Ereignisse geben. In unserer Projekterfahrung waren diese Möglichkeiten für viele Problemstellungen völlig ausreichend, um das Maß an Unstrukturiertheit abzubilden, wie wir in Abschnitt 4.5.5 auf Seite 169 noch genauer erläutern werden. Und End-To-End-Prozesse werden selten komplett strukturiert bzw. unstrukturiert stattfinden. In den meisten Fällen gibt es innerhalb eines Prozesses strukturierte Abschnitte, die auf jeden Fall mit BPMN festgehalten werden können, und unstrukturierte Abschnitte, bei denen Sie eventuell auf andere Mittel zurückgreifen müssen.

Lassen Sie uns ein erstes Beispiel anschauen, das auch ein bisschen Flexibilität für individuelle Reaktionen des Sachbearbeiters vorsieht.

1.2.4 Einführungsbeispiel

Wir haben uns ein überschaubares und doch praxisnahes Beispiel überlegt, um Ihnen das Zusammenspiel der Standards BPMN und DMN zu erklären. Es stammt aus der Versicherungswirtschaft und ist natürlich stark vereinfacht. Tatsächlich haben wir es aber in der Praxis in ähnlicher Form häufig angetroffen, es ist also nicht unrealistisch.

Wenn Sie noch nie mit den zwei Standards in Berührung gekommen sind, wird Ihnen die nachfolgende Beschreibung möglicherweise wie ein Gewaltmarsch durch die Notationen erscheinen. Es werden zahlreiche Elemente erwähnt, deren Bedeutung Sie noch nicht kennen. Deshalb haben wir in Klammern einen Querverweis auf den Abschnitt im Buch eingefügt, in dem das jeweilige Element genauer erläutert wird.

Wir gehen außerdem in diesem Fallbeispiel davon aus, dass die besprochenen Modelle nicht nur der Dokumentation dienen, sondern tatsächlich auch in den jeweiligen Engines ausgeführt werden. Das ist keine graue Theorie, denn es gibt BPM-Softwareprodukte, die diese Möglichkeit bieten. Eines davon ist unser eigenes Produkt Camunda BPM, mit dem Sie Modelle in BPMN und DMN grafisch erstellen und technisch ausführen können.

Nach dieser kurzen Einleitung steigen wir direkt in das Fallbeispiel ein.

Angenommen, Sie möchten eine Kfz-Versicherung für Ihr Fahrzeug abschließen. In der heutigen Zeit begibt man sich hierfür natürlich ins Internet, vergleicht die möglichen Angebote und entscheidet sich dann für einen Anbieter. Sie betreten also die Webseite des Versicherers Ihres Vertrauens, der fiktiven „Camundanzia Versicherung", und füllen ein einfaches Antragsformular aus (siehe Abbildung 1.3). Hier werden u. a. folgende Daten abgefragt, die für den weiteren Prozessverlauf eine wichtige Rolle spielen:

- Ihr Geburtsdatum. In diesem Fall gehen wir vom 01.01.1980 aus, was zum Zeitpunkt, da diese Zeilen geschrieben werden, einem Alter von 39 Jahren entspricht.
- Der Hersteller Ihres Fahrzeugs, in diesem Fall ein BMW.
- Das Modell Ihres Fahrzeugs, in diesem Fall ein X3.

Sie schicken das Formular ab und lehnen sich in freudiger Erwartung Ihrer Versicherungspolice entspannt zurück.

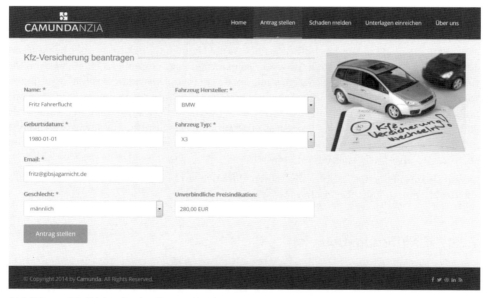

Abbildung 1.3 Webseite der Camundanzia

Die abgeschickten Formulardaten führen bei der Camundanzia zur sofortigen Instanziierung eines Geschäftsprozesses, der in BPMN modelliert wurde und in Camunda BPM technisch ausgeführt wird (siehe Abbildung 1.4 auf der nächsten Seite). Wir erkennen das am Startereignis „Antrag erhalten". Die in Abschnitt 1.1.4 auf Seite 5 erstmalig erwähnte, BPMN-kompatible Workflow Engine nimmt jetzt also ihre Arbeit auf.

Der Prozess beginnt direkt mit einer Geschäftsregelaufgabe „Risiko prüfen". Diese Aufgabe ist modellseitig mit einer DMN-Entscheidungstabelle „Risikoprüfung" verknüpft (siehe Abbildung 1.5 auf der nächsten Seite), die nun von der Decision Engine ausgeführt wird. Die Decision Engine prüft die Input-Werte Alter des Antragstellers sowie Hersteller und Modell des Fahrzeugs. Diese Werte wurden von der Process Engine an die Decision Engine bei Ausführung der Geschäftsregelaufgabe übergeben.

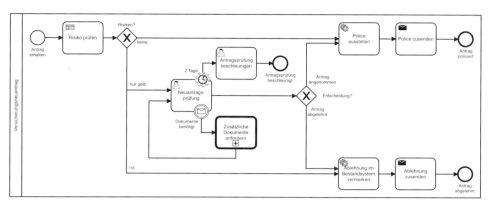

Abbildung 1.4 Antragsverarbeitung in BPMN

Risikoprüfung					
C	Alter	Fahrzeughersteller	Fahrzeugtyp	Risiko	Risikobewertung
1	<= 21	-	-	"Anfänger"	"gelb"
2	<= 25	"Porsche"	"911"	"Zu jung und zu schnell"	"rot"
3	<= 30	"BMW"	-	"Jung und schnell"	"gelb"
4	-	"Porsche"	"911"	"Sinnlose Raserei"	"gelb"
5	-	"BMW"	"X3"	"Hochwertfahrzeug"	"gelb"

Abbildung 1.5 Risikoprüfung in DMN

Da wir angegeben haben, einen BMW X3 zu fahren, greift ganz unabhängig von unserem Alter die Regel Nr. 5, derzufolge wir ein Hochwertfahrzeug fahren, was mit der Risikobewertung „gelb" klassifiziert wird.

Diese beiden Output-Werte werden von der Decision Engine an die Workflow Engine zurückgemeldet, die nun die Prozessausführung fortsetzt. Im nächsten Schritt stoßen wir auf ein XOR-Gateway (siehe Abschnitt 2.3.1 auf Seite 34), das auf Basis der Risikoprüfung entscheidet, wie der Prozess fortgesetzt werden soll.

Wären keine Risiken erkannt worden, hätte das Gateway den Pfad mit der Beschriftung „keine" gewählt. Das hätte zur Service-Aufgabe (siehe Abschnitt 2.7 auf Seite 73) „Police ausstellen" geführt, in der die Workflow Engine über eine Schnittstelle das Bestandssystem des Versicherers aufgerufen und dort die Generierung eines Dokuments angestoßen hätte. Dieses wäre, z. B. im PDF-Format, an die Workflow Engine zurückgegeben worden, die dann im nächsten Schritt in der Sende-Aufgabe „Police zustellen" das Dokument an den Antragsteller geschickt hätte.

Hätte hätte, Fahrradkette. Es kommt anders, denn tatsächlich wurde ja ein Risiko der Klasse „gelb" erkannt, was unser XOR-Gateway dazu veranlasst, die Benutzer-Aufgabe (siehe Abschnitt 2.7.1 auf Seite 73) „Neuantrag prüfen" anzusteuern. Die Workflow Engine wird also eine Aufgabe in die Inbox des zuständigen Sachbearbeiters legen und dann darauf warten, dass dieser ihr den Abschluss der Fallbearbeitung meldet. Dabei ist sie an sich geduldig, wird aber wegen des angehefteten Zeitereignisses (siehe Abschnitt 2.6.3 auf Seite 58) nach zwei Tagen eine Eskalation einleiten, indem sie eine Benutzer-Aufgabe namens „Antragsprüfung beschleunigen" initiiert. Diese könnte z. B. dem Gruppenleiter des Sachbearbeiters, der mit der Antragsprüfung betraut wurde, zugewiesen werden.

Wir gehen an dieser Stelle aber davon aus, dass der Sachbearbeiter umgehend den Fall bearbeitet und sich also fragt: Soll der Antragsteller trotz Hochwertfahrzeug versichert werden? Vielleicht kann der Sachbearbeiter aber noch gar nicht entscheiden, sondern braucht zuerst weitere Dokumente. Dies kann er dem Prozess mitteilen, indem er einen Button in seiner Benutzeroberfläche drückt, was dann zu der Nachricht „Dokumente benötigt" an die Workflow Engine führt. Es mag Ihnen etwas komisch erscheinen, dass ein Mensch über einen Button Nachrichten an eine Workflow Engine schickt. Lassen Sie sich davon nicht beirren; das Muster ist sehr erfolgreich, und man gewöhnt sich rasch dran.

Abbildung 1.6 zeigt, wie das Formular des Sachbearbeiters aussehen könnte. Wenn er weitere Dokumente anfordert, wird die Prozess-Aufgabe (siehe Abschnitt 2.8.2 auf Seite 82) „Dokumentenanforderung" gestartet, die wiederum mit einem separaten BPMN-Prozessmodell verknüpft ist.

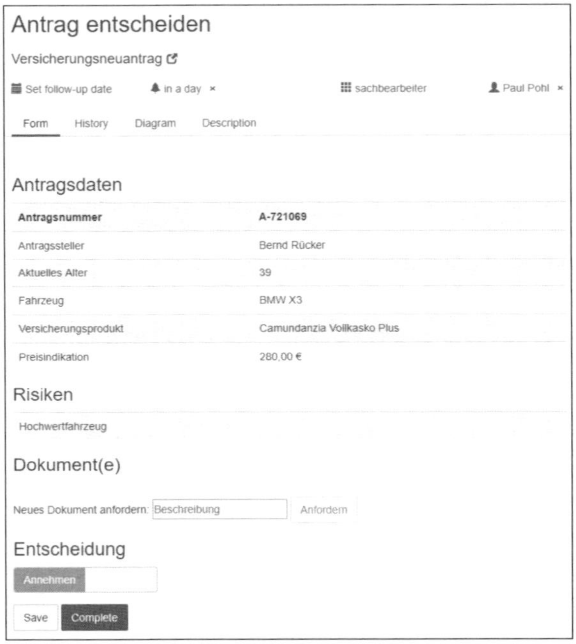

Abbildung 1.6 Maske zur Antragsprüfung für den Sachbearbeiter

Nehmen wir aber der Einfachheit halber an, er nimmt den Antrag direkt an. Nun wird der BPMN-Prozess fortgesetzt, d. h. die Workflow Engine erreicht das XOR-Gateway „Entscheidung?" und wählt den Pfad „Antrag angenommen". Jetzt wird die oben beschriebene Möglichkeit zur Tatsache: Die Service-Aufgabe besorgt die Versicherungspolice vom Bestandssystem, und die Sende-Aufgabe schickt diese per E-Mail an den Versicherungsnehmer.

Seitdem wir unseren Antrag auf eine Kfz-Versicherung abgeschickt haben, ist vielleicht nur eine halbe Stunde vergangen, die wir selig dösend vor dem Schreibtisch sitzend verbracht haben. Aufgeschreckt durch den Signalton einer erhaltenen Nachricht prüfen wir unsere E-Mails und sind begeistert von der Geschwindigkeit, mit der die Camundanzia unsere Police ausgestellt hat.

Damit beenden wir unser Fallbeispiel und hoffen, es war erhellend. Wie Sie sehen, haben beide BPM-Standards ihre Existenzberechtigung. Allerdings überlappen sie sich auch in einigen Fällen. Besonders häufig hören wir die Frage, warum es Entscheidungstabellen gibt. Entscheidungen auf Basis von Geschäftsregeln können in BPMN doch auch über Gateways abgebildet werden. Diese Frage beantworten wir in Abschnitt 4.5.6 auf Seite 171.

1.3 Kann BPMN den Graben schließen?

1.3.1 Das Dilemma

Die BPMN stellt in erster Linie eine Reihe von Symbolen bereit. Darüber hinaus enthält sie eine gewisse Methodik, die sich vor allem in den Regeln ausdrückt, nach denen diese Symbole grafisch miteinander verbunden werden dürfen. Die grafische Definition der Symbole und die Regeln ihrer Anwendung bezeichnet man auch als Syntax. Die inhaltliche Bedeutung der Symbole bzw. der Konstrukte, die Sie mit den Symbolen modellieren können, wird als Semantik bezeichnet.

Leider wird allein die Kenntnis der BPMN-Symbole noch nicht dafür sorgen, dass Sie „gute" Prozessmodelle erstellen.

Wir arbeiten seit 2007 mit der BPMN. In dieser Zeit haben wir sie sehr häufig und umfangreich angewandt. Und eines können Sie uns glauben: Wir haben dabei furchtbar gelitten. Das liegt vor allem daran, dass wir uns stets um eine syntaktisch korrekte und semantisch konsistente, also widerspruchsfreie Modellierung bemüht haben. Man kann es sich auch leichter machen, indem man sagt: „Das Prozessmodell ist syntaktisch nicht ganz korrekt, und wirklich widerspruchsfrei ist es auch nicht. Aber egal, Hauptsache, der Betrachter versteht es!" Dieser Schuss geht nach hinten los:

- Wenn Sie die BPMN nicht syntaktisch korrekt anwenden, verlieren Sie alle Vorteile der Standardisierung. Wozu braucht man einen Standard, wenn die Modelle am Ende doch wieder alle unterschiedlich aussehen? Viele BPMN-Werkzeuge ermöglichen Ihnen auch gar keine syntaktisch falsche Modellierung.
- Semantische Ungenauigkeiten oder Widersprüche bergen immer das Risiko, dass Ihr Modell falsch interpretiert wird. Dieses Risiko ist besonders groß, wenn Sie ein SOLL-Prozessmodell erstellen und es dann in die IT geben, damit diese es technisch umsetzt.
- Wenn Sie Ihr Prozessmodell für die Ausführung direkt in eine Workflow Engine geben wollen, haben Sie gar keine andere Wahl, als korrekt, präzise und konsistent zu modellieren.

Wir müssen deshalb zwei sich widersprechende Ziele unter einen Hut bringen:

1. Das Prozessmodell muss von unterschiedlichen Betrachtern verstanden und akzeptiert werden, weshalb es möglichst einfach zu lesen sein muss.
2. Das Prozessmodell muss den Ansprüchen einer formalen Modellierung genügen, was in den meisten Fällen zu Komplexität führt und einem unerfahrenen Betrachter das Verständnis erschwert.

Dieser Konflikt ist der Hauptgrund dafür, dass es in der Vergangenheit kaum gelungen ist, den Verständnisgraben zwischen Business und IT mithilfe von Prozessmodellen zu schließen. Und jetzt kommt die Katastrophe: Die BPMN allein kann das auch nicht!

Genau wie die deutsche Sprache kann auch die BPMN mit sehr großen Erfolgen, aber auch Fehlschlägen verwendet werden. Und genau wie bei der deutschen Sprache hängt die richtige Verwendung vor allem davon ab, mit wem Sie kommunizieren möchten und worüber. Wenn Sie mit Ihrem Kollegen die Details einer zu entwickelnden IT-Anwendung besprechen, werden Sie ein anderes Deutsch verwenden, als wenn Sie Ihrem dreijährigen Sohn erklären, warum die Katze nicht gern am Schwanz gezogen wird. Und genauso werden Sie für die Abstimmung mit Ihrem IT-Kollegen andere BPMN-Prozessmodelle brauchen als für die Darstellung des zukünftigen Prozesses gegenüber dem Top-Management. Ob Sie hier eine Analogie zum Kleinkind sehen, können Sie selbst entscheiden.

Sie müssen also für bestimmte Zielgruppen und Themen ganz unterschiedliche BPMN-Prozessmodelle entwickeln, damit diese einerseits verstanden werden und andererseits alle Fakten enthalten, die für das jeweilige Thema wichtig sind. Die BPMN kann zwar eine „gemeinsame Sprache" für Business und IT sein – die Wortwahl und Formulierungen werden trotzdem unterschiedlich bleiben.

Für die Arbeit mit BPMN gilt deshalb:

> **Der Anspruch an die Präzision und formale Korrektheit des Prozessmodells muss abhängig vom Ziel der Modellierung und den zu erwartenden Betrachtern unterschiedlich hoch sein.**

1.3.2 Die Kunden eines Prozessmodells

Wenn wir Prozesse modellieren, müssen wir „kundenorientiert" vorgehen. Das bedeutet, wir müssen stets an den Betrachter des Modells denken und uns in seine Lage hineinversetzen. Das klingt vielleicht banal, aber die wenigsten Prozessmodelle werden diesem Anspruch gerecht.

Die Interessen und Kompetenzen der möglichen Betrachter unserer Prozessmodelle können sehr unterschiedlich sein. Wir haben einmal die typischen Rollen zusammengestellt, auf die wir in unseren BPM-Projekten gestoßen sind. Relativ selten entsprechen sie auch wirklichen Stellen in der Primärorganisation. Meistens bezeichnen sie einfach eine Reihe von Aufgaben, die von bestimmten Projektteilnehmern wahrgenommen werden. Wir konnten aber auch feststellen, dass diese Rollen umso konsequenter definiert und zugeordnet werden, je mehr Erfahrung das Unternehmen mit Business Process Management bereits gesammelt hat. Deshalb empfehlen wir auch BPM-Anfängern, sich mit ihnen vertraut zu machen. Wir haben englische Bezeichnungen für diese Rollen gewählt, weil unsere Kunden häufig international agieren. Das deutsche Äquivalent finden Sie jeweils in Klammern.

- **Process Owner (Prozessverantwortlicher):** Der Process Owner besitzt die strategische Verantwortung für einen Prozess. Er hat ein vitales Interesse an einer Optimierung der Prozessleistung und genehmigt bei Bedarf das entsprechende Budget – sofern er von der Wirksamkeit des beantragten Verbesserungsprojekts überzeugt ist. In den meisten Unternehmen ist der Process Owner auf der ersten oder zweiten Führungsebene zu finden, er ist also ein Mitglied der Geschäftsleitung oder Leiter eines größeren Bereichs.

- **Process Manager (Prozessmanager):** Der Process Manager verantwortet den Prozess operativ. Er berichtet direkt oder indirekt an den Process Owner und stellt die Anträge für Verbesserungsprojekte. Gegenüber externen Dienstleistern tritt er als Auftraggeber auf. Der Process Manager ist häufig im mittleren oder unteren Management angesiedelt.
- **Process Participant (Prozessbeteiligter):** Die Process Participants arbeiten selbst in den Prozessen, erbringen also die eigentliche Wertschöpfung. Ihr Verhältnis gegenüber dem Process Manager kann sehr unterschiedlich sein: In den meisten Unternehmen existiert eine funktionale Organisation, also eine Aufteilung in Vertrieb, Logistik etc. In solchen Fällen ist der Process Manager meistens gleichzeitig eine funktionale Führungskraft in dem Bereich, in dem der Prozess überwiegend abgewickelt wird, sodass die Participants direkt an ihn berichten. Falls der Prozess zum Teil auch in anderen Abteilungen abgewickelt wird, was ziemlich häufig der Fall ist, kann es natürlich zu Konflikten zwischen dem Process Manager und den Führungskräften der anderen Bereiche kommen. Dieses klassische Problem der Prozess-Matrixorganisation (siehe Abbildung 1.7) kann durch Prozessmodellierung allein aber nicht gelöst werden, weshalb wir es in diesem Buch nicht weiter beleuchten.
- **Process Analyst (Prozessanalyst):** Die Kernkompetenz des Process Analyst ist Business Process Management im Allgemeinen und die BPMN im Besonderen. Er unterstützt den Process Manager als interner oder externer Dienstleister in allen Phasen des BPM-Kreislaufs. Er kann der Ansprechpartner für externe Dienstleister sein bzw. vertritt gegenüber diesen den Process Manager als Auftraggeber. Innerhalb des Unternehmens ist der Process Analyst meistens entweder in einem eigenen Kompetenzbereich für BPM angesiedelt, z. B. der Betriebsorganisation, oder er gehört zur IT-Abteilung. Er ist jedoch in den seltensten Fällen selbst für die technische Umsetzung verantwortlich, auch wenn er eine starke IT-Affinität besitzt. Der Process Analyst besitzt ein großes Kommunikations- und Organisationstalent. Vor allem aber ist er, wie der Name schon sagt, ein Analytiker. Die BPMN beherrscht er im Schlaf und als Brückenbauer zwischen Business und IT ist er der Dreh- und Angelpunkt eines jeden BPM-Projekts. Nach unserer Erfahrung sind ca. 70 % der Menschen, die diese Rolle für sich in Anspruch nehmen oder ihr zugeordnet werden, eher ungeeignet. Meistens, weil ihnen die ausreichende analytische Veranlagung fehlt. Die wichtigste Qualifikation eines Process Analyst ist nicht das Senden, sondern

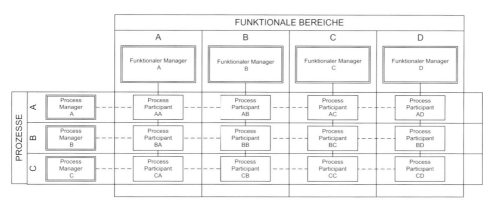

Abbildung 1.7 Die Prozess-Matrixorganisation

das Empfangen. Gute Process Analysts haben ein natürliches Bedürfnis, alles genau zu verstehen. Gleichzeitig besitzen sie die notwendige Empathie, um sich auf ihre Gesprächspartner einzustellen und zielgruppengerecht zu kommunizieren. Sie denken selbst an jedes Detail, können diese Details gegenüber anderen aber auch ausblenden und die Modelle auf das Wesentliche reduzieren. Die meisten Projektleiter sind eher anders gestrickt und verstehen sich als „dynamische Macher", die ständig irgendwen „ins Boot" oder auch „die Kuh vom Eis" holen und generell unheimlich gut delegieren können. Deshalb kann es sinnvoll sein, dass Projektleiter und Process Analyst nicht ein und dieselbe Person sind. Im Idealfall ist Ihr Process Analyst aber tatsächlich auch in der Lage, ein BPM-Projekt zu managen. Ein guter Process Analyst ist vielleicht nicht automatisch auch ein guter Projektleiter, aber er ist zumindest schon mal kein ahnungsloser Schwätzer.

- **Process Engineer (Prozessingenieur):** Der Process Engineer setzt den vom Process Analyst modellierten SOLL-Prozess technisch um. Im Idealfall tut er das in der Workflow Engine, er nimmt also eine Prozessautomatisierung vor. Prinzipiell kann man natürlich auch einen Programmierer als Process Engineer bezeichnen, der die Prozesslogik in Java, C# o. Ä. ausprogrammiert. Seine Arbeit findet hauptsächlich in der Umsetzungsphase des BPM-Kreislaufs statt, in die übrigen Phasen kann er allerdings bereits als Gesprächspartner vom Process Analyst einbezogen werden.

Nachdem wir die möglichen Kunden eines Prozessmodells skizziert haben, können wir darüber sprechen, wie die Modelle jeweils aussehen sollten, um diese Kunden glücklich zu machen.

■ 1.4 Ein Methoden-Framework für BPMN

In unseren Beratungsprojekten und Seminaren haben wir zahlreiche Menschen aus verschiedensten Unternehmen an die BPMN herangeführt. Die dabei gesammelten Erfahrungen überführten wir in ein Framework zur praktischen Anwendung der BPMN. Mithilfe dieses Frameworks entscheiden wir, in welchen Situationen wir welche BPMN-Symbole und -Konstrukte anwenden und wann wir aus Gründen der Vereinfachung bewusst darauf verzichten. Der Schwerpunkt des Frameworks liegt auf Projekten, bei denen Prozesse eine verbesserte IT-Unterstützung erhalten sollen und vor allem im SOLL-Zustand modelliert werden. Grundsätzlich können die vorgestellten Modellierungspattern aber auch auf andere Szenarien wie z. B. die Erhebung, Dokumentation und Analyse von IST-Prozessen angewandt werden.

In der Ihnen vorliegenden Auflage haben wir die visuelle Darstellung dieses Frameworks überarbeitet. Wir haben das im Vorwort bereits angedeutet – falls Sie es noch nicht gelesen haben, wäre jetzt ein guter Zeitpunkt, dies nachzuholen. Im nachfolgenden Abschnitt wird die aktuelle Version des Frameworks vorgestellt. Danach erklären wir, was uns zu dieser Überarbeitung bewogen hat. Im Grunde kritisieren wir an dieser Stelle eine weit verbreitete Vorgehensweise in prozessbezogenen IT-Projekten und beschreiben ein alternatives und unserer Erfahrung nach besseres Vorgehen.

1.4.1 Das Camunda-Haus

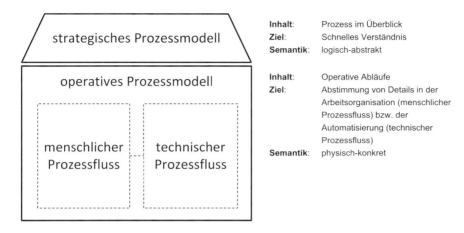

Abbildung 1.8 Camunda-BPMN-Framework

Das in Abbildung 1.8 zu sehende „Camunda-BPMN-Framework" (oder kurz: „Camunda-Haus") unterscheidet zwischen strategischen und operativen Prozessmodellen:

- **Strategisches Prozessmodell:** Die primäre Zielgruppe von strategischen Prozessmodellen sind Process Owner und Process Manager, ferner Process Participants und Process Analysts in einer frühen Phase des Verbesserungsprojekts. Es geht darum, eine grundsätzliche, ergebnisorientierte Darstellung des Prozesses zu liefern. Der Hauptanspruch liegt auf einem schnellstmöglichen Verständnis des groben Ablaufs, ohne dass spezielle BPMN-Kenntnisse benötigt werden. Der Prozess wird anhand weniger Schritte aus der Vogelperspektive skizziert, mögliche Varianten oder Fehler werden nicht dargestellt. Genaue Hinweise zur Erstellung von strategischen Prozessmodellen finden Sie in Kapitel 3.

- **Operatives Prozessmodell:** Hier betrachten wir die operativen Details der tatsächlichen Abwicklung. Diese Abwicklung besteht aus menschlichen und/oder technischen (Prozess-)Flüssen, die entsprechend modelliert werden. Ein menschlicher Fluss wird von Participants abgearbeitet, während ein technischer Fluss von einem Softwareystem (vorzugsweise einer Workflow Engine) abgearbeitet wird. Natürlich können menschliche und technische Flüsse in einer Interaktionsbeziehung stehen. Beispielsweise kann ein Participant im Rahmen seiner Arbeit einen technischen Fluss anstoßen (indem er eine Softwarefunktion aufruft o. Ä.), oder ein technischer Fluss erfordert eine Handlung durch einen Participant, sodass ein menschlicher Fluss durch ein Softwaresystem angestoßen wird (Versand einer E-Mail, Zuordnung einer Aufgabe etc.). Die Entwicklung menschlicher und technischer Prozessflüsse wird in Kapitel 4 und Abschnitt 6.3 behandelt.

Das Camunda-Haus ist ein rein methodisches Framework, es funktioniert also unabhängig von bestimmten Softwaretools. Allerdings wird die praktische Anwendbarkeit durch bestimmte Tool-Funktionen erleichtert. Diesem Thema widmen wir uns in Abschnitt 7.4.2 auf Seite 240.

Rund die Hälfte aller Seiten dieses Buchs entfällt auf die genaue Beschreibung dieses Frameworks, wobei in diesen Kapiteln auch unabhängig davon viele praktische Hinweise geliefert werden. Falls Sie es also nicht mögen, lesen Sie diese Seiten einfach trotzdem. Betrachten Sie das Camunda-Haus in diesem Fall als eine Art Kategorisierung unserer Tipps und Tricks für die praktische Anwendung der BPMN.

In jedem Fall freuen wir uns über Ihr Feedback unter bpmn@camunda.com, ganz allgemein zum Buch, aber erst recht zu unserem Framework. Es liegt in der Natur der Sache, dass unser Ansatz nicht perfekt sein kann, sondern einer ständigen Weiterentwicklung unterworfen ist. Wenn Sie uns dabei helfen, haben am Ende alle etwas davon.

Tooling

Das Camunda-Haus wurde projektbezogen entwickelt und bezieht sich immer nur auf einen einzelnen Prozess bzw. auf eine überschaubare Gruppe von Prozessen, die zueinander in Beziehung stehen. Die Modellierung der gesamten Prozesslandschaft, beispielsweise mithilfe sogenannter Prozesslandkarten, ist vorerst nicht Gegenstand der Betrachtung.

Prozesslandkarten sind auch nicht im Portfolio der BPMN enthalten. Zwar haben wir aufgrund expliziter Kundenwünsche bereits die eine oder andere Prozesslandschaft mit BPMN modelliert, vorrangig mit den in Abschnitt 2.9 auf Seite 92 beschriebenen zugeklappten Pools und Nachrichtenflüssen. Wirklich empfehlenswert ist das aber nicht. Wenn Sie eine Prozesslandkarte möchten, sollten Sie ein BPMN-Tool verwenden, das hierfür eine entsprechende proprietäre Notation anbietet, meistens bestehend aus Blockpfeilen und Rechtecken sowie der Möglichkeit, diese unterschiedlich einzufärben.

Sie können aber natürlich solche proprietären Prozesslandkarten durch BPMN-Diagramme verfeinern, indem Sie die einzelnen Elemente mit Ablaufdiagrammen verknüpfen. Dieses Thema wird in unserem Buch jedoch nicht weiter vertieft.

1.4.2 Das große Missverständnis

Dies ist ein Geständnis. Wir bekennen uns schuldig, ein irreführendes Schaubild verbreitet zu haben. Das in Abbildung 1.9 auf der nächsten Seite zu sehende „Camunda-BPMN-Framework" in der Version 1 wurde mit der ersten Auflage dieses Buchs Anfang 2009 veröffentlicht und es war ein großer Erfolg. Hunderte BPMN-Projekte haben sich in den letzten fünf Jahren daran orientiert und selbst ein großer deutscher Softwarehersteller hat es eines Tages in sein Marketing-Material übernommen.

Allerdings führte es zu einigen Missverständnissen:

Im dargestellten Schaubild wird zwischen einer strategischen, einer operativen und einer technischen Ebene unterschieden. Es ähnelt auf dem ersten Blick dem Camunda-Haus, das allerdings die „technische Ebene" als Komponente mit der Bezeichnung „technische Prozessflüsse" innerhalb des „operativen Prozessmodells" definiert und nicht als eigenständige „Ebene". Im bisherigen Framework wurde hingegen die „operative Ebene" mit dem gleichgesetzt, was in der aktuellen Fassung als „menschliche Prozessflüsse" definiert wird.

1.4 Ein Methoden-Framework für BPMN

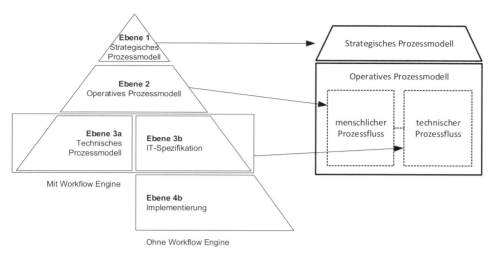

Abbildung 1.9 Vom alten zum neuen Camunda-BPMN-Framework

Diese Änderung war notwendig, weil mitunter angenommen wurde, die „technische Ebene" wäre eine Verfeinerung der „operativen Ebene", sie wäre also detaillierter modelliert. Das ist eine Fehlinterpretation: Tatsächlich kann es durchaus passieren, dass Modelle der „operativen Ebene" (im Sinne des alten Frameworks) detaillierter sind als das entsprechende Modell der technischen Ebene. Es kann ja durchaus simple technische Prozessflüsse geben, in deren Verlauf eine komplexe manuelle Aufgabe angestoßen wird, die ihrerseits durch einen komplexen manuellen Prozess abgewickelt wird.

In diesem Zusammenhang entstanden zwei weitere Irrtümer:

Es wurde angenommen, dass die drei Modellierungsebenen zeitlich gesehen nacheinander entstehen sollten. Das heißt, im Projektverlauf sollte ein Soll-Prozess zuerst auf strategischer Ebene konzipiert werden, danach auf operativer Ebene und zuletzt auf technischer Ebene. Das ist falsch. Tatsächlich kann es je nach Projektsituation absolut sinnvoll sein, zuerst ein operatives Modell und hier sogar zuerst den technischen Fluss zu modellieren, um dann abzuleiten, welche Implikationen dies für die Arbeitsweise der Prozessbeteiligten hat, und das Ganze zum Schluss in einem strategischen Prozessmodell übersichtlich zusammenzufassen. Tatsächlich ist es sogar sehr häufig so, dass die technischen und menschlichen Flüsse eines Prozessmodells **gleichzeitig** (z. B. im Verlauf eines Workshops) entstehen.

Der zweite Irrtum bezog sich auf eine strenge Verantwortungstrennung: Man nahm an, dass die strategische und operative Ebene allein von der Fachseite definiert werden sollte, während die technische Ebene ausschließlich durch die IT zu definieren sei. Diese Annahme fanden wir besonders häufig in Unternehmen mit schwierigen politischen Situationen vor, in denen also die Zusammenarbeit zwischen IT, Betriebsorganisation und Fachabteilungen nicht immer reibungslos verlief.

Es ist wichtig zu verstehen, dass auch ein technischer Fluss ein „fachliches Modell" ist, da er fachliche Anforderungen beschreibt. Der Unterschied zu einem klassischen Anforderungsdokument besteht „nur" in der Tatsache, dass der technische Fluss gleichzeitig den ausführbaren Quellcode visualisiert. Genau das ist ja eine der großen Stärken der BPMN. In der Konsequenz wäre es ein schwerer Fehler, die Verantwortung für diese technischen

Flüsse allein demjenigen zuzusprechen, der für die technische Umsetzung zuständig ist. Viel zu groß ist das Risiko, dass dabei ein Modell herauskommt, dass zwar technischen Anforderungen genügt, für die Fachseite aber nicht mehr verständlich ist.

Gleichzeitig wäre es ein Fehler, die IT-Seite in der Gestaltung der menschlichen Prozessflüsse nicht, nur unzureichend oder zu spät zu involvieren. Schlussendlich ist es naiv zu glauben, man könne einen Prozess zunächst rein organisatorisch definieren, um im Anschluss die technische Umsetzung daran auszurichten. Die Realität hat immer wieder gezeigt, dass organisatorische Klärungen maßgeblich durch die technischen Möglichkeiten beeinflusst werden: entweder, weil bestimmte Wünsche technisch nicht (kostengünstig) realisierbar sind, es also zu beachtende Restriktionen gibt. Oder aber, weil bestimmte technische Möglichkeiten zunächst gar nicht bekannt sind, es also weniger Restriktionen gibt als angenommen.

Zusammengefasst kann man sagen: Das operative Prozessmodell „gehört" sowohl der Fachseite als auch der IT, es ist ein gemeinsames Artefakt und sollte auch gemeinsam entwickelt werden.

Was bedeutet diese Forderung für unser Projektvorgehen? Im Grunde reiht sie sich ein in die (nicht mehr brand-)aktuellen Ansätze der agilen Projektorganisation. Das klassische Wasserfallmodell hat ausgedient, die strenge Trennung zwischen Konzept und Umsetzung ist überholt. Heutzutage wissen wir, dass vielleicht nicht alle, aber doch sehr viele IT-Projekte besser iterativ entwickelt werden, sei es in „Sprints", wie sie im Vorgehensmodell „Scrum" bezeichnet werden, oder auch anders. Diese Erkenntnis gilt genauso für IT-Projekte zur Verbesserung bzw. Automatisierung von Geschäftsprozessen. Hinzu kommt wie oben betont die Erkenntnis, dass Fach- und IT-Seite nicht voneinander isoliert arbeiten sollten.

Um es ganz klar zu sagen: Die Projektbeteiligten müssen möglicherweise aus ihren „Komfortzonen" geholt und dazu motiviert werden, sich mit der „Gegenseite" im wahrsten Sinne des Wortes an einen Tisch zu setzen. Wir haben das in den vergangenen Jahren mehr als einmal angeregt oder auch durchgesetzt, und das Ergebnis war jedes Mal das Gleiche: ein großes, fast schon euphorisches Erstaunen darüber, wie viel produktiver man in den Projekten ist, wenn Fach- und IT-Seite auch nur eine Woche lang in einem Raum sitzen, gemeinsam den Soll-Prozess vom strategischen bis zum operativen Prozessmodell **inklusive** technischer Flüsse durchdefinieren, die technischen Flüsse in einer ersten Iteration direkt lauffähig gemacht werden (ja, das ist in wenigen Tagen oder sogar Stunden machbar) und man sich gemeinsam das Ergebnis ansieht.

Zur Untermauerung möchten wir an dieser Stelle Thorsten Schramm von der LVM Versicherung zitieren, mit dem wir einen solchen Workshop einmal durchgeführt haben:

„Wir haben es innerhalb weniger Tage geschafft, die gesamte Projektgruppe, bestehend aus Mitarbeitern der IT und der Fachabteilung, für die BPMN 2.0-Prozess-Modellierung zu begeistern, sodass nun mit dem erlernten Wissen erste Prozessmodelle entstehen."

Thorsten hat es auf den Punkt gebracht – wir würden sogar so weit gehen zu behaupten, dass diese Erfahrung in manchen Organisationen einen noch größeren Nutzen stiften kann als das Erlernen der BPMN-Methodik selbst. In diesen Fällen ist BPMN „nur" das Vehikel, um eine positive Entwicklung der Unternehmenskultur in Gang zu setzen.

1.5 Domänen, Systemgrenzen und BPMN-Monolithen

Zum Zeitpunkt der sechsten Auflage dieses Buches waren Microservice-Architekturen klar auf dem Vormarsch. Bei einer Umfrage im Jahr 2018 ([Cam18]) haben 63 % der teilnehmenden Unternehmen angegeben, bereits auf diesen Architekturstil zu setzen. Die Idee dahinter ist, nicht länger große monolithische Softwaresysteme zu bauen, sondern kleinere fokussierte Services, die Microservices. Jedem dieser Services wird eine genaue fachliche Verantwortung zugeteilt, und es kümmert sich genau ein Team möglichst autonom um die Konzeption, Umsetzung, Wartung und den Betrieb dieses Services. Das restliche Unternehmen kennt nur den Zweck sowie die Schnittstelle dieses Service. Dies widerspricht zum Beispiel der horizontalen Aufteilung von Teams, es gibt also nicht die Datenbänkler, die Betriebsleute, die Business-Analysten und die Softwareentwickler. Es gibt dagegen das „Neuantrags-Team", in dem alle diese Rollen zusammenkommen.

Die Aufteilung in Microservices hat Auswirkungen auf Geschäftsprozesse und wie diese in BPMN modelliert werden. Denn selten wird ein Prozess in einem Microservice komplett abgehandelt, viel mehr müssen mehrere Services interagieren, um den End-to-end-Geschäftsprozesse abzubilden.

Wenn Sie jetzt an das Camunda-Haus denken bedeutet dies, dass mehrere operative Prozesse (in den jeweiligen Microservices) zusammenspielen, um das übergeordnete Ziel zu erfüllen. Wollten wir die Metapher auf Teufel-komm-raus weiter treiben, wäre es wohl ein Dorf, bestehend aus verschiedenen Camunda-Häusern. Der End-to-end-Prozess aus Sicht des Kunden wäre wohl das Tor in der Stadtmauer und... Aber lassen wir das und schauen lieber auf das kleine Beispiel in Abbildung 1.10 auf der nächsten Seite.

Der Microservice Versicherungsneuantrag hat die Verantwortung den Neuantrag für eine Versicherung End-to-end über die Bühne zu bekommen. Dafür beinhaltet er einen BPMN-Prozess, den wir bereits genauer dargestellt haben. Nun ist aber die Policierung an sich eine davon unabhängige Aufgabe und wird vermutlich in einem separaten Microservice abgehandelt. Dieser ist vielleicht nur eine Facade vor einem betagten Bestandssystem. Die zwei Microservices müssen nun zusammenspielen um einen Neuantrag abzuwickeln.

Dabei ist die Herausforderung übrigens meist der Schnitt der Services, also die genaue Verantwortung für einzelne Services festzulegen. Dabei gibt es kein richtig oder falsch, sondern nur ein mehr oder weniger passend. In unserem Beispiel gäbe es verschiedene Varianten, die alle sinnvoll sein können. So könnte der Microservice zur Policierung die Police selbst verschicken, es kann aber auch im Neuantrag beheimatet sein. Eventuell gibt es aber auch einen eigenen Service zum Versand von Dokumenten. Wichtig ist, eine bewusste Entscheidung zu treffen, und dann die Prozesse entsprechend zu gestalten. Für dieses Thema können wir Ihnen die Literatur rund um das so genannte Domain-driven Design ans Herz legen. Und wenn Sie gerade sowieso eine Ablenkung brauchen schauen Sie doch mal im Internet vorbei und suchen nach dem so genannten „Bounded Context".

An dieser Stelle möchten wir lediglich noch explizit vor – wie wir es nennen – „BPMN Monolithen" warnen. Ein BPMN Monolith ist ein Prozessmodell, dass Details aus verschiedenen Microservices vermischt, also deren Verantwortlichkeit nicht respektiert. Ein solches Modell hat damit auch keinen klaren Prozessverantwortlichen und ist meist sehr umständlich ab-

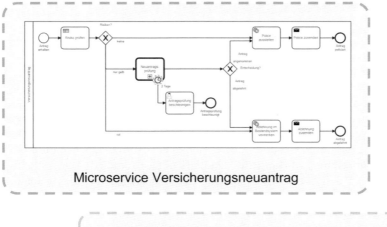

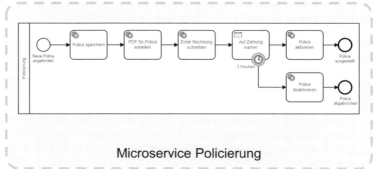

Abbildung 1.10 Verschiedene Microservices müssen zusammen arbeiten um einen End-to-end-Geschäftsprozess abzubilden. Jeder Microservice hat dabei seinen eigenen lokalen Prozess.

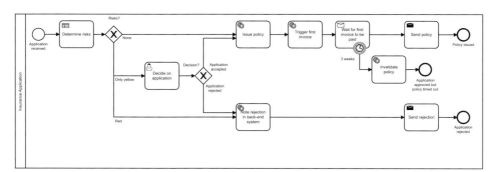

Abbildung 1.11 Antipattern BPMN Monolith: Dieses Modell enthält Details aus der Verantwortlichkeit unterschiedlicher Microservices.

zustimmen, da zu viele Stakeholder mitsprechen möchten. Sie können dieses Modell nicht direkt automatisieren, da es ja auf verschiedene Microservices verteilt werden muss.

Abbildung 1.11 auf der vorherigen Seite zeigt ein Beispiel eines solchen BPMN Monolithen. Neben der Antragsbearbeitung wird Fachlichkeit der Policierung eingestreut, zum Beispiel die Tatsache, dass Policen nur dann gültig werden, wenn die erste Rechnung innerhalb einer definierten Frist bezahlt wird. Genau dieses Detail könnte dem Neuantrag egal sein – er will nur wissen ob eine Policierung erfolgreich war oder nicht – und vielleicht wie lange er maximal warten muss.

Wir wissen aus eigener Erfahrung, dass man in der Hitze eines erfolgreichen Modellierungsworkshop sehr schnell diese Monolithen erstellt, da viele Details in diesem Moment sehr natürlich aus den Teilnehmern heraussprudeln. Oft ist es sogar sehr hilfreich zum Verständnis der Gesamtsituation, diese Modelle zuzulassen. Allerdings dürfen sie nicht weitergeführt oder gar automatisiert werden, sondern sie sind ein Zwischenschritt bevor der Prozess in die erforderlichen Einzelteile zerschnitten wird. Dabei müssen dann unbedingt die Microservice-Grenzen berücksichtigt werden.

Und natürlich kann es in vielen Situationen nach wie vor sinnvoll sein ein monolithisches System zu entwerfen. In diesem Fall können Sie dann auch nach Lust und Laune einen BPMN Monolithen modellieren und ausführen.

In Kapitel 4.5.3 auf Seite 167 werden wir dieses Thema nochmals mit einem anderen Beispiel aufgreifen.

2 BPMN – die Notation im Detail

2.1 BPMN verstehen

Was weiß ein Affe vom Geschmack von Ingwer?

Die diesem indischen Sprichwort zugrunde liegende Erkenntnis lautet: „Jemand, der etwas nicht verstehen kann, ist nicht in der Lage, es zu schätzen." Ein heimisches Äquivalent wäre vermutlich: „Perlen vor die Säue werfen".

Auch die BPMN ist eine Perle, die nicht jeder zu schätzen weiß – weil sie nicht jeder versteht. Deshalb bitten wir Sie darum, sich ein wenig Zeit zu nehmen, um sich mit den grundsätzlichen Prinzipien dieses Standards vertraut zu machen. Sie werden es nicht bereuen. Wenn Sie die BPMN wirklich verstanden haben, werden Sie ein ausgesprochen mächtiges Werkzeug gewinnen, das Ihnen in modernen BPM-Projekten von großem Nutzen sein wird.

Wenn Sie die BPMN-Spezifikation bereits kennen, werden Sie in diesem Kapitel nicht viel Neues erfahren. Im Grunde handelt es sich „nur" um eine leichter verdauliche und natürlich deutschsprachige Fassung. Zusätzlich geben wir ein paar erläuternde Hinweise, die Sie in der Spezifikation nicht finden werden, und beschreiben die visuellen Konventionen, die wir bei der Anwendung der Symbole verwenden (unser „Modellierungs-Knigge").

Aber auch wenn Sie glauben, dass Sie die BPMN bereits kennen, oder sie sogar schon angewandt haben: Lesen Sie wenigstens diesen Abschnitt. Die Erfahrung hat uns gelehrt, dass viele, die meinen, die BPMN schon sehr gut zu kennen, die wichtigsten Basisprinzipien der Notation noch gar nicht verstanden haben – und sich immer noch wundern, dass man „Sequenzflüsse" nicht über „Pool-Grenzen" hinweg malen darf.

2.1.1 Was BPMN leisten soll – und was nicht

Die BPMN wurde für die Modellierung von Prozessen entwickelt. Das klingt banal, aber trotzdem wird häufig kritisiert, dass die BPMN folgende Strukturen **nicht** abbilden kann:

- Prozess*landschaft*
- Aufbauorganisation
- Daten
- Strategie

- Geschäftsregeln
- IT-Landschaft

Die BPMN konzentriert sich auf Prozesse, und ein Prozess ist zunächst einmal lediglich eine zeitlich-logische Abfolge von Aktivitäten – nicht mehr und nicht weniger. Wir sind sehr froh darüber, dass die BPMN die oben genannten Themen nicht abdeckt. Es existieren für jedes dieser Themen sehr praktikable und teilweise standardisierte Notationsformen, und es gibt keinen Grund, das Rad neu zu erfinden, im Gegenteil: Es würde dazu führen, dass die BPMN-Spezifikation noch viel umfangreicher wäre, als sie ohnehin schon ist. Niemand hätte etwas davon, ein solches Monstrum erarbeiten, weiterentwickeln oder auch nur verstehen zu müssen.

Natürlich wissen auch wir, dass es gerade für eine Prozessdokumentation wichtig ist, die oben genannten Themen berücksichtigen zu können. Und viele Prozessprofis, die aus der methodischen Welt von ARIS kommen (siehe Abschnitt 2.12.1 auf Seite 105) und bislang mit ereignisgesteuerten Prozessketten (EPK) gearbeitet haben, halten die BPMN deshalb für unzureichend. Aber auch das geht meistens auf ein mangelndes Verständnis des Standards zurück:

- BPMN-Prozessmodelle können sehr gut mit anderen Diagrammtypen kombiniert werden – das ist einfach eine Frage des Toolings.
- BPMN bietet diverse Erweiterungsmöglichkeiten bis hin zur Anreicherung der Diagramme mit eigenen Symbolen. In Abschnitt 2.11.2 auf Seite 104 erklären wir letztgenannte Möglichkeit.

Natürlich wäre es schön, wenn man mit der BPMN eine komplette ARIS-Alternative (wir sprechen von der Methodik, nicht vom gleichnamigen Softwareprodukt) direkt und out-of-the-box bekäme. Das ist im reinen Standard zugegebenermaßen nicht der Fall. Aber da die BPMN eben ein Standard ist, entstehen gerade sehr gute Softwarewerkzeuge, die alle notwendigen weiteren Sichten (Funktionen, Daten etc.) abdecken und in der Prozessdarstellung auf BPMN bauen.

2.1.2 Eine Landkarte: die BPMN-Basiselemente

Wann immer Sie ein Prozessdiagramm in BPMN zeichnen, verwenden Sie Symbole, die sich den in Abbildung 2.1 auf der nächsten Seite dargestellten Kategorien zuordnen lassen. Diese Kategorien heißen deshalb auch „BPMN-Basiselemente".

Im Prinzip müssen in einem Prozess bestimmte Dinge getan werden (*Aktivitäten*), möglicherweise aber nur unter bestimmten Bedingungen (*Gateways*), und es können Dinge passieren (*Ereignisse*). Diese drei Flussobjekte werden über *Sequenzflüsse* miteinander verbunden, jedoch nur innerhalb eines *Pools* bzw. einer *Lane*. Falls eine Verbindung über Pool-Grenzen hinweg erfolgt, greift man zu den *Nachrichtenflüssen*.

Weiterhin gibt es *Artefakte*, die zusätzliche Informationen zum Prozess liefern sollen, aber keinen direkten Einfluss auf die Reihenfolge der Flussobjekte haben können. Jedes Artefakt kann prinzipiell mit jedem Flussobjekt verbunden werden, und zwar mithilfe von *Assoziationen*. Sie können auch ganz eigene Symbole als zusätzliche Artefakte in „Ihre" BPMN-Palette mit aufnehmen, was wir in Abschnitt 2.11.2 auf Seite 104 genauer betrachten werden.

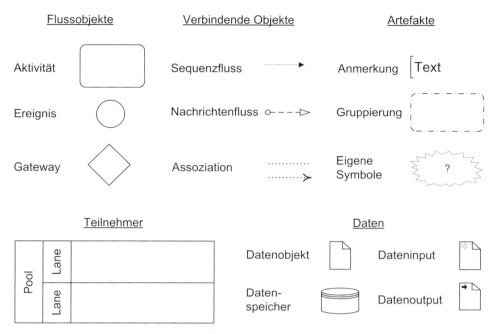

Abbildung 2.1 Die Basiselemente der BPMN

Schlussendlich gibt es „*Daten*". Hier geht es um die Erzeugung, Verarbeitung und Ablage von Informationen, die im Rahmen der Prozessabarbeitung relevant werden können. Die Symbole dieser Kategorie werden deshalb in der Regel über Assoziationen mit Aktivitäten verknüpft.

Das war's eigentlich schon – jetzt kennen Sie das Basisschema, nach dem die BPMN funktioniert. Nun ja, wenn wir ehrlich sind, fehlen noch drei winzige Aspekte für ein echtes Verständnis der BPMN:

- die weiterführenden Gedanken und Regeln, die sich hinter diesem simplen Schema verbergen,
- die vollständige Palette der Symbole,
- die Frage, was man mit dem ganzen Zeugs in der Praxis *wirklich* anfängt.

Die ersten beiden Punkte werden wir in diesem Kapitel klären. Der dritte Punkt bezieht sich auf einen „Soft-Skill", den man eigentlich nur durch eigene Erfahrung aufbauen kann. Um diesen Prozess für Sie etwas zu beschleunigen, haben wir in den weiteren Kapiteln unsere Erfahrungen zusammengetragen und versucht, daraus ein paar „Kochrezepte" bei der praktischen Anwendung von BPMN abzuleiten. Vielleicht helfen sie Ihnen dabei, nicht in alle Fallen zu tappen, in denen wir uns anfangs verirrten.

2.1.3 Perspektiven bei der Prozessbetrachtung

Wer bereits Prozesse mit anderen Notationen modelliert hat, kann sich an einen extrem wichtigen Aspekt von BPMN häufig nur schwer gewöhnen: Alles ist eine Frage der Perspektive.

BPMN geht davon aus, dass es in einem Diagramm einen oder mehrere *Teilnehmer* (engl.: participant) geben kann. Gehen Sie mit diesem Begriff sehr vorsichtig um und setzen Sie ihn beispielsweise nicht vorschnell mit „Rolle", „Abteilung" oder „Mitarbeiter" gleich! Ein „Teilnehmer" ist für BPMN zunächst einmal ein rein logisches Element, für das die folgenden Regeln gelten:

- Für einen Prozess existiert nur ein einziger Teilnehmer (ja, das ist erst mal verwirrend).
- Dieser Teilnehmer hat die totale Kontrolle über den Prozessfluss.
- Andere Teilnehmer können den Prozess dieses Teilnehmers nicht beeinflussen; unter Umständen wissen sie nicht einmal, wie er funktioniert.
- Der Teilnehmer ist dementsprechend für diesen Prozess verantwortlich.
- Wenn der Teilnehmer im Rahmen seines Prozesses mit anderen Teilnehmern interagieren möchte, muss er mit ihnen Nachrichten austauschen, was diese wiederum in ihren eigenen Prozessen entsprechend unterstützen müssen.

Derselbe Prozess kann deshalb für die jeweiligen Teilnehmer ganz unterschiedlich aussehen, eben abhängig von ihrer jeweiligen Perspektive. Das führt automatisch zu unterschiedlichen Prozessmodellen.

Das BPMN-Symbol für den Prozess eines Teilnehmers ist der Pool. Er entspricht gleichzeitig dem Teilnehmer selbst, aber inhaltlich gesehen könnte ein Teilnehmer natürlich mehr als nur einen Prozess steuern.

Wenn Sie lernen, mit Pools richtig umzugehen, haben Sie das vielleicht wichtigste Prinzip der Prozessmodellierung überhaupt verstanden – zumindest, wenn Sie ein modernes Business Process Management mit dem notwendigen Business-IT-Alignment anstreben. Wir werden uns diesem Thema in Abschnitt 2.9 auf Seite 92 widmen und auch das Rätsel lösen, warum es für einen Prozess nur einen einzigen Teilnehmer im Sinne der BPMN, aber durchaus mehrere Teilnehmer im herkömmlichen Sinne geben kann.

2.1.4 Modelle, Instanzen, Token und Korrelationen

Im Spezifikationsdokument der BPMN finden Sie im 7. Kapitel „Überblick" den Abschnitt „Das Verhalten von Diagrammen verstehen". Gemeint ist damit, dass Sie das Verhalten der Prozesse verstehen müssen, die in den Diagrammen beschrieben sind. (Anmerkung: Da in einem Diagramm durchaus mehrere Pools enthalten sein können, gilt unter Umständen: 1 Diagramm – n Prozesse.) Das ist ein sinnvoller Anspruch, aber häufig leichter gesagt als getan: Manche Prozessmodelle sind so komplex, dass es für den Betrachter eventuell schwer nachvollziehbar ist, unter welchen Umständen welche Dinge zu tun sind. Es wird jedoch erheblich einfacher, wenn Sie die folgenden Begriffe und Prinzipien verinnerlichen:

- **Prozessmodell:** In einem Diagramm sind ein oder mehrere Prozessmodelle beschrieben. Das Modell ist die prinzipielle Beschreibung des Prozesses.

- **Prozessinstanz:** Wenn der Prozess in der Realität durchlaufen wird, handelt es sich um eine Prozessinstanz. Für Laien könnte man dies auch als einen „Vorgang" bezeichnen. Die eingehende Beschwerde eines Kunden beispielsweise erzeugt eine Instanz des Reklamationsprozesses. Manche Prozesse werden vielleicht nur wenige Male pro Jahr instanziiert, zum Beispiel der buchhalterische Monatsabschluss. Andere hingegen etwas häufiger: Der Auskunftsprozess, den die Schufa betreibt, wird laut Webseite des Unternehmens jährlich ca. 90 Mio. Mal instanziiert.
- **Token:** Wenn man ein Prozessmodell vor Augen hat und sich vorstellen möchte, welche Prozesspfade während einer Prozessinstanz zwingend oder möglicherweise durchlaufen werden, kann man das Token-Konzept anwenden. Das Token ist ein theoretisches Konstrukt, das man mit einem Auto vergleichen könnte: Das Auto folgt dem Straßenverlauf. Wenn es an eine Kreuzung kommt, muss sich der Fahrer entscheiden, ob er abbiegen oder geradeaus fahren möchte. Es kann sogar passieren, dass das Auto an einen Punkt kommt, wo es abbiegen *und* geradeaus fahren soll, dann muss es „geklont" werden. OK, das ist vielleicht etwas unrealistisch, aber Sie haben hoffentlich bereits gemerkt, worum es geht: Das Straßennetz ist das Prozessmodell und der Weg des Autos entspricht den konkreten Prozesspfaden, die im Rahmen der Instanz durchlaufen werden. Wenn Sie das Token-Konzept anwenden, werden Sie jedes BPMN-Prozessmodell verstehen können, und sei es noch so komplex. Das Token-Konzept wird daher auch im oben erwähnten Abschnitt der BPMN-Spezifikation erläutert. Wir werden im Verlauf dieses Buchs diese Methode oft anwenden, um unsere Beispiele durchzusprechen.
- **Korrelation:** Bekommen Sie auch manchmal Briefe von Behörden oder Firmen, die eine Vorgangsnummer oder ein Aktenzeichen enthalten? Wenn Sie auf diese Briefe antworten, Einspruch erheben wollen oder Ähnliches, müssen Sie stets dieses Kennzeichen angeben. Ansonsten kann die Gegenseite Ihre Nachricht nicht zuordnen. Diese Zuordnung auf Basis eines eindeutigen Schlüssels nennt man Korrelation. Ein anderes Beispiel ist eine Rechnung mit dem Hinweis, dass Sie bei der Überweisung die Rechnungsnummer im Verwendungszweck angeben müssen. Wenn das nicht passiert, kann Ihre Zahlung nicht zugeordnet, also korreliert, werden, was zu einer kostenpflichtigen Mahnung führen kann. Das Thema Korrelation ist sowohl für die organisatorische als auch die technische Gestaltung von Prozessen häufig erfolgskritisch und leider auch häufig ein Bereich, in dem durch Unachtsamkeiten sehr teure Fehler gemacht werden.

2.1.5 BPMN auf Deutsch

Bei einer unserer ersten BPMN-Schulungen ist uns Folgendes passiert: Die Teilnehmer der Schulung kamen nicht aus der IT, sondern der Betriebsorganisation. Sie interessierten sich also für die rein fachliche Prozessdokumentation mithilfe der BPMN und erwogen eine Ablösung ihrer alten Notation (EPK). Damals benutzten wir in der Schulung noch die englischen Bezeichnungen für die BPMN-Symbole, wie sie auch in der Spezifikation zu finden sind. Als wir bei den Error-Events angekommen waren und gerade davon sprachen, dass man diese „catchen" könnte, um ein „error handling" durchzuführen und den error gegebenenfalls wieder zu „throwen", wurden wir von einem der Teilnehmer unterbrochen:

Was faseln Sie denn da? Error? Catchen? Das kenne ich doch von unseren Programmierern, die reden dauernd von sowas. Aber wir sind doch keine Techies, wir sind Organisatoren! So einen Kram brauchen wir nicht!

Zustimmendes Gemurmel erhob sich, und wir konnten die Gruppe nur mit Mühe und Geduld davon überzeugen, dass die vorgestellten Symbole auch für eine rein organisatorische Prozessbetrachtung durchaus hilfreich sein können. Bei der nächsten Schulung mit ähnlichen Teilnehmern führten wir ein kleines Experiment durch: Wir erläuterten haargenau denselben Sachverhalt, verwendeten aber stattdessen deutsche Begriffe. Es ging also jetzt darum, dass es bei der Prozessdurchführung zu „Fehlern" kommen kann, die rechtzeitig „erkannt" und „behoben" bzw. im Notfall an eine höhere Stelle „gemeldet" werden müssen. Da nickten die anwesenden Organisatoren zustimmend, denn „Fehler passieren bei uns auch. Das müssen wir berücksichtigen".

Danach setzten wir uns mit ein paar befreundeten Firmen und Hochschulen zusammen und entwarfen eine deutsche Übersetzung der BPMN-Symbole. Die damals definierten Begriffe verwenden wir bis heute.

Zum Nachschlagen finden Sie die Übersetzung der BPMN-Symbole als Tabelle im Anhang dieses Buches.

2.1.6 Symbole und Attribute

Die BPMN-Spezifikation beschreibt nicht nur die für die Prozessmodellierung verfügbaren Symbole, sondern auch eine ganze Reihe von Attributen, die man an den Symbolen zusätzlich hinterlegen kann. Ein guter Teil dieser Attribute wird im Diagramm nicht visualisiert, sondern nur in dem Tool gespeichert, mit dem Sie modellieren. Das liegt vor allem daran, dass man die in BPMN erstellten Modelle unter Umständen durch eine Workflow Engine ausführen lassen möchte.

■ 2.2 Einfache Aufgaben und Blankoereignisse

Abbildung 2.2 zeigt einen sehr einfachen Prozess. Er wird durch die Tatsache ausgelöst, dass jemand hungrig ist. In der Folge müssen Lebensmittel eingekauft und eine Mahlzeit zubereitet werden. Am Ende wird die Mahlzeit verzehrt und der Hunger ist gestillt.

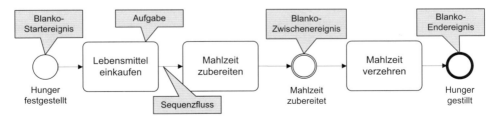

Abbildung 2.2 Unser erster Prozess

In diesem Diagramm kann man die folgenden Symbole und ihre Bedeutung leicht erkennen:

Aufgaben

Die Aufgaben sind das „Herz" des Prozesses. Schließlich geht es vor allem darum, dass irgendetwas getan werden muss, damit der Prozess die gewünschte Leistung erbringen kann. Streng genommen gehört eine Aufgabe in BPMN zur Kategorie der Aktivitäten, zu der auch die in Abschnitt 2.8 auf Seite 79 erklärten Teilprozesse gehören.

Unser Modellierungs-Knigge

Wenn wir Aufgaben bezeichnen, versuchen wir das Objekt-Verrichtungsprinzip einzuhalten. Das bedeutet, wir bezeichnen sie immer mit dem [Objekt] + [Verb] – Pattern, also beispielsweise „Lebensmittel einkaufen" und nicht „Zuerst muss der Einkauf der Lebensmittel erledigt werden".

∎

Ereignisse

Ereignisse stellen dar, dass vor, während oder am Ende des Prozesses etwas Betrachtenswertes passiert. In diesem Beispiel arbeiten wir nur mit sogenannten „Blankoereignissen", später lernen wir weitere Arten von Ereignissen kennen.

- Startereignisse zeigen, welches Ereignis dazu führt, dass der Prozess gestartet wird.
- Zwischenereignisse stehen für einen Status, der im Prozess erreicht wird und den man im Modell explizit festhalten möchte. Sie werden eher selten benutzt, können aber sehr nützlich sein – zum Beispiel, wenn man den Status als Meilenstein versteht und die Zeit bis zur Erreichung des Meilensteins messen möchte.
- Endereignisse kennzeichnen den Status, der am Ende eines Prozesspfads erreicht wurde.

Bereits bei diesen einfachen Ereignissen müssen wir eine weitere Unterscheidung treffen:

- Startereignisse sind stets eintretende Ereignisse (engl.: catching events). Das bedeutet, es ist etwas passiert, zwar unabhängig vom Prozess, aber der Prozess muss darauf warten bzw. reagieren.
- Zwischenereignisse können eintreten oder durch den Prozess selbst hervorgerufen bzw. ausgelöst werden (engl.: throwing events). Das Blanko-Zwischenereignis kennzeichnet einen Status, der durch den Prozessfortschritt erreicht wird, deshalb ist es stets ein ausgelöstes Ereignis. Später lernen wir andere Arten von Zwischenereignissen kennen, die wir als eintretende Ereignisse klassifizieren müssen.
- Endereignisse finden zu einem Zeitpunkt statt, an dem der Prozess nicht mehr auf sie reagieren kann. Folgerichtig können sie nur durch den Prozess ausgelöst werden und nicht unabhängig davon eintreten.

Unser Modellierungs-Knigge

Ereignisse beziehen sich auf etwas, was bereits passiert ist (unabhängig vom Prozess, wenn sie eingetreten sind, und dank des Prozesses, wenn sie ausgelöst wurden). Deshalb verwenden wir das [Objekt] und passivieren das [Verb], schreiben also beispielsweise „Hunger festgestellt". Die BPMN schreibt nicht zwingend vor, dass

> Sie für einen Prozess ein Start- und ein Endereignis modellieren, Sie können diese auch weglassen. **Wenn** Sie aber ein Startereignis modellieren, muss auch an jedem Pfadende ein Endereignis modelliert werden, und umgekehrt. Wir modellieren prinzipiell immer mit Start- und Endereignissen. Aus zwei Gründen: Erstens kann man somit explizit festhalten, wodurch ein Prozess ausgelöst wurde. Zweitens kann man den jeweiligen Endzustand beschreiben, der sich bei unterschiedlichen Pfadenden ergibt. Nur bei Teilprozessen verzichten wir mitunter auf diese Möglichkeit, aber dazu kommen wir später.

Sequenzflüsse

Der Sequenzfluss beschreibt die zeitlich-logische Reihenfolge, in der die Flusselemente (also Aufgaben, Ereignisse und die später beschriebenen Gateways) zueinander stehen.

Ein Sequenzfluss ist auch der Prozesspfad, über den unser Token wandert. Durch das Startereignis wird es gemeinsam mit der Prozessinstanz „geboren". Über den Sequenzfluss gelangt es über die Aufgaben und das Zwischenereignis zum Endereignis, wo es „konsumiert" wird und verschwindet, was auch zum „Tod" unserer Prozessinstanz führt.

> **Unser Modellierungs-Knigge**
>
> Wenn Sie möchten, können Sie Prozessdiagramme auch vertikal zeichnen, anstatt wie in unseren Beispielen horizontal. Das ist zwar nicht üblich, aber auch nicht verboten. Wir zeichnen sie stets horizontal von links nach rechts.

■ 2.3 Prozesspfade mit Gateways gestalten

2.3.1 Datenbasiertes exklusives Gateway

Die wenigsten Prozesse laufen immer gleich ab. Viel häufiger kommt es vor, dass die durchlaufenen Prozesspfade in den unterschiedlichen Prozessinstanzen variieren, weil bestimmte Dinge eben nur unter bestimmten Umständen zu erledigen sind.

In unserem einfachen Beispiel (Abbildung 2.3 auf der nächsten Seite) wollen wir uns etwas näher mit der Kochkunst beschäftigen. Getrieben vom Hunger, überlegen wir uns, was es heute geben soll. Da wir nur drei Rezepte kennen, suchen wir uns eines davon aus. Je nachdem, für welches wir uns entscheiden, werden wir **entweder** Pasta kochen, ein Steak braten **oder** einen Salat anrichten. Diese drei Möglichkeiten schließen sich gegenseitig aus – wir werden niemals mehr als eines dieser drei Gerichte zubereiten (ja, Sie denken bereits an den Salat als Beilage, aber gedulden Sie sich!). Der Punkt, an dem wir entscheiden, was als Nächstes zu tun ist, nennt sich Gateway. Da wir diese Entscheidung aufgrund verfügbarer Daten treffen (das ausgesuchte Rezept) und nur einer der ausgehenden Pfade durchlaufen wird, ist es ein datenbasiertes exklusives Gateway. In der Kurzfassung sprechen wir auch einfach vom XOR-Gateway (XOR = Exclusive OR).

Beachten Sie: Ein Gateway ist keine Aufgabe! Es basiert auf einer ganz einfachen Tatsache. Diese Tatsache herauszufinden, ist eine Aufgabe, die vor diesem Gateway erledigt werden

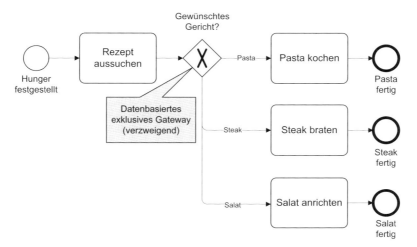

Abbildung 2.3 Das XOR-Gateway

muss. Dieses scheinbar banale Prinzip sollten Sie nicht vergessen, sondern bei der Modellierung stets berücksichtigen. Es wird uns zu einem späteren Zeitpunkt wieder begegnen, wenn wir uns mit dem Business Rules Management beschäftigen (siehe Abschnitt 4.5.6 auf Seite 171).

 Unser Modellierungs-Knigge

Über dem Gateway haben wir die entscheidungsrelevante Frage platziert. Die möglichen Antworten auf diese Frage haben wir an die ausgehenden Pfade geschrieben. Lediglich Letzteres wird in der Spezifikation genauso dargestellt, die Platzierung der entscheidungsrelevanten Frage über dem Gateway ist hingegen unsere eigene Konvention. In unseren Projekten hat sich diese Konvention aber bewährt, und wir arbeiten mit XOR-Gateways grundsätzlich immer nach dem folgenden Schema:

1. Schritt: Aufgabe modellieren, die die Entscheidungsgrundlage für das XOR-Gateway liefert.
2. Schritt: Dahinter das XOR-Gateway modellieren mit einer Frage, deren mögliche Antworten sich gegenseitig ausschließen.
3. Schritt: Pro mögliche Antwort einen ausgehenden Pfad (Sequenzfluss) modellieren, der mit der Antwort beschriftet wird.

Ein XOR-Gateway kann beliebig viele ausgehende Pfade haben. Dass wir in diesem Beispiel den ersten ausgehenden Pfad an der rechten Ecke und die übrigen an der unteren Ecke angedockt haben, hat keine weitere Bedeutung – es entspricht einfach unserer Stilkonvention. ∎

Leider ist die BPMN in Bezug auf XOR-Gateways etwas verwirrend: Es existieren hierfür nämlich zwei Symbole, die in ihrer Bedeutung identisch sind (siehe Abbildung 2.4 auf der nächsten Seite). Wir verwenden stets die Version mit dem enthaltenen „X", weil wir das für eindeutiger halten. Welche Sie verwenden, hängt von Ihrem Geschmack und Ihrem BPMN-Tool ab.

Abbildung 2.4 Beide Symbole bedeuten dasselbe.

Dass dieser Prozess drei Endereignisse besitzt, ist übrigens nicht ungewöhnlich. Er kann eben drei verschiedene End-Status erzeugen und es kann gerade bei komplexeren Diagrammen sehr hilfreich sein, dies auf einen Blick zu erkennen. Wir werden später noch weitere Gründe kennenlernen, warum die Arbeit mit unterschiedlichen Endereignissen sinnvoll ist. Wie man sieht, ist die BPMN also keine „blockorientierte" Prozessnotation. Das bedeutet, es besteht keinerlei Zwang, einen aufgegabelten Prozesspfad zu einem späteren Zeitpunkt zusammenzuführen. Sie können das tun, müssen aber nicht.

Natürlich kann es aus semantischen Gründen sinnvoll sein, die drei Pfade wieder zusammenzuführen. Wenn beispielsweise nach der Zubereitung die Mahlzeit verzehrt wird, passiert das ja in jedem Fall, ganz unabhängig vom ausgesuchten Rezept. Auch für eine solche Zusammenführung können wir das XOR-Gateway verwenden. Es sorgt dafür, dass jedes Token, das von einem der drei eingehenden Pfade kommt, auf den einen einzigen ausgehenden Pfad geleitet wird (siehe Abbildung 2.5).

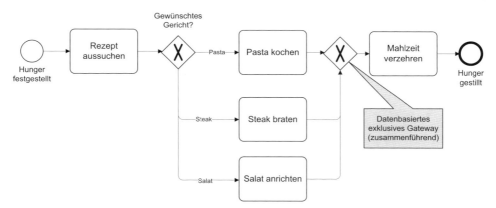

Abbildung 2.5 XOR-Gateways können auch zusammenführen.

Die doppelte Verwendungsmöglichkeit des XOR-Gateways (verzweigend oder zusammenführend oder auch kurz einfach „XOR-Split" und „XOR-Join") ist für Anfänger manchmal etwas verwirrend. Sie dürfen sogar ein XOR-Gateway modellieren, das in einem Rutsch sowohl zusammenführt als auch verzweigt (siehe Abbildung 2.6 auf der nächsten Seite)! Ob Sie diese Möglichkeit für eine kompakte Diagrammform bevorzugen, müssen Sie selbst entscheiden. Wir verzichten meistens darauf und zeichnen lieber zwei XOR-Gateways hintereinander, um Fehlinterpretationen vorzubeugen.

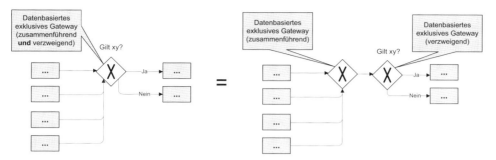

Abbildung 2.6 Eine kombinierte Zusammenführung/Verzweigung kann man auf zwei Arten darstellen.

2.3.2 Paralleles Gateway

Was machen wir, wenn wir den Salat als Beilage wünschen? Gehen wir mal vom einfachen Fall aus, dass der Salat auf jeden Fall gewünscht ist, dann könnte man das natürlich wie in Abbildung 2.7 gezeigt modellieren.

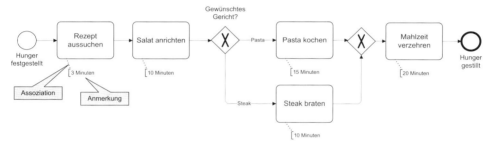

Abbildung 2.7 Zubereitung von Salat und Hauptgericht

Bei der Gelegenheit haben wir gleich mal ein weiteres Symbol eingeführt, die (Text-)Anmerkung. Das ist ein Artefakt, das Sie bekanntlich via Assoziation an ein beliebiges Flussobjekt (hier: Aufgaben) andocken können. In die Anmerkung können Sie hineinschreiben, was immer Sie wollen. In diesem Beispiel haben wir einmal eingetragen, wie viel Zeit wir für die Bearbeitung der einzelnen Aufgaben im Durchschnitt benötigen. Die Summe dieser Bearbeitungszeiten ergibt die Durchlaufzeit des Prozesses, in diesem Fall liegt sie also bei 48 Minuten, wenn wir uns für die Pasta entscheiden, und bei 43 Minuten, wenn wir uns mal eben schnell ein Steak braten. Gratulation, Sie haben soeben Ihre erste Erfahrung in der kennzahlenbasierten Prozessanalyse gemacht.

Das bedeutet also, es dauert 28 bzw. 23 Minuten, bis wir unsere Mahlzeit verzehren können. Das kann unerträglich lang sein, wenn man großen Hunger hat. Was tun? Sinnvollerweise sollten wir mit der Zubereitung von Pasta bzw. Steak nicht erst beginnen, wenn der Salat fertig ist, sondern beides gleichzeitig erledigen, das lässt sich ja durchaus parallelisieren. Das Symbol dafür ist das parallele Gateway, das man auch kurz als „AND-Gateway" bezeichnen kann, zu sehen in Abbildung 2.8 auf der nächsten Seite.

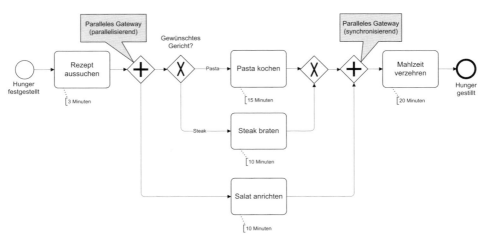

Abbildung 2.8 Der Salat wird gleichzeitig mit dem Hauptgericht zubereitet.

Die Parallelisierung bedeutet nicht, dass die Aufgaben zwangsläufig gleichzeitig ausgeführt werden **müssen** – aber im Gegensatz zum Beispiel in Abbildung 2.7 auf der vorherigen Seite ist es auch nicht zwingend erforderlich, zuerst den Salat zuzubereiten und danach erst die übrigen Aufgaben anzugehen. Für die Berechnung unserer Durchlaufzeit bedeutet das natürlich eine Verkürzung um 10 Minuten. Wie Sie sich vorstellen können, ist es ein Klassiker der Prozessoptimierung, nach Möglichkeit alle Aufgaben zu parallelisieren, die nicht zwingend aufeinander aufbauen.

Im gezeigten Beispiel wird der Prozess nicht nur parallelisiert (kurz: „AND-Split"), sondern zu einem späteren Zeitpunkt werden die Pfade auch wieder synchronisiert („AND-Join"). Der Grund ist nachvollziehbar: Erst wenn sowohl das Hauptgericht als auch die Beilage zubereitet sind, kann mit dem Verzehr der Mahlzeit begonnen werden.

Wie würde in einer Instanz dieses Prozesses das Token-Konzept wirken? Das Token wird wieder beim Startereignis „geboren", es durchläuft die Aufgabe „Rezept aussuchen" und wandert dann in den AND-Split. Dort werden aus dem einen Token so viele Token, wie Pfade aus dem Gateway laufen, in diesem Fall also zwei. Das erste Token wandert nun weiter in den XOR-Split, wo es je nach gewünschtem Rezept auf einen der ausgehenden Pfade geschickt wird. Nehmen wir mal an, es soll Pasta gekocht werden, so läuft das Token in diese Aufgabe und verharrt dort 15 Minuten. Gleichzeitig ist das zweite Token nach unten in die Aufgabe „Salat anrichten" gewandert, wo es nur 10 Minuten bleibt. Nach diesen 10 Minuten wandert es weiter bis zum synchronisierenden AND-Join. Die Anzahl der eingehenden Pfade bestimmt, auf wie viele zusammengehörende Token das Gateway wartet. In diesem Fall wartet es also auf zwei Token, die zur selben Prozessinstanz gehören müssen. Da in unserem Szenario das zweite Token schon nach 10 Minuten beim AND-Join eintrifft, während das erste insgesamt 15 Minuten in der Aufgabe „Pasta kochen" verharrt, wartet der AND-Join also noch 5 Minuten, bis das erste Token ebenfalls ankommt. Erst dann werden die beiden vom AND-Join zu einem einzigen Token verschmolzen, das auf den ausgehenden Pfad geschickt wird.

Klingt das jetzt sehr abstrakt oder technisch? Ist es nicht. Das Verhalten des AND-Join ist identisch mit Ihrem eigenen Verhalten: Der Salat ist fertig, die Pasta noch nicht. Also warten Sie. Wenn auch die Pasta endlich fertig ist, kann gegessen werden. Dasselbe Prinzip.

Warum also das scheinbar komplizierte Token-Konzept? Denken Sie beispielsweise an die 90 Mio. Prozessinstanzen, die jährlich bei der Schufa erzeugt werden. Diese werden natürlich nicht streng nacheinander, sondern überlappend ausgeführt. Wenn diese komplexen Prozesse mit ihren diversen Parallelisierungen, Verzweigungen, Zusammenführungen und Synchronisationen fehlerfrei definiert und täglich abgewickelt werden sollen, ist der Token-Ansatz in der Konzeption und Umsetzung der Prozesse nicht nur extrem hilfreich, sondern auch notwendig. Jetzt sollte auch klar geworden sein, dass eine Prozessinstanz nicht dasselbe wie ein Token ist: Im Rahmen einer Prozessinstanz können durchaus mehrere Token laufen.

Wir sollten Ihr Token-Verständnis noch mit zwei Testfragen erproben.

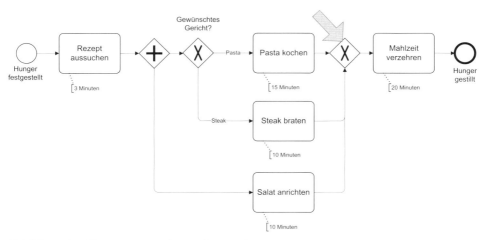

Abbildung 2.9 Was passiert in diesem Prozess?

Frage: In Abbildung 2.9 ist derselbe Prozess dargestellt, allerdings wurde aus Platzgründen auf den AND-Join verzichtet, und der Pfad aus der Aufgabe „Salat anrichten" wird direkt in den XOR-Join geleitet. Was passiert, wenn wir den Prozess instanziieren (wir entscheiden uns für die Pasta)?

Antwort: Mit der Prozessinstanz wird das Token erzeugt, das wie gehabt beim AND-Split geklont wird. Sobald der Salat angerichtet ist, wird das Token über den XOR-Join geleitet und die Aufgabe „Mahlzeit verzehren" ausgeführt. 5 Minuten später ist auch die Aufgabe „Pasta kochen" abgeschlossen. Das Token wird ebenfalls über den XOR-Join geleitet, und die Aufgabe „Mahlzeit verzehren" wird erneut ausgeführt! Nicht gerade das Verhalten, das wir uns gewünscht haben.

Frage: In Abbildung 2.10 auf der nächsten Seite ist ein Prozess dargestellt, der nur aus zwei Aufgaben besteht. Der Prozess wird instanziiert. Wie lange „lebt" nun die Prozessinstanz?

Antwort: Sie „lebt" 45 Tage, was dementsprechend die Durchlaufzeit des Prozesses ist. Obwohl das erste im AND-Split erzeugte Token die Aufgabe 1 bereits nach 30 Tagen durchlaufen hat und danach vom oberen Endereignis „konsumiert" wird, hält sich das zweite Token noch weitere 15 Tage in Aufgabe 2 auf. Danach läuft es erst zum unteren Endereignis und wird konsumiert, was das Ende der Prozessinstanz bedeutet.

Merke: Solange innerhalb des Prozesses noch ein Token „lebt", „lebt" auch die Prozessinstanz! Erst wenn alle erzeugten Token wieder konsumiert wurden, ist die Instanz beendet.

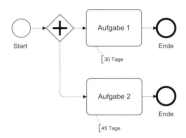

Abbildung 2.10 Wie lange „lebt" die Prozessinstanz?

2.3.3 Datenbasiertes inklusives Gateway

Wir wollen unseren Prozess noch etwas flexibler gestalten: Wenn wir Hunger bekommen, wollen wir

- nur einen Salat oder
- einen Salat und „etwas Ordentliches" wie Pasta oder Steak oder
- nur „etwas Ordentliches"

essen. Mit den Symbolen, die Sie bisher kennengelernt haben, könnten Sie das wie in Abbildung 2.11 gezeigt modellieren.

Wenn wir eine kompaktere Darstellung wünschen, können wir das datenbasierte inklusive Gateway verwenden, kurz OR-Gateway genannt (siehe Abbildung 2.12 auf der nächsten Seite). Mit dem OR-Gateway können wir eine Und-Oder-Situation beschreiben, bei der wir entweder einen, mehrere oder auch alle ausgehenden Pfade gleichzeitig durchlaufen können. Insofern können wir es gut gebrauchen, um eine besondere Komplexität der Diagramme zu vermeiden. Die kombinierte Wirkung des OR-Gateways nutzen wir auch, wenn die Pfade wieder zusammenlaufen: Je nachdem, ob wir lediglich einen Salat **oder** etwas Ordentliches oder aber einen Salat **und** etwas Ordentliches essen wollen, müssen wir vor dem Verzehr der Mahlzeit entweder nur auf ein eingehendes Token warten (Zusammenfüh-

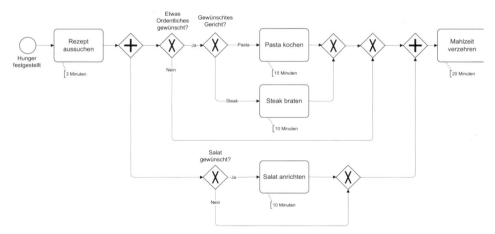

Abbildung 2.11 Unterschiedliche Optionen bei der Zusammenstellung unserer Mahlzeit

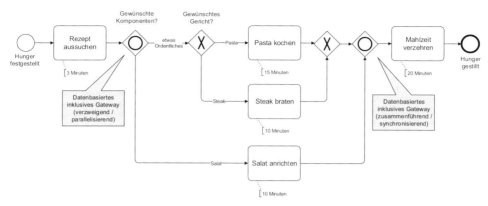

Abbildung 2.12 Das OR-Gateway ermöglicht eine kompakte Darstellung komplexer Pfadvarianten.

rung) oder aber auf beide (Synchronisation). Hinweis: Einen Unterschied zum Modell in Abbildung 2.11 auf der vorherigen Seite gibt es in diesem Prozess allerdings. In der Fassung ohne OR-Gateway konnten wir uns auch dazu entschließen, überhaupt nichts zuzubereiten (also weder Salat noch etwas Ordentliches). Trotzdem hätten wir nach dieser Entscheidung die Mahlzeit verzehrt, was natürlich unsinnig ist. In der Variante mit dem OR-Gateway ist dieser Fall ausgeschlossen – wir müssen uns wenigstens für einen Salat und/oder etwas Ordentliches entscheiden, ansonsten bleibt das Token im Gateway stecken (genau genommen wird in der BPMN-Spezifikation festgelegt, dass in diesem Fall ein Laufzeitfehler auftritt, was eine nicht ganz unwichtige Festlegung für die technische Prozessausführung ist).

Wie Sie sich vorstellen können, ist der praktische Umgang mit dem OR-Gateway nicht immer ganz einfach. In diesem simplen Beispiel ist es leicht nachvollziehbar, unter welchen Umständen am OR-Join auf ein weiteres Token gewartet werden muss, bevor es weitergehen kann. In komplexen Diagrammen jedoch, die sich vielleicht über zahlreiche Seiten hinweg erstrecken, kann es ziemlich schwierig werden, die Regeln der Synchronisation nachzuvollziehen. Die Lösung besteht auch nicht darin, sich einfach zu merken, welche Bedingungen beim OR-Split galten. Schauen Sie sich einmal Abbildung 2.13 an. Je nachdem, ob nach dem OR-Split einer oder mehrere Pfade durchlaufen werden, muss der OR-Join synchronisieren oder nicht.

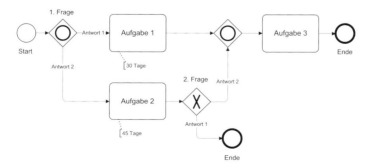

Abbildung 2.13 Wie lange muss das zweite OR-Gateway warten?

Angenommenes Szenario: Nach 30 Tagen kommt das erste Token am OR-Join an. Weil beim vorherigen OR-Split auch Antwort 2 galt, ist ein weiteres Token unterwegs, das sich noch für 15 Tage in der Aufgabe 2 befindet. Diese ist abgeschlossen. Jetzt kann es aber passieren, dass am XOR-Split eine Entscheidung getroffen wird, die dazu führt, dass das Token über den Pfad „Antwort 1" geleitet und vom Endereignis konsumiert wirt. Was passiert jetzt mit dem ersten Token am synchronisierenden OR-Join? **Das OR-Gateway muss registrieren, dass das zweite Token verschwunden ist, und das erste Token weiterleiten.**

Und das kann für drei Szenarien problematisch sein:

- Wenn Sie in Ihrem Prozesshandbuch auf Seite 10 einen OR-Join vorfinden und die letzten 9 Seiten sichten müssen, um zu verstehen, unter welchen Umständen dort wie lange gewartet wird.
- Wenn Sie einen solchen Prozess organisatorisch umsetzen – wer sagt der für Aufgabe 3 verantwortlichen Person Bescheid, dass sie den Prozess wider Erwarten bereits fortsetzen kann?
- Wenn der Prozess in einer Workflow Engine abgewickelt wird, muss die Software das Synchronisationsverhalten steuern – eine derartige Prüfung umzusetzen, ist aufwendig und fehlerträchtig und in bestimmten Fällen sogar unmöglich.

Es sprechen also einige Argumente dafür, das OR-Gateway nicht übermäßig, sondern mit Bedacht einzusetzen.

Frage: Könnten wir den Prozess nicht auch so modellieren, wie in Abbildung 2.14 dargestellt?

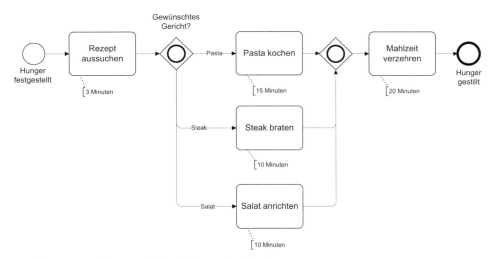

Abbildung 2.14 Eine wunderbar (?) kompakte Version

Antwort: Sicher, das würde das Modell noch kompakter machen. Die Bedeutung wäre jedoch etwas anders. Laut diesem Prozessmodell gäbe es folgende Varianten:

- Wir essen nur Pasta.
- Wir essen nur Steak.
- Wir essen nur Salat.
- Wir essen Pasta und Salat.

- Wir essen Steak und Salat.
- Wir essen Pasta und Steak.
- Wir essen Pasta, Steak und Salat.

Die letzten beiden Varianten entsprechen also nicht dem, was wir eigentlich definieren wollten.

2.3.4 Standardfluss und Steckenbleiben

Wir sollten uns einen weiteren Aspekt bei der Arbeit mit XOR- bzw. OR-Gateways anschauen. Der Einfachheit halber lassen wir im nächsten Beispiel das Thema Salat außer Acht und konzentrieren uns auf ordentliche Mahlzeiten.

Was passiert, wenn wir weder Pasta noch Steak essen wollen? In den bisherigen Modellen hätte diese Situation dazu geführt, dass unser Token niemals über den XOR-Split („Gewünschtes Gericht") hinausgekommen wäre. Laut BPMN-Spezifikation wird in diesem Fall eine „Exception geworfen", es kommt also zu einem Laufzeitfehler.

Bitte werden Sie jetzt nicht wütend, weil von „Exception werfen" die Rede ist! Wir werden uns zu einem späteren Zeitpunkt mit diesem Thema beschäftigen und zeigen, dass es absolut nicht nur die IT betrifft.

Der sogenannte Standardfluss „beschützt" uns vor dieser Gefahr. In Abbildung 2.15 haben wir ihn verwendet, erkennbar am kleinen schrägen Strich. Das Prinzip des Standardflusses ist einfach: Zuerst werden alle anderen ausgehenden Pfade betrachtet. Nur wenn keiner dieser Pfade infrage kommt, wird der Standardfluss durchlaufen.

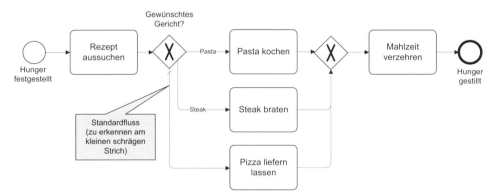

Abbildung 2.15 Der Standardfluss

Bitte machen Sie aufgrund der Bezeichnung nicht den Fehler, den „Standardfluss" mit dem „üblichen" Fluss zu verwechseln. Das Symbol trifft keinerlei Aussage darüber, ob dieser Prozesspfad in den meisten Prozessinstanzen durchlaufen wird, das ist eine ganz andere Frage.

Unser Modellierungs-Knigge

Natürlich müssen Sie den Standardfluss nicht verwenden. Sie könnten stattdessen auch einen normalen Sequenzfluss zeichnen und „Sonstiges" o. Ä. dazuschreiben. Wir verwenden den Standardfluss immer dann, wenn die Gefahr des „Steckenbleibens" tatsächlich vorhanden ist und wir die damit verbundene Verwirrung im organisatorischen Prozessbetrieb vermeiden wollen. Bei einfachen Fragen, die nur mit „Ja" oder „Nein" beantwortet werden können, wäre diese Gefahr natürlich gleich null. Bei komplexeren Fragen, wo nicht alle möglichen Antworten mit Sicherheit im Vorfeld bedacht werden können, sähe das schon anders aus. Mit dem Standardfluss sehen wir auf einen Blick im Modell, ob wir für solche Fragen die Gefahr des Steckenbleibens ausgeschlossen haben. Unter dem Gesichtspunkt des Business-IT-Alignments gehört das natürlich zum guten Ton.

2.3.5 Komplexes Gateway

Das komplexe Gateway ist so ein Fall für sich. Es wird nicht häufig verwendet, auch wenn es durchaus Szenarien gibt, wo es ganz sinnvoll sein kann. Folgendes Beispiel: Wir wollen eine Pizza bestellen, schauen uns gleichzeitig die Speisekarte unseres Lieblingslieferanten an und recherchieren im Internet, ob es nicht vielleicht auch mal einen alternativen Lieferanten gibt. Sobald die Recherche **in einer der beiden** Quellen ein Ergebnis bringt, bestellen wir die Pizza.

Wie können wir das modellieren? Der in Abbildung 2.16 gezeigte Versuch führt dazu, dass wir erst die Pizza bestellen, wenn die Recherche in **beiden** Quellen abgeschlossen ist. Die in Abbildung 2.17 gezeigte Alternative ist auch keine Option: Ausgehend vom Token-Konzept würden wir zweimal die Aufgabe „Pizza bestellen" ausführen (siehe auch die Übungsfrage

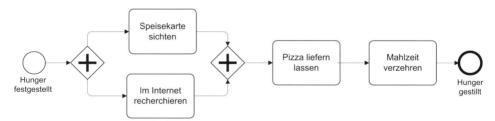

Abbildung 2.16 Die Pizza-Recherche mit AND-Join

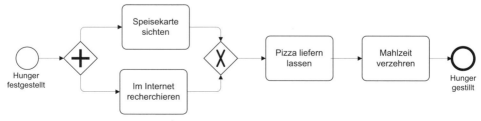

Abbildung 2.17 Die Pizza-Recherche mit XOR-Join

in Abschnitt 2.3.2 auf Seite 37). Auch die Verwendung eines OR-Join wie in Abbildung 2.18 bringt nicht die Lösung: Ein OR-Join, bei dem ein Token ankommt, wird auf korrespondierende weitere Token warten, sofern diese noch kommen können, was ja in unserem Szenario der Fall ist. Es würde sich hier also genauso wie das AND-Gateway verhalten.

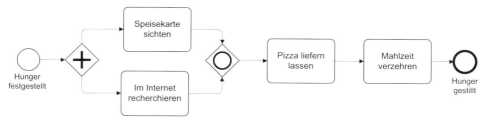

Abbildung 2.18 Die Pizza-Recherche mit OR-Join

Die Lösung ist das komplexe Gateway (Complex-Gateway) in Kombination mit einer Anmerkung, zu sehen in Abbildung 2.19. Sobald eine der beiden Aufgaben abgeschlossen ist, wird das Token vom Complex-Join zur Aufgabe „Pizza bestellen" geschickt. Wenn das nächste Token den Complex-Join erreicht, wird es einfach konsumiert und verschwindet.

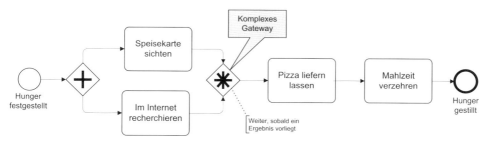

Abbildung 2.19 Die Pizza-Recherche mit Complex-Join

Das weitere Anwendungsszenario für das komplexe Gateway ist ähnlich: Angenommen, wir führen vier Aufgaben gleichzeitig aus. Die fünfte Aufgabe soll ausgeführt werden, sobald drei der vier Aufgaben abgeschlossen sind. Auch dieses Synchronisationsverhalten lässt sich mit dem komplexen Gateway modellieren. Wir könnten beispielsweise vier unserer Freunde nach ihrer Meinung zu einem bestimmten Pizza-Lieferanten fragen. Sobald sich wenigstens drei davon geäußert haben, treffen wir unsere Kaufentscheidung (Abbildung 2.20 auf der nächsten Seite).

Prinzipiell kann man das komplexe Gateway auch als Split verwenden, um zum Beispiel mehrere unterschiedliche Gateways in einem Symbol zusammenzufassen und somit Platz zu sparen. Der OR-Split aus dem Prozess in Abbildung 2.14 auf Seite 42 könnte durch ein komplexes Gateway ersetzt werden, indem man die Split-Semantik in eine Anmerkung schreibt. Aber wirklich sinnvoll ist das eigentlich nicht, und wir haben das komplexe Gateway als Split weder jemals praktisch verwendet noch haben wir es jemals irgendwo in einem Praxismodell gesehen.

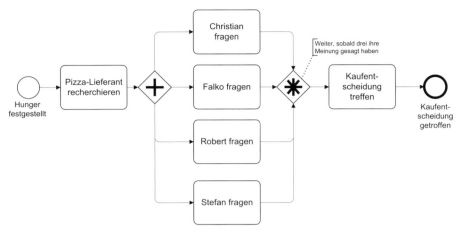

Abbildung 2.20 Mit komplexen Gateways können Sie auch sogenannte „M out of N-Joins" realisieren.

■ 2.4 Prozesspfade ohne Gateways gestalten

Manche Menschen mögen die Gateways nicht. Sie finden, dass das Prozessdiagramm dadurch zu umfangreich oder gar „aufgebläht" wird, und fragen sich, ob es nicht auch ohne die vielen Rauten geht. Das ist tatsächlich möglich: Man kann die Logik der XOR-, AND- und OR-Gateways auch direkt an den Aufgaben modellieren. Allerdings muss man damit vorsichtig umgehen, denn ein kompletter Verzicht auf Gateways ist in den seltensten Fällen möglich. Sehen wir uns das einmal kurz an.

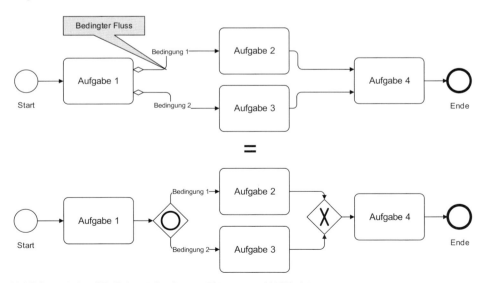

Abbildung 2.21 OR-Split mit bedingten Flüssen und XOR-Join

In Abbildung 2.21 auf der vorherigen Seite sehen Sie eine Alternative zum OR-Split sowie zum XOR-Join – das obere und das untere Prozessmodell stellen denselben Sachverhalt dar. Während der XOR-Join einfach dadurch erzeugt wird, dass die beiden Sequenzflüsse direkt in die Aufgabe 4 geleitet werden, existiert für den OR-Split in der Welt der Sequenzflüsse ein eigenes Symbol: der sogenannte bedingte Fluss, zu erkennen an der kleinen Raute bei Beginn des Pfeils. Dieses Symbol darf nur als Ausgang an Aufgaben (bzw. Teilprozesse) angedockt werden, nicht aber an Gateways oder Ereignisse.

Was halten Sie von diesem Prozessmodell? Wenn Sie Abschnitt 2.3 auf Seite 34 aufmerksam gelesen haben, sollten Sie es sofort merken: Sofern nur eine der beiden Bedingungen gilt, ist alles in Ordnung. Wenn aber beide gelten, werden im OR-Split zwei Token generiert, die dank XOR-Join auch zweimal die Aufgabe 4 anstoßen. Das muss nicht zwangsläufig falsch sein. Aber es ist vermutlich nicht beabsichtigt. Und das bringt uns zum ersten Problem, das mit dem Verzicht auf Gateways verbunden ist:

Ohne Gateways können wir keine Synchronisationen (AND-Joins) modellieren.

Das zweite Problem ist die mangelnde Kombinierbarkeit von Bedingungsprüfungen. Die in Abbildung 2.22 dargestellte Prozesslogik lässt sich wegen des Zwischenereignisses ohne Gateways nicht darstellen.

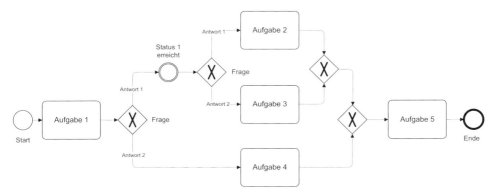

Abbildung 2.22 Kombinierte XOR-Gateways

Das dritte Problem betrifft die Tatsache, dass bedingte Flüsse derselben Semantik wie der OR-Split folgen, sich die definierten Bedingungen also nicht unbedingt gegenseitig ausschließen müssen. Das ist nicht unbedingt kritisch, denn gewissermaßen ist der OR-Split ja zum XOR-Split abwärtskompatibel. Aber Modellierer und Betrachter müssen sich dessen bewusst sein, und die Erfahrung hat gezeigt, dass es hier schnell zu Missverständnissen kommt.

Sollte man also besser gleich auf diesen Ansatz verzichten und grundsätzlich immer mit Gateways arbeiten? Nein, das muss auch nicht sein. Gerade wenn es um einfache Prozessmodelle geht, können die Gateways tatsächlich mehr Verwirrung als Nutzen stiften. Einfache Schleifen zum Beispiel lassen sich ohne XOR-Join besser darstellen, da dieser den unbedarften Leser häufig verwirrt. Außerdem dürfen wir in BPMN auch mehrere Sequenzflüsse aus Startereignissen heraus- bzw. in Endereignisse hineinlaufen lassen, was in Summe zu wesentlich kompakteren Diagrammen führen kann. In Abbildung 2.23 auf der nächsten Seite ist derselbe Prozess einmal mit und einmal ohne Gateways modelliert, um dies zu

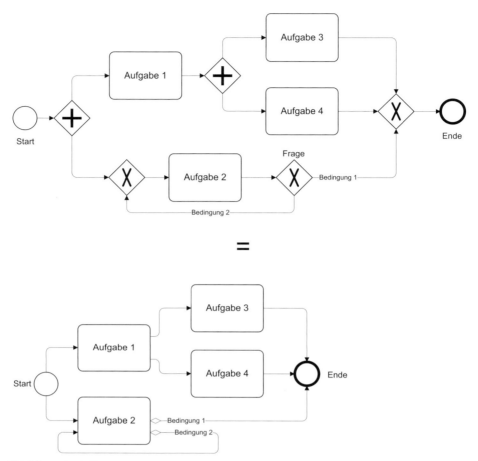

Abbildung 2.23 Beide Modelle beschreiben (fast) denselben Prozess.

veranschaulichen. Streng genommen sind die beiden Modelle jedoch nicht identisch: Im oberen schließt das XOR-Gateway syntaktisch aus, dass mehrere Pfade durchlaufen werden können. Es setzt also voraus, dass Bedingung 1 und Bedingung 2 niemals gleichzeitig auftreten. Im unteren Prozessmodell ist das nicht der Fall, hier könnten auch beide Bedingungen eintreten.

2.5 Lanes

Bislang haben wir darüber gesprochen, **was** in unseren Prozessen zu tun ist. Völlig ungeklärt blieb bisher, **wer** für die Erledigung der einzelnen Aufgaben zuständig ist. Diese Frage kann in BPMN mithilfe von Lanes beantwortet werden.

In Abbildung 2.24 auf der nächsten Seite ist zu sehen, dass die Aufgaben unseres Beispielprozesses bestimmten Personen zugeordnet wurden. Aus dieser Zuordnung können wir

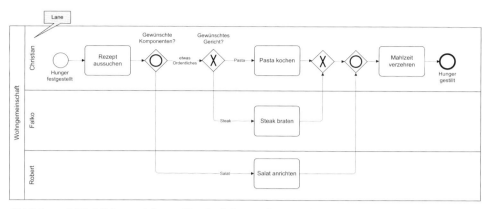

Abbildung 2.24 Mit Lanes können Zuständigkeiten dargestellt werden.

die folgende Prozessbeschreibung ableiten: Wenn Christian Hunger hat, sucht er sich ein bestimmtes Rezept aus. Je nachdem, aus welchen Komponenten seine Mahlzeit bestehen soll, kann er sich entweder selbst darum kümmern (Pasta kochen) oder er spannt seine Mitbewohner ein: Falko muss dann das Steak braten bzw. Robert ist für den Salat zuständig. Am Ende kann Christian die Mahlzeit verzehren. Die drei Lanes (Christian, Falko, Robert) sind in einem Pool mit der Bezeichnung „Wohngemeinschaft" zusammengefasst. Pools besprechen wir ausführlich in Abschnitt 2.9 auf Seite 92.

In diesem Beispiel wurden die Lanes zwar mit Personen gleichgesetzt. Diese Semantik ist aber nicht durch die BPMN vorgegeben – Sie können die Lanes bezeichnen, wie Sie möchten. Lanes werden in der Praxis häufig auch für folgende Zuordnungen verwendet:

- Stellen der Primärorganisation, z. B. „Sachbearbeiter Buchhaltung"
- Rollen der Sekundärorganisation, z. B. „Datenschutzbeauftragter"
- Allgemeine Rollen, z. B. „Kunde"
- Abteilungen, z. B. „Vertrieb"
- IT-Anwendungen, z. B. „CRM-System"

 Tooling

Manche Tools erlauben es Ihnen, die Elemente in Ihrem Diagramm unterschiedlichen Kategorien oder Sichten zuzuordnen (z. B. durchführende Stellen, verantwortliche Stellen, unterstützende IT-Anwendungen etc.) und den Prozess in der jeweiligen Sicht anzuzeigen. Dadurch werden unterschiedliche Lanes eingeblendet und die Elemente entsprechend angeordnet. ■

Der Begriff „Lane" besitzt in der Welt der Prozessmodellierung übrigens eine gewisse Historie: Als „Swimlane-Darstellung" werden generell verschiedene Prozessnotationen bezeichnet, die eine Aufgabenzuordnung nach dem dargestellten Prinzip vornehmen. Dem Begriff liegt die Analogie zu einem Schwimmbecken zugrunde, in dem die einzelnen Schwimmer nur in den ihnen zugewiesenen Bahnen schwimmen.

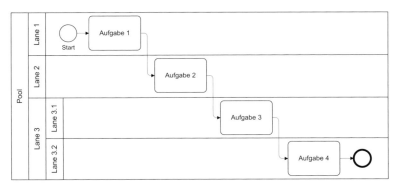

Abbildung 2.25 Verschachtelung von Lanes

In BPMN können Lanes auch verschachtelt sein, um eine Verfeinerung der Zuständigkeiten darzustellen (siehe Abbildung 2.25).

> **Unser Modellierungs-Knigge**
>
> Auch in Bezug auf die vertikale Reihenfolge von Aufgaben macht Ihnen die BPMN keine Vorschriften: In Abbildung 2.25 beginnt der Prozess links oben und endet rechts unten, was unserer Konvention entspricht. Sie können ihn aber genauso gut von links unten nach rechts oben modellieren. Wie immer ist es entscheidend, dass Sie sich für einen Stil entscheiden und diesen konsequent anwenden, damit die Diagramme einheitlich aufgebaut und somit einfacher lesbar sind.

Der Umgang mit Lanes ist in der Praxis oft verzwickter, als man zunächst annehmen darf. In unserem kleinen Prozess beispielsweise gehen wir von einer klaren Aufteilung der Aufgaben aus. Aber was machen wir, wenn auch Falko und Robert essen wollen? Syntaktisch falsch wäre eine Darstellung wie in Abbildung 2.26 – das dürfen Sie nicht machen. Ein Flussobjekt (Aktivität, Ereignis, Gateway) darf immer nur innerhalb einer Lane positioniert sein.

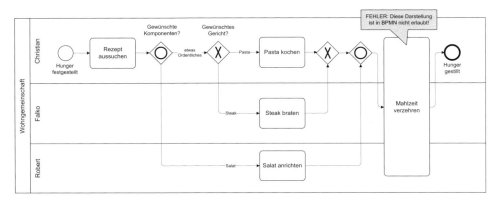

Abbildung 2.26 Falscher Umgang mit Lanes

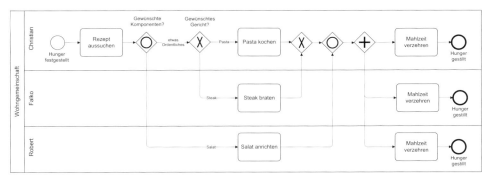

Abbildung 2.27 Richtiger Umgang mit Lanes

Die Lösung für dieses Szenario besteht darin, die Aufgabe mehrmals anzulegen und den jeweiligen Personen zuzuordnen (Abbildung 2.27). Das ergibt auch inhaltlich einen Sinn, weil die Aufgabe ja nun tatsächlich dreimal ausgeführt wird. Diese Darstellung kann allerdings auch zu Missverständnissen führen: Es ist nicht direkt ersichtlich, dass alle drei gemeinsam essen. In diesem Fall ist das vielleicht nicht kritisch. Aber wenn eine tatsächliche Zusammenarbeit stattfinden soll, beispielsweise die Aufgabe „Gutachten erstellen", ist nicht mehr klar, ob jeder ein eigenes Dokument erstellt oder alle ein gemeinsames. In diesem Fall könnte man sich mit einem Gruppierungsrahmen behelfen, den wir in Abschnitt 2.11.1 auf Seite 102 vorstellen.

Hinweis: In unseren Prozessdiagrammen sind die Beschriftungen für die Lanes nicht von der Lane selbst getrennt. Dies entspricht dem Stand von BPMN 2.0, wo eine solche Trennung explizit verboten wird. Bis zur BPMN 1.2 war sie hingegen erlaubt, weshalb es durchaus sein kann, dass Sie in Ihrer BPMN-Praxis auch noch Diagramme wie in Abbildung 2.28 zu sehen bekommen bzw. mit Ihrem Tool nur solche Diagramme zeichnen können.

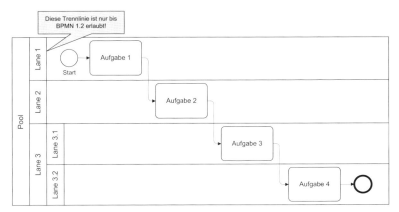

Abbildung 2.28 Die Trennlinien zwischen Lane-Header und Lane-Body sind nur bis BPMN 1.2 erlaubt.

2.6 Ereignisse

2.6.1 Bedeutung in BPMN

Mit den Aufgaben und Gateways haben wir zwei von drei Flusselementen kennengelernt: Dinge müssen getan werden (Aufgaben), und zwar unter bestimmten Umständen (Gateways). Das noch fehlende Flusselement sind Dinge, die passieren: Ereignisse. Diese sind für BPMN-Prozessmodelle kaum weniger wichtig als Aufgaben oder Gateways, weshalb wir uns zunächst mit einigen Basisprinzipien der Anwendung beschäftigen müssen. Folgende Unterscheidung haben wir bereits in Abschnitt 2.2 auf Seite 32 kennengelernt:

- Eingetretene Ereignisse und ausgelöste Ereignisse
- Startereignisse, Zwischenereignisse und Endereignisse

Eingetretene Ereignisse heißen im Original „catching events", was wörtlich übersetzt „fangende Ereignisse" bedeutet. Gemeint ist damit, dass diese Ereignisse auf einen definierten Auslöser (engl. „trigger") bezogen sind und als eingetreten gelten, sobald dieser Auslöser „gefeuert" wurde. Das ist ein relativ umständliches gedankliches Konstrukt, weshalb wir einfach von „eingetretenen Ereignissen" sprechen. Der springende Punkt ist, dass diese Ereignisse den Prozessverlauf beeinflussen und deshalb modelliert werden müssen. Eingetretene Ereignisse können dazu führen, dass:

- der Prozess gestartet wird,
- der Prozess oder ein Prozesspfad fortgesetzt wird,
- die aktuell in Bearbeitung befindliche Aufgabe oder der Teilprozess abgebrochen wird,
- während der Bearbeitung einer Aufgabe oder eines Teilprozesses ein weiterer Prozesspfad durchlaufen wird.

Ausgelöste Ereignisse heißen im Original „throwing events", also „werfende Ereignisse". In diesem Fall geht die BPMN von Ereignissen aus, die selbst einen Auslöser feuern, anstatt darauf zu reagieren, dass ein Auslöser gefeuert wurde. Es sind sozusagen die aktiven Varianten der eingetretenen Ereignisse. In der Kurzfassung kann man von „ausgelösten Ereignissen" sprechen, da diese Ereignisse durch den Prozess ausgelöst werden. Ausgelöste Ereignisse können:

- während des Prozesses ausgelöst werden,
- am Ende des Prozesses ausgelöst werden.

Startereignisse sind demzufolge stets eingetretene Ereignisse – der Prozess kann ja kein Ereignis auslösen, bevor er überhaupt gestartet wurde. Die einfachste Verwendung eines Startereignisses ist in Abbildung 2.29 zu sehen: Sobald das Ereignis eintritt, wird der Prozess gestartet.

Abbildung 2.29 Sobald Ereignis 1 eintritt, wird der Prozess gestartet.

Hinweis: Das Fragezeichen im Kreis soll andeuten, dass dieses Ereignis einem bestimmten Typ zugeordnet sein kann – bislang haben wir ja nur die Blankoereignisse kennengelernt. Die möglichen Ereignistypen werden in den nachfolgenden Abschnitten erläutert.

Mitunter können auch unterschiedliche Ereignisse den Prozess auslösen, was man prinzipiell wie in Abbildung 2.30 modellieren kann. Wichtig ist hier, dass jedes Ereignis eine eigene Prozessinstanz auslösen wird.

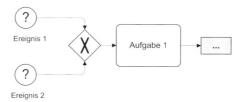

Abbildung 2.30 Sobald Ereignis 1 **oder** Ereignis 2 eintritt, wird der Prozess gestartet.

Wenn man hingegen modellieren möchte, dass mehrere Ereignisse eintreten müssen, bevor der Prozess startet, würden viele das intuitiv wie in Abbildung 2.31 gezeigt machen. Leider ist diese Darstellung nicht wirklich korrekt, auch wenn das für BPMN-Anfänger oft schwer nachvollziehbar ist. Der Grund ist, dass der AND-Join nicht die in Abschnitt 2.1.4 auf Seite 30 bereits erwähnte Korrelation unterstützt, sodass die beiden Ereignisse nicht als zusammengehörig erkannt werden. Wir erklären das Problem in Abschnitt 2.6.14 auf Seite 70 noch mal genauer und beschreiben die Lösung, die uns BPMN hierfür zur Verfügung stellt.

Abbildung 2.31 Schlecht: Dieses Modell würde streng genommen zu einem „Deadlock" führen.

Für die Fortsetzung des Prozesses kann es notwendig sein, dass ein bestimmtes **Zwischenereignis** eintritt. Dieser Sachverhalt wird wie in Abbildung 2.32 dargestellt: Wenn Aufgabe 1 erledigt ist, muss zunächst das Ereignis 1 eintreten, bevor Aufgabe 2 erledigt werden kann. Dem Token-Ansatz folgend, wartet das Token so lange an Ereignis 1, bis es eintritt. Dann erst läuft das Token weiter und startet Aufgabe 2.

Abbildung 2.32 Nach Aufgabe 1 wird gewartet, bis Ereignis 1 eingetreten ist. Erst dann geht es mit Aufgabe 2 weiter.

Hinweis: Das Blanko-Zwischenereignis ist (wie in Abschnitt 2.2 auf Seite 32 bereits erläutert) **kein** eintretendes Ereignis, sondern gehört zu den ausgelösten Ereignissen.

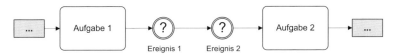

Abbildung 2.33 Sequentielle Zwischenereignisse können auch nur nacheinander erkannt werden.

Wie können wir darstellen, dass der Prozess auf zwei Ereignisse warten muss? Die in Abbildung 2.33 dargestellte Fassung ist ungünstig: Wenn Aufgabe 1 abgeschlossen ist, wandert das Token weiter und wartet darauf, dass Ereignis 1 eintritt. Wenn jetzt bereits Ereignis 2 eintreten sollte, wird das Token das nicht mitbekommen. Schlimmer noch: Wenn dann irgendwann auch Ereignis 1 eintritt, wandert das Token weiter und wartet jetzt darauf, dass Ereignis 2 eintritt. Das ist jedoch längst eingetreten, sodass das Token ewig warten wird. Die Semantik der eintretenden Ereignisse ist also nicht, dass ein Zustand geprüft wird, der eventuell bereits seit Längerem erreicht wurde, sondern das eintretende Ereignis wird als ein „vergängliches" Signal bewertet, das sofort nach dem Eintreten wieder „verpufft". Der Prozess kann das Ereignis also nur dann verarbeiten, wenn er auch genau in dem Augenblick darauf wartet, in dem es eintritt. Diese „strenge Verpuffungs-Semantik", wie wir sie nennen, kann bei der rein fachlichen Prozessmodellierung meistens ignoriert werden, muss aber bei der technischen Prozessmodellierung beachtet werden (Abschnitt 6.4.5).

Wenn wir auf zwei Ereignisse warten wollen, die unabhängig voneinander eintreten können, aber zur Fortsetzung des Prozesses beide eingetreten sein müssen, verwenden wir deshalb die Darstellung aus Abbildung 2.34.

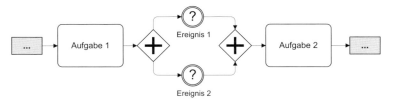

Abbildung 2.34 Mit dem AND-Gateway können wir auf mehrere Ereignisse gleichzeitig warten.

In BPMN können wir auch eintretende Zwischenereignisse modellieren, auf die nicht explizit gewartet wird, sondern die uns bei laufenden Aktivitäten unterbrechen. Das gilt sowohl für Aufgaben als auch für die später behandelten Teilprozesse. Solche Zwischenereignisse sind „angeheftet" (engl. „attached"), weil wir sie am Rand der zu unterbrechenden Aktivität positionieren. Ein Token, das den in Abbildung 2.35 auf der nächsten Seite gezeigten Prozessabschnitt durchläuft, würde sich wie folgt verhalten:

- Es wandert zu Aufgabe 1, die entsprechend gestartet wird.
- Wenn das Ereignis 1 eintritt, während Aufgabe 1 in Bearbeitung ist, wird Aufgabe 1 sofort abgebrochen und das Token wandert über den Ausnahmefluss zu Aufgabe 3.
- Wenn das Ereignis 1 hingegen nicht eintritt, wird die Aufgabe 1 abgearbeitet und das Token wandert über den regulären Sequenzfluss zu Aufgabe 2.
- Wenn das Ereignis 1 erst eintritt, nachdem die Aufgabe 1 abgearbeitet ist, hat dies keine Bedeutung mehr.

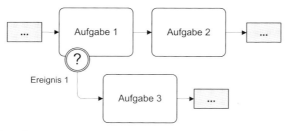

Abbildung 2.35 Das Eintreten von Ereignis 1 führt zum Abbruch von Aufgabe 1 und startet Aufgabe 3.

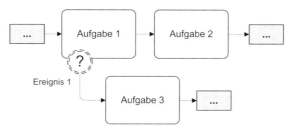

Abbildung 2.36 Das Eintreten von Ereignis 1 führt zum Start von Aufgabe 3, während Aufgabe 1 weiterhin bearbeitet wird.

Damit angeheftete Zwischenereignisse nicht zwangsläufig zum Abbruch der Aktivität führen, gibt es das nicht-unterbrechende angeheftete Zwischenereignis. Das klingt zwar sperrig, ist aber eigentlich sehr praktisch. Das Token durchwandert den in Abbildung 2.36 gezeigten Prozessabschnitt wie folgt:

- Es wandert zu Aufgabe 1, die entsprechend gestartet wird.
- Wenn das Ereignis 1 eintritt, während Aufgabe 1 in Bearbeitung ist, wird das Token geklont: Die Aufgabe 1 wird weiter bearbeitet, gleichzeitig wandert das zweite Token zu Aufgabe 3, die nun ebenfalls bearbeitet wird. Dieser Vorgang kann sich sogar mehrmals abspielen, sprich: Das Ereignis könnte auch mehrmals auftreten und würde jedes Mal zum Erzeugen eines weiteren Tokens führen.
- Wenn das Ereignis 1 hingegen nicht eintritt, wird die Aufgabe 1 abgearbeitet und das Token wandert über den regulären Sequenzfluss zu Aufgabe 2.
- Wenn das Ereignis 1 erst eintritt, nachdem die Aufgabe 1 abgearbeitet ist, hat dies keine Bedeutung mehr.

Ausgelöste Zwischenereignisse werden durch den Prozess getriggert. Das bedeutet: Ein Token, das bei einem solchen Ereignis ankommt, löst es aus und wandert sofort weiter. Ausgelöste Ereignisse führen nicht zum Abbruch einer Aktivität, weshalb sie niemals „angeheftet" werden können, sondern nur im Sequenzfluss auftreten. Wir kennen bereits das Blanko-Zwischenereignis, mit dem der Eintritt in einen definierten Status modelliert werden kann. Auch das ist ein ausgelöstes Ereignis.

In den folgenden Abschnitten stellen wir die einzelnen Ereignistypen vor, die Sie bei der Arbeit mit BPMN benutzen können:

- Nachrichten
- Zeit
- Fehler
- Bedingungen
- Signale
- Terminierungen
- Links
- Kompensation
- Mehrfach
- Abbruch

Außerdem erklären wir, wie Sie mit dem ereignisbasierten Gateway auf unterschiedliche Ereignisse reagieren können.

2.6.2 Nachrichten

Die meisten Prozesse erfordern früher oder später eine Kommunikation, die sich in BPMN mithilfe des Nachrichtenereignisses abbilden lässt, das Sie am kleinen Briefumschlag erkennen. Die generellen Verwendungsmöglichkeiten des Nachrichtenereignisses sehen Sie in Abbildung 2.37.

Abbildung 2.37 Verwendungsmöglichkeiten des Nachrichtenereignisses

Der Begriff „Nachricht" ist hierbei aber nicht auf Briefe, E-Mails oder Anrufe beschränkt. Prinzipiell ist in BPMN jeder Vorgang eine Nachricht, der sich auf einen spezifischen Adressaten bezieht und für diesen eine Information darstellt oder enthält. In Abbildung 2.38 ist beispielsweise das Thema Pizza-Bestellung ausmodelliert: Wir suchen uns eine Pizza aus und bestellen sie.

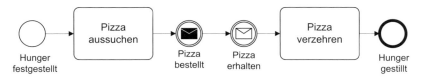

Abbildung 2.38 Pizza bestellen und erhalten als Nachrichtenereignisse

Abbildung 2.39 Inhaltlich falsch: Laut diesem Prozessmodell würden wir die Pizza zweimal bestellen.

Danach warten wir darauf, dass sie geliefert wird. Wenn das geschehen ist (wir sie also erhalten haben), können wir sie verzehren. Wie Sie sehen, existiert keine Aufgabe „Pizza bestellen". Tatsächlich wäre eine Darstellung wie in Abbildung 2.39 gezeigt falsch: Das ausgelöste Zwischenereignis „Pizza bestellt" impliziert bereits, dass wir die Pizza bestellt haben. Wenn jetzt eine entsprechende Aufgabe hinzukäme, wäre das doppelt definiert und deshalb unsinnig.

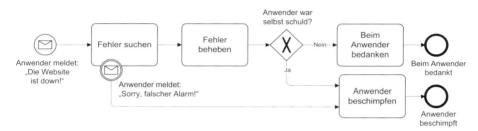

Abbildung 2.40 Das angeheftete Nachrichtenereignis führt zum Abbruch der Aufgabe „Fehler suchen".

Eine Nachricht, die zum Abbruch führt, ist in Abbildung 2.40 zu sehen: In diesem Szenario verdienen wir unser Geld als Administrator einer Webanwendung. Wenn wir von einem Anwender den Hinweis erhalten, dass die Webseite nicht mehr funktioniert, machen wir uns sofort an die Fehlersuche. Möglicherweise hat der Anwender sich aber geirrt und die Webseite ist gar nicht kaputt – vielleicht hatte der Anwender auch zwischendurch nur seine Verbindung zum Internet verloren. Sofern er uns über den blinden Alarm informiert, werden wir die Fehlersuche abbrechen und ihn für die Falschmeldung wüst beschimpfen. Falls der Fehler hingegen tatsächlich gefunden wird, können wir ihn beheben und dabei gleich prüfen, durch wessen Schuld er entstanden ist. Möglicherweise hat der Anwender ihn ja durch eine falsche Bedienung selbst hervorgerufen, wofür er natürlich ebenfalls beschimpft wird. Falls er hingegen unschuldig ist, werden wir uns bei ihm für seinen Hinweis bedanken.

Abbildung 2.41 Unsere Konvention: Aufgaben für das Senden, Ereignisse für den Empfang von Nachrichten

Unser Modellierungs-Knigge

Vielleicht geht Ihnen das anders, aber wir sind mit dem ausgelösten Zwischenereignis nicht immer glücklich: Die Implikation einer Aufgabe (Nachricht versenden), ohne dass diese explizit modelliert wird, kann unbedarfte Betrachter solcher Modelle schnell verwirren. In solchen Fällen verzichten wir auf ausgelöste Zwischenereignisse, wenn es um den Versand von Nachrichten geht, und verwenden stattdessen eine Aufgabe (siehe Abbildung 2.41 auf der vorherigen Seite). In Abschnitt 2.7 auf Seite 73 werden wir lernen, dass es für den Versand und Empfang von Nachrichten sogar spezielle Aufgabentypen in BPMN gibt.

2.6.3 Zeit

Das Zeitereignis wird in der praktischen Arbeit mit BPMN sehr gern verwendet. Das liegt auch daran, dass man es recht flexibel einsetzen kann. Das Zeitereignis erkennen Sie an der Uhr, die Verwendungsmöglichkeiten sind in Abbildung 2.42 zu sehen.

Abbildung 2.42 Verwendungsmöglichkeiten des Zeitereignisses

Als Startereignis können Sie es beispielsweise nutzen, um einen Prozess:
- in Intervallen zu starten,
- regelmäßig zu einem bestimmten Zeitpunkt zu starten,
- in zeitlicher Relation zu einem anderen Ereignis zu starten,
- einmalig zu einem bestimmten Zeitpunkt zu starten.

Als Zwischenereignis kann es den Prozess anhalten, bis:
- ein definierter Zeitpunkt erreicht ist,
- eine definierte Zeitspanne verstrichen ist,
- ein Zeitpunkt erreicht ist, der in Relation zu einem anderen Ereignis steht.

In Abbildung 2.43 auf der nächsten Seite sind einige Beispiele für diese Nutzungsmöglichkeiten zu sehen. Ein Zeitereignis kann naheliegenderweise niemals durch den Prozess ausgelöst werden – auf die Zeit haben wir keinen Einfluss. Dementsprechend existiert dieser Ereignistyp nur als eingetretenes Start- bzw. Zwischenereignis.

Gerade das angeheftete Zeitereignis wird sehr gerne genutzt, weil man damit „Timeouts" modellieren kann: zeitliche Obergrenzen, mit denen man beispielsweise eine maximale Bearbeitungsdauer für eine Aufgabe festlegt. In Abbildung 2.44 sehen wir einen Prozess, bei dem die Aufgabe „Pizza aussuchen" maximal 30 Minuten dauern darf. Sobald die Aufgabe

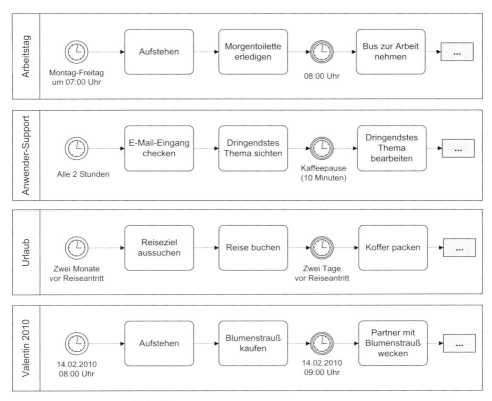

Abbildung 2.43 Beispiele für Zeitereignisse

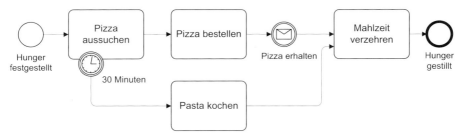

Abbildung 2.44 Der Timeout für die Aufgabe „Pizza aussuchen" beträgt 30 Minuten.

länger dauert, wird sie abgebrochen und wir kochen Pasta. In beiden Fällen werden wir die Mahlzeit am Ende verzehren.

Ein Beispiel eines nicht-unterbrechenden Zeitereignisses sehen wir in Abbildung 2.45 auf der nächsten Seite: Bevor wir essen können, müssen wir die Mahlzeit zubereiten und den Tisch decken. Letzteres machen wir aber nicht sofort, sondern erst 10 Minuten, bevor das Essen fertig ist.

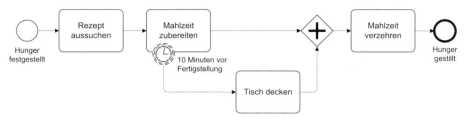

Abbildung 2.45 Wir können auch Zeitereignisse anheften, die nicht zum Abbruch führen, sondern ein weiteres Token generieren.

2.6.4 Fehler

Laufen Ihre Prozesse vollständig fehlerfrei? Wenn nicht, können Sie die möglicherweise auftretenden Fehler in Ihren Prozessmodellen berücksichtigen, um die jeweilige Behebung oder Eskalation darzustellen. Fehlerereignisse werden durch einen kleinen Blitz symbolisiert und können wie in Abbildung 2.46 gezeigt verwendet werden.

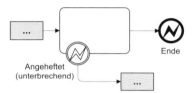

Abbildung 2.46 Verwendungsmöglichkeiten des Fehlerereignisses

Was genau ein solcher „Fehler" sein kann, ist in der BPMN-Spezifikation nicht geregelt – das müssen Sie als Modellierer entscheiden. In Abschnitt 4.5.1 auf Seite 160 geben wir dazu einige Praxistipps.

Ein Fehler ist in BPMN ein sehr schwerwiegendes Ereignis – deshalb kann er nur als angeheftetes Zwischenereignis modelliert werden, um zu zeigen, dass bei einem Fehler in der Ausführung der Aufgabe eine bestimmte Fehlerbehandlung vorzunehmen ist. Als ausgelöstes Ereignis kann es nur am Ende eines Prozesspfads modelliert werden. Damit erhält der Teilnehmer selbst die Möglichkeit, seinen Prozess als „gescheitert" zu kennzeichnen. Diese Kennzeichnung wiederum sollte vom Oberprozess erkannt und seinerseits behandelt werden. Das Zusammenspiel zwischen Ober- und Teilprozessen wird in Abschnitt 2.8 auf Seite 79 erklärt. Dort finden Sie auch ein Beispiel zur Verwendung des Fehlerereignisses.

2.6.5 Bedingungen

Mitunter soll ein Prozess nur gestartet oder fortgesetzt werden, wenn eine bestimmte Bedingung eingetreten ist. Wie Sie sich vielleicht schon denken, ist das natürlich ein weites Feld: Alles Mögliche kann eine Bedingung sein. Der springende Punkt ist, dass diese Bedingung völlig unabhängig vom Prozess erfüllt wurde, also außerhalb seines Einflussbereichs. Deshalb ist die Bedingung neben dem Zeitereignis der einzige Ereignistyp, der nur als eingetretenes Ereignis existiert. Eine Bedingung im Sinne dieses Ereignisses kann also nicht durch den Prozess ausgelöst werden (Abbildung 2.47 auf der nächsten Seite).

Abbildung 2.47 Verwendungsmöglichkeiten des Bedingungsereignisses

Abbildung 2.48 Pizza-Backen mit ausmodellierten Bedingungen

Abbildung 2.49 Pizza-Backen mit Angabe, wie lange die Pizza im Ofen bleiben soll

Auch unser Pizza-Prozess könnte mit Bedingungen angereichert werden. Der Prozess in Abbildung 2.48 startet, wenn wir uns eine Tiefkühlpizza wünschen. Dann nehmen wir diese aus dem Gefrierschrank und stellen den Backofen an. Erst wenn der Ofen 180° warm ist, schieben wir die Pizza hinein, und erst wenn sie fertig ist, holen wir sie wieder heraus, um sie zu verzehren.

Wenn wir wissen, wie lange unsere Pizza braucht, um zu garen, können wir diese Angabe natürlich auch im Prozessmodell präzisieren und das letzte Bedingungsereignis durch ein Zeitereignis ersetzen. Dann sähe das Ganze so aus wie in Abbildung 2.49.

2.6.6 Signale

Signale ähneln Nachrichten, weshalb sie in der BPMN genau wie die Nachrichten in allen Ausprägungen als Ereignisse modelliert werden können (Abbildung 2.50). Ihr Symbol ist ein Dreieck.

Abbildung 2.50 Verwendungsmöglichkeiten des Signalereignisses

Der wesentliche Unterschied ist, dass eine Nachricht immer an einen bestimmten Empfänger gerichtet ist: Eine E-Mail enthält die E-Mail-Adresse des Empfängers, unser Anruf beginnt mit dem Wählen der Rufnummer etc. Ein Signal hingegen ist eine ungerichtete

Nachricht, also vergleichbar mit einer Zeitungsannonce, einem Fernsehspot oder einem Hilferuf über Funk. Jeder, der das Signal auffängt und darauf reagieren möchte, kann das tun.

Abbildung 2.51 Pizza-Signale

In Abbildung 2.51 wird dargestellt, dass wir im Fernsehen von einer neuen Pizza erfahren haben, die wir sogleich ausprobieren müssen. Also kaufen wir die Pizza, essen sie aber erst, wenn wir auch wirklich Appetit auf Pizza bekommen haben (eine kleine Wiederholungsübung für das Bedingungsereignis). Nach dem Verzehr bewerten wir öffentlich auf Pizzatest.de, wie gut uns das neue Produkt gefallen hat. Auch das ist natürlich ein Signal für die Allgemeinheit. Die Webseite gibt es übrigens wirklich, was wieder einmal zeigt, dass es im Internet einfach alles gibt.

2.6.7 Terminierungen

Betrachten Sie einmal das abstrakte Beispiel in Abbildung 2.52. Bereits in Abschnitt 2.3.2 auf Seite 37 haben wir uns mit (einfachen) Kennzahlenanalysen beschäftigt und wissen deshalb, dass dieser Prozess stets 55 Minuten dauern wird: Nach Aufgabe 1 können gleichzeitig die Aufgaben 2 und 3 bearbeitet werden. Die Bearbeitung von Aufgabe 2 nimmt mehr Zeit in Anspruch als die Bearbeitung von Aufgabe 3, weshalb sie ausschlaggebend ist für die gesamte Laufzeit des Prozesses. Ein Token, das den Prozess durchläuft, wird im AND-Split geklont. Das erste Token hält sich 45 Minuten in Aufgabe 2 auf, das zweite hält sich 30 Minuten in Aufgabe 3 auf. Demzufolge kommt das zweite Token zuerst beim Blanko-Endereignis an, wo es konsumiert wird. Nach 15 weiteren Minuten kommt das erste Token beim oberen Blanko-Endereignis an, wo es ebenfalls konsumiert wird. Da nun keine Token mehr existieren, ist die Prozessinstanz beendet, sie hat also 55 Minuten gebraucht.

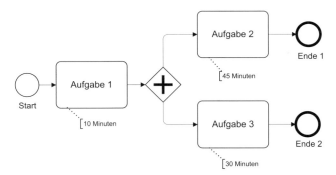

Abbildung 2.52 Der Prozess dauert immer 55 Minuten.

So weit klar. Aber was machen wir, wenn wir nach Erledigung von Aufgabe 3 bereits wissen, dass die Aufgabe 2 überflüssig geworden ist? Diese Situation kommt häufig vor, wenn wir Aufgaben gleichzeitig abarbeiten, die in einem inhaltlichen Zusammenhang stehen. In diesem Fall können wir das in Abbildung 2.53 gezeigte Muster anwenden und mithilfe des Terminierungsereignisses dafür sorgen, dass augenblicklich **alle** noch existierenden Token konsumiert werden, was automatisch zur Beendigung der Prozessinstanz führt. In der Konsequenz können Sie das Terminierungsereignis nur als Endereignis verwenden (Abbildung 2.54).

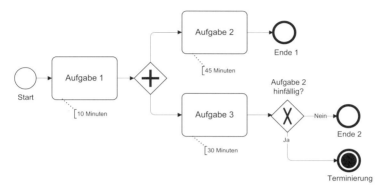

Abbildung 2.53 Unter Umständen wird der Prozess nach Erledigung von Aufgabe 3 sofort komplett beendet.

Abbildung 2.54 Verwendungsmöglichkeiten des Terminierungsereignisses

2.6.8 Links

Das Linkereignis ist gewissermaßen ein Sonderfall: Es besitzt keine inhaltliche Bedeutung, sondern ist nur eine handwerkliche Erleichterung bei der Erstellung von Prozessdiagrammen. Wie in Abbildung 2.55 auf der nächsten Seite zu sehen, kann man zwei zusammengehörige Links als Alternative für einen Sequenzfluss zeichnen. Zusammengehörig heißt, es gibt ein ausgelöstes Linkereignis als „Aussprungpunkt" und ein eingetretenes Linkereignis als „Einsprungpunkt" und die beiden Ereignisse sind als Pärchen gekennzeichnet – in unserem Beispiel über die Bezeichnung „A". Mitunter verwenden wir auch farbliche Codierungen, um die Zusammengehörigkeit zu kennzeichnen.

Linkereignisse können nur als Zwischenereignisse verwendet werden (Abbildung 2.56 auf der nächsten Seite).

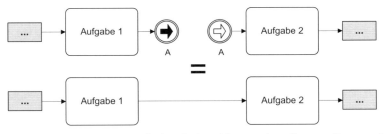

Abbildung 2.55 Zusammengehörige Linkereignisse können einen Sequenzfluss ersetzen.

Abbildung 2.56 Verwendungsmöglichkeiten des Linkereignisses

Linkereignisse können sehr praktisch sein, wenn Sie:

- ein Prozessdiagramm auf mehrere Seiten verteilen müssen, sodass sich der Leser anhand der Links von einer Seite zur nächsten „hangeln" kann,
- umfangreiche Prozessdiagramme mit vielen Sequenzflüssen zeichnen. Hier kann es schnell zu einer „Spaghetti-Darstellung" kommen, die sich mithilfe der Links vermeiden lässt.

2.6.9 Kompensation

Die Kompensation (Abbildung 2.57) setzen wir in der Praxis nur im Kontext von Transaktionen ein (siehe Abschnitt 2.8.5 auf Seite 88), obwohl die BPMN auch unabhängig davon eine Verwendung dieses Ereignistyps erlaubt. Generell geht es darum, dass wir in unseren Prozessen mitunter Aufgaben ausführen, die unter bestimmten Bedingungen später rückgängig gemacht werden müssen.

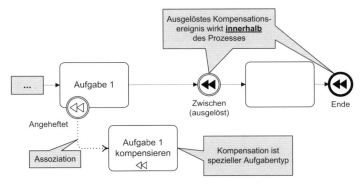

Abbildung 2.57 Verwendungsmöglichkeiten des Kompensationsereignisses

Typische Beispiele hierfür wären:

- die Buchung einer Bahn- oder Flugreise
- die Reservierung eines Mietwagens
- die Belastung einer Kreditkarte
- die Beauftragung eines Dienstleisters

In Abbildung 2.58 auf der nächsten Seite sehen wir einen einfachen Prozess: Freitags um 13 Uhr stimmen wir mit unserem Partner den Abend ab, den wir entweder im Theater oder mit Freunden verbringen wollen. In beiden Fällen müssen wir etwas Verbindliches tun, nämlich entweder Theaterkarten reservieren oder uns mit den Freunden verabreden. Am Abend kann es dann passieren, dass wir gar keine Lust mehr haben, noch aus dem Haus zu gehen. Dann müssen wir entweder dem Theater oder unseren Freunden absagen, bevor wir in Ruhe Fernsehen können.

Der hintere Teil des Modells lässt sich mithilfe des Kompensationsereignisses wie in Abbildung 2.59 auf Seite 67 gezeigt kompakter darstellen: Wenn wir am Abend keine Lust mehr haben, müssen wir generell unsere Verabredungen lösen. Dies führt automatisch dazu, dass wir entweder die Theaterkarten abbestellen oder unseren Freunden absagen. Wir müssen die Prüfung, wem wir absagen, nicht explizit ausmodellieren.

Für den Umgang mit Kompensationen gelten einige Sonderregeln:

- Ausgelöste Kompensationen beziehen sich auf ihren eigenen Prozess, das Ereignis wirkt also innerhalb des Pools, womit sich dieser Ereignistyp beispielsweise vom ausgelösten Nachrichtenereignis unterscheidet.
- Angeheftete Kompensationen wirken nur, wenn im Prozess eine Kompensation ausgelöst wurde und die Aktivität, an der sie angeheftet sind, auch tatsächlich bereits erfolgreich ausgeführt wurde. Damit unterscheiden sie sich von allen anderen angehefteten Ereignissen, die nur wirken können, wenn die Aktivität selbst gerade aktiv ist.
- Angeheftete Kompensationsereignisse werden mit der Kompensationsaufgabe über eine Assoziation verbunden, also nicht wie sonst üblich über einen Sequenzfluss. Damit unterstreicht die BPMN, dass sich Kompensationen außerhalb des regulären Prozessablaufs befinden und ihre Ausführung ein Sonderfall ist.
- Die obligatorische Kompensationsaufgabe ist ein spezieller Aufgabentyp. Weitere Aufgabentypen werden in Abschnitt 2.7 auf Seite 73 erklärt.

Unser Modellierungs-Knigge

In diesem einfachen Beispiel ist es vielleicht nicht so gut nachvollziehbar, wie viel Arbeit einem dieses Konstrukt abnehmen kann. Aber stellen Sie sich einmal komplexe betriebswirtschaftliche Prozesse vor, in denen solche Kompensationen sehr häufig notwendig sein können. Dann kann man das Modell eine ganze Ecke schlanker halten und sieht auf einen Blick, unter welchen Umständen welche Kompensationen erforderlich sind. Insofern nutzen wir das Kompensationsereignis zwar nicht ständig, aber für die Beschreibung komplexerer Prozesse mitunter schon.

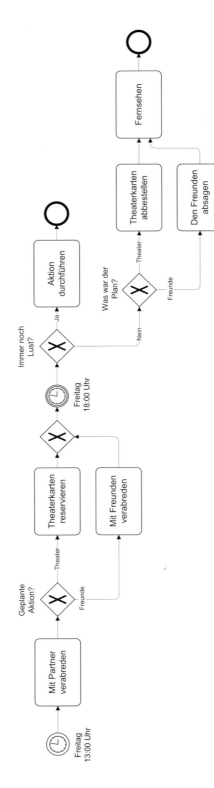

Abbildung 2.58 Ein möglicher Prozess zum Wochenende

2.6 Ereignisse 67

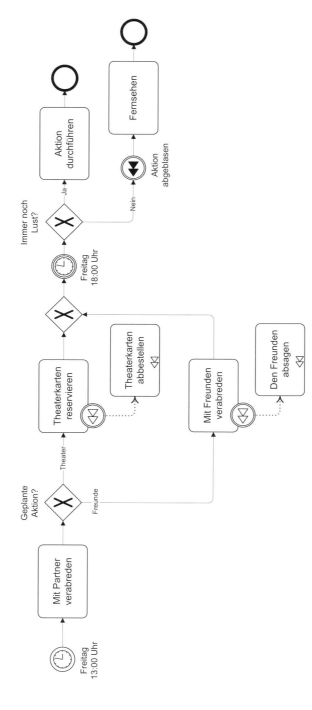

Abbildung 2.59 Derselbe Prozess wie in Abbildung 2.58 auf der vorherigen Seite unter Verwendung des Kompensationsereignisses

2.6.10 Mehrfach

Mit dem Mehrfachereignis (Abbildung 2.60) können wir mehrere Ereignisse in einem Symbol zusammenfassen. Die Semantik ist ziemlich simpel:

- Wenn man es als eingetretenes Ereignis modelliert, muss **nur eines** der enthaltenen Ereignisse eintreten, um den Prozess zu starten, fortzusetzen oder die Aufgabe abzubrechen.
- Als ausgelöstes Ereignis führt es dazu, dass **alle** enthaltenen Ereignisse ausgelöst werden.

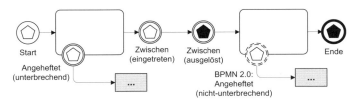

Abbildung 2.60 Verwendungsmöglichkeiten des Mehrfachereignisses

In Abbildung 2.61 ist zu sehen, wie man das Mehrfachereignis im Pizza-Kontext verwenden könnte. In diesem Beispiel probieren wir eine neue Pizza aus, sobald wir sie im Fernsehen gesehen haben oder sie uns von einem Bekannten empfohlen wird. Nach dem Verzehr werden wir sie auf Pizzatest.de bewerten und wiederum unseren Bekannten mitteilen, ob wir diese Pizza empfehlen können oder von ihr abraten.

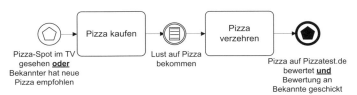

Abbildung 2.61 Das Mehrfachereignis fasst Ereignisse zusammen.

Das Modell in Abbildung 2.62 beschreibt denselben Prozess, aber hier sind die Ereignisse ausmodelliert.

Abbildung 2.62 Eine Alternative zu Abbildung 2.61

Unser Modellierungs-Knigge

Ob Sie das Mehrfachereignis verwenden wollen, ist wie so oft Ihre Entscheidung. Wir sehen den Nutzen, wenn überhaupt, in der groben fachlichen Beschreibung von Prozessen. Wenn es in Richtung IT-Umsetzung geht, kann man es sich nicht mehr leisten, die relevanten Details in den beschreibenden Texten zu verstecken. Dann kann man ja auch gleich mit den alten Textwüsten-Lastenheften arbeiten. Aber auch auf der rein fachlichen Ebene ist das Symbol unseres Erachtens nicht besonders hilfreich, weil es nicht intuitiv ist. Die enthaltenen Ereignisse auszumodellieren, führt zwar zu umfangreicheren Diagrammen, ist aber häufig auch verständlicher. Kurzum: Wir haben dieses Symbol noch nie praktisch verwendet noch haben wir jemals erlebt, dass es sonstwer praktisch eingesetzt hätte. ∎

2.6.11 Mehrfach parallel

Abbildung 2.63 Verwendungsmöglichkeiten des Parallelereignisses

Das Parallelereignis, siehe Abbildung 2.63, ist eine Ergänzung zum bereits erklärten Mehrfachereignis: Während das eingetretene Mehrfachereignis mit einer XOR-Semantik ausgestattet ist (es gilt als eingetreten, sobald **eines** der enthaltenen Ereignisse eingetreten ist), besitzt das Parallelereignis eine AND-Semantik. Es müssen also **alle** enthaltenen Ereignisse eingetreten sein, bevor es als eingetreten gilt. Da diese AND-Semantik beim ausgelösten Mehrfachereignis bereits impliziert ist, wurde das Parallelereignis nur als eingetretenes Ereignis definiert.

2.6.12 Eskalation

Das Eskalationsereignis, siehe Abbildung 2.64, dient vor allem der Kommunikation zwischen Ober- und Teilprozessen. Wir werden es deshalb in Abschnitt 2.8 auf Seite 79 anhand eines Beispiels betrachten.

Abbildung 2.64 Verwendungsmöglichkeiten des Eskalationsereignisses

2.6.13 Abbruch

Das Abbruchereignis kann nur im Kontext von Transaktionen verwendet werden, die wir in Abschnitt 2.8.5 auf Seite 88 besprechen. Dort finden Sie auch Beispiele für die Verwendung dieses Ereignistyps.

2.6.14 Ereignisbasiertes Gateway

Mit dem exklusiven datenbasierten Gateway (XOR-Gateway) haben wir in Abschnitt 2.3.1 auf Seite 34 eine Möglichkeit kennengelernt, abhängig von bestimmten Prozessdaten unterschiedliche Pfade zu durchlaufen. In Abbildung 2.65 ist zu sehen, dass wir uns zunächst ein Rezept aussuchen (Pasta, Steak oder Salat). Je nach Ergebnis der Aufgabe „Rezept aussuchen" routet uns das XOR-Gateway entweder zur Aufgabe „Pasta kochen", „Steak braten" oder „Salat anrichten".

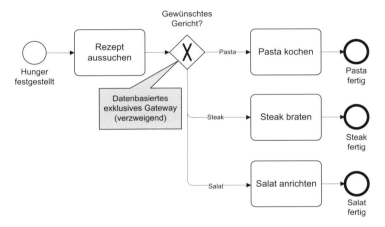

Abbildung 2.65 XOR-Gateway trifft die Routing-Entscheidung auf Basis verfügbarer Daten.

Diese Art von Verzweigung kennen auch die Anwender anderer Prozessnotationen. In BPMN haben wir jedoch eine weitere Möglichkeit zur Gestaltung von Prozesspfaden gewonnen: das ereignisbasierte Gateway (kurz: Event-Gateway). Dieses Gateway routet nicht auf Basis von Daten, sondern abhängig davon, welches Ereignis als Nächstes eintritt.

Um den Nutzen zu verstehen, schauen wir uns zunächst den in Abbildung 2.66 gezeigten Prozess an: Wir bestellen eine Pizza und warten darauf, dass sie geliefert wird. Wenn wir sie erhalten haben, können wir sie verzehren. So weit, so gut, aber was machen wir, wenn

Abbildung 2.66 Laut diesem Modell warten wir unter Umständen ewig darauf, dass die Pizza geliefert wird.

die Pizza nach 60 Minuten noch nicht geliefert wurde? Vermutlich werden wir nachfragen, wo sie bleibt. Und genau diesen Prozess können wir mit dem Event-Gateway modellieren (Abbildung 2.67). Im Gegensatz zum datenbasierten XOR-Split wartet das Token beim Event-Gateway also darauf, dass eines der nachfolgenden Ereignisse eintritt. Sobald dies geschieht, wird das Token den entsprechenden Pfad nehmen. Falls danach noch andere der angetragenen Ereignisse eintreten, werden diese ignoriert, es handelt sich also um eine XOR-Semantik.

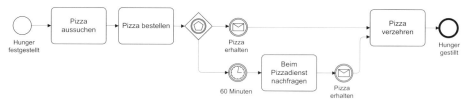

Abbildung 2.67 Nach dem Event-Split wird der Pfad durchlaufen, bei dem das Ereignis als Erstes eintritt.

Wie in Abbildung 2.68 erkennbar, können nicht alle Zwischenereignisse mit dem Event-Gateway kombiniert werden. Als Sonderfall ist zusätzlich die Kombination mit der Empfangs-Aufgabe erlaubt, die wir aber erst in Abschnitt 2.7 auf Seite 73 betrachten werden.

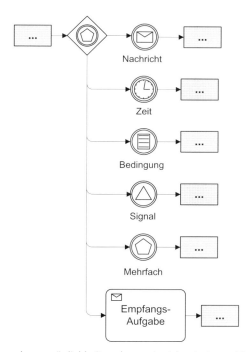

Abbildung 2.68 Verwendungsmöglichkeiten des ereignisbasierten exklusiven Gateways

Das Event-Gateway kann als „instanziierendes" Gateway auch für den Prozessstart verwendet werden. Auf diese Weise lässt sich ausdrücken, dass unterschiedliche Ereignisse

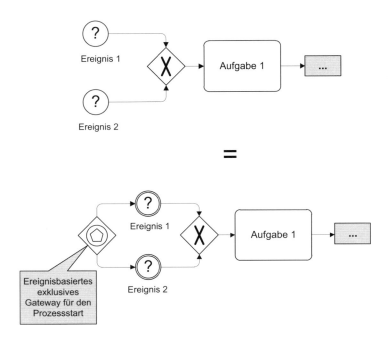

Abbildung 2.69 Das Event-Gateway kann auch als Startpunkt verwendet werden, muss dann aber vom Typ „instanziierend" sein.

den Prozess auslösen können. Das lässt sich natürlich auch genauso gut mit unterschiedlichen Startereignissen modellieren, die über einen XOR-Join zusammengeführt werden, wie Abbildung 2.69 verdeutlichen soll.

 Unser Modellierungs-Knigge

Wir halten die Variante, unterschiedliche Startereignisse über das Event-Gateway zu modellieren, für viel zu umständlich und nicht intuitiv. Insofern verwenden wir in solchen Fällen die XOR-Join-Variante ohne das Event-Gateway.

2.6.15 Ereignisbasiertes paralleles Gateway

Eine spezielle Variante des Event-Gateways ist das ereignisbasierte parallele Gateway. Mit diesem Symbol lässt sich ausdrücken, dass alle nachfolgenden Ereignisse eingetreten sein müssen, bevor ein Prozess „komplett" gestartet werden kann. Es nimmt somit genau die Korrelation vor, die der einfache AND-Join nicht bietet. Das in Abbildung 2.70 auf der nächsten Seite gezeigte *untere* Modell führt zu folgendem Verhalten:

- Wenn Ereignis 1 eintritt, wird die Prozessinstanz gestartet und ein Token „geboren".
- Dieses Token wartet jetzt am AND-Join.

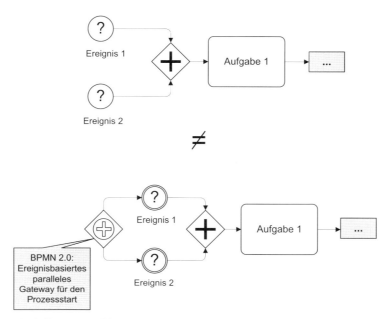

Abbildung 2.70 Das untere Modell funktioniert, das obere (streng genommen) nicht.

- Wenn Ereignis 2 eintritt, wird die bereits gestartete passende Prozessinstanz identifiziert (Korrelation) und dort bei Ereignis 2 ein weiteres Token „geboren".
- Das zweite Token wandert ebenfalls zum AND-Join, wo es mit dem bereits wartenden ersten Token verschmolzen wird und nur noch ein einziges Token den ausgehenden Pfad verlässt.

Beim *oberen* Modell würde hingegen die Zuordnung zur bereits gestarteten Prozessinstanz nicht erfolgen, sondern es würden zwei isolierte Instanzen gestartet, bei denen jeweils ein Token am AND-Join bis in alle Ewigkeit warten würde. Diese „strenge Korrelationssemantik" von BPMN ist natürlich nicht immer hilfreich, wenn man möglichst leicht verständliche Prozessmodelle erstellen will.

■ 2.7 Spezielle Aufgaben

2.7.1 Typisierung

In unseren Prozessmodellen haben wir bis jetzt lediglich Aufgaben verwendet, deren Typ undefiniert war. Ähnlich wie bei den Ereignissen bietet uns die BPMN aber die Möglichkeit, auch bei den Aufgaben mit unterschiedlichen Typen zu arbeiten. In der Praxis wird davon bislang zwar wesentlich seltener Gebrauch gemacht, weil sie überwiegend für die Modellierung technisch ausführbarer Prozesse gedacht sind. Wir haben aber die Erfahrung gemacht, dass Aufgabentypen gerade im Rahmen von Modellierungskonventionen für das Requirements Engineering eine sehr sinnvolle Hilfe sein können.

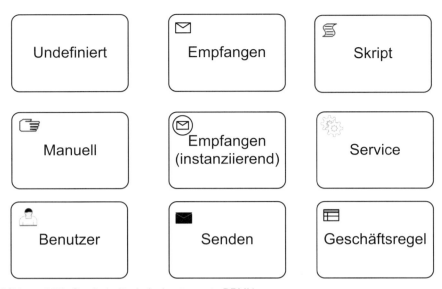

Abbildung 2.71 Symbole für Aufgabentypen in BPMN

Manuell: Eine manuelle Aufgabe wird von einem Menschen erledigt, es handelt sich jedoch nicht um die Erfüllung einer von der Workflow Engine zugewiesenen Aufgabe. Alle Aufgaben aus unseren diversen Pizza-Prozessen sind manueller Natur.

Weitere Beispiele:

- Die Ablage eines Dokuments in einer Akte
- Die telefonische Klärung einer falschen Rechnung
- Das Kundengespräch am Bankschalter

Benutzer: Auch eine Benutzer-Aufgabe wird von einem Menschen erledigt, allerdings wird sie durch eine Workflow Engine „beauftragt", die dem Anwender diese Aufgabe zum Beispiel in seine Aufgabenliste legt. Nach Erledigung der Aufgabe erwartet die Engine mindestens eine entsprechende Bestätigung, meistens aber auch die Eingabe bestimmter Daten oder den Klick auf einen bestimmten Button im Dialogfeld. Die Benutzer-Aufgabe gehört also zum Human Workflow Management.

Typische Beispiele aus der Welt des Human Workflow Management wären:

- Die Prüfung einer Rechnung
- Die Genehmigung eines Urlaubsantrags
- Die Bearbeitung einer Support-Anfrage

Service: Eine Service-Aufgabe ist eine Aufgabe, die automatisch durch eine Software erledigt wird. Es handelt sich also um eine Programmfunktion, die automatisch im Rahmen der Prozessausführung genutzt wird. Die BPMN geht im Normalfall davon aus, dass diese Funktion als Webservice bereitgestellt wird, es kann sich aber auch um eine andere Implementierung handeln. Die Service-Aufgabe ist eine Komponente der prozessorientierten Anwendungsintegration, was die begriffliche Nähe zur Serviceorientierten Architektur (SOA) erklärt.

Typische Beispiele aus der Welt der Anwendungsintegration wären:

- Die Bonitätsauskunft der Schufa, die als XML über HTTP automatisch während der Kreditprüfung gezogen wird
- Die automatische Verbuchung einer als EDIFACT über X.400 erhaltenen Rechnung in SAP R/3
- Das automatische Angebot von Ausschussware in einem Online-Auktionshaus, das hierfür einen Webservice anbietet

Empfangen und Senden: Der Empfang einer Nachricht kann als eigene Aufgabe modelliert werden. Dieser Aufgabentyp stellt eine Alternative zum eingetretenen Nachrichtenereignis dar, weshalb das Symbol für das Ereignis auch ein nicht ausgefüllter Briefumschlag ist. Wenn ein Prozess durch eine Empfänger-Aufgabe instanziiert werden soll, diese also als Ersatz für ein Nachrichten-Startereignis gedacht ist, wird dies durch ein kleines Ereignis-Symbol in der linkeren oberen Ecke dargestellt.

Dasselbe Prinzip gilt für die sendende Aufgabe. Diese Aufgaben sind rein technischer Natur und werden durch die Workflow Engine ausgeführt. Sie dienen deshalb vor allem dem asynchronen Aufruf von Webservices über Message Queues bzw. der Entgegennahme von Service Requests für eine asynchrone Verarbeitung.

Skript: Ein Skript wird direkt in der Workflow Engine ausgeführt und kann ganz unterschiedlichen Zwecken dienen. Das Skript muss dementsprechend in einer Sprache geschrieben sein, die die Workflow Engine interpretieren kann.

Geschäftsregel: Die Geschäftsregel-Aufgabe dient allein der Anwendung von Geschäftsregeln, die wir in Abschnitt 4.5.6 auf Seite 171 und Abschnitt 5 auf Seite 177 genauer betrachten.

Eigene Aufgabentypen: Sie können auch ganz eigene Aufgabentypen mit individuellen Symbolen definieren, um Ihre Diagramme den Rahmenbedingungen in Ihrem Unternehmen anzupassen und sie ausdrucksstärker zu machen. Das setzt natürlich voraus, dass Ihr BPMN-Tool Ihnen die Möglichkeit dazu bietet. Wir haben noch nicht erlebt, dass jemand tatsächlich diese Möglichkeit in Anspruch genommen hat – die meisten wissen gar nicht, dass es sie gibt. Aber warum eigentlich nicht? Wir könnten uns zum Beispiel eigene Aufgabentypen für folgende Themen vorstellen:

- Telefonate
- Unterschriften
- Freigaben oder Ablehnungen
- Archivierungen

2.7.2 Markierung

Neben der Typisierung können wir Aufgaben außerdem als Schleifen, Mehrfachinstanzen oder Kompensationen „markieren". Diese „Marker" können mit den zugeordneten Typen kombiniert werden.

Schleifen

Eine Schleifen-Aufgabe wird so lange wiederholt, bis eine definierte Bedingung gilt oder nicht mehr gilt. Beispielsweise schlagen wir unseren Freunden oder Verwandten für das

Abbildung 2.72 Wir werden so lange Gerichte vorschlagen, bis alle mit dem Vorschlag einverstanden sind.

gemeinsame Abendessen so lange diverse Gerichte vor, bis alle einverstanden sind und wir die Mahlzeit zubereiten können (Abbildung 2.72).

Brauchen wir für dieses Prozessmodell unbedingt das Schleifensymbol? Natürlich nicht, wir könnten auch einfach einen Rücksprung modellieren: mit Gateways, ohne Gateways oder gemischt. Die Techniken dafür haben wir in Abschnitt 2.3 auf Seite 34 und Abschnitt 2.4 auf Seite 46 erlernt. Welche der in Abbildung 2.73 gezeigten Alternativen gefällt Ihnen am besten?

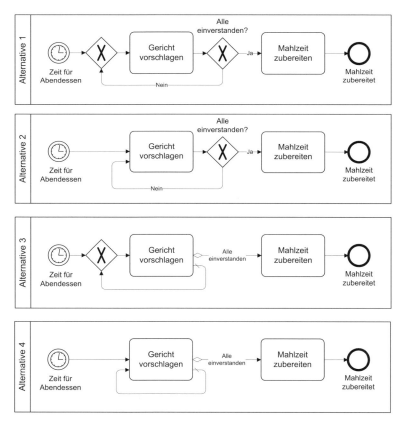

Abbildung 2.73 Alle vier Varianten stellen denselben Prozess wie Abbildung 2.72 dar.

Symbole der BPMN

	Eingetretene Ereignisse				Ausgelöste Ereignisse	
	Startereignisse		Zwischenereignisse			Endereignisse
	Der Prozess wird durch das Ereignis gestartet.	Der Ereignis-Teilprozess wird gestartet, der Oberprozess wird abgebrochen.	Der Ereignis-Teilprozess gestartet, der Oberprozess wird *nicht* abgebrochen.	Der Prozess läuft erst weiter, wenn das Ereignis eintritt.	Auf das Ereignis wird reagiert, die Aktivität wird abgebrochen.	Auf das Ereignis wird reagiert, die Aktivität wird *nicht* abgebrochen.	Der Prozess löst das Ereignis aus und läuft sofort weiter.	Der Prozess löst das Ereignis am Ende eines Prozesspfades aus.

Blanko: Untypisierte Ereignisse; Blanko-Zwischenereignisse können einen Statuswechsel kennzeichnen.

Nachricht: Empfang und Versand von Nachrichten.

Zeit: Periodische zeitliche Ereignisse, Zeitpunkte oder Zeitspannen.

Bedingung: Reaktion auf veränderte Bedingungen und Bezug auf Geschäftsregeln.

Link: Zwei zusammengehörige Link-Ereignisse repräsentieren einen Sequenzfluss.

Signal: Signal über mehrere Prozesse. Auf ein Signal kann mehrfach reagiert werden.

Fehler: Auslösen und Behandeln von definierten Fehlern.

Eskalation: Meldung an den nächsthöheren Verantwortlichen.

Terminierung: Löst die sofortige Beendigung des Prozesses aus.

Kompensation: Behandeln oder Auslösen einer Kompensation.

Abbruch: Reaktion auf abgebrochene Transaktionen oder Auslösen von Abbrüchen.

Mehrfach: Eintreten eines von mehreren Ereignissen; Auslösen aller Ereignisse.

Mehrfach/Parallel: Eintreten aller Ereignisse.

NEU in BPMN 2.0

Symbole der BPMN (in Anlehnung an das BPMN-Poster der Berliner BPM-Offensive: www.bpmb.de/poster)
Aus "Praxishandbuch BPMN" von Jakob Freund und Bernd Rücker; © 2019 Carl Hanser Verlag München

HANSER · camunda the business process company

Symbole der BPMN

(in Anlehnung an das BPMN-Poster der Berliner BPM-Offensive: www.bpmb.de/poster)
Aus "Praxishandbuch BPMN" von Jakob Freund und Bernd Rücker, © 2019 Carl Hanser Verlag München

NEU in BPMN 2.0

Aktivitäten

Aufgabe
Eine **Aufgabe** ist eine Arbeitseinheit. Ein zusätzliches ⊞ markiert eine Aktivität als zugeklappten **Teilprozess**.

Transaktion
Eine **Transaktion** ist eine Gruppe von Aktivitäten, die logisch zusammengehören. Ein Transaktionsprotokoll kann angegeben werden.

Ereignis-Teilprozess
Ein **Ereignis-Teilprozess** wird in einem anderen Teilprozess platziert. Er wird durch ein Startereignis ausgelöst und kann den umgebenden Teilprozess unterbrechen oder parallel dazu ausgeführt werden, je nach Art des Startereignisses.

Aufruf-Aktivität
Eine **Aufruf-Aktivität** repräsentiert einen global definierten Prozess oder eine global definierte Aufgabe, der bzw. die im aktuellen Prozess verwendet wird.

Markierungen beschreiben das Ausführungs-verhalten von Aktivitäten:

- ⊞ Zugeklappter Prozess
- ↻ Schleife
- ☰ Parallele Mehrfachausführung
- ≡ Sequenzielle Mehrfachausführung
- ~ Ad Hoc
- ◁◁ Kompensation

Aufgaben-Typen beschreiben den Charakter einer Aufgabe:

- ◁ Senden
- ◀ Empfangen
- 👤 Benutzer
- ✋ Manuell
- 📋 Geschäftsregel
- ⚙ Service
- 📄 Script

Sequenzflüsse

Sequenzfluss
definiert die Abfolge der Ausführung.

Standardfluss
wird durchlaufen, wenn alle anderen Bedingungen nicht zutreffen.

Bedingter Fluss
enthält eine Bedingung, die definiert, wann er durchlaufen wird und wann nicht.

Gateways

Exklusives Gateway
Bei einer Verzweigung wird der Fluss abhängig von Verzweigungsbedingungen zu genau einer ausgehenden Kante geleitet. Bei einer Zusammenführung wird auf eine der eingehenden Kanten gewartet, um den ausgehenden Fluss zu aktivieren.

Ereignis-basiertes Gateway
Diesem Gateway folgen stets eintretende Ereignisse oder Empfänger-Aufgaben. Der Sequenzfluss wird zu dem Ereignis geleitet, das zuerst eintritt.

Paralleles Gateway
Wenn der Sequenzfluss verzweigt wird, werden alle ausgehenden Kanten simultan aktiviert. Bei der Zusammenführung wird auf alle eingehenden Kanten gewartet, bevor der ausgehende Sequenzfluss aktiviert wird (Synchronisation).

Inklusives Gateway
Es werden je nach Bedingung eine oder mehrere ausgehende Kanten aktiviert bzw. ein-gehende Kanten synchronisiert.

Komplexes Gateway
Verzweigungs- und Vereinigungsverhalten, das nicht von anderen Gateways erfasst wird.

Exklusives Ereignis-basiertes Gateway (Instanziierung)
Sobald eines der nachfolgenden Ereignisse eintritt, wird der Prozess gestartet.

Paralleles Ereignis-basiertes Gateway (Instanziierung)
Erst wenn alle nachfolgenden Ereignisse eintreten, wird der Prozess gestartet.

Daten

Datenobjekt repräsentiert Informationen, die durch den Prozess fließen, wie z.B. Dokumente, E-Mails oder Briefe.

Ein **Daten-Input** ist ein externer Input für den ganzen Prozess. Er kann von einer Aktivität gelesen werden.

Ein **Daten-Output** ist eine Variable, die als Ergebnis eines ganzen Prozesses erzeugt wird.

Ein **Listen-Datenobjekt** repräsentiert eine Gruppe von Informationen, z.B. eine Liste mit Bestellpositionen.

Ein **Datenspeicher** ist ein Ort, wo der Prozess Daten lesen oder schreiben kann, z.B. eine Datenbank oder ein Aktenschrank. Er existiert unabhängig von der Lebensdauer der Prozessinstanz.

Eine **Nachricht** weist auf den Inhalt einer Kommunikation zwischen zwei Teilnehmern hin.

Participants

Pools und Lanes repräsentieren Verantwortlichkeiten für Aktivitäten. Ein Pool oder eine Lane können eine Organisation, eine Rolle oder ein System sein.

Nachrichtenfluss symbolisiert den Informationsaustausch. Nachrichtenflüsse können an Pools, Aktivitäten und Nachrichtenereignisse andocken.

Die **Abfolge** des Informationsaustauschs lässt sich spezifizieren, indem Nachrichtenfluss und Sequenzfluss kombiniert werden.

Artefakte

Freie Anmerkung

Gruppierung Fasst Elemente optisch zusammen

(Gerichtete) Assoziation verbindet Artefakte und Flussobjekte.

Eigenes Symbol Individuelle Symbole können als Artefakte verwendet werden.

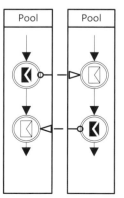

HANSER · camunda

Sie sind alle vier syntaktisch völlig korrekt und semantisch mit dem in Abbildung 2.72 auf der vorherigen Seite gezeigten Prozess identisch. Je nach Präferenz sollten Sie sich für eine Alternative entscheiden (ob mit Schleifensymbol, Gateways oder bedingten Flüssen) und diese einheitlich in Ihren Modellen anwenden.

Im gezeigten Beispiel führen wir erst die Aufgabe aus und prüfen dann, ob wir sie erneut ausführen müssen. Programmierer kennen dieses Prinzip als „Do-While"-Konstrukt. Wir können aber auch ein „While-Do"-Konstrukt anwenden und bereits vor der Aufgabe die Bedingung prüfen anstatt danach. Das kommt zwar seltener vor, ergibt aber einen Sinn, wenn die Aufgabe unter Umständen überhaupt nicht ausgeführt werden soll.

Die Bedingung, unter der eine Schleifen-Aufgabe erstmalig oder erneut ausgeführt wird, können Sie wie im Beispiel gezeigt formlos als Anmerkung an die Aufgabe hängen. Sie können diese Bedingung aber auch in Ihrem BPMN-Tool als Attribut in einer formalen Sprache hinterlegen. Das macht Sinn, wenn der Prozess von einer Workflow Engine ausgeführt werden soll.

Mehrfachaufgabe

Die einzelnen Durchläufe einer Schleifenaufgabe finden zwingend nacheinander statt. Wenn wir zum Beispiel in einer Wohngemeinschaft leben und die WG Lust auf Pizza bekommt, muss die Aufgabe „Pizza aussuchen" für jedes WG-Mitglied wiederholt werden, bevor bestellt werden kann. Man säße also zusammen und würde die Speisekarte des Lieferanten von einem WG-Mitglied zum nächsten weiterreichen, bis sich endlich alle entschieden haben. Es gibt sogar WGs, wo das *wirklich* so gehandhabt wird, als Student hat man ja bekanntlich etwas mehr Zeit. Wesentlich effizienter ist es natürlich, wenn sich gleich alle WG-Mitglieder über die Speisekarte beugen (oder jeder ein eigenes Exemplar erhält) und man sich **gleichzeitig** eine Pizza aussucht. Diesen Prozess können Sie mit der „Mehrfachaufgabe" modellieren (Abbildung 2.74). Eine Mehrfachaufgabe wird mehrfach instanziiert und kann sequentiell oder parallel ausgeführt werden, wobei Letzteres natürlich der interessantere Fall ist.

Abbildung 2.74 Mit der Mehrfachaufgabe können wir dynamisch parallelisieren.

Finden Sie das Beispiel abwegig? Wie werden denn in Ihrem Unternehmen Rechnungen geprüft, die auf Sammelbestellungen zurückgehen? Wird die Rechnung von einem Mitarbeiter zum nächsten weitergereicht, damit jeder Besteller die für ihn relevante Rechnungsposition abzeichnet, bevor die Zahlung angewiesen wird? Dann leben Sie in der oben beschriebenen WG und sollten dringend über eine Prozessoptimierung nachdenken. Die Automatisierung des Rechnungseingangs ist nach wie vor eines der häufigsten BPM-Projekte überhaupt und dient häufig genau dazu, eine solche Parallelisierung zu ermöglichen.

Kompensationen

Der Nutzen der Kompensationsaufgabe wurde bereits in Abschnitt 2.6.9 auf Seite 64 anhand eines Beispiels erklärt. Diese Aufgabe wird ausschließlich im Kontext des Kompensationsereignisses verwendet und dementsprechend nur über Assoziationen und niemals über Sequenzflüsse im Prozessdiagramm integriert.

Erwähnenswert ist noch die mögliche Kombination der Kompensation mit einer Schleife oder Mehrfachinstanz wie in Abbildung 2.75, in diesem Fall werden beiden Marker einfach nebeneinander gesetzt. Genau wie die anderen Marker kann eine Kompensation auch mit den bereits vorgestellten Aufgabentypen kombiniert werden. Eine manuelle Kompensationsaufgabe, die so lange wiederholt wird, bis sie gelungen ist, oder die mehrfach und nach Möglichkeit parallel ausgeführt wird (siehe Abbildung 2.75), ist also durchaus machbar.

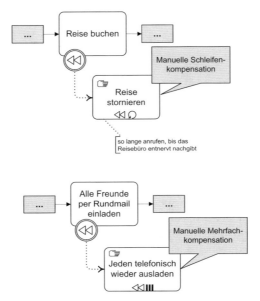

Abbildung 2.75 Die Marker Kompensation und Schleife/Mehrfach können miteinander und mit Aufgabentypen kombiniert werden.

2.7.3 Globale Aufgaben und Aufruf-Aktivität

In BPMN können wir „globale Aufgaben" definieren, die sich von den regulären Aufgaben lediglich dadurch unterscheiden, dass sie über eine „Aufruf-Aktivität" referenziert werden können. Aufruf-Aktivitäten werden über eine dickere Umrandung als andere Aktivitäten gekennzeichnet, wie das in Abbildung 2.76 auf der nächsten Seite gezeigte Diagramm verdeutlichen soll.

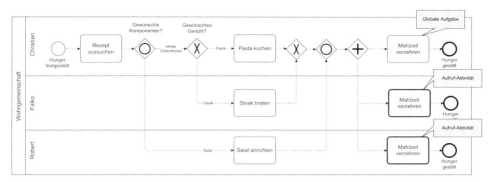

Abbildung 2.76 Der Prozess aus Abbildung 2.27 auf Seite 51, wie wir ihn in BPMN korrekt darstellen müssten

2.8 Teilprozesse

2.8.1 Komplexität kapseln

Die Beispiele in diesem Buch behandeln entweder sehr überschaubare Prozesse oder sie beschreiben komplexe Prozesse so oberflächlich, dass die Diagramme bequem auf eine Buchseite passen. Wenn Sie Ihre eigene Prozesslandschaft modellieren, können Sie sich diesen Luxus nicht leisten. Sie müssen Ihre Prozesse einerseits grob darstellen, damit Sie sich einen Überblick verschaffen können und die Zusammenhänge erkennen. Dann wiederum müssen Sie eine Detailbeschreibung erstellen, damit Sie genau analysieren können, wo die Schwachstellen liegen oder wie Sie arbeiten müssen, wenn Sie den Prozess konkret ausführen. Die Möglichkeit der Top-down-Verfeinerung oder Bottum-up-Aggregation unterscheidet echte Prozessmodelle von banalen Ablaufdiagrammen und anspruchsvolle BPM-Softwareprodukte von trivialen Malprogrammen.

In BPMN steht uns hierfür der Teilprozess zur Verfügung. Ein Teilprozess beschreibt einen detaillierten Ablauf, nimmt aber im Diagramm des Oberprozesses nicht mehr Platz ein als eine Aufgabe. Beide Konstrukte – Aufgabe und Teilprozess – gehören zur Klasse der Aktivitäten und werden deshalb als Rechteck mit runden Ecken dargestellt. Der einzige Unterschied ist das Pluszeichen, das beim Teilprozess auf den hinterlegten Detailablauf hinweist (Abbildung 2.77).

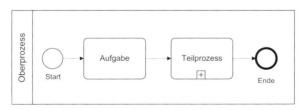

Abbildung 2.77 Eine Aufgabe und ein Teilprozess

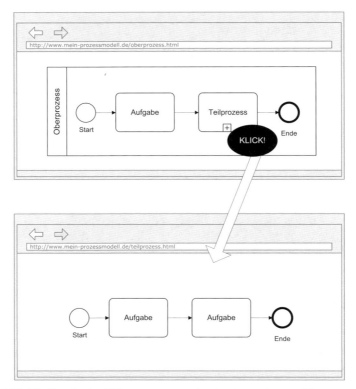

Abbildung 2.78 Die Details des Teilprozesses werden in einem eigenen Diagramm dargestellt.

Und was bringt uns das jetzt? Das hängt vor allem davon ab, wie gut Ihr BPMN-Werkzeug die beiden folgenden Möglichkeiten unterstützt, den Teilprozess mit dem Oberprozess zu verknüpfen:

1. **Darstellung in einem eigenen Prozessdiagramm**: Das Teilprozess-Symbol ist mit einem separaten Prozessdiagramm verbunden. Wenn Ihr BPMN-Tool das Prozessmodell zum Beispiel in einem Webbrowser anzeigt, würde ein Klick auf das Symbol die Öffnung einer neuen Seite bewirken, auf der dieses Diagramm angezeigt wird (Abbildung 2.78).
2. **Aufklappen im Prozessdiagramm des Oberprozesses**: Die Aktivität mit dem Pluszeichen heißt „zugeklappter Teilprozess". Das Plus suggeriert ja bereits, dass man auch darauf klicken könnte und der Teilprozess entsprechend „aufgeklappt" wird. Genau diese Möglichkeit sieht die BPMN-Spezifikation auch vor, auch wenn sie nicht von allen Tool-Anbietern umgesetzt wird. In Abbildung 2.79 auf der nächsten Seite sehen Sie, wie der Teilprozess direkt im Diagramm des Oberprozesses aufgeklappt wurde. Ein Tool, das diese Funktion unterstützt, erlaubt Ihnen also das Auf- und Zuklappen direkt im Diagramm, um Details ein- und auszublenden.

Auch wenn dieses direkte Aufklappen spontan charmant erscheint: In der Praxis ist es oft gar nicht so hilfreich, denn mit dem Aufklappen müssen ja alle umliegenden Symbole im Diagramm verschoben werden, um Platz zu machen. In komplexen Diagrammen kann das aus Performance-Gründen lange dauern und es sieht im Ergebnis oft ziemlich übel

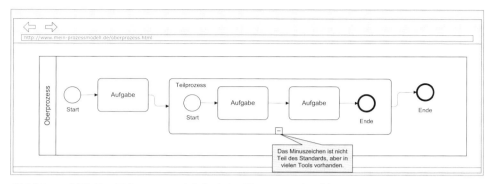

Abbildung 2.79 Der Teilprozess wird direkt im Diagramm des Oberprozesses aufgeklappt.

aus. Am wichtigsten ist es, dass Ihr Tool überhaupt die Verknüpfung erlaubt und man durch die Diagramme navigieren kann, also die erste vorgestellte Möglichkeit unterstützt. Ebenfalls hilfreich ist es, Teilprozesse im Oberprozess direkt aufgeklappt modellieren und darstellen zu können, weil wir damit einen Prozessabschnitt eingrenzen und beispielsweise mit angehefteten Ereignissen versehen können (siehe Abschnitt 2.8.3 auf Seite 84). Dass man diese Teilprozesse dann aber auch zu- und wieder aufklappen kann, ist vergleichsweise weniger wichtig.

In beiden Fällen endet der Sequenzfluss des Oberprozesses am linken Rand des Teilprozesses und der nächste Sequenzfluss beginnt erst wieder am rechten Rand. Die Sequenzflüsse dürfen also die Grenzen des Teilprozesses nicht überschreiten, was gerade bei aufgeklappten Teilprozessen so manchem Anfänger nicht immer bewusst ist. Wenn wir uns ein Token vorstellen, würde es sich wie folgt verhalten:

- Der Oberprozess wird gestartet und das entsprechende Token geboren.
- Das Token durchläuft die Aufgabe und kommt dann beim Teilprozess an. Das führt dazu, dass der Oberprozess eine Instanz des Teilprozesses erzeugt.
- Innerhalb des Prozesses wird nun ein eigenes Token geboren, das den Prozess vom Start- bis zum Endereignis durchläuft, während das Token des Oberprozesses auf die Fertigstellung des Teilprozesses wartet.
- Wenn das Teilprozess-Token beim Endereignis ankommt, wird es konsumiert. Der Teilprozess ist abgeschlossen und das Token des Oberprozesses läuft weiter zum eigenen Endereignis.

Die Kapselung in Teilprozessen ist natürlich nicht auf zwei Ebenen beschränkt – Sie könnten den dargestellten Oberprozess auch selbst wieder als Teilprozess definieren oder auf Ebene des bereits definierten Teilprozesses weitere darin enthaltene Teilprozesse modellieren. Wie viele Ebenen Sie nutzen und mit welchem Grad der Detaillierung Sie dort jeweils modellieren, müssen Sie für sich entscheiden. Hier macht die BPMN keine Vorgabe und es kann auch kein unternehmens- und szenarienübergreifendes „Kochbuch" geben, um diese Ebenen festzulegen. Das ist eine Tatsache, die die Teilnehmer unserer BPMN-Seminare eher ungern hören, die man aber auch nicht verheimlichen oder schönreden darf. In den nachfolgenden Kapiteln werden wir oft mit Teilprozessen arbeiten, um unsere Best Practices zu erklären. Doch auch hier sind die Anzahl der Verfeinerungsebenen und ihre jeweilige Detaillierung stets abhängig vom Unternehmen, den unterschiedlichen Rollen der Projektteilnehmer und der spezifischen Zielsetzung, die mit dem jeweiligen Prozessmodell erfüllt werden soll.

Wie Sie sich vielleicht erinnern, haben wir in Abschnitt 2.2 auf Seite 32 erklärt, dass Sie prinzipiell auch ohne Start- und Endereignisse arbeiten können. Man kann diese Möglichkeit nutzen, um die im oberen Teil von Abbildung 2.80 gezeigte Parallelisierung eine Ecke kompakter zu gestalten. In diesem Beispiel wurde im Oberprozess mit Start- und Endereignissen gearbeitet, im aufgeklappten Teilprozess jedoch nicht, was völlig legitim ist. In der Praxis verwenden wir diese Möglichkeit aus zwei Gründen kaum:

1. Sie erhöht die Gefahr, dass unbedarfte Betrachter das Modell verwirrend finden.
2. Man kann diese Darstellung relativ leicht mit dem später vorgestellten Ad-hoc-Teilprozess verwechseln, den wir wiederum recht häufig einsetzen.

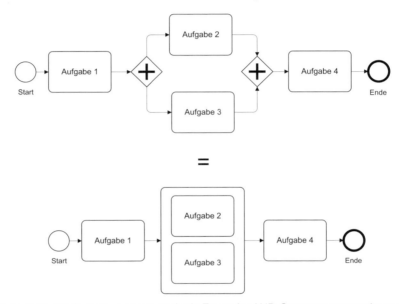

Abbildung 2.80 Ein Teilprozess kann auch als Ersatz für AND-Gateways verwendet werden.

Das Beispiel zeigt aber: Teilprozesse werden in der BPMN-Praxis nicht nur verwendet, um eine inhaltliche Verfeinerung von Prozessen darzustellen, sondern auch als „handwerkliches Stilmittel" bei der Erstellung von Diagrammen. Die nachfolgenden Abschnitte verdeutlichen diesen Punkt.

2.8.2 Modularisierung und Wiederverwendung

Ein Teilprozess ist eigentlich eingebettet. Er kann nur wiederverwendet werden, indem er als „globaler Teilprozess" definiert und dann über eine Aufruf-Aktivität referenziert wird. Im Folgenden sprechen wir deshalb von „eingebetteten Teilprozessen" und „globalen Teilprozessen".

Ein eingebetteter Teilprozess kann nur innerhalb eines Oberprozesses vorkommen, er gehört ihm sozusagen. In einem eingebetteten Teilprozess können auch keine Pools oder Lanes

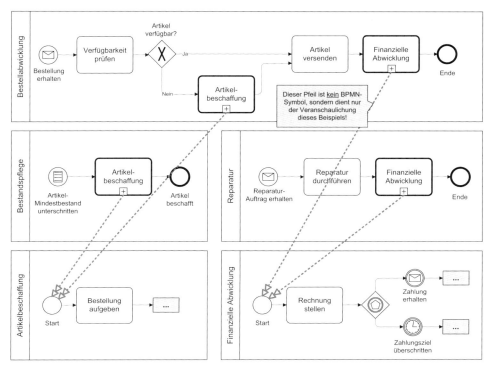

Abbildung 2.81 Beispiele für die Wiederverwendung von Teilprozessen

vorkommen, sondern er kann nur innerhalb des Pools bzw. der Lane des Oberprozesses angeordnet sein. Außerdem darf ein eingebetteter Teilprozess nur ein Blanko-Startereignis besitzen, andere Startereignisse wie Nachricht oder Zeit sind nicht erlaubt. Im Grunde ist ein eingebetteter Teilprozess also nichts weiter als eine Art abgegrenzter Betrachtungsbereich (engl. „Scope") innerhalb des Oberprozesses, der zwei Zielen dienen kann:

1. der bereits dargestellten Kapselung von Komplexität,
2. der Formulierung einer „Sammelaussage" über einen Abschnitt im Oberprozess, indem Ereignisse angeheftet oder Marker platziert werden. Diese Möglichkeit behandeln wir später.

Globale Teilprozesse können hingegen in ganz unterschiedlichen Oberprozessen vorkommen. In der Praxis gibt es zahlreiche Teilprozesse, die mehrfach genutzt werden. Ein Beispiel wäre die Beschaffung eines Artikels, weil ein Kunde ihn bestellt hat oder weil das Lager aufgestockt werden soll. Ein anderes Beispiel wäre die Rechnungsstellung, weil wir ein Produkt geliefert haben oder weil eine Reparatur ausgeführt wurde, wie in Abbildung 2.81 zu sehen ist. In diesem Beispiel erkennen wir auch, dass Aufruf-Aktivitäten sich von regulären Aktivitäten durch eine wesentlich dickere Umrandung unterscheiden.

Die Bindung solcher Teilprozesse an die jeweiligen Oberprozesse ist wesentlich weniger eng, weshalb sie auch eigene Pools und Lanes besitzen können. Im Prinzip kann man sich den Teilnehmer, der für den Teilprozess verantwortlich ist, als Dienstleister gegenüber diversen Oberprozessen vorstellen, also als eine Art Shared Service Center.

Die lockere Bindung wirkt sich auch auf die Übergabe von Daten zwischen dem Ober- und dem Teilprozess aus. Während die BPMN davon ausgeht, dass eingebettete Teilprozesse alle Daten des Oberprozesses direkt einsehen können, ist bei globalen Teilprozessen eine explizite Zuordnung notwendig. Das scheint auf den ersten Blick vielleicht „nur" ein technischer Aspekt zu sein, mit dem sich Organisatoren gar nicht beschäftigen müssen bzw. wollen. Aber wenn wir mal ein wenig darüber nachdenken, besitzt er durchaus auch eine organisatorische Perspektive. Ein Beispiel: Wenn unsere Buchhaltung eine Rechnung stellen soll, dann muss sie stets folgende Informationen erhalten:

- Rechnungsadresse
- Datum der Leistungserbringung
- Beschreibung der Leistung
- Rechnungsbetrag
- Zahlungsziel

Diese Daten müssen ihr sowohl der Prozessverantwortliche für die Bestellabwicklung als auch der für den Reparaturprozess bereitstellen – unter Umständen auch direkt in dem einheitlichen Format, das die Buchhaltung benötigt. Das entspricht, grob gesagt, dem, was die BPMN als notwendiges „Daten-Mapping" zwischen Oberprozessen und globalen Teilprozessen bezeichnet. Merken Sie, dass diese „komischen Techie-Themen" häufig eine sehr enge Analogie zu den organisatorischen Aspekten eines Prozesses besitzen? Die BPMN zwingt uns einfach nur, viele scheinbar selbstverständliche Dinge zu formalisieren, die wir bislang ganz unbewusst bei der Prozessgestaltung berücksichtigt (oder vergessen!) haben. Aber genau diese Formalisierung ist unsere einzige Chance, in einer immer schneller wechselnden Umgebung mit immer komplexeren Prozessen zurechtzukommen.

2.8.3 Angeheftete Ereignisse

Wir haben bereits Zwischenereignisse kennengelernt, die an Aufgaben angeheftet sein können. Dieselben Ereignisse können auch an Teilprozesse angeheftet werden, was uns einen sehr großen Spielraum bei der Prozessmodellierung eröffnet. Wir können wie in Abbildung 2.82 gezeigt zum Beispiel darstellen, dass eine spontan erhaltene Einladung zum Essen zum Abbruch unseres Kochvorgangs führt. Im dargestellten Prozess würden wir die

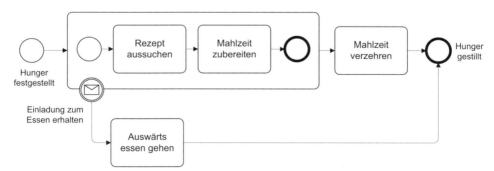

Abbildung 2.82 Das eintretende Ereignis bricht den gesamten Teilprozess ab.

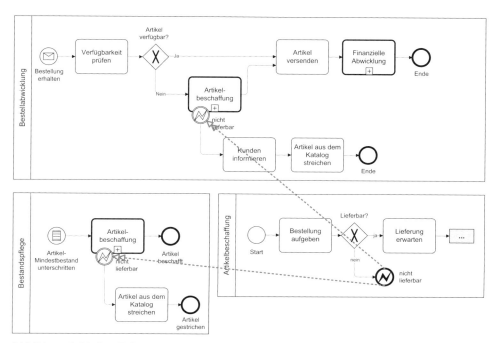

Abbildung 2.83 Der Teilprozess meldet einen Fehler an seine Oberprozesse.

Einladung allerdings ignorieren, wenn die Mahlzeit bereits zubereitet wurde und wir sie verzehren.

In Bezug auf Nachrichten-, Zeit- und Bedingungsereignisse bricht der Oberprozess den Teilprozess immer dann ab, wenn er auf „äußere" Umstände reagiert. Bei Fehlern, Abbrüchen und Eskalationen handelt es sich hingegen um eine Information, die vom Teilprozess an den Oberprozess gemeldet wurde. Das klingt abstrakter, als es ist. In Abbildung 2.83 sehen wir unten rechts, dass die Artikelbeschaffung fehlschlagen kann, denn unter Umständen stellt sich bei der Bestellung heraus, dass der Artikel gar nicht (mehr) lieferbar ist. Die Artikelbeschaffung ist ein globaler Teilprozess, weshalb in diesem Fall explizit ein Fehlerereignis ausgelöst wird, um dem Oberprozess mitzuteilen, dass hier etwas schiefgegangen ist. Organisatorisch könnte das bedeuten, dass der Einkäufer dem Vertriebsmitarbeiter (Oberprozess „Bestellabwicklung") oder dem für das Warenlager verantwortlichen Kollegen mitteilt, dass die Artikelbeschaffung fehlgeschlagen ist. Interessant ist an dieser Stelle, dass die jeweiligen Oberprozesse durchaus unterschiedlich mit der Fehlermeldung umgehen können – während im Rahmen der Bestellabwicklung der Kunde informiert werden muss, reicht es bei der regelmäßigen Bestandspflege aus, den Artikel aus dem Katalog zu streichen. Die Entscheidung, unter welchen Umständen ein Teilprozess abgebrochen wird und was dann weiter passieren soll, liegt also beim jeweiligen Oberprozess. Mit diesem Prinzip lassen sich sehr modulare und flexible Prozesslandschaften aufbauen.

Das Signalereignis erfüllt eine Doppelfunktion: Einerseits kann der Oberprozess ähnlich wie bei der Nachricht auf ein von außen empfangenes Signal reagieren, während er einen Teilprozess ausführt. Das Signalereignis wird aber auch gern genutzt, um vom Teilprozess zum Oberprozess zu kommunizieren, ohne gleich von einem Fehler sprechen zu müssen.

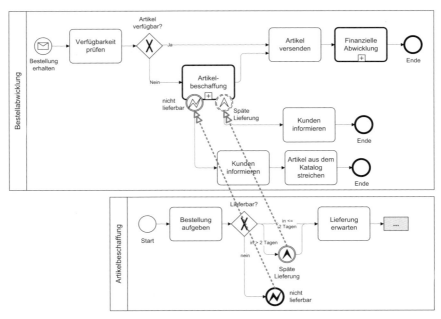

Abbildung 2.84 Das Eskalationsereignis teilt dem Oberprozess mit, dass etwas zu tun ist.

Das liegt primär daran, dass wir diese Art der Kommunikation nicht über Nachrichtenereignisse modellieren können: Die BPMN geht davon aus, dass wir Nachrichten immer an völlig andere Teilnehmer schicken, die sich also außerhalb unserer Pool-Grenzen befinden. Die Kommunikation zwischen Ober- und Teilprozess gehört nicht dazu.

Eigentlich entspricht das aber nicht dem Gedanken des Signalereignisses, mit dem wir ja keine gerichtete Kommunikation vornehmen wollen, sondern wie bei einem Radiospot einfach eine Information „in die Welt hinaus" senden. In der BPMN gibt es mit dem Eskalationsereignis eine bessere Alternative: Hiermit kann der Teilprozess dem Oberprozess eine direkte Meldung zukommen lassen, ohne dass man diese als Fehlermeldung sehen müsste. Außerdem kann der Oberprozess solche Meldungen auffangen und verarbeiten, ohne dass der Teilprozess direkt abgebrochen wird – da ja auch nicht-unterbrechende Zwischenereignisse angeheftet werden können (siehe Abbildung 2.84).

2.8.4 Markierung

Die in Abschnitt 2.7.2 auf Seite 75 bereits beschriebenen Aufgaben-Marker „Schleife", „Mehrfachinstanz" und „Kompensation" können Sie genauso auf Teilprozesse anwenden. Damit lassen sich also beispielsweise auch komplexe Schleifen wie in Abbildung 2.85 modellieren, wo die obere Darstellung die gleiche Bedeutung hat wie die untere.

Eine nur für Teilprozesse verfügbare Markierung nennt sich „Ad-hoc", zu erkennen an einer Tilde (Abbildung 2.86 auf der nächsten Seite). Mit einem Ad-hoc-Teilprozess kennzeichnen Sie einen Bereich, in dem die enthaltenen Aktivitäten (Aufgaben oder Teilprozesse)

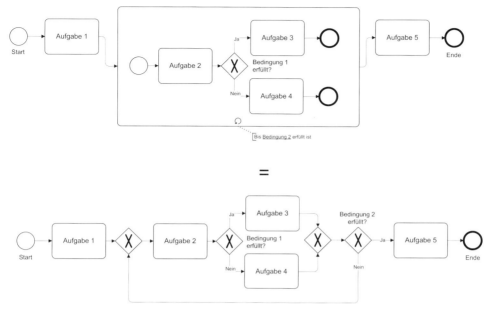

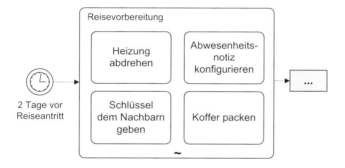

Abbildung 2.85 Teilprozesse können auch als Schleifen definiert werden.

Abbildung 2.86 Die Reisevorbereitung kann, muss aber nicht aus diesen Aufgaben bestehen.

- in beliebiger Reihenfolge ausgeführt werden können,
- mehrmals ausgeführt werden können,
- übersprungen werden können.

Die jeweilige Entscheidung darüber fällt derjenige, der diesen Teilprozess ausführt. In gewisser Hinsicht führt dieses Konstrukt die ganze Idee der Prozessmodellierung ad absurdum, weil man ja genau diese Dinge im Modell eindeutig festlegen möchte. Andererseits gibt es sehr viele Prozesse, in denen zumindest teilweise solche Freiräume notwendig sind. Das ist beispielsweise häufig der Fall, wenn der Prozess mit einem hohen Anteil an implizitem Wissen oder Kreativität abgewickelt wird oder der Prozess von den diversen Mitarbeitern unterschiedlich durchgeführt wird. In solchen Fällen kann man mit einem Ad-hoc-Teilprozess auch einen möglicherweise unerwünschten IST-Zustand kennzeichnen, um auf eine notwendige Standardisierung von Prozessen hinzuarbeiten.

In der BPMN ist unter anderem genau festgelegt, welche Symbole innerhalb eines Ad-hoc-Teilprozesses vorkommen müssen, welche vorkommen dürfen und welche nicht:

- **Muss**: Aktivitäten
- **Kann**: Datenobjekte, Sequenzflüsse, Assoziationen, Gruppierungen, Nachrichtenflüsse, Gateways und Zwischenereignisse
- **Verboten**: Start- und Endereignisse, Symbole für Konversationen und Choreographien (die wir später besprechen werden)

Mit diesen Vorgaben lassen sich also auch Mischformen, sogenannte „schwach strukturierte" Prozesse, modellieren, wie beispielsweise in Abbildung 2.87.

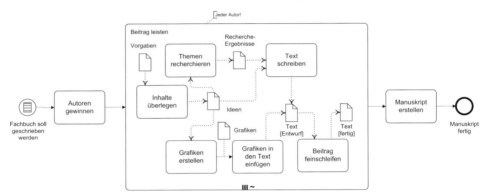

Abbildung 2.87 Die Prozesse der einzelnen Buchautoren unterliegen kaum einer vordefinierten Struktur.

2.8.5 Transaktionen

Viele Prozesse funktionieren nur nach dem „Ganz oder gar nicht"-Prinzip: Entweder können alle Schritte erfolgreich durchlaufen werden oder es darf überhaupt nichts getan werden. In Abschnitt 2.6.9 auf Seite 64 haben wir das Kompensationsereignis kennengelernt, mit dem sich bereits erledigte Aufgaben rückgängig machen lassen, ohne dass man dies umständlich ausmodellieren muss. Die Transaktion ist ein spezieller Teilprozess, der uns für solche Fälle noch weitergehend unterstützt. Wie eine solche Transaktion funktioniert, erklären wir anhand des in Abbildung 2.88 auf der nächsten Seite gezeigten Beispiels:

Angenommen, wir wollen unsere Verwandten in Übersee besuchen. Ist die Reise beschlossen, steigen wir in die konkrete Vorbereitung ein. Zuerst legen wir mit unseren Verwandten Termin und Dauer unseres Besuchs verbindlich fest. Danach buchen wir einen Flug bei einer Billig-Airline und anschließend das Hotel, damit wir unseren Gastgebern nicht unnötig zur Last fallen (auch wenn diese das natürlich vehement dementieren und mit allen Mitteln versuchen, uns bei sich einzuquartieren). Im letzten Schritt konfrontieren wir unseren Chef mit

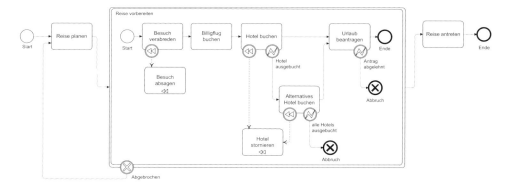

Abbildung 2.88 Der aufgeklappte Teilprozess „Reisevorbereitung" ist eine Transaktion, zu erkennen an der doppelten Linie.

unserem Vorhaben und beantragen den entsprechenden Urlaub. Wenn alles gelingt, können wir die Reise antreten. Aber was passiert, wenn unser Wunschhotel bereits ausgebucht ist und wir kein alternatives Hotel auftreiben können? Oder unser Chef uns wider Erwarten den Urlaub verweigert? In diesem Fall müssen wir die Transaktion „Reisevorbereitung" abbrechen, zu erkennen am Abbruchsereignis, das eigens für diesen Zweck existiert und nur innerhalb von Transaktionen verwendet werden kann. Bricht man eine Transaktion ab, wird automatisch eine Kompensation aller Aufgaben angestoßen, denen eine entsprechende Kompensationsaufgabe zugeordnet wurde. Wir sagen also unseren Gastgebern Bescheid, dass wir zum vereinbarten Termin nicht kommen können, und stornieren das Hotel, falls es bereits gebucht wurde. Da wir einen Billigflug gebucht haben, bietet uns die Airline leider keine Stornierung an, sodass wir diese Aufgabe nicht rückgängig machen können und das Ticket zähneknirschend bezahlen müssen. Nach erfolgter Kompensation aller bereits ausgeführten Aufgaben verlassen wir die Transaktion über das angeheftete Abbruchsereignis und steigen direkt erneut in die Reiseplanung ein, um einen Alternativtermin zu finden.

Dieser Prozess besitzt natürlich diverse Schwächen: Wir sollten die Buchung des Flugs an das Ende bzw. außerhalb der Transaktion positionieren, weil sie nicht storniert werden kann und wir offensichtlich auch nicht davon ausgehen, dass sie aus irgendwelchen Gründen fehlschlägt. Außerdem könnten wir einige Klärungen im Vorfeld vornehmen, beispielsweise, ob wir zum gewünschten Termin wohl Urlaub nehmen können, und somit das Risiko einer Ablehnung minimieren. Aber genau das ist der Punkt: Transaktionen wurden für extrem kritische Prozesse entwickelt, in denen auch kleinste Risiken berücksichtigt werden müssen. Das Risiko eines abgelehnten Urlaubsantrags ist sicherlich sehr klein, wenn man den Termin im Vorfeld mit dem Chef abgestimmt hat. Aber ist es deshalb gleich null? Was, wenn in den zwei Tagen zwischen unverbindlicher Abstimmung und tatsächlichem Antrag plötzlich ein wichtiger Auftrag eingeht? Zur Absicherung gegenüber solchen Szenarien sind Transaktionen gedacht.

2.8.6 Ereignis-Teilprozesse

Ein Ereignis-Teilprozess befindet sich innerhalb eines anderen Prozesses oder Teilprozesses und ist an der gepunkteten Umrandung zu erkennen. Er wird stets durch ein einziges Startereignis ausgelöst und kann nur ausgelöst werden, solange der ihn umgebende Teilprozess aktiv ist. Für Ereignis-Teilprozesse kann es unterbrechende (durchgezogene Linie) und nicht-unterbrechende (gestrichelte Linie) Ereignisse geben, es findet also dieselbe Unterscheidung statt wie bei den angehefteten Zwischenereignissen. Je nach Art des Startereignisses wird der Ereignis-Teilprozess dementsprechend den umgebenden Teilprozess abbrechen oder er wird gleichzeitig mit ihm ausgeführt. Nicht-unterbrechende Ereignis-Teilprozesse können beliebig häufig ausgelöst werden, solange der umgebende Teilprozess noch läuft.

OK, das ist ziemlich abstrakt. In Abbildung 2.89 demonstrieren wir das Ganze anhand eines Beispiels: Wir haben einige Freunde zum Essen eingeladen und starten nun den Teilprozess „Essensvorbereitung", indem wir zuerst ein Rezept aussuchen und dann die Mahlzeit zubereiten. Während wir das tun, könnte plötzlich das Telefon klingeln und ein weiterer Gast lädt sich zum Essen ein. Spontan, wie wir sind, berücksichtigen wir diesen einfach noch und erhöhen beispielsweise die Menge an Zutaten oder decken einen weiteren Teller, ohne jedoch die Zubereitung der Mahlzeit abzubrechen. Wenn uns hingegen im Laufe der Zubereitung ein Missgeschick passiert, führt dies zu einem Fehler, der umgehend den unterbrechenden Ereignis-Teilprozess zur Behebung auslöst. In diesem bestellen wir das Essen von außerhalb. Wenn dieser Ereignis-Teilprozess abgearbeitet ist, verlassen wir den umgebenden Teilprozess über den regulären Ausgang und widmen uns dem Verzehr der Mahlzeit.

In Abbildung 2.90 auf der nächsten Seite sehen Sie, wie Ereignis-Teilprozesse dargestellt werden, wenn sie zugeklappt sind: Wieder ist die Umrandung gepunktet und wir erkennen

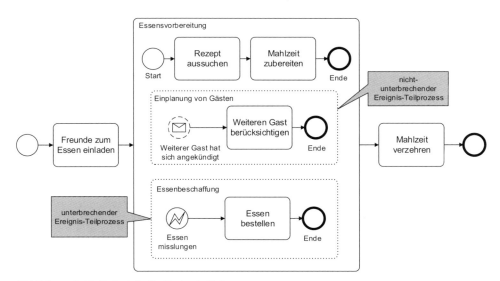

Abbildung 2.89 Beispiele für Ereignis-Teilprozesse

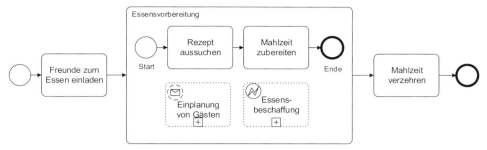

Abbildung 2.90 Zugeklappte Ereignis-Teilprozesse

das von den regulären zugeklappten Teilprozessen bekannte Pluszeichen. In der linken oberen Ecke sehen wir zusätzlich noch das den Teilprozess auslösende Startereignis.

Ereignistypen, die nicht-unterbrechende Ereignis-Teilprozesse auslösen können, sind:

- Nachricht
- Zeit
- Eskalation
- Bedingung
- Signal
- Mehrfach
- Mehrfach parallel

Bei den unterbrechenden Ereignis-Teilprozessen kommen zwei Typen hinzu, nämlich:

- Fehler
- Kompensation

Vielleicht fragen Sie sich auch, ob man das dargestellte Beispiel nicht auch ohne Ereignis-Teilprozesse, sondern einfach mit angehefteten Ereignissen modellieren könnte. Man kann, und wir haben das in Abbildung 2.91 einmal gemacht. Vom reinen Ablauf her funktioniert

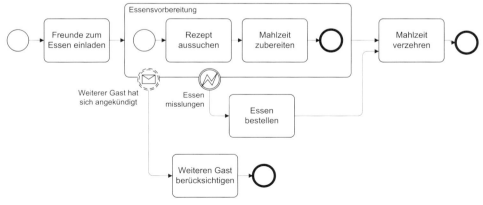

Abbildung 2.91 Dieser Prozess arbeitet genauso wie der in Abbildung 2.89 auf der vorherigen Seite dargestellte.

der hier dargestellte Prozess genauso wie der in Abbildung 2.89 auf Seite 90. Wir müssen jedoch einen kleinen, aber feinen Unterschied erkennen. In dieser Darstellung wird die Planung eines weiteren Gasts bzw. die Bestellung einer alternativen Mahlzeit nicht innerhalb des Teilprozesses „Essensvorbereitung" durchgeführt, sondern im Top-Level-Prozess. Insbesondere für globale Teilprozesse ergeben sich allerdings folgende Konsequenzen:

- Wenn der Teilprozess in einem anderen Verantwortungsbereich liegt als der Top-Level-Prozess, kümmern sich zwei unterschiedliche Rollen um die Durchführung des Teilprozesses bzw. die Behandlung der Ereignisse. Wenn die Behandlung innerhalb des Teilprozesses stattfindet, muss sich dieselbe Rolle darum kümmern.
- Weil der Teilprozess global und daher wiederverwendbar ist, kann und muss jeder Top-Level-Prozess gesondert festlegen, wie er auf diese beiden Ereignisse reagiert. Wenn die Behandlung hingegen innerhalb des Teilprozesses stattfindet, wird sie ebenfalls wiederverwendet – mit den damit verbundenen Vor- und Nachteilen.
- Globale Teilprozesse können nicht direkt auf die Daten des Top-Level-Prozesses (bzw. allgemein ihres Oberprozesses) zugreifen; es ist ein Mapping erforderlich. Das wäre mit einem Ereignis-Teilprozess nicht notwendig.

■ 2.9 Pools und Nachrichtenflüsse

2.9.1 Der Dirigent und sein Orchester

In Abschnitt 2.5 auf Seite 48 haben wir gelernt, wie wir die Durchführungsverantwortung für bestimmte Aufgaben oder Teilprozesse innerhalb eines Prozesses mithilfe von Lanes den unterschiedlichen Aufgabenträgern zuordnen können. Diese Lanes befinden sich stets innerhalb eines bestimmten Pools, der gleichzeitig die Grenzen des Prozesses darstellt, ihn also von Anfang bis Ende umfasst. Der Pool repräsentiert aus Sicht der BPMN aber noch mehr: Er steht für eine den Lanes übergeordnete Instanz, die die Steuerung des Prozesses übernimmt, also die tatsächliche Zuordnung der Aufgaben vornimmt. Im Beispiel aus Abbildung 2.92 sorgt dieser „Dirigent" dafür, dass Falko Aufgabe 2 bearbeitet, sobald Robert

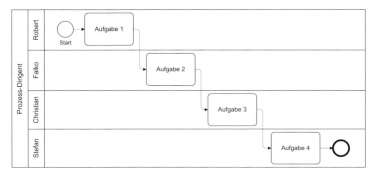

Abbildung 2.92 Aufgaben und Aufgabenträger

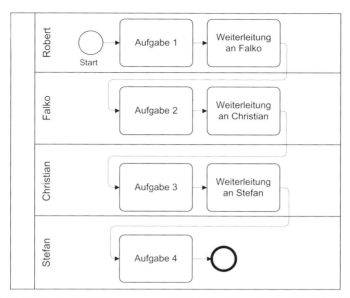

Abbildung 2.93 Die Aufgabenträger sorgen selbst dafür, dass der jeweilige Nachfolger die Bearbeitung aufnimmt.

Aufgabe 1 abgeschlossen hat. Der Dirigent beherrscht also den Prozess, er hat die totale Kontrolle, und jedes Instrument in seinem Orchester muss genau nach seiner Pfeife tanzen. Deshalb spricht man bei dieser Art von Prozess auch von „Orchestrierung".

Halten Sie das für unrealistisch? Viele gestandene Prozessmodellierer haben mit dieser Denkweise ihre Schwierigkeit. Sie modellieren eine solche Prozessabwicklung eher wie in Abbildung 2.93 gezeigt mit der Begründung, dass ein solcher allmächtiger Dirigent in ihrem Unternehmen nicht existiert und die einzelnen Prozessbeteiligten sich stattdessen untereinander für die Zusammenarbeit abstimmen müssen.

Eine solche Abstimmung müsste man im Sinne der BPMN jedoch wesentlich expliziter modellieren: Jeder Aufgabenträger würde einen separaten Pool erhalten und die Weiterleitung des Vorgangs würde als Nachrichtenfluss modelliert werden (siehe Abbildung 2.94 auf der nächsten Seite). Jetzt haben wir im Prinzip vier eigenständige Dirigenten definiert, die ihren jeweils eigenen Mini-Prozess unter ihrer Kontrolle haben und ansonsten nichts weiter tun können, als Nachrichten an ihre Nachfolger zu schicken, damit es weitergeht.

Vermutlich sind Sie von dieser Art der Darstellung spontan nicht so begeistert, weil sie relativ kompliziert erscheint. Keine Angst: Sie müssen diesen Weg in der praktischen Modellierung auch nicht unbedingt immer wählen. Aber es ist wichtig, dieses essenzielle Prinzip von BPMN einmal verstanden zu haben. Denn obwohl die Arbeit mit Lanes in BPMN auf den ersten Blick der Darstellung in anderen Prozessnotationen sehr ähnelt, haben wir es offensichtlich mit einer ganz anderen Denkweise zu tun. Das liegt einfach daran, dass die BPMN im Kontext der Prozessautomatisierung entwickelt wurde. Und hier haben wir natürlich eine Workflow Engine, die sämtliche Aufgaben im Prozess, auch wenn sie von unterschiedlichen Aufgabenträgern ausgeführt werden, zentral ansteuert. Die Workflow Engine ist also die-

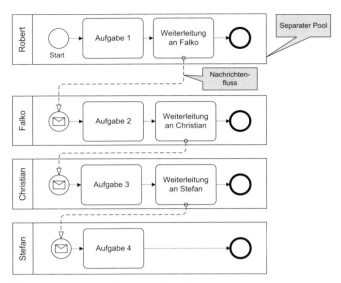

Abbildung 2.94 Jeder Aufgabenträger befindet sich in einem eigenen Pool.

ser mysteriöse, allmächtige Prozess-Dirigent. Vielleicht haben Sie im Zusammenhang mit Serviceorientierter Architektur (SOA) schon einmal von der sogenannten „Serviceorchestrierung" gehört? Nun, das ist ziemlich genau die Aufgabe einer Workflow Engine, nur dass diese Services nicht nur vollautomatische Webservices sind, sondern eben auch Aufgaben sein können, die von menschlichen Prozessbeteiligten auf Kommando der Workflow Engine ausgeführt werden.

Was bedeutet das aber für die rein fachliche Prozessmodellierung, in der Sie auch Prozesse beschreiben, die nicht von einer solchen Workflow Engine gesteuert werden? Diese Frage lässt sich leider nicht pauschal beantworten. Sie können natürlich komplett auf Pools verzichten und ausschließlich mit Lanes arbeiten, wobei Sie den Nachrichtenaustausch wie in Abbildung 2.93 auf der vorherigen Seite als normale Aufgaben ausmodellieren. Das wäre der traditionelle Weg, und zumindest für eine Übergangszeit kann das auch eine pragmatische Lösung sein, um die eigenen Kollegen nicht zu überfordern. Mittel- bis langfristig würden Sie mit den Pools jedoch auf ein sehr mächtiges Instrument verzichten, um die Aussagekraft von Prozessmodellen zu erhöhen. Im nächsten Abschnitt erklären wir lediglich die wichtigsten Regeln, die Sie bei der Arbeit mit Pools und Nachrichtenflüssen einhalten müssen. In den nachfolgenden Kapiteln zeigen wir anhand diverser Beispiele, wie nützlich diese „neue Denkweise" ist. Und eines müssen Sie sich klarmachen: Wenn Sie eine Harmonisierung Ihrer fachlichen und technischen Prozessmodelle für ein besseres Business-IT-Alignment anstreben, kommen Sie um diese Art der Prozessmodellierung ganz unabhängig von BPMN ohnehin nicht herum.

2.9.2 Regeln für die Anwendung

Wenn Sie mit Pools und Nachrichtenflüssen arbeiten, dürfen Sie folgende Dinge modellieren (siehe Abbildung 2.95):

- Eingetretene Nachrichtenereignisse, in die Nachrichtenflüsse hineinlaufen
- Ausgelöste Nachrichtenereignisse, aus denen Nachrichtenflüsse herauslaufen
- Aufgaben, in die Nachrichtenflüsse hinein- **oder** aus denen sie herauslaufen
- Aufgaben, in die Nachrichtenflüsse hinein- **und** aus denen sie herauslaufen
- (Aufgeklappte) Teilprozesse, in die Nachrichtenflüsse hinein- bzw. aus denen sie herauslaufen

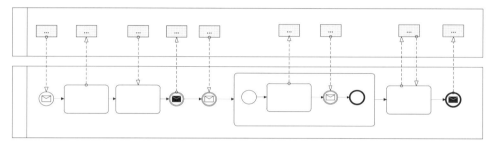

Abbildung 2.95 **Erlaubte** Konstrukte bei der Arbeit mit Pools und Nachrichtenflüssen

Die folgenden Konstrukte verstoßen gegen die BPMN-Spezifikation und können daher **nicht** verwendet werden (siehe Abbildung 2.96):

- Sequenzflüsse, die Pool-Grenzen überschreiten
- Nachrichtenflüsse, die Pool-Grenzen **nicht** überschreiten
- Ereignisse mit Nachrichtenflüssen, die nicht vom Typ „Nachricht" sind
- Ereignisse, in die Nachrichtenflüsse hinein- **und** aus denen sie herauslaufen
- Nachrichtenflüsse mit Pfeilspitzen am Anfang und Ende
- Gateways mit Nachrichtenflüssen

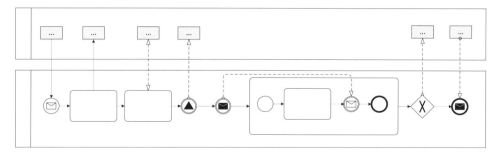

Abbildung 2.96 **Verbotene** Konstrukte bei der Arbeit mit Pools und Nachrichtenflüssen

2.9.3 Die Kunst der Kollaboration

Im Zusammenhang mit dem ereignisbasierten Gateway haben wir den in Abbildung 2.97 dargestellten Prozess betrachtet. Wir wollen einen Blick über den Tellerrand wagen und darüber nachdenken, wie sich dieser Prozess wohl aus Sicht des Pizza-Lieferanten abspielt. Vermutlich sieht er in etwa so aus wie in Abbildung 2.98: Sobald wir eine Bestellung erhalten, backen wir die Pizza. Unser Lieferjunge bringt diese dann zum Kunden und kassiert das Geld, womit der Prozess aus unserer Sicht erfolgreich abgeschlossen ist.

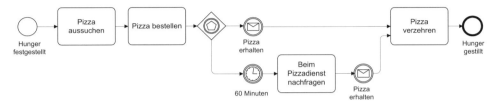

Abbildung 2.97 Nach dem Event-Split wird der Pfad durchlaufen, bei dem das Ereignis als Erstes eintritt.

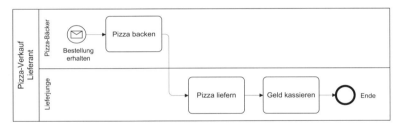

Abbildung 2.98 Der Vertriebsprozess des Pizza-Lieferanten

Nun wollen wir diese beiden Prozesse in einen Zusammenhang bringen, also aus einer neutralen Vogelperspektive heraus das Zusammenspiel des Kunden und des Lieferanten betrachten. Wir können natürlich versuchen, dieses Zusammenspiel mit einem Pool und diversen Lanes zu modellieren, z. B. so wie in Abbildung 2.99 auf der nächsten Seite. Aber wirklich schön ist das nicht: Es gibt diverse Aufgaben und Ereignisse, die sich auf eine Interaktion innerhalb des Pools beziehen, z. B. das Warten auf die Lieferung oder das Kassieren. Andere Aufgaben wiederum werden von den jeweiligen Rollen völlig unabhängig vom „Partner" erledigt, wie z. B. das Backen und der Verzehr der Pizza. Eine visuelle Unterscheidung zwischen beidem ist aber nicht möglich. Genau genommen ist das Diagramm auch semantisch nicht korrekt, denn Nachrichtenereignisse beziehen sich immer auf Nachrichten, die der Prozess von außerhalb erhält, was hier natürlich nicht gegeben ist.

Wenn wir den Weg über die Pools wählen, sähe das Ganze so aus wie in Abbildung 2.100 auf der nächsten Seite. Die beiden Prozesse würden also in der kombinierten Darstellung genauso wie in der Einzelbetrachtung aussehen, werden aber über Nachrichtenflüsse miteinander verbunden. Diese Form der Visualisierung nennt man in BPMN ein Kollaborationsdiagramm, da sie die Zusammenarbeit (Kollaboration) zweier unabhängiger Prozesse zeigt.

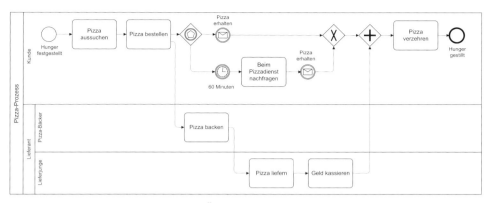

Abbildung 2.99 Der Pizza-Prozess im Überblick mit einem Pool und mehreren Lanes – eine ziemlich schlechte Lösung

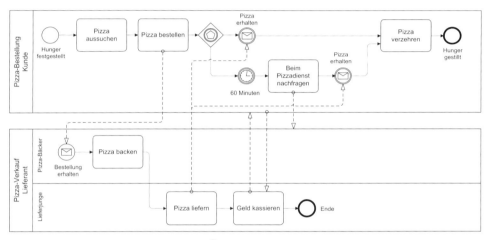

Abbildung 2.100 Der Pizza-Prozess im Überblick mit zwei Pools

In zwei Fällen enden die Nachrichtenflüsse nicht in einer Aktivität oder einem Ereignis, sondern an der Pool-Grenze des jeweiligen Teilnehmers: einmal bei der Aufgabe „Beim Pizzadienst nachfragen" und einmal bei der Aufgabe „Geld kassieren". Im zuerst genannten Fall liegt das daran, dass unsere Nachfrage den Sequenzfluss beim Lieferanten nicht beeinflusst. Möglicherweise wird er zwar eine Auskunft erteilen oder auch die Bearbeitung der Bestellung beschleunigen. Aber die Abarbeitung des eigentlichen Prozesses (Backen, Liefern, Kassieren) ändert sich dadurch nicht, und der Lieferant wartet auch zu keinem Zeitpunkt auf die Nachfrage des Kunden. Im zweiten Fall offenbart die Darstellung ein Defizit bei der Modellierung des Prozesses auf Kundenseite: Wir können davon ausgehen, dass wir die Pizza bezahlen, *bevor* wir sie verzehren. Das heißt, die Aufgabe fehlt in unserem Modell und wir müssen sie noch hinzufügen. In Abbildung 2.101 auf der nächsten Seite ist das geschehen und jetzt können wir die Nachrichtenflüsse auch direkt mit dieser Aufgabe verbinden.

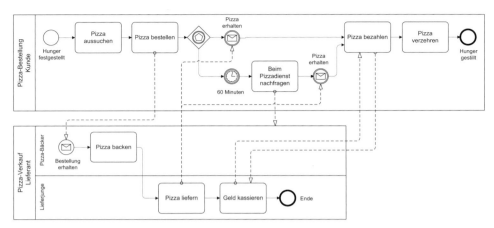

Abbildung 2.101 Im Prozess des Kunden ist die Aufgabe „Pizza bezahlen" hinzugekommen.

2.9.4 Pools zuklappen

Wenn wir Prozesse in der Praxis modellieren, kommt es häufig vor, dass wir nicht die Prozesse aller Parteien im Detail kennen. Das ist häufig der Fall, wenn wir selbst eine dieser Parteien sind, also beispielsweise ein bestimmtes Unternehmen, und nur unseren eigenen Prozess kennen, nicht aber die Prozesse unserer Partner. Für eine reibungslose Zusammenarbeit ist lediglich erforderlich, dass wir und unsere Partner uns an die vereinbarten Schnittstellen halten, also bestimmte Nachrichten entgegennehmen oder versenden. Wenn wir nun also wieder in die Rolle des Pizza-Kunden schlüpfen, erwarten wir von unserem Lieferanten, dass er

- Pizza-Bestellungen entgegennimmt,
- bestellte Pizzen liefert und abkassiert,
- für Nachfragen zur Verfügung steht.

Im Grunde interessiert uns der interne Prozess des Lieferanten überhaupt nicht. Möglicherweise wird er nach erhaltener Bestellung die Pizza backen und dann liefern, vielleicht wird er auch zu einem befreundeten Pizza-Bäcker fahren und dort die Pizza besorgen, weil er keine Zutaten mehr vorrätig hat. Das ist sein Problem – wir erwarten lediglich, dass

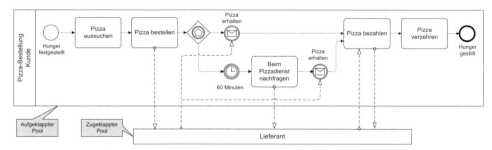

Abbildung 2.102 Der Pool des Lieferanten ist zugeklappt und verbirgt somit die Prozessdetails.

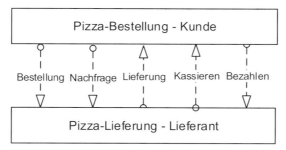

Abbildung 2.103 Beide Pools sind zugeklappt und es werden nur noch die Nachrichtenflüsse gekennzeichnet.

wir unsere Pizza bekommen. In solchen Fällen liegt es nahe, den Prozess des Lieferanten komplett auszublenden und den Pool zuzuklappen, sodass alle Details verborgen werden (Abbildung 2.102 auf der vorherigen Seite).

Wir könnten sogar noch einen Schritt weitergehen und auch den Pool des Kunden zuklappen (Abbildung 2.103). Jetzt sehen wir lediglich noch die auszutauschenden Nachrichten, sofern wir die Pfeile beschriften, was uns einen guten Überblick verschafft. Der Nachteil ist jedoch, dass wir die Abhängigkeiten nicht mehr erkennen können. Wir können beispielsweise nicht sehen, ob die Nachfrage immer gesendet wird oder nur unter bestimmten Umständen, wie es ja der Fall ist. Um dieses Problem kümmert sich die BPMN und führt hierfür eigens einen neuen Diagrammtyp ein. Wir beschreiben sogenannte Choreographiediagramme in Abschnitt 2.13 auf Seite 111.

2.9.5 Mehrfachinstanz-Pools

In Abschnitt 2.7.2 auf Seite 75 und Abschnitt 2.8.4 auf Seite 86 haben wir bereits gelernt, dass Aufgaben bzw. Teilprozesse als „Mehrfach" markiert werden können. Das bedeutet, dass diese Elemente während der Ausführung mehrfach instanziiert werden. Dieses Prinzip ist auch für Pools vorgesehen. Da ein Pool immer einen Teilnehmer repräsentiert, nennen wir das Konstrukt „Mehrfach-Teilnehmer". In Abbildung 2.104 auf der nächsten Seite sehen wir ein Beispiel, wie man es verwenden kann. Wir haben darin drei Teilnehmer definiert: Kunde, Makler und Lieferant. Wenn der Prozess des Maklers instanziiert wird, passiert das, weil ein Kunde einen Auftrag erteilt hat. Nun geht der Makler los und führt mehrfach die Aufgabe „Angebot einholen" aus. Der Pool „Lieferant" ist nun mit derselben Markierung ausgestattet wie die mehrfach ausgeführte Aufgabe. Dies zeigt auf einen Blick, dass es nicht etwa immer derselbe Lieferant ist, bei dem ein Angebot eingeholt wird, sondern dass es sich um verschiedene Lieferanten handelt. Wenn alle Angebote eingeholt sind, wird eines davon ausgewählt und an den Kunden vermittelt.

Der Mehrfachinstanz-Teilnehmer hilft uns also immer dann, wenn wir in Kollaborationsdiagrammen das Zusammenspiel verschiedener Prozesse zeigen wollen, von denen im Rahmen der Zusammenarbeit manche nur einmalig, andere mehrfach instanziiert werden.

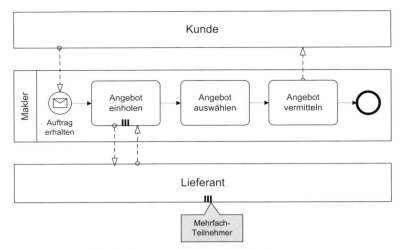

Abbildung 2.104 In der BPMN gibt es auch Mehrfach-Teilnehmer.

■ 2.10 Daten

Die BPMN konzentriert sich bei der Prozessbeschreibung auf den Sequenzfluss, also auf die Reihenfolge von Aufgaben, Gateways und Ereignissen. Alle weiteren Aspekte, die für die Prozessausführung relevant sein könnten, werden nachrangig behandelt. Das gilt auch für Informationen oder Dokumente, die im Prozess verwendet oder erzeugt werden. Sie können diese Aspekte in Ihrem Diagramm aber berücksichtigen, indem Sie sogenannte Datenobjekte modellieren. Datenobjekte repräsentieren alle möglichen Informationen, unabhängig von ihrer physischen Beschaffenheit (Papierdokumente, abstrakte Informationen oder elektronische Datensätze).

Datenobjekte werden über (Daten-)Assoziationen mit Flussobjekten und Sequenzflüssen gekoppelt. Neben ihrer Bezeichnung können sie auch einen bestimmten Status erhalten, der in BPMN mit eckigen Klammern gekennzeichnet wird. Typische Status für Datenobjekte sind:

- erzeugt
- zu prüfen
- geprüft
- zu überarbeiten
- überarbeitet
- abgelehnt
- freigegeben

Im abstrakten Beispiel in Abbildung 2.105 auf der nächsten Seite ist folgendes Zusammenspiel der Pools 1 und 2 dargestellt: Pool 2 erzeugt in Aufgabe 2.1 das Datenobjekt 2.1 mit dem initialen Status A, was durch die gerichtete Assoziation von der Aufgabe hin zum Datenobjekt visualisiert wird. Dieses Datenobjekt wird in Aufgabe 2.3 als Input gebraucht, weshalb

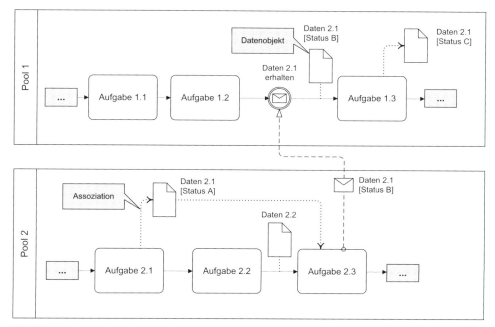

Abbildung 2.105 Beispiele für die Arbeit mit Datenobjekten

wir auch dorthin eine gerichtete Assoziation gezogen haben. Außerdem übernimmt Aufgabe 2.3 den Output von Aufgabe 2.2. Da diese Aufgaben direkt aufeinanderfolgen, können wir auf die gerichteten Assoziationen verzichten und das Datenobjekt 2.2 direkt an den Sequenzfluss docken. Es handelt sich hierbei also nur um eine visuelle „Abkürzung" der Input-/Output-Beziehung. Die Aufgabe 2.3 wiederum transformiert das Datenobjekt 2.1 von Status A in den Status B und schickt es über einen Nachrichtenfluss direkt an Pool 1. Diese Tatsache wird über eine Nachricht visualisiert, also einen Briefumschlag, der auf den Nachrichtenfluss gelegt wurde.

Pool 1 wartet bereits auf diese Nachricht und übergibt die erhaltenen Daten 2.1 an die Aufgabe 1.3, wo sie vom Status B in den Status C überführt werden.

Bei der gleichzeitigen Verwendung von Nachrichtenflüssen und gerichteten Assoziationen in einem Diagramm müssen Sie ein wenig aufpassen, weil die beiden relativ ähnlich aussehen. Die wesentlichen Unterscheidungsmerkmale sind:

- Nachrichtenflüsse sind gestrichelt, die Pfeilspitze ist ein geschlossenes Dreieck und der Beginn des Pfeils ein kleiner Kreis.
- Gerichtete Assoziationen sind gepunktet, die Pfeilspitze ist unten offen.

Daten haben in BPMN einen hohen Stellenwert und definieren eine eigene Kategorie neben den Flussobjekten und Artefakten. Dies geht vor allem auf die angestrebte direkte Ausführbarkeit von BPMN-Prozessmodellen zurück, für die eine explizitere Berücksichtigung der Daten notwendig ist. In diesem Kontext gibt es noch einige weitere Symbole, die wir in Abbildung 2.106 auf der nächsten Seite exemplarisch auf den Pizza-Prozess des Lieferanten angewandt haben.

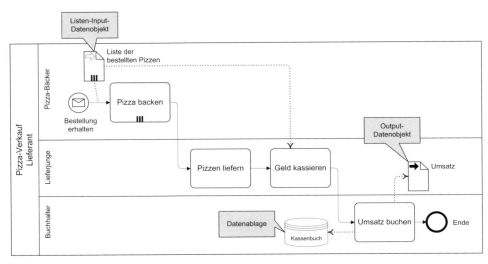

Abbildung 2.106 Weitere Symbole in der Kategorie Daten

Wenn eine neue Bestellung eingeht, ist dies der Input für den Prozess, zu erkennen am Pfeil links oben. Die Bestellung kann sich auf eine oder mehrere Pizzen beziehen, was durch das klassische Symbol für eine Mehrfachinstanz ausgedrückt wird. Dementsprechend oft muss die Aufgabe „Pizza backen" ausgeführt werden, wobei sich die Anzahl dieser Instanzen nach der Anzahl der Positionen im **Listen-Input-Datenobjekt** richtet. Die Aufgabe „Geld kassieren" benötigt dieses Objekt ebenfalls, damit der Lieferjunge den korrekten Betrag verlangt. Die Buchhaltung wird den erzielten Umsatz in einem Kassenbuch eintragen. Dieser Umsatz ist der Output des Prozesses, zu erkennen am schwarz ausgemalten Pfeil. Das Kassenbuch ist eine **Datenablage**, und es existiert im Gegensatz zu den Datenobjekten unabhängig von der spezifischen Prozessinstanz. Somit steht dieses Kassenbuch auch dann noch zur Verfügung, wenn die Prozessinstanz längst beendet ist. Falls der Pizzabetrieb etwas moderner wäre, könnte er als Datenablage für die Buchhaltung natürlich auch eine bestimmte Software oder Datenbank verwenden.

2.11 Artefakte

2.11.1 Anmerkungen und Gruppierungen

Mit Anmerkungen können wir ergänzende Hinweise in unsere Diagramme schreiben. Der Inhalt dieser Hinweise ist völlig freigestellt. Über Assoziationen können Sie diese Anmerkungen mit anderen Elementen verbinden. Meistens verwendet man diese Möglichkeit, um zusätzliche Informationen zur Erledigung von Aufgaben zu liefern (siehe Abbildung 2.107 auf der nächsten Seite). In Abbildung 2.7 auf Seite 37 haben wir Anmerkungen verwendet, um die durchschnittlichen Bearbeitungszeiten festzuhalten, in Abbildung 2.72 auf Seite 76 kennzeichnen wir mit ihnen die Abbruchbedingung einer Schleifen-Aufgabe.

2.11 Artefakte

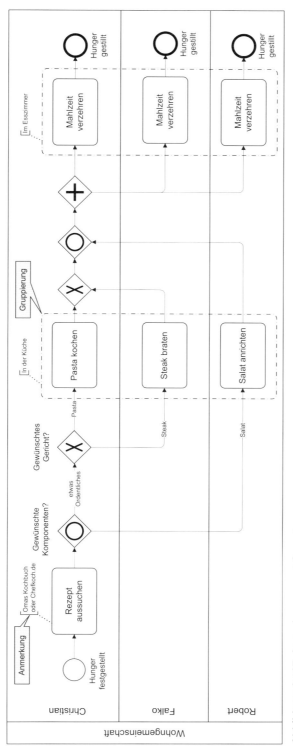

Abbildung 2.107 Anmerkungen und Gruppierungen

Im hier gezeigten Beispiel haben wir außerdem den Hinweis untergebracht, dass die Zubereitung der Speisen in der Küche erfolgen soll, der Verzehr dagegen im Esszimmer. Da sich dieser Hinweis gleichzeitig auf mehrere Elemente im Diagramm bezieht, können wir diese mit einer Gruppierung visuell zusammenfassen. Eine solche Gruppierung hat wie alle Artefakte keinen Einfluss auf die Ausführungssemantik. Sie dürfen sie also nicht mit Teilprozessen o. Ä. verwechseln. Eine Gruppierung können Sie völlig frei verwenden, Sie können sie auch über Pool-Grenzen hinweg zeichnen. In der Praxis kann die Gruppierung ausgesprochen praktisch sein, um bestimmte Bereiche im Modell auf Basis eigener Konventionen zu kennzeichnen. Wir greifen diese Möglichkeit in den nächsten Kapiteln noch mehrfach auf.

2.11.2 Eigene Artefakte

Die BPMN erlaubt Ihnen auch die Verwendung eigener Artefakte. Damit können Sie Symbole einführen, die auf ihren individuellen Modellierungskonventionen basieren und weiterführende Informationen zum Prozessmodell enthalten. In Abbildung 2.108 haben wir den Pizza-Prozess des Lieferanten mit einem Fahrrad und einem Computer angereichert, um darzustellen, welche Hilfsmittel bei der Durchführung dieser Aufgaben verwendet werden. Für die Arbeit mit solchen Symbolen gelten dieselben Regeln wie für alle Artefakte: Sie dürfen sie mithilfe von Assoziationen an beliebige Flussobjekte andocken, können sie aber auch völlig frei im Diagramm platzieren.

Tooling

Eigene Artefakte können Sie natürlich nur dann verwenden, wenn Ihr BPMN-Tool diese Möglichkeit unterstützt. Das tun bislang leider nur relativ wenige Produkte.

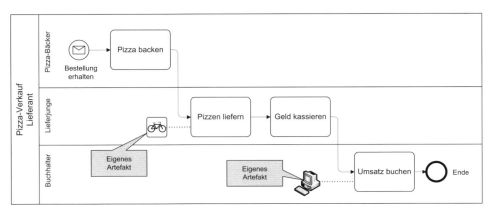
Abbildung 2.108 Verwendung eigener Artefakte

2.12 Vergleich mit anderen Notationen

Viele BPMN-Interessierte kennen bereits andere Notationen zur Prozessmodellierung. Sie fragen sich, ob sich ein Umstieg für sie überhaupt lohnt und worauf sie dabei achten müssen. Deshalb haben wir einmal vier Notationen herausgegriffen, die uns besonders häufig in der Praxis begegnen, und mit der BPMN verglichen. Die wichtigste Schwäche all dieser Notationen gegenüber der BPMN ist ihre mangelnde Fähigkeit, das Zusammenspiel autonom agierender Teilnehmer, also die Kollaboration von Prozessen, auszumodellieren. Wie wir bereits gelernt haben, reicht eine einfache Swimlane-Darstellung hierfür nicht aus. Zum Zweiten bietet die BPMN speziell im Umgang mit Ereignissen eine viel größere Präzision als alle anderen gängigen Prozessnotationen.

2.12.1 Erweiterte Ereignisgesteuerte Prozesskette (eEPK)

Die Ereignisgesteuerte Prozesskette (EPK) ist eine Komponente der ARIS-Methodik (Architektur integrierter Informationssysteme). Sie wurde 1992 von einer Arbeitsgruppe unter Leitung von Prof. August-Wilhelm Scheer an der Universität des Saarlandes in Kooperation mit der SAP AG entwickelt. Die IDS Scheer AG entwickelte auf Basis dieses Konzepts eine BPM-Software namens ARIS Toolset und stellte eine enge Integration dieses Produkts mit den ERP-Lösungen von SAP sicher. In der Folge wurden die in SAP-Produkten implementierten Prozesse als EPK dokumentiert, was ein wesentlicher Grund für ihre große Verbreitung sein dürfte. Bis in das Jahr 2008 war sie hierzulande die dominierende Notation für die Prozessmodellierung. Mittlerweile zeichnet sich jedoch ab, dass sie von der BPMN verdrängt wird. Dementsprechend bereiten sich viele, an die EPK gewöhnte Prozessmodellierer auf einen Umstieg zur BPMN vor, was wegen der teilweise unterschiedlichen Denkansätze der beiden Notationen nicht immer ganz einfach ist. Auch ARIS bietet mittlerweile eine Prozessmodellierung mit BPMN an.

Die EPK besteht aus den drei Grundsatzsymbolen Funktion, Ereignis und Konnektor. Konnektoren können ähnlich wie die Gateways in BPMN als exklusive Verzweigung (XOR), Und-Oder-Verzweigung (OR) und als Parallelisierung (AND) wirken. Eine Unterscheidung zwischen daten- und ereignisbasierten Verzweigungen gibt es in der EPK nicht. In der erweiterten Fassung kommen weitere Symbole zur Beschreibung von Organisationseinheiten, Daten und Anwendungssystemen hinzu. Über sogenannte Prozesspfade oder Prozesswegweiser kann auf Teilprozesse verwiesen werden.

Die Übernahme von EPK-Prozessmodellen nach BPMN ist relativ einfach; in Abbildung 2.109 auf der nächsten Seite zeigen wir das anhand eines Beispiels. Ein wenig aufpassen müssen Sie bei der Übernahme von Ereignissen. Hier ist die EPK unserer Ansicht nach trotz ihres Namens etwas schwach. Sie interpretiert die möglichen Zustände von Daten genauso als Ereignis wie beispielsweise eingehende Nachrichten, die einen Prozess auslösen. Insofern müssen Sie achtgeben, dass Sie datenbasierte Entscheidungen nicht etwa mit einem ereignisbasierten Gateway modellieren, sondern als datenbasierte Gateways. Generell ist offensichtlich, dass die BPMN der EPK paradoxerweise gerade bei der Modellierung von Ereignissen überlegen ist: Die EPK unterscheidet weder zwischen Start-, End- und Zwischenereignissen noch kennt sie unterschiedliche Typen wie Nachricht oder Zeit. Auch das Anheften von Ereignissen erlaubt sie nicht, was beispielsweise die

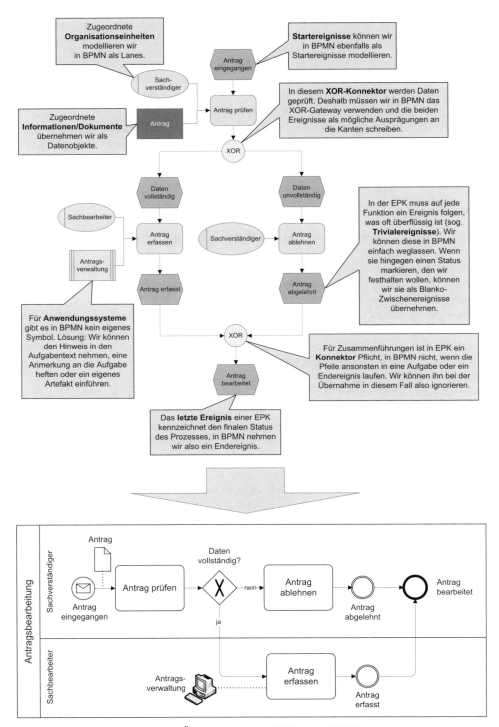

Abbildung 2.109 Exemplarische Überführung einer EPK nach BPMN

Modellierung von Überwachungsfunktionen, Fehlerbehandlungen und Eskalationen in EPKs stark erschwert bzw. unmöglich macht. Einen weiteren Vorteil der BPMN erkennen wir bei der Anordnung des Antrags als Datenobjekt: Wir hätten diesen wie in der EPK zwar als Input an die Aufgabe „Antrag prüfen" heften können. Aber wir haben beschlossen, ihn an den Sequenzfluss zwischen dem Startereignis und der Aufgabe zu heften, damit man auf einen Blick sieht, dass dieses Dokument nicht etwa bereits im Unternehmen vorhanden war, sondern zugeschickt wurde.

Aktuell kann sich die EPK aus historischen Gründen noch einer relativ breiten Anwenderbasis erfreuen, die den Umgang mit ihr gewöhnt ist und teilweise Schwierigkeiten hat, die neuen Modellierungsparadigmen der BPMN zu verinnerlichen. Weil die EPK jedoch für eine Prozessmodellierung im Kontext der Prozessautomatisierung vergleichsweise ungeeignet ist, sollte man sie für moderne BPM-Projekte nicht mehr in Erwägung ziehen.

2.12.2 UML-Aktivitätsdiagramm

Das Aktivitätsdiagramm gehört zu einer Gruppe von insgesamt 13 Diagrammarten, die in der aktuellen Version 2 der Unified Modeling Language (UML) enthalten sind. Genau wie die BPMN wird auch die UML von der Object Management Group (OMG) verwaltet, allerdings bereits seit 1997. Man sollte jedoch BPMN nicht als Nachfolger der UML missverstehen, da Letztere eine allgemeine Sprache für die Modellierung von Softwaresystemen darstellt und nicht für die Modellierung von Geschäftsprozessen entwickelt wurde. Allerdings wurden die in der UML enthaltenen Aktivitätsdiagramme in der Vergangenheit trotzdem auch gern für die Prozessmodellierung verwendet – vor allem, wenn diese im Kontext von IT-Projekten stattfand. Ein gängiger Anwendungsfall war also die Erarbeitung von SOLL-Prozessen als Aktivitätsdiagramm, um die Anforderungserhebung für eine neue Software zu unterstützen.

Die Notation für Aktivitätsdiagramme ist umfangreicher als beispielsweise die EPK. Es existieren einige Symbole, die sehr softwaretechnischer Natur sind und für die es keine direkte Entsprechung in BPMN gibt. Dies gilt insbesondere für die Verarbeitung von Objekten und ihren Parametern in einzelnen Aktionen. Die für die Modellierung von Geschäftsprozessen gängigen Symbole können aber weitestgehend problemlos übernommen werden. Schwierig wird es, wenn Sie in Ihren UML-Diagrammen mit Unterbrechungsbereichen arbeiten, die über mehrere Lanes hinweg laufen. Diese können wir nicht als eingebettete Teilprozesse in BPMN übernehmen, wie es eigentlich am saubersten wäre, denn solche Teilprozesse dürfen Lane-Grenzen nicht überschreiten. Die einzige Lösung besteht dann darin, den Teilprozess als global und dadurch wiederverwendbar zu definieren und den Pool mit den Lanes darin erneut auszumodellieren. Das sieht nicht schön aus, ist aber der einzig korrekte Weg (siehe Abbildung 2.110 auf der nächsten Seite).

Für die Spezifikation softwaretechnischer Detailabläufe sind Aktivitätsdiagramme auch zukünftig von Bedeutung. Dafür sprechen auch ihre Einbettung in das UML-Framework sowie die Standardisierung durch die OMG. Für das Requirements Engineering prozessgetriebener Anwendungen ist die BPMN unserer Ansicht nach aber besser geeignet. Das gilt insbesondere, wenn die zu unterstützenden Prozesse auch fachlich dokumentiert werden sollen. Die Definition technischer Prozesse, die direkt durch eine Workflow Engine ausgeführt werden, ist ohnehin die Domäne der BPMN. Hier kann ihr keine andere grafische Notation das Wasser reichen.

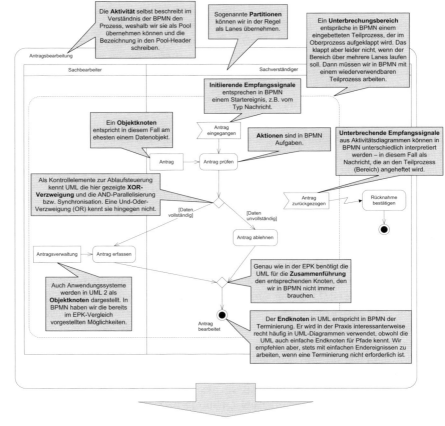

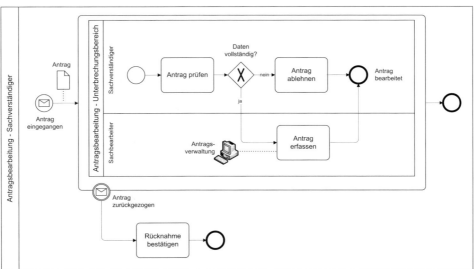

Abbildung 2.110 Exemplarische Überführung eines UML-Aktivitätsdiagramms nach BPMN

2.12.3 ibo-Folgeplan

Der ibo-Folgeplan wird von der ibo Beratung und Training GmbH gelehrt und ist in der BPM-Software Prometheus der ibo Software GmbH umgesetzt. Er ist insofern genau wie die EPK eine proprietäre Notation. Allerdings ist er stark am klassischen und in diversen Varianten weit verbreiteten Flussdiagramm angelehnt, weshalb wir ihn in unsere Übersicht mit aufgenommen haben. Die ibo ist eine seit mehr als 25 Jahren agierende Organisationsberatung, und die meisten ihrer Kunden sind Organisatoren aus der deutschsprachigen Bankenwelt. Der Folgeplan ist somit eine unter Orga-Prozessmanagern sehr bekannte und etablierte Notation zur Prozessmodellierung. Nichtsdestotrotz hat auch die ibo den Nutzen der BPMN erkannt und in ihr BPM-Softwareprodukt integriert.

Die meisten Symbole des Folgeplans können leicht nach BPMN überführt werden, wie wir es in Abbildung 2.111 einmal durchgespielt haben. Problematisch kann es nur werden,

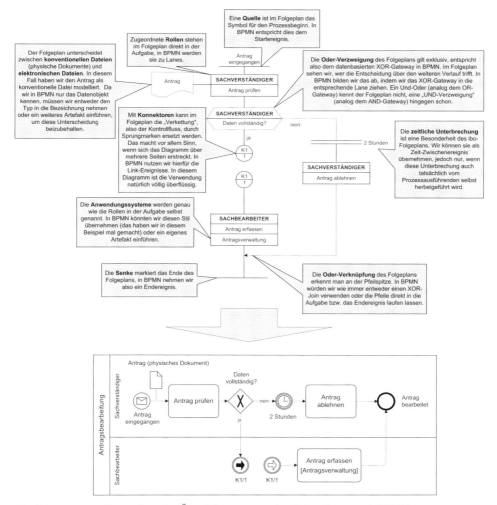

Abbildung 2.111 Exemplarische Überführung eines ibo-Folgeplans nach BPMN

wenn Sie in Ihrem Folgeplan eine „zeitliche Unterbrechung" eingebaut haben. Diese lässt sich nur als Zeitereignis modellieren, wenn sie auch tatsächlich vom Prozessausführenden herbeigeführt wird, er also ganz bewusst eine bestimmte Zeitspanne lang gar nichts macht und erst dann den Prozess fortsetzt. Wir haben allerdings auch schon Folgepläne gesehen, in denen diese Unterbrechung als Indikator gemeint war, dass wir „in der Regel erst nach XX Tagen, Wochen etc." weitermachen *können*, weil wir so lange auf etwas anderes warten müssen. Das funktioniert in BPMN natürlich nicht. Die einzige Lösung wäre, das Ereignis, auf das wir warten, als entsprechenden Typen auszumodellieren (also z. B. Nachricht oder Bedingung) und als Anmerkung dazuzuschreiben, wie lange es für gewöhnlich dauert, bis dieses Ereignis eintritt. Dann haben wir wieder einen sauberen Kontrollfluss, ohne den Hinweis auf die durchschnittliche Wartezeit zu verlieren.

2.12.4 Kennzahlen und Wahrscheinlichkeiten

„Kann BPMN auch Prozessanalyse und -simulation?" Diese Frage hören wir regelmäßig von Menschen, die bislang mit anderen Notationen gearbeitet haben. Der springende Punkt ist nur, dass diese Methoden primär keine Frage der Notation sind, sondern des Toolings. Es kommt also darauf an, welche BPM-Software Sie einsetzen und ob diese die Hinterlegung von Kennzahlen und Wahrscheinlichkeiten sowie eine entsprechende Auswertung erlaubt. Der Fairness halber muss man aber auch zugeben, dass in der BPMN-Spezifikation keine Attribute vorgesehen sind, die eine Aufnahme von Kennzahlen für die Prozessanalyse erlauben. Man könnte dies dem Standard als Defizit anlasten. Auf der anderen Seite ist gerade das Thema Simulation hochgradig komplex, und die wenigsten Unternehmen können und wollen den Aufwand betreiben, es konsequent umzusetzen. Wenn man sämtliche Aspekte einer Prozesssimulation in der Spezifikation abgebildet hätte, wäre das Dokument wahrscheinlich noch mal um 50–100 Seiten umfangreicher geworden, und somit auch schwergewichtiger und weniger eingängig. Hier muss man also Kosten und Nutzen abwägen, was die Standardisierung angeht.

In Abbildung 2.112 auf der nächsten Seite haben wir für einen simplen Fall gezeigt, wie man die Kennzahlen Bearbeitungszeit (BZ), Liegezeit (LZ) und Durchlaufzeit (DZ) sowie Wahrscheinlichkeiten in einem Prozessdiagramm visualisieren könnte: Wenn ein Antrag eingegangen ist, liegt er zunächst 2 Stunden herum, bis er geprüft wird. Diese Prüfung dauert 15 Minuten, dann entscheidet der Sachverständige, ob er ihn ablehnt oder der Sachbearbeiter ihn erfasst. Eine Erfassung erfolgt in 90 % der Fälle, d. h. 9 von 10 eingereichten Anträgen sind vollständig ausgefüllt und werden nicht abgelehnt. Wir haben in diesem Beispiel mögliche Zwischen-Status erneut ausmodelliert und können dort bereits eine erste Auswertung antragen: Die Durchlaufzeit vom Eingang eines Antrags, bis er erfasst wurde, beträgt 160 Minuten. Wenn er abgelehnt wird, beträgt diese Zeit nur 140 Minuten, da der Sachverständige dann „in einem Rutsch" arbeiten kann und die Liegezeit auf dem Schreibtisch des Sachbearbeiters entfällt. Wenn wir die Wahrscheinlichkeiten berücksichtigen, ergibt sich für diesen Prozess eine durchschnittliche Durchlaufzeit von 158 Minuten. Diese haben wir sinnvollerweise am Endereignis angetragen.

Diese Visualisierung ist natürlich nur ein Vorschlag. Die diversen BPMN-Werkzeuge definieren teilweise andere Kennzahlen und bieten andere Wege an, diese im Diagramm oder in den Attributen zu hinterlegen bzw. ihre Auswertung zu visualisieren. Gerade die

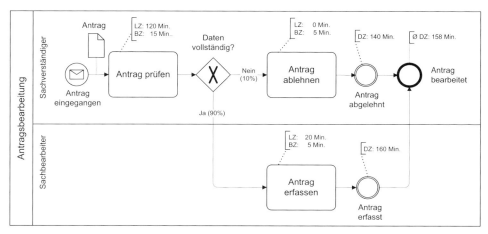

Abbildung 2.112 Mögliche Darstellung von Kennzahlen in BPMN

Simulation von Prozessen kann, je nachdem, wie umfangreich sie betrieben wird, weitere Anforderungen an das Prozessmodell stellen. Dann kommt es beispielsweise auch auf Eintrittswahrscheinlichkeiten für unterschiedliche Ereignisse an, auf die Kapazitäten der verfügbaren Ressourcen usw.

2.13 Choreographien und Konversationen

In Abschnitt 2.9 auf Seite 92 haben wir bereits gelernt, dass die BPMN der Interaktion verschiedener Prozessteilnehmer einen besonders hohen Stellenwert beimisst. Es gibt dafür sogar zwei völlig neue Modellierungswege, die sich ausschließlich diesem Thema widmen. Bisher sind wir aber noch nicht von deren Praxisrelevanz überzeugt. Insofern wollen wir sie nur anhand eines Beispiels kurz vorstellen und erklären, inwieweit sie potenziell nützlich sein können. In Abbildung 2.113 auf der nächsten Seite finden wir ganz unten wieder unsere Pizza-Kollaboration aus Abschnitt 2.9 auf Seite 92. Sie wurde lediglich um Nachrichtenobjekte (die Briefumschläge) angereichert, die wir auf den Nachrichtenflüssen positioniert haben.

In der vertikalen Mitte des Bildes ist nun das hierzu passende **Choreographiediagramm** zu sehen. Dieses Diagramm reduziert die Prozessbetrachtung auf den Nachrichtenaustausch zwischen den Teilnehmern. Wir haben das bereits in Abschnitt 2.9.4 auf Seite 98 gesehen, wo die Pools beider Teilnehmer zugeklappt wurden. Im Vergleich dazu sind Choreographiediagramme wesentlich genauer, denn es ist immer noch der prinzipielle Ablauf erkennbar. Wir sehen zum Beispiel, dass der Kunde lediglich nach der Lieferung fragt, wenn 60 Minuten seit der Bestellung vergangen sind. In einem Choreographiediagramm werden jedoch nur Aufgaben modelliert, die dem Nachrichtenaustausch dienen, und auch nur einmal für beide Teilnehmer. Das macht das Diagramm natürlich viel übersichtlicher. Der „sendende" Teilnehmer wird mit einem weißen Hintergrund genannt, der „empfangende" oder „reagierende" mit einem grauen. Ob man die Teilnehmer ober- oder unterhalb der Auf-

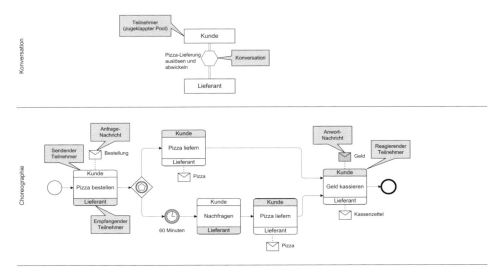

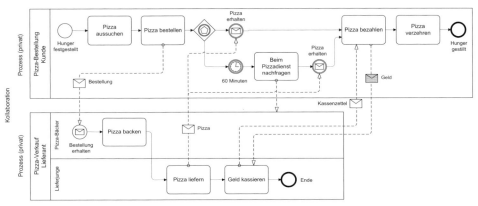

Abbildung 2.113 Die Pizza-Story als Konversation, Choreographie und Kollaboration

gabe platziert, ist freigestellt. In Choreographiediagrammen kann mach auch Teilprozesse definieren, die ihrerseits als Choreographien modelliert werden.

Im oberen Teil des Bildes wurde eine inhaltlich passende **Konversation** modelliert. Solche Diagramme sind die kompakteste Form, die an der Kollaboration beteiligten Teilnehmer und ihre prinzipielle Zusammenarbeit darzustellen. Eine Konversation steht hierbei für eine Menge an Nachrichten, die ausgetauscht werden und zueinander in einem logischen Zusammenhang stehen, also miteinander korreliert werden. In den meisten Fällen dürfte also eine Konversation für genau einen kollaborativen Prozess stehen. Der Korrektheit halber sollte man allerdings festhalten, dass Konversationen in BPMN streng genommen keinen eigenen Diagrammtyp darstellen, sondern eine Ausprägung der Kollaborationsdiagramme sind.

Wann sind solche Diagramme sinnvoll? Es gibt BPMN-Experten, die sie für völlig überflüssig halten. Diese Meinung teilen wir nicht. Die systematische Betrachtung von Prozessen, egal ob sie aus organisatorischer oder IT-technischer Perspektive erfolgt, wird umso wichtiger, je größer und heterogener die ausführende Organisation ist. In einem 1-Mann-Unternehmen ist Prozessmodellierung völlig unsinnig, um ein Gegenbeispiel zu nennen. Aber je mehr Menschen in den Prozessen zusammenarbeiten und je weniger man sich auf eine implizite Abstimmung unter diesen Menschen verlassen kann, desto wichtiger wird die Prozessmodellierung. Das gilt natürlich umso stärker für die Prozessumsetzung über IT-Systemgrenzen hinweg. Die beiden neuen Diagramme können für eine solche Situation sehr hilfreiche Landkarten darstellen, um die neuralgischen Punkte der Zusammenarbeit auf einen Blick zu erkennen und bei Bedarf in ausführlichen Kollaborationsdiagrammen auszumodellieren.

Insofern sollten Sie dieses Thema auch nicht auf die Modellierung von B2B-Prozessen reduzieren, also auf die Zusammenarbeit verschiedener Unternehmen. Im Zweifel können zwei Mittelständler, die seit Jahren vertrauensvoll zusammenarbeiten, besser auf eine solche Modellierung verzichten als die Abteilungen oder Niederlassungen eines international aufgestellten Großunternehmens.

3 Strategische Prozessmodelle

3.1 Über dieses Kapitel

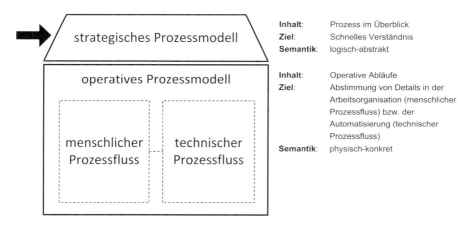

Abbildung 3.1 Strategische Prozessmodelle im Camunda-Haus

3.1.1 Ziel und Nutzen

Ein strategisches Prozessmodell beschreibt den Ablauf so kompakt wie möglich. Das Ziel ist eine grobe Darstellung des Prozesses von Anfang bis Ende. Der Betrachter kann auf einen Blick erkennen, für wen der Prozess welche Leistung erbringt und wie dies im Wesentlichen geschieht. Unter Umständen kann zusätzlich die Zuordnung von Informationen, Systemen oder menschlichen Aufgabenträgern erforderlich sein, damit sich der Betrachter auch hierzu einen Überblick verschaffen kann.

Der typische Betrachter dieser Ebene ist eine Führungskraft, deren Bereich ganz oder teilweise für die Prozessdurchführung zuständig ist. Hierzu zählt vor allem der Process Manager, manchmal auch der Process Owner. Prinzipiell können strategische Prozessmodelle aber auch der groben Erklärung des Prozesses gegenüber den Participants selbst, dem Analyst, dem Engineer sowie externen Partnern dienen.

Typische Situationen der Verwendung dieser Modelle sind:

- Klärung und Abgrenzung eines Prozesses
- Erkennen bzw. Zuordnung von Verantwortlichkeiten und Ressourcen für den Prozess
- Erkennung bzw. Festlegung von Leistungskennzahlen, z. B. eine maximale Durchlaufzeit
- Erstmalige Besprechung des Prozesses im Zuge einer Verbesserungsmaßnahme

3.1.2 Anforderungen an das Modell

Um die oben genannten Zwecke erfüllen zu können, muss ein strategisches Prozessmodell vor allem leicht verständlich sein. Es muss auch von Menschen begriffen und als Hilfestellung akzeptiert werden, die keine Vorkenntnisse in BPMN haben. Für die Gestaltung von Webseiten gibt es ein hervorragendes Buch von Steve Krug, dessen Titel auch als Leitfaden für die Erstellung von strategischen Prozessmodellen wunderbar passt:

> Don't make me think!

Diese Formulierung wirkt vielleicht etwas überspitzt, ist aber zutreffend.

Es sollte außerdem gut erkennbar sein, wer der Kunde des Prozesses ist. Gemäß der Philosophie des Prozessmanagements existiert der Prozess ja nur, um eine definierte Leistung gegenüber einem definierten Kunden zu erbringen. Und viele Leistungsmerkmale des Prozesses werden ja gerade definiert, um die Kundenzufriedenheit sicherzustellen. Oft stehen auch genau diese Merkmale im Mittelpunkt eines Projekts zur Prozessverbesserung.

Kein Prozess lässt sich auf einen Blick erfassen, wenn sich das Modell über mehrere Seiten erstreckt. Unser Anspruch für strategische Prozessmodelle ist deshalb, den Prozess auf einem A4-Blatt im Querformat darzustellen. Damit wird das Modell automatisch auch PowerPoint-kompatibel. Natürlich sollten Sie dann nicht versuchen, möglichst viele Linien und Kästchen draufzuquetschen, um trotzdem noch möglichst viel unterzubringen. Deshalb geht unser Anspruch weiter: Wir wollen nicht mehr als 10 Flussobjekte und maximal 8 Artefakte im Modell platzieren.

Alles hat seinen Preis: Wenn wir leicht verständliche Prozessmodelle erzeugen wollen, können wir nicht die gesamte Symbolpalette der BPMN verwenden. Kaum jemand wird intuitiv verstehen, was ein Kompensationsereignis oder eine Aufgabe vom Typ Mehrfachinstanz ist. Mit dem Verzicht auf Symbole verlieren wir natürlich an Ausdrucksstärke, das Modell wird weniger präzise. Dasselbe ergibt sich aus der quantitativen Begrenzung der Symbole. Welche Symbole Sie verwenden wollen und auf welche Sie aus Gründen der Vereinfachung verzichten, ist Ihre Entscheidung. In Abschnitt 3.3 auf Seite 121 schlagen wir Ihnen eine Palette vor. Es kann übrigens durchaus vorkommen, dass Sie zwar die Standardsymbole der BPMN für strategische Prozessmodelle reduzieren, dafür aber ganz eigene Symbole als Artefakte hinzufügen. Auch diesen Fall besprechen wir im vorliegenden Abschnitt.

Den zweiten Abstrich machen wir bei der Semantik: Wir werden in Abschnitt 3.2 auf Seite 119 anhand eines Beispiels zeigen, dass strategische Prozessmodelle semantisch häufig nicht ganz konsistent sind bzw. sein können. Die Entscheidung, das zuzulassen, ist uns zunächst sehr schwer gefallen. Aber wir haben viel zu oft festgestellt, dass konsistente strategische Prozessmodelle von der Zielgruppe nicht mehr verstanden bzw. akzeptiert wurden, weil sie zu kompliziert erschienen. Damit verfehlen die Modelle ihr Ziel und verlieren ihre Existenzberechtigung. Der Kompromiss besteht deshalb darin, Inkonsistenzen bewusst hinzunehmen, jedoch nur auf der strategischen Ebene. Wenn wir uns später auf die operative Ebene bewegen, sind sie nicht mehr akzeptabel.

Bei der Syntax sind wir strenger: Wir achten auch bei der Modellierung strategischer Prozessmodelle darauf, syntaktisch korrekte Modelle zu erstellen. Oft haben wir auch gar keine andere Wahl, weil die verfügbaren BPMN-Tools eine Syntaxprüfung durchführen. In absoluten Ausnahmefällen sind wir auch schon von der BPMN-Syntax abgewichen, wenn diese Abweichung klein und im Tool erlaubt war und dadurch ein signifikanter Vorteil für das Verständnis erzielt wurde.

Unser Modellierungs-Knigge

Prinzipiell gilt also für strategische Prozessmodelle: eine möglichst korrekte Syntax, zur Not aber eine inkonsistente Semantik.

3.1.3 Vorgehen

Wann modelliert man Prozesse strategisch? Entweder nach einer erstmaligen Prozesserhebung, wenn man sich also ein erstes Bild von einem bereits existierenden Prozess verschafft hat, oder zu Beginn der Prozesskonzeption, wenn der neue oder verbesserte Prozess grundsätzlich festgelegt wird (siehe Abbildung 3.2).

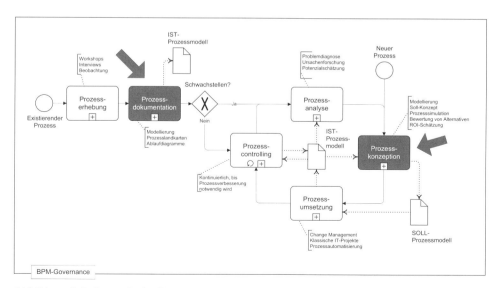

Abbildung 3.2 Strategische Prozessmodelle können in zwei Phasen des BPM-Kreislaufs entstehen.

Einen Prozess erstmalig zu erheben, ist viel schwieriger, als sich viele zunächst vorstellen. Manchmal gibt es vorhandene Dokumente, auf die Sie zurückgreifen können, zum Beispiel Verfahrensanweisungen. Meistens werden Sie sich aber direkt mit den Menschen unterhalten, die in den Prozessen arbeiten (Process Participants) oder für diese operativ verantwortlich sind (Process Manager). Sie können sie entweder einzeln interviewen oder veranstalten einen gemeinsamen Workshop.

Der Vorteil eines Workshops besteht darin, dass Sie gleichzeitig mehrere Perspektiven auf den Prozess zusammentragen und die Beteiligten relativ früh in das BPM-Projekt eingebunden werden, was häufig die Akzeptanz steigert. Aber er kann auch ziemlich anstrengend sein: Jeder hat eine eigene Vorstellung vom Prozess, will alle Varianten und Eventualitäten berücksichtigt wissen und weiß auch schon, was alles schiefläuft. Wenn dann auch noch unterschiedliche Abteilungen oder Teams vertreten sind, was aufgrund des übergreifenden Charakters von Prozessen recht häufig vorkommt, kann es auch schnell politisch werden. Da haben Sie eigentlich keine Chance, ein differenziertes Prozessmodell zu erstellen. Kaum haben Sie zwei Kästchen gezeichnet, kommen die Zwischenrufe:

- „Bevor wir den Liefertermin klären können, müssen wir die Bestelldaten auf Vollständigkeit prüfen."
- „Das passiert aber nicht immer direkt nach dem Bestelleingang! Manchmal müssen wir erst noch die Kundenbonität prüfen."
- „Aber doch nur, wenn das Auftragsvolumen 300.000 EUR übersteigt!"
- „Und es sich nicht um einen A-Kunden handelt!"
- „Ja stimmt, das wäre dann auch noch zu prüfen. Wer macht denn das?"
- „Der Kundenbetreuer."
- „Also bei uns macht das seine Assistentin. Zumindest, wenn der Kundenbetreuer gerade beschäftigt ist."
- „Im Ernst? Ist das überhaupt erlaubt? Bei uns legt sie ihm die Bestellung auf jeden Fall zur Prüfung vor!"

Und so weiter. Jeder gestandene BPM-Praktiker kennt das: Jeder Versuch, sich aus der Vogelperspektive ein Bild vom Prozess zu machen, geht sofort im allgemeinen Gequake der beteiligten Frösche unter, die – naturgemäß – vor allem ihre jeweilige Froschperspektive im Kopf haben. Wenn hier nicht mit „harter Hand" moderiert wird, passiert das Unglück: Irgendwann geben alle entnervt auf und brechen die Sache ab oder, schlimmer noch, einigen sich auf ein Prozessmodell, das zwar vollständig aussieht, aber nicht vollständig ist und eventuell sogar falsch. Zu diesem Zeitpunkt können Sie Ihr BPMN-Vorhaben häufig bereits begraben – Ihr Prozessmodell wird Schrankware sein!

Wann immer Sie einen initialen Erhebungsworkshop durchführen, sollten Sie sich gedanklich auf folgendes Mantra einschwören:

> Jedes Prozessmodell ist unvollständig – aber manche sind brauchbar!

Dieses Zitat geht – in abgewandelter Form – auf den Statistiker George E. P. Box zurück. Wir meinen damit, dass Sie *niemals* versuchen sollten, auf der grünen Wiese einen Prozess so zu modellieren, dass alle Varianten und Eventualitäten enthalten sind. Es klappt einfach nicht.

Stattdessen sollten Sie zu Beginn des Workshops kommunizieren, dass Sie zunächst nur einen groben Überblick über den Prozess festhalten wollen. Für diese „erste Iteration" setzen Sie folgende Ziele:

- Wir wollen den Prozess vom Anfang bis zum Ende festhalten.
- Wir wollen den Prozess in maximal acht Schritten festhalten.
- Wir wollen lediglich den Standardablauf festhalten.
- Wir wollen die regulären Zuständigkeiten festhalten.
- Wir wollen weder die Schwachstellen festhalten noch mögliche Verbesserungen erarbeiten.

Wenn Sie diese Ziele zu Beginn des Workshops klarstellen, können Sie, gemeinsam mit Ihren Fröschen, die Vogelperspektive einnehmen und den Prozess in der ersten Iteration in 30–45 Minuten durchmodellieren! Sie müssen aber aufpassen, dass Sie in der Diskussion „auf Kurs" bleiben. Wann immer sich einer der Frösche anschickt, die Vogelperspektive zu verlassen und sich in seiner gewohnten Froschperspektive zu verlieren, müssen Sie ihn zurückpfeifen.

Diese erste Iteration ist auch psychologisch wichtig: Wenn sie durchlaufen wurde, hat die Gruppe ein erstes Erfolgserlebnis und sieht, dass man den Prozess „packen" kann. Dies ist Ihre Basis, von der aus Sie sich in die Tiefen des Prozesses wagen können, um in den folgenden Iterationen und Terminen die Details zu ermitteln.

Kann man für die erste Iteration bereits die BPMN verwenden? Prinzipiell schon. Es kann sogar helfen, um in der Gruppe ein erstes Gefühl für die Basisprinzipien und -symbole zu entwickeln. Es muss aber auch nicht unbedingt sein. Sie können das Ganze auch mit Moderationskarten durchführen. Wir experimentieren seit einiger Zeit mit BPMN-Schablonen, die wir mithilfe von Magneten am Whiteboard befestigen und in der gemeinsamen Diskussion hin- und herschieben.

3.2 Fallbeispiel Recruiting-Prozess

Robert, seines Zeichens Leiter einer Personalabteilung, strebt eine Verbesserung des Rekrutierungsprozesses an. Er glaubt, dass seine Mitarbeiter zu viele Aufgaben von Hand erledigen, die man heutzutage durch eine „kluge Software" bestimmt viel effizienter abwickeln könnte. Außerdem ist er es leid, dass sich die übrigen Abteilungen ständig über die lange Zeitspanne beschweren, die von der Meldung einer freien Stelle bis zu ihrer Besetzung vergeht. Robert ist sich sicher, dass ein guter Teil dieser Zeit verloren geht, weil sich die Abteilungsleiter selbst zu viel Zeit für die Prüfung der vorgeschlagenen Kandidaten lassen und bei Nachfragen zur Bedarfsmeldung entweder gar nicht oder nur unzureichend antworten. Ausreichend belegen kann er diese Verdachtsmomente aber nicht.

Wir sitzen mit Robert im Konferenzraum und besprechen seine Situation. Er beschreibt den Recruiting-Prozess:

„Wenn die Fachabteilung eine freie Stelle besetzen will, meldet sie mir diesen Bedarf per E-Mail. Dafür muss sie eine Excel-Datei ausfüllen, in der sie eine Stellenbezeichnung einträgt und eine Stellenbeschreibung, außerdem ihre Anforderungen und..."

An dieser Stelle unterbrechen wir Robert. Es geht jetzt nicht darum, das Excel-Dokument mit seinen diversen Feldern zu besprechen. Uns interessiert der prinzipielle Ablauf. Alles Weitere klären wir später.

„Ach so. OK, also sie meldet mir die Stelle per E-Mail. Ich muss dann erst mal schauen, wem ich die Meldung weiterleite. Das hängt davon ab, wer gerade frei ist. Meistens frage ich einfach herum, man sitzt ja beieinander."

Auch hier müssen wir Roberts Mitteilungsbedürfnis dämpfen. Es geht wirklich nur darum, die wichtigsten Schritte des Prozesses festzuhalten und alle operativen Details auszublenden! Er wirkt etwas konsterniert, fährt aber fort:

„Na ja, dann ist die Sache einfach: Wir schreiben die Stelle aus und warten auf entsprechende Bewerbungen. Diese prüfen wir dann, wählen einen Kandidaten aus und besetzen die Stelle. Im Prinzip ist unser Job erledigt, wenn der Wunschkandidat den Arbeitsvertrag unterschreibt, auch wenn wir natürlich noch seine Stammdaten in unserer Personalverwaltung erfassen müssen. Aber das ist Ihnen wohl schon wieder zu detailliert?"

So ist es. Uns reichen die folgenden Eckdaten zum Prozess:

- Ausgelöst durch den Bedarf der Fachabteilung, eine Stelle zu besetzen.
- Eine Stelle wird ausgeschrieben, Bewerber bewerben sich, die Bewerbungen werden geprüft, die Stelle wird besetzt.
- Der Prozess ist am Ziel, wenn die Stelle besetzt wurde, konkret durch den Abschluss des Arbeitsvertrags.

Daraus bauen wir das Prozessmodell in Abbildung 3.3, das Robert auf Anhieb versteht. Nur das Bedingungsereignis, das den Prozess auslöst, mussten wir kurz erläutern. Wir haben auch das Endereignis bewusst in die Lane der Fachabteilung gelegt, um dem BPM-Prinzip, dass der Prozess beim Kunden beginnt und endet, auch visuell Rechnung zu tragen.

Als BPMN-Kenner müsste Ihnen eine semantische Inkonsistenz in diesem Modell geradezu ins Auge springen: Wenn wir uns vorstellen, dass ein Token durch den Prozess läuft, haben wir ein großes Problem mit der Aufgabe „Bewerbung einreichen" einerseits und „Bewerbungen prüfen" andererseits. Wenn nur eine Bewerbung eingereicht wurde (Singular), können wir nicht mehrere Bewerbungen prüfen (Plural). Das ist ein inhaltlicher Widerspruch, eben eine semantische Inkonsistenz.

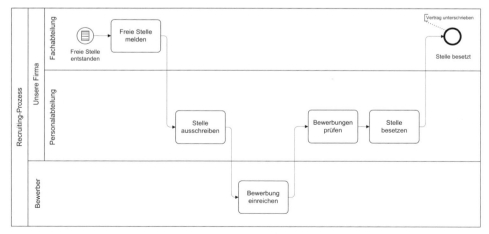

Abbildung 3.3 Strategisches Prozessmodell für den Recruiting-Prozess

Das Problem wird nicht dadurch kleiner, dass man die Bezeichnung in „Bewerbungen einreichen" ändert, also hier den Plural nimmt. Denn jetzt sieht es so aus, als ob wir einen Bewerber haben, der sich mehrfach bewirbt, was natürlich ebenfalls Unsinn ist. Was tun? Eine syntaktisch korrekte und formal saubere Lösung für dieses Problem gibt es nicht. Zumindest nicht, wenn wir das Modell so leicht verständlich halten wollen, wie es aktuell ist.

Was würde Robert zu unserem Problem sagen? Vermutlich gar nichts, denn er kann gar kein Problem erkennen. Für ihn ist klar, in welchem Zusammenhang diese Aufgaben stehen, und er versteht den prinzipiellen Ablauf des Prozesses auf einen Blick. Damit ist der für strategische Prozessmodelle beanspruchte Kundennutzen erfüllt und wir nehmen die semantische Inkonsistenz bewusst in Kauf.

Die Darstellung besitzt ein weiteres Manko: Es ist nicht erkennbar, dass die Prüfung der Bewerbungen auch die Mitarbeit der Fachabteilung erfordert und nicht allein von der Personalabteilung durchgeführt wird. Genau das ist ja einer der Punkte, an denen Robert auch eine Schwachstelle des Prozesses vermutet. Aber auch diese Ungenauigkeit wird auf strategischer Ebene bewusst in Kauf genommen, denn noch steigen wir in keine Detailanalyse des Prozesses ein. Wenn wir also eine Aufgabe oder einen Teilprozess modellieren, bei dem mehr als nur ein Prozessbeteiligter involviert ist, ordnen wir diese Aktivität trotzdem einer spezifischen Lane zu, und zwar der Lane desjenigen, der für die erfolgreiche Abarbeitung **verantwortlich** ist.

■ 3.3 Einschränkung der Symbolpalette

Die BPMN besitzt über 50 Symbole, die Sie allesamt bereits in Kapitel 2 kennengelernt haben. Für strategische Prozessmodelle sind das viel zu viele, wir würden unsere Zielgruppe hoffnungslos überfordern. Deshalb reduzieren wir die Symbolpalette der BPMN für diese Ebene und verwenden nur eine Teilmenge. Diese Maßnahme empfehlen wir Ihnen auf jeden Fall. Welche Symbole Sie für die Verwendung genau auswählen, müssen Sie natürlich selbst entscheiden, aber wir machen Ihnen einen Vorschlag.

3.3.1 Pools und Lanes

Wenn Sie Abschnitt 2.9 auf Seite 92 gelesen haben, müssten Sie die Darstellung in Abbildung 3.3 auf der vorherigen Seite eigentlich sehr kritisch beurteilen. Schließlich setzt BPMN eigentlich für jeden Pool einen Dirigenten voraus, der sich um die Aufgabenzuweisung kümmert, also alle beteiligten Menschen und Systeme „orchestriert". Dieser Dirigent existiert für diesen Prozess nicht, schließlich wird er auch nicht durch eine Workflow Engine gesteuert. Eine Weiterleitung des Vorgangs, wie sie zum Beispiel durch die Bedarfsmeldung der Fachabteilung stattfindet, müsste man deshalb über einen Nachrichtenfluss modellieren und die Fachabteilung in einen anderen Pool ausgliedern.

Wir haben das in Abbildung 3.4 auf der nächsten Seite einmal gemacht. Jetzt meldet die Fachabteilung ihre freie Stelle explizit in Form einer Nachricht an die Personalabteilung, und wenn die Stelle besetzt werden konnte, wird wiederum die Fachabteilung informiert.

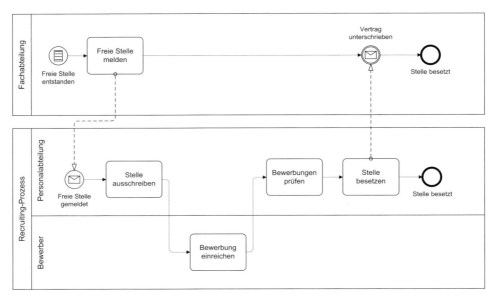

Abbildung 3.4 Auslagerung der Lane „Fachabteilung" in einen eigenen Pool

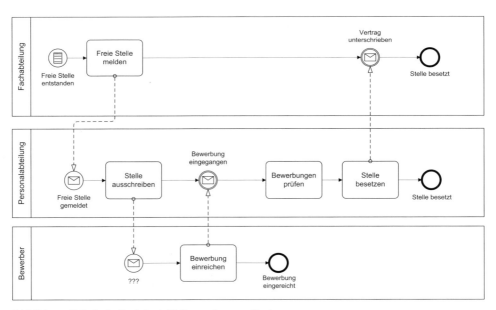

Abbildung 3.5 Jede Partei erhält ihren eigenen Pool.

Diese Darstellung hat natürlich ihren Charme, aber sie ist immer noch problematisch: Die Bewerber müssten ebenfalls in einen eigenen Pool, schließlich werden auch diese nicht von einem Dirigenten orchestriert, der Personalabteilung und Bewerber gleichermaßen im Griff hätte. In Abbildung 3.5 sehen Sie den kollaborativen Prozess, wenn jede Partei ihren eigenen Pool erhält.

Das Fragezeichen beim Bewerber offenbart es schon: Je genauer wir das Zusammenspiel ausmodellieren, desto mehr neue Fragen entstehen bzw. desto mehr Ungenauigkeiten und Inkonsistenzen werden erkennbar. In welcher Form wird der Bewerber über die neue Stelle informiert? Normalerweise kennen wir die potenziellen Kandidaten ja noch gar nicht, geschweige denn ihre E-Mail-Adressen o. Ä. Wir müssen viel eher damit rechnen, dass sich der Bewerber auf eine publizierte Stellenanzeige bewirbt. Das müssten wir dann aber mit einem Signalereignis darstellen, nicht mit einer Nachricht. Und wir haben immer noch das Problem, dass wir nicht auf eine Bewerbung warten, wie das im Diagramm dargestellt ist, sondern auf mehrere. Wobei auch noch nicht klar ist, ob wir eingehende Bewerbungen sofort prüfen oder diese erst einmal sammeln. Außerdem sieht es jetzt eindeutig so aus, als ob der Bewerber nur seine Bewerbung einreichen müsste, um ggf. eingestellt zu werden. Für ihn ist der Prozess im Prinzip zu Ende, sobald er sich beworben hat. Eine spätere Teilnahme an einem Vorstellungsgespräch o. Ä. ist in diesem Fall eindeutig ausgeschlossen.

Wir könnten jetzt all diese Punkte mit Robert klären und das Modell entsprechend sauber ausarbeiten. Aber ist dies die Zielsetzung eines strategischen Prozessmodells? Nein. Schon als wir Robert das Modell in Abbildung 3.4 auf der vorherigen Seite zeigten, runzelte er die Stirn. Mithife einiger weitergehenden Erläuterungen hat er es zwar verstanden. Aber ob das auch bei der nächsten Betrachtung der Fall ist, wenn wir nicht für eine Erläuterung verfügbar sind, bleibt fraglich. Wenn wir jetzt auch noch weitere Symbole wie das Signalereignis einführen oder auf die unterschiedliche Kardinalität der Instanzen (eine Stellenausschreibung, viele Bewerbungen) eingehen, wird Robert dieses Modell nicht mehr auf Anhieb verstehen und es deshalb auch nicht akzeptieren.

Wir legen das in Abbildung 3.5 auf der vorherigen Seite erzeugte Modell deshalb beiseite und merken es uns für das operative Prozessmodell. Dort können wir es weiterentwickeln.

Für strategische Prozessmodelle verzichten wir also in aller Regel auf die Verwendung mehrerer Pools. Manchmal machen wir eine Ausnahme, wenn der Kunde des Prozesses tatsächlich extern ist, also auch ein Kunde des Unternehmens. Dann kann man diesen Aspekt hervorheben, indem man ihn in einen eigenen Pool zieht und beispielsweise die Abarbeitung einer Bestellung oder die Bearbeitung einer Reklamation in einem zweiten Pool im Überblick modelliert. Dieser Fall wird auch gerne als „Lehrstück" für die Arbeit mit unterschiedlichen Pools herangezogen. In unserem Beispiel in Abbildung 3.6 haben wir den Kunden obendrein als zugeklappten Pool dargestellt und betrachten ausschließlich den Prozessablauf ab dem Zeitpunkt, zu dem die Bestellung eingegangen ist. Es wäre schön,

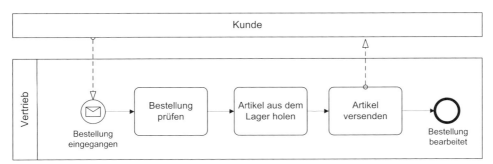

Abbildung 3.6 Der Kunde des Prozesses als zugeklappter Pool

wenn alle Prozesse, die wir modellieren wollen, nach diesem Schnittmuster dargestellt werden könnten.

Aber gerade der Recruiting-Prozess zeigt, dass wir in der Praxis häufig auch externe Partner haben, die man nicht so einfach in einen eigenen Pool ausgliedern kann, ohne dass sofort neue Fragen auftauchen bzw. aufgrund der größeren Genauigkeit schnell ein falscher Eindruck des Prozessablaufs entsteht. Umgekehrt haben wir häufig Prozesse, deren Kunden intern sind, also demselben Unternehmen angehören, wie in diesem Fall die Fachabteilung als Kundin des Recruiting-Prozesses.

3.3.2 Aufgaben und Teilprozesse

Aufgaben kommen in unseren Modellen auch auf strategischer Ebene sehr häufig vor, in den seltensten Fällen modellieren wir hier ausschließlich mit Teilprozessen. Eine Typisierung der Aufgaben (vgl. Abschnitt 2.7.1 auf Seite 73) nehmen wir für strategische Prozessmodelle jedoch nicht vor. Auch auf die Verwendung von Markern (vgl. Abschnitt 2.7.2 auf Seite 75) verzichten wir; einzige Ausnahme: Die Markierung als Schleife ist relativ intuitiv, sodass wir diese auch für strategische Prozessmodelle schon mal eingesetzt haben.

Unser Modellierungs-Knigge

Bei der Erklärung von Aufgaben in Abschnitt 2.2 auf Seite 32 haben wir ja bereits unsere Konvention erwähnt, diese stets nach dem „Objekt + Verb"-Muster zu bezeichnen, also z. B. als „Freie Stelle melden". Bei der Bezeichnung von Teilprozessen versuchen wir auf strategischer Ebene, eine durchgängige Substantivierung vorzunehmen. Deshalb wurde aus „Stelle ausschreiben" jetzt die „Stellenausschreibung" und aus „Bewerbung prüfen" die „Bewerbungsprüfung". In manchen Fällen klingen die Substantivierungen etwas unglücklich, wie in diesem Fall die „Bewerbungseinreichung". Aber sie bringt uns zwei Vorteile: Erstens haben wir damit eine weitere Differenzierung zwischen Aufgabe und Teilprozess vorgenommen, um die beiden Konstrukte noch eindeutiger voneinander abzugrenzen. Und zweitens sind Teilprozesse im Gegensatz zu einfachen Aufgaben in der Praxis viel häufiger der Gegenstand von Diskussionen. Mit Hilfe der Substantivierung können sie von allen Beteiligten einheitlich und konkret benannt werden: „Die Bewerbungsprüfung ist noch viel zu aufwendig. Wir müssen...". Vielleicht erscheint Ihnen diese Wortklauberei pedantisch. Wir haben aber oft genug die Erfahrung gemacht, dass der Teufel bei der Projektkommunikation genau wie in der Softwareentwicklung stets im Detail steckt. Ein nachlässiger Umgang mit Sprache führt sehr schnell zu teuren Missverständnissen. Da lohnt es sich, auf solche Details zu achten.

Teilprozesse dienen der Verfeinerung von Prozessen bzw. Prozessmodellen. Man könnte im Modell zum Recruiting-Prozess die Schritte „Stelle ausschreiben", „Bewerbung einreichen", „Bewerbungen prüfen" und „Stelle besetzen" als Teilprozesse definieren, weil sich dahinter höchstwahrscheinlich komplexe Abläufe verbergen und nicht nur eine überschaubare Aufgabe. Der erste Schritt namens „Freie Stelle melden" scheint sich hingegen auf das Ausfüllen und Absenden eines Excel-Dokuments zu beschränken, was nicht nach einem komplexen Ablauf klingt. Wir belassen es deshalb dabei, ihn als Aufgabe darzustellen.

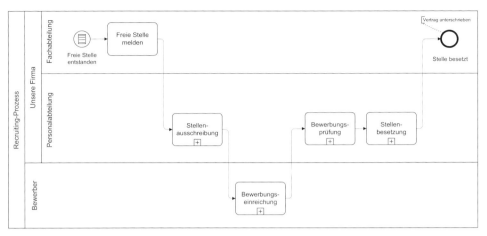

Abbildung 3.7 Unterscheidung zwischen Aufgaben und Teilprozessen im Recruiting-Prozess

Wenn wir diese Differenzierung vornehmen, könnte das Modell wie in Abbildung 3.7 gezeigt aussehen.

Die Frage ist jetzt, ob wir diese zugeklappten Teilprozesse auf strategischer Ebene ausmodellieren wollen. Für gewöhnlich verzichten wir darauf. Es geht ja noch nicht darum, die operativen Detailabläufe festzuhalten. Und eine „nahtlose" Verfeinerung ist über die Teilprozesse aufgrund der bereits beschriebenen semantischen Inkonsistenzen ohnehin nicht möglich.

3.3.3 Gateways

Der in Abbildung 3.7 gezeigte Recruiting-Prozess geht davon aus, dass wir die Stelle stets wie gewünscht besetzen können. Das ist natürlich nicht immer der Fall: Es kann ja durchaus passieren, dass kein passender Bewerber gefunden wird. Wir könnten diesen und andere Sonderfälle der Prozessausführung jetzt mit Gateways ausmodellieren, verzichten aber darauf. Auf strategischer Ebene betrachten wir nur den sogenannten „Happy Path", also den Prozesspfad, den wir uns bei der Ausführung wünschen und für der Prozess ursprünglich definiert wurde. In den meisten Fällen ist die Happy-Path-Betrachtung für strategische Prozessmodelle völlig ausreichend.

Mitunter kann es aber auch vorkommen, dass wir bereits auf dieser Ebene unterschiedliche Pfade modellieren, wenn der Prozess beispielsweise produkt- oder kundenbezogen auch im Happy Path und ganz grundsätzlich in unterschiedlichen Varianten ausgeführt wird oder wenn er durch unterschiedliche Ereignisse ausgelöst werden kann.

In solchen Fällen empfehlen wir die folgende Verwendung von Gateways (siehe auch Abbildung 3.8 auf der nächsten Seite):

- XOR-Gateways für Verzweigungen, also **keine** bedingten Flüsse, die direkt aus Aufgaben herauslaufen. Wir haben festgestellt, dass die XOR-Gateways intuitiv besser verstanden werden als die bedingten Flüsse und die Verzweigung eher auf den ersten Blick ersichtlich ist.

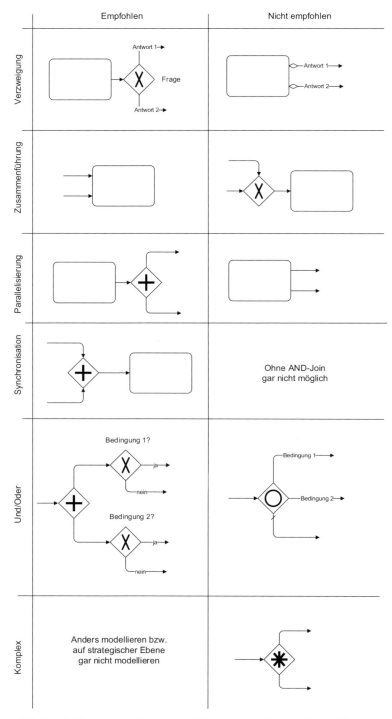

Abbildung 3.8 Empfehlungen zum Umgang mit Gateways auf strategischer Ebene

- Die Zusammenführung in Aufgaben **ohne** XOR-Join, also ein direktes Hineinlaufen der Pfade. Hier verzichten wir auf die Gateways, weil sie bei einer Zusammenführung den unbedarften Betrachter eher verwirren. Das gilt insbesondere für Schleifen. Ein positiver Nebeneffekt ist, dass der Verzicht das Diagramm kompakter macht. Natürlich müssen wir Gateways in bestimmten Fällen trotzdem noch für Zusammenführungen nutzen, zum Beispiel vor einem Zwischenereignis oder einem AND-Gateway. Diese Fälle sollten in einem strategischen Prozessmodell aufgrund der Vereinfachung aber ohnehin nicht auftauchen.
- Parallelisierungen und Synchronisationen mit dem AND-Gateway, also **kein** direktes Herauslaufen aus den Aufgaben. Fast immer muss eine Parallelisierung später auch wieder synchronisiert werden. Deshalb sollte das AND-Gateway in beiden Fällen verwendet werden, damit die Darstellung einheitlich ist und eine Irritation vermieden wird.
- **Keine** Verwendung des OR-Gateways, da dies aufgrund von Unbedachtheit in der Praxis leider sehr schnell zu unsinnigen Konstrukten führt. Man kann prinzipiell jedes OR-Gateway durch eine Kombination von XOR- und AND-Gateways darstellen, auch wenn das Diagramm dadurch natürlich umfangreicher wird. Auch hier sind wir aber der Ansicht, dass eine derart komplexe Logik ohnehin nicht in die Prozessbetrachtung auf strategischer Ebene gehört.
- **Keine** Verwendung des komplexen Gateways. Wie der Name schon sagt, ist es eine Lösung, um komplexe Verzweigungs- oder Zusammenführungslogiken darzustellen. Das hat in einem strategischen Prozessmodell nichts zu suchen.

3.3.4 Ereignisse und ereignisbasiertes Gateway

Auch in strategischen Prozessmodellen empfehlen wir die Verwendung von Start- und Endereignissen, um Beginn und Ende des Prozesses zu markieren. Sie könnten auch auf diese Symbole verzichten, dann sähe der Recruiting-Prozess so aus wie in Abbildung 3.9. Das Diagramm wird dadurch natürlich kompakter. Aber wir sehen nicht mehr, wodurch der Prozess ausgelöst wird und was am Ende als (gewünschter) Endzustand herauskommt. Das ist gerade für die End-to-end-Betrachtung, die wir ja auf strategischer Ebene vornehmen wollen, problematisch.

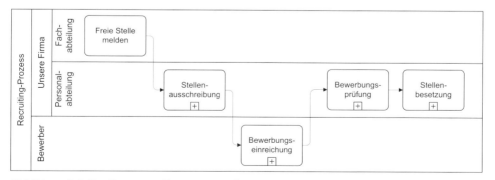

Abbildung 3.9 Der Recruiting-Prozess ohne Start- und Endereignisse

Zwischenereignisse erfordern, anders als Start- und Endereignisse, häufig eine etwas ausführlichere Erklärung. Vielen Menschen fällt es zunächst schwer zu verstehen, dass ein eingetretenes Zwischenereignis bedeutet, dass der Prozess an dieser Stelle auf ein Ereignis wartet. Deshalb müssen wir uns bemühen, diese Ereignisse möglichst sprechend zu beschriften, damit die Bedeutung klar wird. Dann haben wir aber auch sehr gute Erfahrungen damit gemacht. Ausgelöste Zwischenereignisse hingegen sind für strategische Prozessmodelle zu kompliziert (Ausnahme: Blankoereignis).

Wir lassen in strategischen Prozessmodellen nur einen Teil der möglichen Ereignistypen zu:

Blankoereignisse sind als Start-, Zwischen- und Endereignisse erlaubt. Das Zwischenereignis eignet sich zur Markierung eines Status, den der Prozess während der Abarbeitung erreicht. Solche Status werden gerade vom Prozessverantwortlichen gern festgelegt, um Meilensteine zu definieren und seine Anforderungen an das Monitoring des Prozessfortschritts festzuhalten. In Abbildung 3.10 wurden für den Recruiting-Prozess einmal exemplarisch zwei Meilensteine definiert. Natürlich hat man auch häufig den Fall, dass das strategische Prozessmodell so übersichtlich ist, dass man im Prinzip hinter jedem Schritt einen Meilenstein definieren könnte. Dann ist es meistens besser, auf die explizite Darstellung zu verzichten, um das Diagramm nicht zu überfrachten.

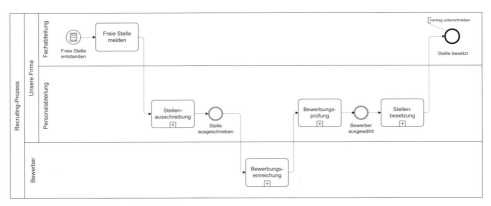

Abbildung 3.10 Definition von Meilensteinen für den Recruiting-Prozess

Nachrichten und **Zeiten** sind als Start- und Zwischenereignisse auch auf strategischer Ebene erlaubt. Sie sind aufgrund der Symbolik nahezu selbsterklärend.

Das **Bedingungsereignis** ist etwas problematischer, da man es nicht auf Anhieb erkennt. Aber es ist auch in strategischen Prozessmodellen oft sehr hilfreich, weil gerade Prozessverantwortliche gern auf einen Blick sehen wollen, welche Rahmenbedingungen einen Prozess auslösen können bzw. wann eine Prozessdurchführung erforderlich ist. Ein klassisches Beispiel ist der Ausschreibungsprozess, der aus Compliance-Gründen beginnen muss, sobald ein zu vergebender Auftrag eine bestimmte Volumengrenze überschreitet. Deshalb haben wir das Bedingungsereignis in unsere Palette für strategische Prozessmodelle aufgenommen und verwenden es sogar ziemlich häufig.

Prinzipiell bemühen wir uns, jeden Prozessstart zu typisieren, also entweder als Nachricht-, Zeit- oder Bedingungsereignis zu modellieren. Das gelingt auch fast immer. Wenn keines der Ereignisse zutrifft, überlegen wir zunächst, ob wir den Prozessbeginn im Modell richtig gewählt haben, ob also unser „Schnittmuster" für den Prozess passt oder ob er nicht vielleicht doch zu einem früheren oder späteren Zeitpunkt beginnt. In Ausnahmefällen kommt es aber auch vor, dass wir auf strategischer Ebene ein Startereignis vom Typ „Blanko" modellieren. Wenn wir einen Teilprozess ausmodellieren, ist das Blanko-Startereignis natürlich für eine korrekte Syntax notwendig, da ein Teilprozess ja immer nur durch seinen Oberprozess gestartet werden kann.

Zwischenereignisse können ja auch an Aufgaben und Teilprozesse angeheftet werden. Auf strategischer Ebene vermeiden wir diesen Fall aber, weil er einen Ausnahmefluss behandelt und wir auf dieser Ebene nur den Standardablauf festhalten wollen.

Das ereignisbasierte Gateway haben wir aus demselben Grund aus unserer Palette für strategische Prozessmodelle herausgenommen: Die Reaktion auf unterschiedliche Ereignisse beschreibt bereits einen operativen Detailablauf, der für die grundsätzliche Prozessdarstellung nicht relevant ist.

3.3.5 Daten und Artefakte

Die Textanmerkung ist für strategische Prozessmodelle erlaubt und wir verwenden sie häufig. Im Recruiting-Prozess hilft sie uns, das Endereignis „Stelle besetzt" mit der Zusatzinformation anzureichern, dass zu diesem Zeitpunkt der Arbeitsvertrag unterschrieben wurde.

Auch der Gruppierungsrahmen ist leicht verständlich und kann deshalb in strategischen Prozessmodellen verwendet werden. Der Fall kommt allerdings seltener vor, da unsere Modelle auf dieser Ebene ohnehin sehr überschaubar sind. Unter Umständen ist es daher sinnvoll, das Symbol gleich von vornherein auszublenden, um die Palette weiter zu vereinfachen. Wir haben sogar schon erlebt, dass unerfahrene Modellierer den Gruppierungsrahmen mit einem aufgeklappten Teilprozess verwechselten.

Datenobjekte können einerseits schnell zu einer optischen Überfrachtung des Prozessmodells führen. Andererseits können sie zwei Dinge visualisieren, die auch auf strategischer Ebene gern betrachtet werden:

1. Die zentralen Input- und Output-Parameter eines Prozesses bzw. eines Teilprozesses.
2. Die Art der Kommunikation zwischen den Prozessbeteiligten.

Der zweite Punkt ist ja eigentlich eine Domäne der Nachrichtenflüsse. Da wir in strategischen Prozessmodellen aber wie bereits dargestellt bewusst auf die Verwendung mehrerer Pools und daher auch auf Nachrichtenflüsse verzichten, greifen wir zu den Datenobjekten.

Auf die Frage, wie die Weitergabe von Informationen im Recruiting-Prozess im Wesentlichen abläuft, erklärt Robert: „Wie schon gesagt, erhalten wir Bedarfsmeldungen per E-Mail. Die Ausschreibung der Stelle erfolgt auf unserer Webseite und in den großen Job-Börsen im Internet. Neue Bewerbungen bekommen wir traditionell per Post, in letzter Zeit zunehmend auch per E-Mail."

Diese Hinweise können wir mit Datenobjekten modellieren, die wir per Assoziation an die Sequenzflüsse zwischen den Aufgaben hängen (siehe Abbildung 3.11 auf der nächsten Seite). Die zentralen Input- und Output-Daten hängen wir für gewöhnlich an den Sequenzfluss zwischen dem Startereignis und der ersten Aufgabe des Prozesses bzw. zwischen der letzten Aufgabe und dem Endereignis. Das ist zwar formal nicht völlig korrekt, weil der Output ja

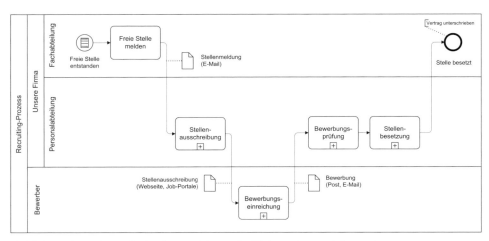

Abbildung 3.11 Datenobjekte kennzeichnen die Weitergabe von Informationen.

nicht an das Endereignis übergeben wird, aber intuitiv gut verständlich und auf strategischer Ebene deshalb in Ordnung.

3.3.6 Eigene Artefakte

Wie in Kapitel 2 beschrieben, dürfen Sie auch ganz eigene Symbole Ihrer BPMN-Palette hinzufügen, sofern diese nur als Artefakte verwendet werden. Artefakte dürfen lediglich über Assoziationen mit Flussobjekten (Aufgaben, Gateways, Ereignissen) verbunden werden, damit sie den Sequenzfluss nicht beeinflussen. Sie dienen der Darstellung von Hinweisen, die über den reinen Ablauf hinausgehen.

Nach unserer Erfahrung sind eigene Artefakte in strategischen Prozessmodellen sehr gut geeignet, um den individuellen Informationsbedürfnissen Ihrer Prozessverantwortlichen gerecht zu werden. Ein Klassiker ist die Darstellung der Softwaresysteme, die man für die Abarbeitung einzelner Aufgaben oder Teilprozesse verwendet. In der Praxis verwenden wir hierfür häufig einen Quader. Der Quader wird auch in den Use Case-Diagrammen der UML für die Darstellung von Systemen verwendet, weshalb er sich unserer Ansicht nach anbietet.

Auf die Frage, welche IT-Systeme im Recruiting-Prozess aktuell zum Einsatz kommen, antwortet Robert: „Bislang kaum welche. Die Stelle wird wie gesagt in Excel beschrieben, alles Weitere erfolgt ohne eine spezielle Software."

Die entsprechende Darstellung finden Sie in Abbildung 3.12 auf der nächsten Seite.

Je nach Branche und individuellen Bedürfnissen können Sie eigene Artefakte aber auch für ganz andere Themen einführen. Die Versicherungsbranche befasst sich beispielsweise gerade mit den ordnungspolitischen Mindestanforderungen an das Risikomanagement (MARisk), in denen auch eine entsprechende Markierung von Risiken in der Prozessdokumentation erforderlich ist. Mit Hilfe eines eigenen Artefaktes lassen sich Risiken kennzeichnen, die mit der Abarbeitung von Aufgaben und Teilprozessen verbunden sind.

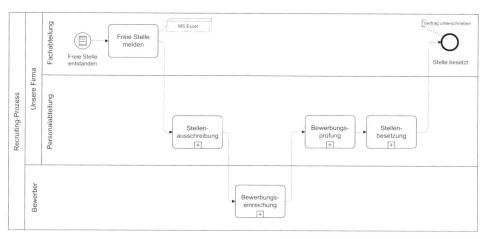

Abbildung 3.12 Die Softwareunterstützung beschränkt sich auf Microsoft Excel.

3.3.7 Ein- und Ausblenden von Symbolen

Den exemplarischen Recruiting-Prozess mit den bisher vorgenommenen Erweiterungen zum Thema Meilensteine, Datenweitergabe und IT-Systeme finden Sie in Abbildung 3.13.

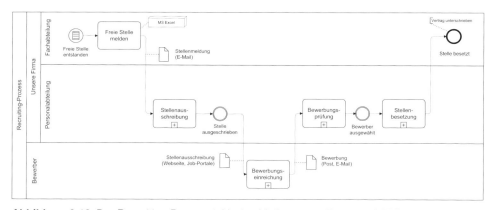

Abbildung 3.13 Der Recruiting-Prozess inklusive Meilensteine, Daten und IT-Systeme

Gerade für eine Diskussion des Prozesses sind diese Informationen hilfreich. Andererseits möchte der Betrachter sie vielleicht nicht immer sehen, weil das Diagramm dadurch auch schnell überfrachtet und somit unübersichtlich wird. Interessant ist es deshalb, solche Angaben bei Bedarf ein- und ausblenden zu können. Mit dieser Frage werden wir gerade in unseren BPMN-Schulungen häufig konfrontiert, deshalb wollen wir sie an dieser Stelle beantworten:

- Das Ein- und Ausblenden ist zunächst mal kein „Standard-Feature" der Notation, sondern muss durch das BPMN-Tool angeboten werden, mit dem Sie arbeiten.
- Im Fall von Artefakten wie Daten, Anmerkungen oder eigenen Symbolen ist das Ein- und Ausblenden relativ einfach und wird von einigen BPMN-Tools angeboten.

- Bei den Blanko-Zwischenereignissen ist es komplizierter, weil diese im Sequenzfluss hängen. Wenn man sie einfach ausblendet, müssen die Sequenzfluss-Pfeile sie ersetzen, und es ergibt sich automatisch ein größerer Abstand zwischen den Symbolen vor und nach dem Ereignis, der unschön ist. Wenn man diesen vermeiden will, muss das Tool über eine intelligente Funktion zur grafischen Neuanordnung des Diagramms verfügen. Außerdem hat man eventuell vor das Ereignis einen XOR-Join geschaltet, der dann plötzlich überflüssig wird, weil die Pfeile direkt in die Aufgabe nach dem Ereignis laufen könnten. Generell kann man also sagen, dass das Ein- und Ausblenden von Flussobjekten (Aktivitäten, Ereignisse, Gateways) softwaretechnisch ziemlich problematisch ist und deshalb von den meisten BPMN-Tools nicht oder nur sehr eingeschränkt angeboten wird.

■ 3.4 Prozessanalyse auf strategischer Ebene

Nach dieser ersten groben Erhebung und Dokumentierung des Recruiting-Prozesses können wir zwei Dinge machen:

1. Entweder wir steigen in eine Detailerhebung ein, um den IST-Zustand des Prozesses auf operativer Ebene zu modellieren, oder
2. wir begnügen uns mit der Dokumentation auf strategischer Ebene.

Das hängt davon ab, wozu wir das Modell erstellt haben. Wenn wir eine ISO-Zertifizierung anstreben oder das Modell den Prozessbeteiligten zur Orientierung im täglichen Ablauf an die Hand geben wollen, muss es detaillierter werden.

In unserem Fallbeispiel geht es aber darum, dass Robert mit dem Prozess unzufrieden ist und über ein Projekt zur Verbesserung nachdenkt. Die symptomatischen Schwachstellen hat er bereits geschildert. Wenn wir uns an den BPM-Kreislauf erinnern, können wir jetzt also in die Analyse einsteigen, um den Ursachen dieser Schwachstellen auf den Grund zu gehen und Ideen zur Verbesserung zu entwickeln (Abbildung 3.14 auf der nächsten Seite). Auch für diese Analyse kann eine detaillierte Erhebung und Dokumentation des IST-Zustands hilfreich sein. Aber ganz ehrlich: Das Verhältnis zwischen Aufwand und Nutzen dieser Maßnahme ist so schlecht, dass in der Praxis meistens darauf verzichtet wird.

Die Ursachenforschung in der Analysephase erfolgt also in der Regel mithilfe eines strategischen Prozessmodells.

Wie kann man sich eine solche „Ursachenforschung" vorstellen? In den meisten Fällen passiert in dieser Phase vor allem eines: Zuhören. Durchaus nicht nur dem Process Manager, sondern auch dem Kunden des Prozesses und natürlich den Process Participants. Zwar hängen Vorgehen und Werkzeuge in dieser Phase auch immer von der Komplexität des Prozesses ab. Aber häufig reichen bereits ein bis zwei Workshops mit den drei oben genannten Parteien, um die ursächlichen Schwachstellen des Prozesses zu identifizieren. Wir wollen jetzt nicht auf die diversen zwischenmenschlichen und politischen Aspekte eingehen, die bei der Durchführung solcher Workshops schnell zum Problem werden können, das ist nicht der Fokus dieses Buchs. Aber wir wollen das Thema in vereinfachter Form am Fallbeispiel Recruiting-Prozess zumindest einmal kurz durchspielen.

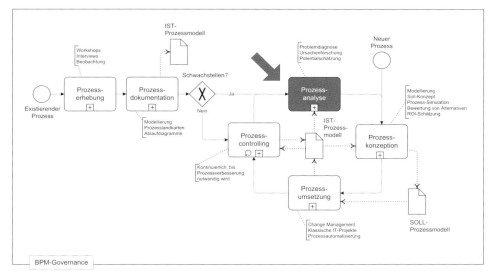

Abbildung 3.14 Die Prozessanalyse im Camunda-BPM-Kreislauf

Wir veranstalten also einen Workshop „Potenzialanalyse Recruiting-Prozess". Die Teilnehmer sind:

- Process Manager: Robert
- Kunde: Falko, Leiter Vertrieb und gleichzeitig als Vertreter der übrigen Fachabteilungen anwesend
- Process Participants: Marina, Christian und Stefan, Sachbearbeiter in der Personalabteilung
- Process Analyst: Sie!

Nach dem üblichen Warming Up mit Erläuterung der Zielsetzung dieses Workshops werfen Sie das Prozessmodell aus Abbildung 3.13 auf Seite 131 an die Wand und lassen es auf die Teilnehmer wirken. Jetzt gibt es verschiedene Moderationstechniken, um die Teilnehmer in die Schwachstellenanalyse einzubeziehen. Sie entscheiden sich für das einfachste Vorgehen, bei dem Sie zunächst die offenkundigen Symptome aufzählen und sich diese von den Teilnehmern bestätigen, korrigieren oder ergänzen lassen. Die Ergebnisse schreiben Sie auf rote Moderationskarten und heften sie an das Whiteboard:

- Der Prozess dauert zu lange.
- Der Prozess ist zu aufwendig.
- Der Prozess ist zu intransparent.

Die zu lange Durchlaufzeit wird von Falko genannt, während Robert den hohen Aufwand in der Abwicklung beklagt. Beide sind sich einig, dass davon unabhängig eine höhere Transparenz notwendig ist, um die Leistung des Prozesses allgemein und den akuten Fortschritt einzelner Vorgänge besser nachvollziehen zu können.

Jetzt nehmen Sie nach und nach die Ursachen auf, die für diese Symptome verantwortlich sind, und wiederum die Ursachen dieser Ursachen. Manche Symptome bzw. Ursachen können direkt einem bestimmten Teilprozess oder einer Aufgabe zugeordnet werden, dann wird das ebenfalls mit einer daneben angebrachten Karte visualisiert. Andere beziehen sich auf den Prozess als Ganzes.

In der Diskussion herrscht schnell Einigkeit darüber, dass zu viele Tätigkeiten im Prozess manuell ablaufen. „Da muss es doch eine technische Lösung für geben", ist die einhellige Vermutung. Der Vorwurf von Robert, dass die Stellenmeldungen der Fachabteilung häufig unvollständig, unklar oder gar fehlerhaft sind, stößt bei Falko natürlich nicht auf Gegenliebe. Er kann aber nicht leugnen, dass es mit der reinen Meldung meistens nicht getan ist und eine genauere Klärung zwischen Personal- und Fachabteilung stattfindet. Das führt er aber vor allem auf die Excel-Formulare zurück, die für die Meldung verwendet werden müssen: „Diese Dinger sind eine Katastrophe! Unübersichtlich und ohne jede Hilfestellung oder Erklärung. Es ist nicht mal erkennbar, welche Angaben Pflicht sind und welche man optional machen kann."

Ein schwieriges Thema sind die Liegezeiten im Prozess, also die Zeitspanne zwischen der Zuordnung einer Aufgabe und ihrer tatsächlichen Bearbeitung. Hier machen sich Robert und Falko gegenseitig Vorwürfe über die Verfügbarkeit und Reaktionszeit ihrer jeweiligen Untergebenen, ohne diese Behauptungen statistisch untermauern zu können. An dieser Stelle müssen Sie als Mediator wirken und die Streithähne auf den Kompromiss einschwören, dass hier vermutlich ein negativer Effekt für die Durchlaufzeit des Prozesses besteht, dieser aber noch nicht eindeutig festgestellt und zugeordnet werden kann.

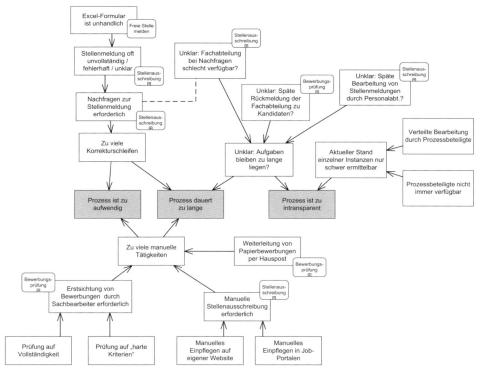

Abbildung 3.15 Kausalkette zur Darstellung der Prozessschwächen und ihrer Ursachen

Es ergibt sich die in Abbildung 3.15 auf der vorherigen Seite gezeigte Kausalkette. Ausgehend von den drei zentralen Schwächen des Prozesses haben Sie jetzt vier Baustellen identifiziert, die im Rahmen eines Verbesserungsprojekts angegangen werden sollen:

- Manuelle Tätigkeiten sollen verringert werden.
- Korrekturschleifen sollen minimiert werden.
- Der aktuelle Stand zu einzelnen Vorgängen soll jederzeit einsehbar sein.
- Die Liegezeiten sollen erfasst und zugeordnet werden.

Vermutlich ahnen Sie bereits, dass die Lösung dieser Probleme überwiegend in IT bestehen wird. Das ist in der Praxis natürlich nicht immer der Fall. Wir wollen auch nicht suggerieren, dass man bei jedem Prozessproblem einfach mit einer Software zu „werfen" braucht, und dann ist es gelöst. Aber die BPMN wurde nun mal speziell für das Szenario einer Prozessverbesserung durch IT entwickelt, und deshalb ist dies auch das Szenario dieses Fallbeispiels.

Im BPM-Kreislauf treten Sie nun also in die Phase „Prozesskonzeption" ein und entwerfen einen verbesserten SOLL-Prozess. Jetzt ist es an der Zeit, dass wir uns mit der operativen Ebene beschäftigen.

3.5 Konversationen und Choreographien

Die Möglichkeiten zur Modellierung von Konversationen und Choreographien haben sich in der Praxis bislang kaum durchgesetzt. Wir finden sie in unseren Kundenprojekten nicht vor und wenden sie auch selbst nur sehr selten an. Wenn Sie trotzdem an ihnen interessiert sind, finden Sie nachfolgend einige Überlegungen, wie sie für das beschriebene Fallbeispiel genutzt werden könnten.

Wenn wir uns den Rekrutierungsprozess als Konversation ansehen (Abbildung 3.16), haben wir zwei Möglichkeiten: Im einfachsten Fall stellen wir lediglich dar, dass wir drei Teilnehmer dieses Prozesses haben und diese miteinander eine Konversation pflegen. Wir haben beim

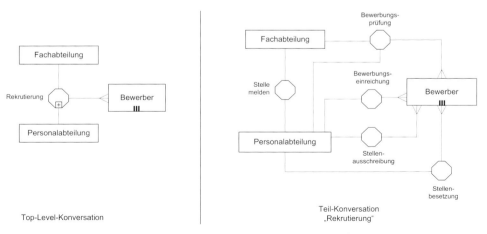

Abbildung 3.16 Die Konversation im Rekrutierungsprozess auf zwei Granularitätsebenen

Bewerber das Mehrfach-Symbol eingefügt, um zu zeigen, dass zwar nur eine Fach- und eine Personalabteilung an dieser Konversation beteiligt sind, aber natürlich bzw. hoffentlich mehr als ein Bewerber. Das ist natürlich hilfreich, um gleich auf die unterschiedlichen Kardinalitäten hinzuweisen. Aber es erfordert eben auch vom Betrachter, die Symbole zu kennen und zu verstehen. Ansonsten ist das Konversationsdiagramm eine schöne Möglichkeit, auf einen Blick alle Parteien darzustellen.

Wir können diese Konversation sogar verfeinern und die Teil-Konversationen ausmodellieren. Das Pluszeichen im Sechseck der Top-Level-Darstellung weist auf diese Verfeinerung hin, analog dem Symbol für Teilprozesse in Prozessdiagrammen. In der Verfeinerung sehen wir, dass nicht an allen Teil-Konversationen alle Teilnehmer beteiligt sind: Die Bewerber sind nicht an der Stellenmeldung beteiligt, die Fachabteilung nicht an der Stellenausschreibung und -besetzung.

Auch in dieser Darstellung haben wir ein semantisches Problem, weil die Stellenausschreibung ja keine direkte Nachricht ist, die dem Bewerber zugeht. Das wird aber durch die Konversationsbeziehung so modelliert. Wir tendieren dazu, genau wie bei unserem Prozessdiagramm diesen semantischen Fehler der Übersicht und Verständlichkeit zu opfern. Ein Vorteil gegenüber der Ablaufdarstellung im Prozessdiagramm ist hier also, dass wir die unterschiedlichen Kommunikationsbeziehungen der Teilnehmer berücksichtigen können, ohne eine komplizierte Darstellung mit mehreren Pools und diversen Nachrichtenflüssen in Kauf nehmen zu müssen.

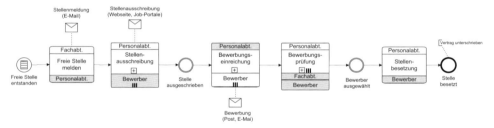

Abbildung 3.17 Der Rekrutierungsprozess als Choreographie

Die Darstellung als Choreographie in Abbildung 3.17 ist noch präziser, weil sie auch die Reihenfolge der Kommunikation berücksichtigt und wir die unterschiedlichen Nachrichten sehen. Sie stellt sich als Mischung aus Konversation und Prozessdiagramm dar, weil wir immer noch die unterschiedlichen Teilnehmer sehen, die an den jeweiligen Choreographie-Aufgaben bzw. -Teilprozessen beteiligt sind. Ein Vorteil ist hier die differenziertere Betrachtung der Kardinalitäten: Die Stellenausschreibung findet einmal statt und stellt eine Nachricht von der Personalabteilung an eine Reihe von Bewerbern dar (dass das semantisch nicht ganz richtig ist, aber für die Vereinfachung in Kauf genommen wird, haben wir ja schon mehrmals angesprochen). Im nächsten Schritt „Bewerbungseinreichung" schicken mehrere Bewerber ihre Bewerbung an die Personalabteilung: Es ist also richtig, dass „Bewerbungseinreichung" ohne Mehrfachinstanz dargestellt ist, denn dieser Teilprozess wird von jedem einzelnen Bewerber nur einmal ausgeführt. Die Bewerbungsprüfung hingegen erfolgt genauso oft, wie Bewerbungen eingegangen sind, also mehrfach. Allerdings findet sie auch für jeden Bewerber einzeln statt, was sich auch auf die Kardinalität des Kommunikationspartners „Bewerber" auswirkt: Jeder Bewerber wird einzeln eingeladen und nimmt einzeln an den Bewerbungsgesprächen teil. Deshalb hat der Bewerber in diesem Teilprozess kein Symbol für eine Mehrfachinstanz. Der letzte Teilprozess „Stellenbesetzung" findet nur noch einmal statt: Hier wird mit dem ausgewählten Bewerber der Vertrag unterzeichnet.

Der Vorteil des Choreographiediagramms ist also die kompakte Darstellung auch komplizierter Kommunikationsbeziehungen der Prozessteilnehmer. Damit eignet es sich eigentlich hervorragend, um einen ersten Überblick zu kommunikationsintensiven Prozessen zu geben. Die Frage ist natürlich auch hier, ob diese Diagramme von der Zielgruppe der strategischen Ebene akzeptiert und verstanden werden. Nach unserer bisherigen Erfahrung ist es bereits schwierig genug, diese Zielgruppe an die regulären Symbole der BPMN heranzuführen.

4 Operative Prozessmodelle

4.1 Über dieses Kapitel

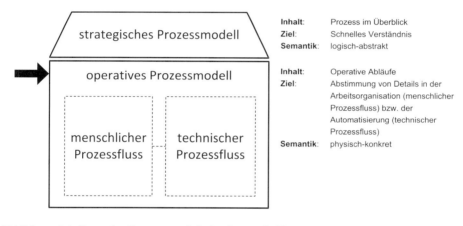

Abbildung 4.1 Operative Prozessmodelle im Camunda-Haus

4.1.1 Ziel und Nutzen

Die operative Ebene ist der Dreh- und Angelpunkt des BPMN-Frameworks. Hier werden die operativen Details der modellierten Prozesse in Form von menschlichen und technischen Flüssen offenbart. Die menschlichen Flüsse werden von den Process Participants verwendet, um sich bei der täglichen Arbeit zu orientieren. Zum Zweiten sind sie der Betrachtungsgegenstand von Process Analysts, wenn es um die Bewertung und Verbesserung der Prozesse geht. Und zum Dritten können sie den Ausgangspunkt für die technische Prozessumsetzung in Form von technischen Flüssen darstellen, im Idealfall einer Workflow Engine.

Der Prozess wird deshalb auf operativer Ebene sehr viel detaillierter beschrieben als auf strategischer Ebene. Allerdings ergibt sich daraus auch ein Problem:

Der gesamte Prozess ist meistens ein komplexes Zusammenspiel der diversen Menschen und IT-Systeme, die im Prozess die einzelnen Aufgaben ausführen. Für den **Process Analyst** kommt es darauf an, genau dieses Zusammenspiel gedanklich zu durchdringen, damit er organisatorische oder technische Verbesserungen entwerfen kann. Er fragt sich:

> Wie wird gearbeitet – und wie könnte es besser gehen?

Der **Process Participant** interessiert sich hingegen nur für die Aspekte des Prozesses, die ihn selbst betreffen. Er will wissen:

> Wie muss ich selbst arbeiten?

Wenn eine technische Umsetzung des Prozesses angedacht ist, kommt der **Process Engineer** ins Spiel. Er muss verstehen, was die technische Umsetzung aus fachlicher Sicht leisten soll. Der Process Engineer fragt sich also:

> Was soll die Engine leisten?

Diese drei Rollen und ihre zentralen Fragen unter einen Hut zu bringen, ist die Herausforderung der operativen Ebene. Das ist schwierig, aber wenn Sie sie meistern, können Sie von erheblichen Vorteilen profitieren:

- Das operative Prozessmodell ist ein konsistentes Zusammenspiel der Arbeitsorganisation und der technischen Umsetzung. Dies führt dazu, dass der Prozess tatsächlich so gelebt wird, wie er dokumentiert wurde, und nicht als unnütze „Schrankware" endet.
- Die Verständniskluft zwischen Business und IT wird verringert: Beide Seiten reden tatsächlich über dasselbe Prozessmodell und erkennen sofort, welche technischen Auswirkungen bestimmte Wünsche der Fachseite oder welche Auswirkungen bestimmte technische Umsetzungen auf die Arbeitsorganisation haben.
- Wenn der Prozess durch die Workflow Engine umgesetzt wird, kann ein direktes Messen und fachliches Aggregieren von Kennzahlen erfolgen, was ein umfangreiches Monitoring und Reporting der Prozesse ermöglicht.

Kurz gesagt: Wenn Sie die operative Ebene meistern, haben Sie endlich die „gemeinsame Sprache für Business und IT" gefunden. Zumindest, wenn es um die Prozessmodellierung geht.

4.1.2 Anforderungen an das Modell

Genau wie in der strategischen Prozessmodellierung müssen auch die Prozessdiagramme auf operativer Ebene syntaktisch korrekt sein. Zusätzlich müssen sie aber auch semantisch konsistent sein: Jetzt wird beschrieben, wie tatsächlich gearbeitet wird. Da darf es natürlich keine inhaltlichen Widersprüche oder formalen Fehler geben, wie das auf strategischer Ebene noch erlaubt ist.

Falls die Prozessmodellierung im Rahmen eines Projekts erfolgt, bei dem auch eine technische Prozessumsetzung geplant ist, ergibt sich eine weitere Anforderung: Alle Fragen, die ein Process Engineer der Fachseite stellen könnte, um das gewünschte Ergebnis zu verstehen, werden auf operativer Ebene geklärt – schlussendlich erfolgt ja durch die Modellierung der technischen Flüsse bereits ein guter Teil der eigentlichen Softwareentwicklung!

Die Präzision ist aber nicht nur für den Process Engineer wichtig: Auch der Process Participant braucht eine präzise Beschreibung, denn er soll sich ja am Prozessmodell orientieren können, wenn er Fragen zur Prozessabwicklung hat. Im Fall des Participants ergibt sich darüber hinaus ein weiterer Aspekt: Obwohl er eine präzise Beschreibung braucht, darf er nicht mit zu komplexen Darstellungen überfordert werden. Anders als bei Analyst und Engineer liegt die Kernkompetenz des Participant nicht im Thema BPM, sondern in seinem Fachgebiet. Die Prozessmodelle sind für ihn nur ein Mittel zum Zweck, das er vielleicht sogar nur selten betrachtet.

4.1.3 Vorgehen

Fassen wir zusammen: Das Prozessmodell muss auf operativer Ebene ausreichend präzise sein, es darf aber auch nicht zu kompliziert werden. Das klingt nach einem Widerspruch, denn eine präzise Beschreibung, egal ob verbal oder in Form von Diagrammen, führt automatisch zu Komplexität. Wir haben nur eine Chance, dieses Problem zu umgehen: indem wir jeder Rolle eine bestimmte Sicht auf das Prozessmodell bereitstellen und den Rest ausklammern, wie in Abbildung 4.2 dargestellt. Genau genommen bezieht sich diese eingeschränkte Sicht vor allem auf den Participant: Wenn wir diesem nur den Prozess zeigen, wie er aus seiner Perspektive funktioniert, ist er zufrieden. Er weiß, was er zu tun hat, wann andere an der Reihe sind und wann er darauf warten muss, dass diese fertig sind. Gleichzeitig wird er nicht mit den Prozessdetails der anderen Participants belästigt, die das Diagramm so kompliziert machen.

Die Kernidee der operativen Ebene ist deshalb eine konsequente Unterscheidung zwischen Orchestrierung und Kollaboration, die wir in Abschnitt 2.9 auf Seite 92 erklärt haben: Jeder Participant bekommt seinen eigenen Pool. Darin ist der Prozess so weit dargestellt, wie er sich bei diesem Participant abspielt. Wie wir wissen, repräsentiert jeder Pool einen in sich geschlossenen, eigenen Prozess. Das Kollaborationsdiagramm, in dem das Zusammenspiel dieser Prozesse dargestellt wird, bleibt dem Process Analyst vorbehalten. Dieser muss in der Lage sein, mit der Komplexität dieser Darstellung umzugehen.

Betrachter	Process **Participant**	Process **Analyst**	Process **Engineer**
Zentrale Frage	„Wie muss ich arbeiten?"	„Wie wird gearbeitet?"	„Was macht die Engine?"
Sicht	Eigene Orchestrierung	Gesamte Kollaboration	Orchestrierung der Workflow Engine

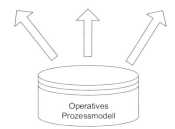

Abbildung 4.2 Die Rollen und ihre Sichten auf die operative Ebene

Für die Workflow Engine führen wir einen eigenen Participant ein, weisen ihr also einen eigenen Pool zu. Dieser Pool steht im Fokus der Betrachtung durch den Process Engineer. Letztendlich folgen wir mit diesem Ansatz genau dem Grundgedanken der BPMN, wonach hinter jedem Pool auch ein Dirigent steht, der den darin enthaltenen Prozess steuern kann. Der Punkt ist, dass die BPMN dabei stets an eine Workflow Engine denkt und wir den Gedanken auf menschliche „Workflow Engines" übertragen.

Diese Differenzierung ist neben der Bereitstellung spezieller Sichten auch deshalb notwendig, weil in der Praxis so gut wie nie der gesamte Prozess vollständig von Workflow Engines gesteuert wird. Es gibt immer Teile, die von den beteiligten menschlichen Aufgabenträgern autonom entschieden und abgewickelt werden. Wenn wir den Prozess wirklich vollständig abbilden wollen, müssen wir auch dieser Tatsache im Prozessmodell Rechnung tragen. Und genau das tun wir, indem jeder Participant, egal ob menschlich oder Engine, einen eigenen Pool bekommt.

Wie kommen wir zu einem derart differenzierten Prozessmodell? Die tragende Rolle spielt dabei der Process Analyst. Er muss die BPMN vollständig verstanden haben und in der Lage sein, den Prozess aus Sicht der unterschiedlichen Participants zu modellieren. Wenn der SOLL-Prozess in einer Workflow Engine umgesetzt werden soll, muss er das Modell von der strategischen Ebene kommend bis hin zur Überführung in technische Flüsse entwickeln und pflegen.

Das kann beispielsweise in folgenden Schritten passieren:

1. Klärung des SOLL-Prozesses auf strategischer Ebene. Diesem Thema haben wir uns in Kapitel 3 gewidmet.
2. Auflösen der Lanes in separate Pools (Abschnitt 4.2 auf der nächsten Seite).
3. Modellierung der menschlichen Flüsse, also des SOLL-Prozesses aus Sicht der unterschiedlichen Participants. Die hierfür notwendigen Klärungen müssen mit dem Process Manager und den Participants selbst erfolgen (Abschnitt 4.3 auf Seite 145).
4. Modellierung, welche Schritte der Participants in welcher Form durch die Workflow Engine unterstützt werden sollen. Auch diese Klärung erfolgt mit dem Manager bzw. den Participants (Abschnitt 4.4 auf Seite 149).
5. Modellierung des technischen Flusses, soweit er sich aus den Prozessen der Participants ableiten lässt. Diese Modellierung kann durch den Process Analyst oder auch bereits durch den Process Engineer erfolgen. Das Modell ist noch nicht direkt ablauffähig, kann aber zu diesem Zweck durch den Process Engineer angereichert werden (Abschnitt 4.4.2 auf Seite 151).
6. Klärung und Dokumentation weiterer Anforderungen wie Masken, Daten und Geschäftsregeln. Diese werden rund um das Prozessmodell gruppiert, indem sie aus den entsprechenden Symbolen im Prozessdiagramm referenziert werden (Abschnitt 4.4.3 auf Seite 154).

Bitte bedenken Sie, dass dies nur eine Vorgehensweise unter vielen möglichen ist! Es kann genauso gut passieren, dass Sie eher „bottom-up" vorgehen und mit dem operativen Prozessmodell beginnen, hier vielleicht sogar direkt mit den technischen Flüssen. Sehr häufig entsteht das operative Prozessmodell auch, indem menschliche und technische Flüsse **gleichzeitig** entwickelt werden, zum Beispiel im Rahmen eines gemeinsamen Workshops mit Vertretern der Fachseite und der IT.

Da wir uns für unser Fallbeispiel für eine Vorgehensweise entscheiden müssen, wählen wir die oben beschriebene. Es ist jedoch keineswegs der einzige sinnvolle Weg, den Sie in Ihrem eigenen Projekt beschreiten können.

Wenn das Modell entsprechend entwickelt wurde, können den jeweiligen Rollen ihre jeweiligen Sichten angeboten werden. Es ist naheliegend, dass für den praktischen Einsatz dieser Herangehensweise auch ein leistungsfähiges Tooling erforderlich ist: Vor allem das Ein- und Ausblenden von Pools ist notwendig, um die unterschiedlichen Sichten anbieten zu können und nicht eine große Anzahl von Diagrammen mit redundant modellierten Pools zeichnen zu müssen. Über eine sinnvolle Tool-Unterstützung für BPMN allgemein und unser Framework im Speziellen sprechen wir in Abschnitt 7.4.2 auf Seite 240.

4.2 Vom strategischen zum operativen Prozessmodell

Häufig haben wir bereits ein strategisches Modell des Prozesses erstellt, bevor wir ihn operativ ausmodellieren. In unserem Fallbeispiel „Recruiting-Prozess" haben wir ein solches Modell (siehe Abbildung 4.3) in Abschnitt 3.2 auf Seite 119 erstellt und in Abschnitt 3.4 auf Seite 132 darüber gesprochen, welche Schwachstellen der Prozess im IST-Zustand besitzt. Es ist klargeworden, dass der Prozessablauf an sich gar nicht so schlecht ist, aber viele Reibungsverluste durch eine unzureichende IT-Unterstützung entstehen. Wir wollen den Prozess deshalb jetzt auf der operativen Ebene modellieren. Im ersten Schritt betrachten wir den Ablauf rein arbeitsorganisatorisch und überlegen im zweiten Schritt, was eine Workflow Engine zur Prozessverbesserung beitragen könnte.

Schon im letzten Kapitel haben wir darauf hingewiesen, dass Prozessmodelle auf strategischer Ebene häufig semantische Widersprüche besitzen, die eine direkte Verfeinerung

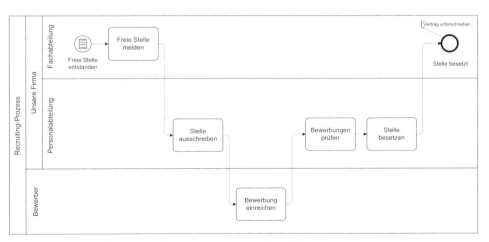

Abbildung 4.3 Der Recruiting-Prozess auf strategischer Ebene

des Modells unmöglich machen. Es ist völlig normal, dass sich die „strategische Sicht" auf einen Prozess von der operativen Sicht stark unterscheidet. Wir können auch davon ausgehen, dass sich ein strategisches Prozessmodell nur selten ändert. Bei einem operativen Prozessmodell hingegen müssen wir häufiger mit Änderungen rechnen.

In der Konsequenz haben wir häufig keine andere Wahl, als das strategische Prozessmodell für die operative Ebene zwar zur Orientierung zu verwenden, den Prozess aber ansonsten ganz neu zu modellieren. Das klingt erst mal sehr unschön, ist aber in der Praxis meistens unkritisch: Die strategischen Prozessmodelle können mit sehr wenig Aufwand erstellt werden. Es ist also nicht so, dass man doppelten Aufwand betreiben würde. Und wie schon erwähnt, ändert sich ein Prozessmodell auf strategischer Ebene nur ausgesprochen selten. Man muss also nicht damit rechnen, zukünftig einen doppelten Aufwand in die kontinuierliche Aktualisierung der strategischen und operativen Prozessmodelle stecken zu müssen.

Eine Schwierigkeit bei unserem Fallbeispiel ist auf strategischer Ebene die unterschiedliche Kardinalität der Instanzen, die sich im Prozessablauf ergeben kann: Wenn der Prozess instanziiert wird, wird nur eine Stelle gemeldet und ausgeschrieben. Es können aber viele Bewerber eine Bewerbung einreichen und dementsprechend viele Prüfungen der Bewerbung werden stattfinden. Am Ende wird nur ein einziger Bewerber ausgewählt und mit diesem wird die Stelle besetzt. Eine weitere Schwierigkeit ist die Tatsache, dass wir unsere Bewerber zunächst noch gar nicht kennen. Das sind schon zwei Gründe, warum der Bewerber für eine operative Betrachtung nicht als Lane innerhalb desselben Pools wie die übrigen Participants dargestellt werden kann.

Auch das Zusammenspiel von Fach- und Personalabteilung in der operativen Sicht muss präzisiert werden. Es ist ja nicht wirklich so, dass die „Stellenausschreibung" und „Bewerbungsprüfung" von der Personalabteilung ohne Einbeziehung der Fachabteilung erledigt würden. Im Gegenteil: In der Prozessanalyse in Abschnitt 3.4 auf Seite 132 haben wir erfahren, dass hier eine rege Kommunikation zwischen den beiden Abteilungen stattfindet. Und genau diese Kommunikation ist es auch, bei der die meisten Reibungsverluste und Unklarheiten entstehen. Deshalb ist es sinnvoll, auch die Prozesse dieser Participants in eigenen Pools auszumodellieren, um die organisatorischen Schnittstellen explizit zu beleuchten. Ein weiteres Argument ist, dass wir auf diese Weise jedem Participant genau die Informationen bereitstellen können, die für ihn relevant sind, und ihn nicht mit den internen Abläufen der anderen Participants konfrontieren, die automatisch zu einer höheren Komplexität des Prozessmodells führen.

In Abbildung 4.4 auf der nächsten Seite sehen Sie den Recruiting-Prozess, wenn wir die Lanes in separate Pools ziehen und berücksichtigen, dass einige Aktivitäten einen Austausch zwischen den Participants erfordern. Der Bewerber reagiert jetzt auf das Signal, dass eine Stelle ausgeschrieben wurde. Die drei Striche, die beim Bewerber-Pool in der Mitte unten zu sehen sind, weisen auf eine mehrfache Instanz dieses Participants hin (siehe auch Abschnitt 2.9.5 auf Seite 99). Wir haben ja nicht nur einen Bewerber, sondern mehrere. Deshalb haben wir auch hinter dem Nachrichtenereignis „Bewerbung erhalten" einen AND-Split modelliert. Damit zeigen wir, dass die Personalabteilung nicht nur auf eine Bewerbung wartet, sondern jede Bewerbung bearbeiten wird, die eintrifft. Das Terminierungsereignis am Ende des Pools sorgt dafür, dass dies nur so lange geschieht, bis ein Bewerber ausgewählt und eingestellt wurde.

Jetzt geht es darum, die noch offenen Punkte in den Pools zu klären und die Prozesse der Participants auszumodellieren. Hier ist noch einiges zu tun: Es müssen nicht nur die mo-

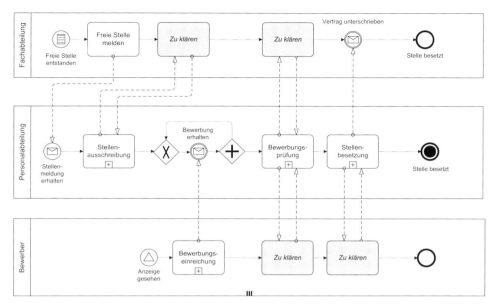

Abbildung 4.4 Beginn der Überführung auf die operative Ebene

mentan noch unklaren Aktivitäten definiert (gekennzeichnet als „zu klären"), sondern auch die vielen möglichen Sonderfälle berücksichtigt werden. Beispielsweise kann es passieren, dass

- ein Bewerber ungeeignet ist und deshalb abgelehnt wird,
- gar kein Bewerber geeignet ist,
- noch nicht einmal eine Bewerbung eingeht.

In den folgenden Abschnitten werden wir allerdings nur den ersten Teil des Fallbeispiels vertiefen und den Abschnitt von der Feststellung eines Personalbedarfs bis zur Ausschreibung der Stelle betrachten. Eine Betrachtung des Gesamtprozesses auf operativer Ebene würde den Rahmen dieses Buchs sprengen, sowohl inhaltlich als auch in Bezug auf den Umfang der Prozessdiagramme.

4.3 Prozesse der Participants

Die Prozessmodellierung auf operativer Ebene wird, wie schon beschrieben, vom Process Analyst vorgenommen. Woher erfährt der Process Analyst nun die Details über die operativen Prozesse? Meistens von den Process Participants selbst, also von den Menschen, die in den Prozessen arbeiten. In unserem Fallbeispiel „Stellenausschreibung" werden wir deshalb zunächst Falko interviewen, der als repräsentative Führungskraft eines Fachbereichs für ein Gespräch zur Verfügung steht.

Falko beschreibt seinen Beitrag zur Stellenausschreibung wie folgt:

„Wenn ich einen Personalbedarf erkannt habe, melde ich die freie Stelle an die Personalabteilung. Dann warte ich darauf, dass ich die Stellenbeschreibung zur Prüfung vorgelegt bekomme, bevor es zu einer Ausschreibung kommt. Unter Umständen muss ich nochmal um Korrekturen bitten, ansonsten gebe ich die Stellenbeschreibung frei. Manchmal kommt es auch vor, dass der Kollege aus der Personalabteilung noch Fragen zu den Aufgaben und Anforderungen hat, bevor er die Stelle beschreiben kann. Dann stehe ich für eine Klärung natürlich zur Verfügung."

Wenn wir Falkos Prozess modellieren und den Sachbearbeiter aus dem Personal zwar zur Veranschaulichung in das Diagramm aufnehmen, seinen Pool aber zuklappen, ergibt sich Abbildung 4.5.

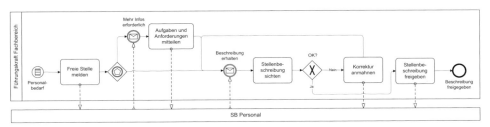

Abbildung 4.5 Die Stellenausschreibung aus Sicht der Führungskraft des Fachbereichs

Hinweis: In der BPMN ist es verboten, dass mehrere Sequenzflüsse direkt in ein Zwischenereignis laufen, das auf ein Event-Gateway folgt. Wir halten dieses Verbot eigentlich für überflüssig, konnten bislang aber nicht erreichen, dass es aufgehoben wird. Eigentlich müssten Sie deshalb eine Darstellung wie in Abbildung 4.6 gezeigt wählen, um syntaktisch 100%ig korrekt zu modellieren.

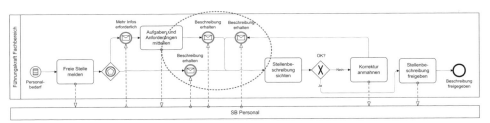

Abbildung 4.6 Diese Darstellung wäre nach aktuellem Stand von BPMN 2.0 erforderlich, ist aber nach unserer Auffassung sowohl unpraktisch als auch unnötig.

Nun sprechen wir über die Stellenausschreibung, wie sie aus Sicht des Sachbearbeiters der Personalabteilung abläuft. Diese Schilderung bekommen wir von Christian, einem Sachbearbeiter der Personalabteilung:

„Wenn ich eine freie Stelle gemeldet bekomme, erstelle ich anhand der Angaben eine Stellenbeschreibung. Manchmal gibt es hier noch Unklarheiten in der Meldung, dann muss ich vorher beim Fachbereich noch mal nachfragen. Die Stellenbeschreibung lege ich zur Prüfung vor und warte auf die Freigabe. Es kann aber auch passieren, dass der Fachbereich sie nicht freigibt, sondern sie zurückweist und eine Korrektur anfordert. Dann korrigiere ich die Beschreibung und lege sie erneut zur Prüfung vor. Wenn die Beschreibung endgültig freigegeben ist, schreibe ich die Stelle aus."

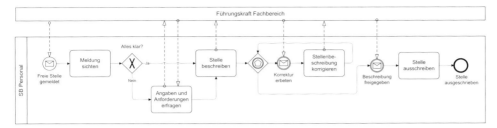

Abbildung 4.7 Die Stellenausschreibung aus Sicht des Sachbearbeiters in der Personalabteilung

Das entsprechende Prozessmodell finden Sie in Abbildung 4.7.

Was haben wir jetzt erreicht? Wir haben einerseits die operativen Details der Stellenausschreibung explizit ausmodelliert und gleichzeitig zwei Prozessmodelle erstellt, die für sich allein genommen nicht besonders kompliziert sind.

Natürlich muss ein Betrachter dieser Modelle gewisse Grundkenntnisse in BPMN besitzen, um sie zu verstehen. Er muss:

- das Prinzip der Ereignisse verstehen, speziell der Zwischenereignisse,
- den Unterschied zwischen einem datenbasierten und einem ereignisbasierten Gateway kennen,
- den Unterschied zwischen Sequenz- und Nachrichtenfluss verstehen.

Somit ist der Anspruch an den Betrachter eines operativen Prozessmodells höher als bei den strategischen Prozessmodellen, auch wenn wir noch gar nicht über die Abbildung in einer Softwarelösung sprechen. Die erste Zielgruppe für diese Ebene ist der Process Analyst selbst, der diese Prozessmodelle für detaillierte Analysen und als Ausgangspunkt für eine IT-Umsetzung nutzen kann, wie wir später zeigen werden. Weil die Kenntnis der BPMN zu seinen Kernkompetenzen zählt, sollte er mit dem Verständnis keine Probleme haben, er hat die Modelle ja auch selbst erstellt. Die zweite Zielgruppe sind die Process Participants, deren Arbeit in den Modellen dargestellt ist, in diesem Fall also Falko und Christian. Die Participants sind Gesprächspartner des Process Analyst, wenn es um Prozessverbesserungen geht, weshalb sie diese Modelle zumindest verstehen müssen. Zu einem späteren Zeitpunkt kann es auch sein, dass sie die Diagramme in ihrem betrieblichen Alltag betrachten, um sich zu orientieren: „Wie muss ich arbeiten? Was ist als Nächstes zu tun?" Die spannende Frage ist also: Werden die Process Participants diese Modelle akzeptieren?

Wir haben die Erfahrung gemacht, dass das funktionieren kann. Hierfür müssen zwei Dinge gegeben sein:

- Die Participants sehen wirklich nur ihren eigenen Pool und nicht die Komplexität des Gesamtprozesses. Das erfordert zum einen die entsprechende Prozessmodellierung und zum anderen ein intelligentes Tool.
- Die Participants haben eine kurze Einweisung in die BPMN erhalten und verfügen über eine rudimentäre Legende, falls es Unklarheiten gibt. Um die Einweisung müssen Sie sich als Process Analyst selbst kümmern, die Legende kann prinzipiell ebenfalls vom Tool bereitgestellt werden.

Natürlich können wir uns die Stellenausschreibung auch komplett ansehen, also beide Pools aufklappen und in einem ausführlichen Kollaborationsdiagramm einblenden (Abbil-

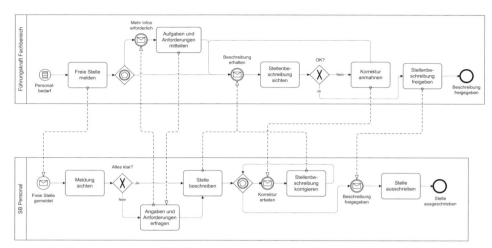

Abbildung 4.8 Die Stellenausschreibung als Kollaborationsdiagramm

dung 4.8). Aber es ist auch klar, dass dieses Diagramm wesentlich komplizierter erscheint als die jeweilige separate Betrachtung der Pools und deshalb auch eher nicht von den Process Participants akzeptiert und genutzt wird. Aber das muss es auch nicht. Die gesamte Kollaboration ist im Grunde nur für den Process Analyst wichtig, der das Diagramm dank seiner BPMN-Kompetenz auch meistern kann. In den nächsten beiden Abschnitten werden wir das Kollaborationsdiagramm noch häufiger betrachten, wenn wir über eine Prozessautomatisierung nachdenken.

Die Komplexität der Kollaboration kann in einem Choreographiediagramm verborgen werden (Abbildung 4.9). Der Vorteil ist, dass es das Zusammenspiel der Participants wesentlich kompakter darstellt und für den Process Analyst deshalb eine gute Orientierungsgrundlage bieten kann. Der Nachteil: Interne Schritte, die nicht der Kommunikation zwischen den Participants dienen, werden in dieser Darstellung ausgeklammert. Es ist zum Beispiel nicht erkennbar, dass der Sachbearbeiter in der Personalabteilung die Aufgabe „Stelle ausschreiben" erledigt. Das Choreographiediagramm ist deshalb unserer Ansicht nach für die operative Ebene eine gute Ergänzung zum Kollaborationsdiagramm, wird es aber nur selten wirklich ersetzen können.

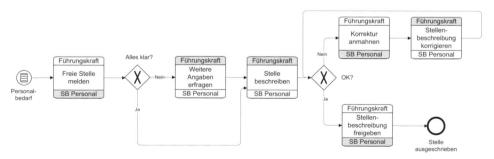

Abbildung 4.9 Die Stellenausschreibung als Choreographiediagramm

4.4 Vorbereitung der Prozessautomatisierung

Die organisatorische Beschreibung der Prozessabwicklung ist nur eine Aufgabe des operativen Prozessmodells, und sie ist noch nicht einmal die spannendste. Der eigentliche „Heilige Gral" ist der möglichst nahtlose Übergang von menschlichen zu technischen Prozessflüssen. In Abschnitt 1.1.4 auf Seite 5 haben wir dargestellt, wie ein technisches Prozessmodell von einer Workflow Engine zur Ausführung direkt interpretiert wird, indem sie das Human Workflow Management mit der Service Orchestration kombiniert. Dies ist auch die Kernidee der IT-Perspektive von BPM, weshalb wir uns in den folgenden Abschnitten und im gesamten Kapitel 6 auf diesen Weg konzentrieren werden (Abbildung 4.10).

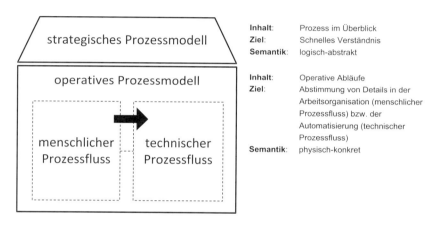

Abbildung 4.10 Wir konzentrieren uns auf den Übergang vom menschlichen zum technischen Prozessfluss.

Eine Alternative wäre natürlich die Umsetzung der Prozesslogik in einer allgemeinen Programmiersprache wie Java oder C#, ohne eine spezielle Workflow Engine einzusetzen. Dieses Szenario werden wir in Abschnitt 4.4.5 auf Seite 157 noch einmal aufgreifen.

4.4.1 Konzeption der Unterstützung durch eine Workflow Engine

Die gewünschte technische Umsetzung des Prozesses lässt sich anhand der bereits modellierten Prozesse der einzelnen Participants diskutieren und dokumentieren. Wir betrachten den Participant nun also auch als Anwender einer Software und klären, welche Leistungen er sich von einem automatisierten Prozess verspricht. Die Workflow Engine wird in diesem Gedankenspiel selbst zu einem Participant, mit dem der Anwender interagiert, also Nachrichten austauscht.

Falko, als Leiter einer Fachabteilung, beschreibt die gewünschte Unterstützung in der Stellenausschreibung folgendermaßen:

„Eine freie Stelle trage ich in unserem Portal in einem Formular ein und schicke sie ab. Wenn die Stellenbeschreibung geprüft werden kann, möchte ich das in meiner Aufgabenliste im

Portal sehen. Ich bearbeite die Aufgabe, indem ich die Beschreibung sichte und entweder einen Hinweis zur notwendigen Korrektur eintrage oder aber die Beschreibung freigebe. Wenn die Stelle erfolgreich ausgeschrieben wurde, möchte ich noch eine kurze Meldung per E-Mail erhalten, dass alles geklappt hat."

Wenn Sie sich an das Prozessmodell für Falko erinnern (Abbildung 4.5 auf Seite 146), werden Sie sehr viel aus dieser Beschreibung wiedererkennen. Es existieren allerdings auch zwei wichtige Unterschiede:

- Die Reaktion auf Nachfragen der Personalabteilung soll offensichtlich nicht als Aufgabe im Portal erscheinen, sondern wird nach wie vor über die herkömmlichen Kanäle wie E-Mail oder Telefon abgewickelt.
- Die Bestätigungsnachricht nach erfolgter Ausschreibung war bislang nicht vorgesehen.

Wir nehmen jetzt das bereits erstellte Prozessmodell und erweitern es:

- Wir unterteilen es in die beiden Lanes „Portal" und „Sonstiges".
- Wir ordnen alle Aufgaben, die im Portal erledigt werden sollen, dieser Lane zu. Hierbei repräsentieren Nachrichtenereignisse neue Human Tasks (Aufgaben), die in der Aufgabenliste angezeigt werden. Aufgaben mit ausgehenden Nachrichtenflüssen stellen dar, dass der Anwender die Bearbeitung des Human Task abgeschlossen hat. Mit dem XOR-Gateway wird deutlich, dass das Ergebnis der Aufgabe unterschiedlich ausfallen kann („Korrektur anmahnen" oder „Stellenbeschreibung freigeben").
- Die erste Aufgabe in der Lane „Portal", die Aufgabe „Stelle melden", ist keine Aufgabe, die dem Anwender von der Workflow Engine zugewiesen wurde, da sie nicht auf das entsprechende Nachrichtenereignis folgt. Sie stellt hingegen die Möglichkeit dar, dass der Anwender den Prozess anstößt, also überhaupt erst mal eine Instanziierung erfolgt. Die Workflow Engine muss die entsprechende Möglichkeit bieten, meistens geschieht dies durch ein Formular, das im Portal bereitsteht und jederzeit ausgefüllt werden kann.
- Die Nachfrage der Personalabteilung sowie die Reaktion darauf werden der Lane „Sonstiges" zugeordnet, da sie nicht über das Portal erfolgen, sondern auf herkömmlichen Kanälen, also z. B. telefonisch oder per E-Mail. Auch die Nachricht, dass die Ausschreibung erfolgt ist, gehört in diese Lane. Sie wird zwar von der Workflow Engine verschickt, erreicht den Anwender aber per E-Mail und nicht als Hinweis im Portal.

Das Ergebnis sehen Sie in Abbildung 4.11, wo die Workflow Engine bereits als weiterer Participant dargestellt ist, allerdings noch mit zugeklapptem Pool.

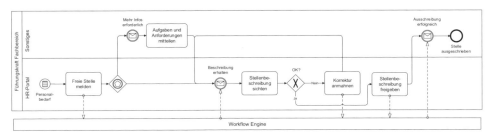

Abbildung 4.11 IT-Unterstützung der Führungskraft im Fachbereich für die Stellenausschreibung

Für Christian, den Sachbearbeiter der Personalabteilung, soll Folgendes bereitgestellt werden:

„Eine Stellenmeldung erscheint als neuer Eintrag in meiner Aufgabenliste im HR-Portal. Dort beschreibe ich auch die Stelle und gebe sie zur Prüfung an den Fachbereich, womit diese Aufgabe abgeschlossen wäre. Falls ich die Beschreibung korrigieren muss, erscheint auch dies als Aufgabe in meiner Liste. Wenn hingegen die Stellenbeschreibung freigegeben wurde, bekomme ich mit der Aufgabe ‚Ausschreibung anstoßen' den entsprechenden Hinweis. Nun lege ich im Portal die gewünschten Ausschreibungskanäle fest und stoße die Ausschreibung an. Wenn die Stelle erfolgreich ausgeschrieben wurde, möchte ich noch eine kurze Meldung per E-Mail erhalten, dass alles geklappt hat."

Durch Anwendung der bereits dargestellten Prinzipien ergibt sich ein Prozessmodell wie in Abbildung 4.12 – mit einem Unterschied: Der Prozess wird jetzt nicht mehr vom Anwender angestoßen, denn darum hat sich ja bereits Falko gekümmert. Christian reagiert stattdessen auf den neuen Eintrag in seiner Aufgabenliste im Portal, was am Startereignis vom Typ „Nachricht" erkennbar ist.

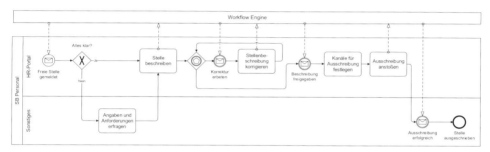

Abbildung 4.12 IT-Unterstützung des Sachbearbeiters in der Personalabteilung

4.4.2 Notwendige Prozesse der Workflow Engine

Wir werden nun eine erste Fassung des technischen Flusses definieren. Als Process Analyst sprechen wir ab jetzt nicht mehr vorrangig mit den Process Participants, sondern wir wenden uns stattdessen an den Process Engineer. Mit ihm klären wir, wie der Prozess auf der Workflow Engine umgesetzt werden muss, um die spezifizierte Unterstützung zu gewährleisten.

Dazu blenden wir in einem Kollaborationsdiagramm die Pools der menschlichen Participants ein und klappen den Pool der Workflow Engine als weiteren Participant auf. Diesen unterteilen wir in drei Lanes:

- Je eine Lane für die Führungskraft des Fachbereichs und den Sachbearbeiter der Personalabteilung. Alle Aufgaben, die in diese Lanes gelegt werden, sind Benutzeraufgaben, repräsentieren also Human Tasks.
- Eine weitere Lane für vollautomatisierte Schritte. Hierbei handelt es sich um Aufgaben wie Schnittstellenaufrufe (Service Tasks) oder interne Programmfragmente (Script Tasks). Es können aber auch ganze Teilprozesse abgelegt werden.

Die in der Engine umzusetzenden Prozessschritte ergeben sich direkt aus dem Verhalten der Anwender Falko und Christian:

Der Prozess beginnt, weil Falko das Formular zur Meldung einer Stelle im Portal ausgefüllt und abgeschickt hat. Dies wird durch das Startereignis vom Typ „Nachricht" dargestellt. Die Workflow Engine weist daraufhin Christian die Aufgabe „Stelle beschreiben" zu. Nach Abschluss der Aufgabe kann die Engine Falko die Aufgabe „Stellenbeschreibung prüfen" zuweisen. Das Ergebnis dieser Aufgabe ist entweder die Freigabe oder die Bitte um Korrektur. Je nachdem wird die Engine Christian entweder die Aufgabe „Ausschreibung anstoßen" oder „Stellenbeschreibung korrigieren" zuweisen. Im Fall einer notwendigen Korrektur wird die Beschreibung danach wieder Falko zur Prüfung vorgelegt. Diese Schleife wiederholt sich so lange, bis er die Beschreibung freigibt. Die Aufgabe „Ausschreibung anstoßen", die Christian nach erfolgter Freigabe bekommt, beinhaltet zunächst die Festlegung der Kanäle, über die die Stelle ausgeschrieben werden soll. Danach erfolgt das eigentliche „Anstoßen", was für die Engine den Abschluss dieser Aufgabe bedeutet. Jetzt führt sie den Teilprozess „Ausschreibung durchführen" aus, der im Wesentlichen aus diversen Schnittstellenaufrufen besteht. Er wird an dieser Stelle als Teilprozess gekapselt, um das Diagramm nicht zu überfrachten. Im letzten Schritt schickt die Engine eine Bestätigungsmail an die beiden Participants, um sie über die erfolgte Ausschreibung zu informieren.

Das Kollaborationsdiagramm in Abbildung 4.13 auf der nächsten Seite enthält den technischen Prozessfluss, der in der Workflow Engine ausführbar ist. Es ergibt sich zwar eine Redundanz, weil die Anwender einerseits als eigene Pools dargestellt sind, gleichzeitig aber auch als Lanes im Pool der Workflow Engine. Wir erreichen darüber aber auch eine ganz wichtige Trennung der Verantwortlichkeiten: Alle Routing-Entscheidungen innerhalb eines Pools, also die Frage, welcher Pfad bei einem XOR-Gateway eingeschlagen wird, werden vom jeweiligen Participant getroffen. Beispielsweise entscheidet Christian, ob er die Stelle direkt beschreiben kann oder ob er aufgrund von Unklarheiten zunächst bei Falko nachfragen muss. Diese Entscheidung kann die Workflow Engine nicht treffen, im Gegenteil, sie bekommt davon gar nichts mit. Andererseits entscheidet die Workflow Engine, ob Christian als Nächstes die Aufgabe „Stellenbeschreibung korrigieren" oder „Ausschreibung anstoßen" ausführen muss. Das entsprechende XOR-Gateway befindet sich in ihrem Pool. Natürlich trifft die Workflow Engine diese Entscheidung aufgrund der Aussage, die zuvor Falko getroffen hat. Aber die letztendliche *Entscheidung*, was als Nächstes passiert, trifft die Engine.

Damit haben wir ein in der Praxis sehr häufiges Problem gelöst, das beim Übergang vom fachlichen zum technischen Prozessmodell auftritt: Der Prozess wird end-to-end in den seltensten Fällen komplett und bis ins Detail durch eine Workflow Engine gesteuert. Es kommt immer wieder zu Abschnitten, in denen ein Mensch die Kontrolle übernimmt und entscheidet, was als Nächstes passiert. Wenn wir diese Kontrollinstanzen (Workflow Engine einerseits und menschliche Prozessbeteiligte andererseits) in einem Pool vermischen würden, wäre eine nahtlose Verfeinerung in ein direkt ausführbares, technisches Prozessmodell unmöglich.

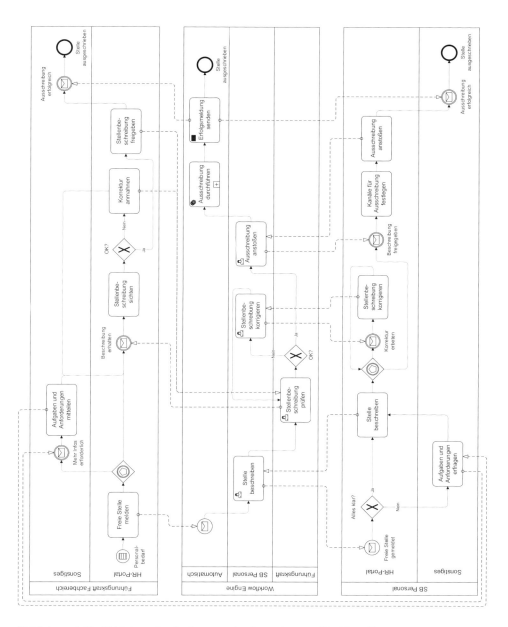

Abbildung 4.13 Abbildung der Stellenausschreibung in einer Workflow Engine

Der zweite Vorteil ist, dass wir nach wie vor zielgruppengerechte Sichten haben:
- Der Process Analyst sieht das gesamte Kollaborationsdiagramm.
- Der Process Engineer sieht nur den Pool der Workflow Engine.
- Die Process Participants sehen nur ihre eigenen Pools. Diese sind nicht nur weniger komplex als das gesamte Kollaborationsdiagramm, sie enthalten auch zusätzliche Prozessinformationen, die im Pool der Workflow Engine nicht enthalten sind (dass z. B. bei Unklarheiten nachgefragt wird).

Kurz gesagt, ist dieser Ansatz nach unserer Auffassung nicht nur praktikabel, sondern auch der einzige Weg, um auf der Basis von BPMN ein echtes Business-IT-Alignment von Prozessmodellen zu erreichen.

4.4.3 Weitere Anforderungen

Könnte unser Process Engineer nur anhand des dargestellten Diagramms bereits die komplette Prozessanwendung realisieren? Prinzipiell schon, aber es ist nicht unbedingt zielführend. Es sind noch diverse Themen zu klären, beispielsweise in Bezug auf die anzuzeigenden Masken oder die genauen Angaben in einer Stellenmeldung und einer Stellenbeschreibung. Hierbei handelt es sich um klassische Anforderungen, wie sie in jedem Softwareprojekt auftreten. Sie betreffen nicht direkt die Prozesslogik, wenngleich sie mit ihr in Beziehung stehen. Wir empfehlen deshalb, diese Anforderungen nicht direkt in BPMN zu dokumentieren, sie aber an den passenden Stellen mit dem Prozess der Workflow Engine zu verknüpfen, sodass der Prozess den zentralen Ausgangspunkt der Anforderungsdokumentation darstellt. Eine solche Verknüpfung gelingt natürlich nur, wenn das BPMN-Tool sie auch unterstützt.

In Abbildung 4.14 auf der nächsten Seite haben wir die typischen Anforderungen, wie sie in Projekten zur Entwicklung von Prozessanwendungen auftreten, kategorisiert. Neben der BPMN nutzen wir in unseren Projekten besonders häufig grafische Maskenentwürfe, Klassendiagramme, Entscheidungstabellen und allgemeinen Text, um Anforderungen zu dokumentieren. In integrationslastigen Projekten kommen mitunter noch Diagramme zur Beschreibung der Systemlandschaft hinzu.

Für das Beispiel „Stellenausschreibung" finden Sie zur Veranschaulichung den Entwurf der Masken und Bestätigungsmails sowie ihre Zuordnung zu den Elementen im Prozessmodell in Abbildung 4.15 auf Seite 156. Mitunter lassen sich die Steuerelemente, die in den Masken angeboten werden sollen, aus den Pools der Participants ableiten: Wir wissen beispielsweise, dass Falko eine Stellenbeschreibung freigeben oder die Korrektur anmahnen kann, was in der Regel zu Optionsfeldern in der Maske führt. In der Maske, in der die Ausschreibung angestoßen werden soll, muss er zuvor die Ausschreibungskanäle festlegen. Das ergibt sich wiederum aus dem Pool von Christian.

4.4.4 Technische Umsetzungen außerhalb der Workflow Engine

Es wird häufig vorkommen, dass Sie in Ihrem BPM-Projekt bestimmte Softwarekomponenten außerhalb der Workflow Engine umsetzen müssen. In unseren Projekten sind das besonders häufig:

Typ	Erklärung	Beispiele	Notationen	BPD Link
Funktional	Funktionen, die von der Lösung bereitgestellt werden sollen.	- Prozesslogik - Features - Anwendungsfälle - Schnittstellen - Geschäftslogik	- BPMN - UML (UseCases) - User Stories - Akzeptanztests - allg. Text	Aufgabe
Nicht funktional	Eigenschaften, die die Software erfüllen soll.	- Service Level Agreements (SLA) - Antwortzeiten - Belastbarkeit - Wartbarkeit - Plattformfähigkeit	Text	Pool
Benutzer-oberfläche	Kanäle, über die ein Anwender mit der Software interagiert.	- Masken - Dialogworkflows - Mobile Devices - E-Mail-Rollen	- BPMN - Maskenskizzen - User Stories - Akzeptanztests	Aufgabe
Daten	Daten, die von der Software zu verarbeiten sind.	- Inhalte - Restriktionen - Formate - Kanäle - Mappings	- ER-Diagramme - UML (Klassen-diagramme) - Tabellen	- Pool - Datenobjekte
Regeln	Vorgaben, nach denen die Software Entscheidungen treffen soll.	- Validierungen - Prüfungen - Berechnungen - Kontrollpunkte	- Tabellen - Bäume - Text	Aufgabe

Abbildung 4.14 Typische Anforderungen für eine technische Prozessumsetzung

- Geschäftslogiken und -regeln
- Masken bzw. Maskenflüsse
- Datentransformationen

Geschäftslogiken und -regeln

Geschäftslogiken sind beispielsweise Berechnungen, die ausprogrammiert werden müssen. Diese sollten sinnvollerweise als Services gekapselt werden, damit sie von der Workflow Engine über Serviceaufgaben aufgerufen werden können. An dieser Stelle haben wir den direkten Bezug zum Paradigma der Serviceorientierten Architektur (SOA). Geschäftsregeln können beispielsweise in einer Decision Engine abgebildet und aus der Workflow Engine über die eigens geschaffenen Geschäftsregel-Aufgaben aufgerufen werden. Dieses Thema behandeln wir in Abschnitt 4.5.6 auf Seite 171 und Abschnitt 6.2.5 auf Seite 205.

In beiden Fällen ergibt es meistens keinen Sinn, wenn man die entsprechenden Anforderungen in BPMN ausmodelliert. Besser ist es, auf diese im Prozessdiagramm über Service- bzw. Geschäftsregelaufgaben lediglich zu referenzieren.

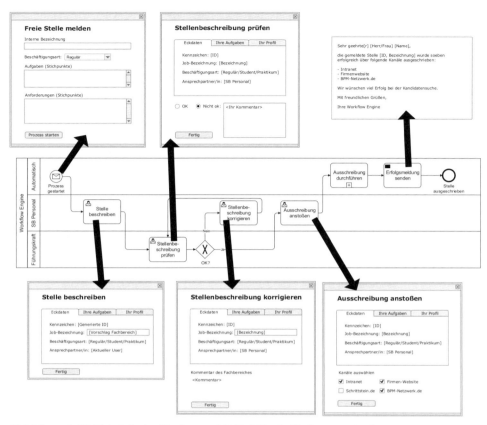

Abbildung 4.15 Entwürfe der Masken und E-Mail für die Stellenausschreibung

Maskenflüsse

Maskenflüsse sind ein Grenzfall, weil auch ein Maskenfluss aus Sicht der Prozessautomatisierung nur der Abarbeitung einer einzelnen Aufgabe dient. Schwierig wird es aber, wenn die Reihenfolge der angezeigten Masken je nach Eingaben des Benutzers oder gar abhängig von vorhandenen Daten, die zwischendurch zu ermitteln sind, variieren kann. Im Grunde handelt es sich dabei ja auch um einen Prozess, und gerade die UML-Aktivitätsdiagramme werden für die Modellierung solcher Maskenflüsse traditionell gern eingesetzt. Eine Darstellung durch die BPMN ist also naheliegend. In einer sauberen BPM-Architektur sind Maskenflüsse und technisches Prozessmodell aber streng getrennt, d. h. es wird eine Workflow Engine mit einer Maskenflussanwendung über klar definierte Schnittstellen lose gekoppelt. Wenn Sie diese Entkopplung konsequent anwenden wollen, müssten Sie für die Maskenflussanwendung einen eigenen Pool definieren, der mit der Workflow Engine und dem Anwender über Nachrichtenflüsse verbunden ist. Aus Sicht dieser Anwendung wäre jeder Maskenfluss ein isolierter Prozess. Wenn Sie also in Ihrem Prozess mehrere Maskenflüsse haben, müssten Sie für jeden Maskenfluss einen separaten Pool anlegen, auch wenn die Steuerung immer durch dieselbe Maskenflussanwendung erfolgt.

Wenn Ihnen das zu kompliziert erscheint oder Ihre Workflow Engine die Steuerung des Maskenflusses mit dem technischen Prozessmodell kombiniert, können Sie natürlich darauf verzichten und den Maskenfluss als Zusammenspiel von Anwender und Workflow Engine ausmodellieren. Empfehlen können wir dieses Vorgehen aber nicht, weil diese Vermischung zu technischen Prozessmodellen führt, die schwerer wartbar und fehleranfälliger sind.

Ein guter Kompromiss kann es sein, die Maskenflüsse im eingebetteten Teilprozess zu kapseln.

Datentransformationen

Datentransformationen sind vor allem in integrationslastigen Prozessen notwendig. Auch hier verlangt eine saubere BPM-Architektur, dass das technische Prozessmodell von den Details der Schnittstellenaufrufe entkoppelt wird. An dieser Stelle kommt der Enterprise Service Bus (ESB) ins Spiel, der im Zweifel als eigener Pool dargestellt werden sollte und in der Modellierung ähnlich wie eine Maskenflussanwendung zu handhaben ist. Sie können aber auch wie bei den Maskenflüssen diese Schritte direkt in das Prozessmodell der Workflow Engine integrieren, indem Sie dort mit Skriptaufgaben arbeiten. Diese repräsentieren interne Schritte der Workflow Engine – beispielsweise Datentransformationen. Natürlich könnten Sie auch die Datentransformation in einem Service kapseln und über Service-Aufgaben aufrufen. Der Unterschied wäre, dass die Transformationsengine, also z. B. ein XSLT-Prozessor zur Transformation von XML-Daten, im Fall der Skriptaufgabe eine interne Komponente der Workflow Engine wäre und im Fall der Service-Aufgabe durch eine aus Sicht der Workflow Engine externe Komponente bereitgestellt würde.

4.4.5 Technische Umsetzung ohne Workflow Engine

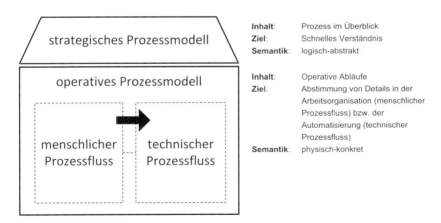

Abbildung 4.16 Der Übergang vom menschlichen zum technischen Prozessfluss funktioniert ohne den Einsatz einer Workflow Engine prinzipiell genauso.

Natürlich können Sie für die Ausführung der technischen Prozessflüsse auch gar keine Workflow Engine einsetzen und diese stattdessen in Java, C# oder einer anderen „klassischen" Programmiersprache ausprogrammieren (Abbildung 4.16 auf der vorherigen Seite). Für den Übergang vom strategischen zum operativen Prozessmodell ist das im Wesentlichen unerheblich. Ihre „Workflow Engine" wäre dann eben Ihr Compiler oder Interpreter. In Bezug auf das Vorgehen würde der Verzicht auf eine Workflow Engine jedoch häufig bedeuten, dass Sie die Prozesslogik nicht direkt technisch umsetzen können. Stattdessen wird vor der Implementierung noch eine Spezifikation (manche nennen es auch DV-Konzept, Pflichtenheft oder technische Feinspezifikation) erforderlich sein. In diese IT-Spezifikation können die operativen Prozessmodelle eingebunden werden, um einen Ausgangspunkt für die technische Konzeption der Umsetzung zu bilden.

In der „klassischen" Softwareentwicklung werden häufig Anwendungen erstellt, die nicht auf die End-to-end-Abbildung von Prozessen ausgelegt sind. Sie stellen eher eine Sammlung an Funktionen bereit, die je nach Prozess, den der Anwender abwickeln möchte, von diesem in einer bestimmten Reihenfolge ausgeführt werden. Diese Funktionen lassen sich in der Konzeptionsphase auch als Anwendungsfälle oder „Use Cases" definieren, womit wir bei der klassischen Domäne der Unified Modeling Language (UML) angekommen wären.

Sie können die BPMN und unser Framework in solchen Projekten anwenden, müssen sich aber klarmachen, dass jeder Anwendungsfall aus Sicht der zu entwickelnden Anwendung einen eigenständigen Prozess darstellt. Sie müssten dann also auch für jeden Anwendungsfall einen eigenen Pool definieren. Die Verknüpfung der Anwendungsfälle zu einem End-to-end-Gesamtprozess liegt im Gegensatz zur Umsetzung in einer Workflow Engine nun in der Verantwortung des Anwenders, sodass er auch in einem einzigen Pool modelliert werden sollte.

Hinzu kommt, dass derselbe Anwendungsfall mitunter in verschiedenen Szenarien zum Einsatz kommt. Deshalb empfehlen wir, die Szenarien für die jeweiligen Rollen als einfache Prozesse zu modellieren und die Anwendungsfälle darin als Teilprozesse zu kapseln. In Abbildung 4.17 auf der nächsten Seite sehen Sie zwei Beispiele hierfür. Zwischen den beiden Pools sehen Sie ein Use-Case-Diagramm aus der UML, das die definierten Anwendungsfälle gesammelt darstellt. Hier lassen sich UML und BPMN also ganz gut kombinieren. In Abbildung 4.18 auf der nächsten Seite sehen Sie den ausmodellierten Anwendungsfall „Login".

Prinzipiell kann man zwar durchaus festhalten, dass die BPMN auch in solchen „klassischen" IT-Projekten gegenüber anderen Prozessnotationen einen Mehrwert stiften kann. Aber wir müssen betonen, dass sie dafür eigentlich nicht entwickelt wurde. Und aus heutiger Sicht ist es auch generell ziemlich unsinnig, prozesslastige IT-Projekte ohne Workflow Engine durchzuführen.

4.4 Vorbereitung der Prozessautomatisierung

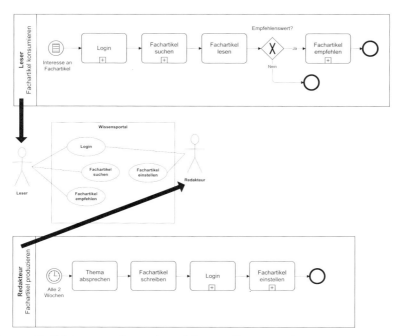

Abbildung 4.17 Ableitung von Anwendungsfällen aus Prozessmodellen

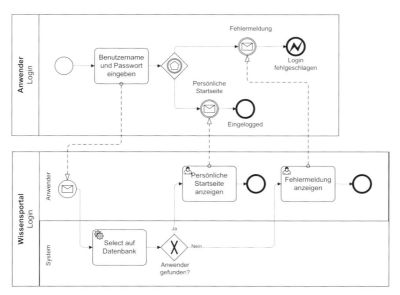

Abbildung 4.18 Der Anwendungsfall „Login" als ausmodellierte Kollaboration des Anwenders mit der Software

4.5 Praxistipps für die operative Ebene

4.5.1 Vom Happy Path zur bitteren Wahrheit

Der First Pass Yield und BPMN

Im organisatorischen Prozessmanagement existiert der Begriff des „First Pass Yield (FPY)". Darunter „wird der Prozentsatz an Ergebnissen verstanden, die bereits im ersten Prozessdurchlauf korrekt sind und keine Nacharbeit erfordern" [Fis06].

Wie Sie sich vorstellen können, dreht sich ein großer Teil der Prozessoptimierung darum, genau diesen FPY zu maximieren. Hierfür existieren verschiedene Analysemethoden, die von den traditionellen Orga-Prozessberatern bereits seit Jahren erfolgreich angewandt werden. Ein Problem dabei ist jedoch, dass diese Methoden auf Kennzahlen basieren, die sich beispielsweise auf Fehlerquoten oder Bearbeitungszeiten beziehen. Diese Kennzahlen müssen im organisatorischen Prozessmanagement entweder geschätzt oder manuell ermittelt werden – beides ist fehlerträchtig und aufwendig. Es wäre also sehr spannend, den FPY-Ansatz in die Welt des modernen BPM und somit auch in die BPMN zu integrieren, wo solche Kennzahlen durch die Workflow Engine vergleichsweise einfach, präzise und in Echtzeit gemessen werden können.

Hierfür muss man zunächst verstehen, wie der FPY-Ansatz auf „traditionelle" Ablaufnotationen angewandt wird. Also schauen wir uns in Abbildung 4.19 ein typisches Folgeplan-Prozessmodell an, das für eine FPY-Analyse geeignet ist (der Folgeplan wird in Abschnitt 2.12.3 auf Seite 109 mit der BPMN verglichen):

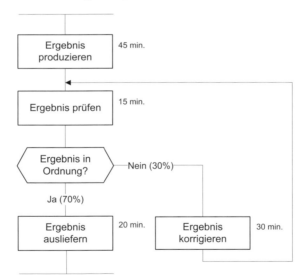

Abbildung 4.19 Prozess als Folgeplan mit Korrekturast

Beim vorliegenden Prozess gibt es einen „Hauptpfad", der von links oben gerade nach unten bis zum Versand des Ergebnisses führt. Falls das Ergebnis korrigiert werden muss, wird ein „Korrekturpfad" durchlaufen. Weil der Hauptpfad offensichtlich den Weg darstellt, den wir uns als Process Manager wünschen, nennt man ihn auch den „Happy Path". Die

Wahrscheinlichkeit, dass das Ergebnis nicht ok ist und korrigiert werden muss, beträgt laut diesem Modell 30 %. Umgekehrt können 70 % der Prozessinstanzen ohne Korrektur durchlaufen werden – das ist der FPY. Mit Hilfe unterschiedlicher Analyseverfahren können nun die an den Aufgaben angetragenen Kennzahlen wie beispielsweise Durchlaufzeiten ausgewertet werden, um zu einer Aussage für bestimmte Key Performance Indicators (KPI) zu kommen. In diesem einfachen Beispiel könnte man über die Durchlaufzeit des Prozesses drei Aussagen treffen:

Variante	Zeit
First Pass Yield	80 Minuten
Worst Case	110 Minuten
Durchschnitt	89 Minuten

Der Durchschnitt ergibt sich hierbei durch die folgende Berechnung: FPY * 0,7 + Worst Case * 0,3 = 56 + 33 = 89 Minuten. Diese Art der Berechnung nennt man auch die „variantenweise Berechnung", bei der aus Vereinfachungsgründen ein nicht-iteratives Verfahren angewandt wird. Man geht also davon aus, dass eine Ergebniskorrektur pro Instanz wenn überhaupt, dann nur einmalig notwendig ist. Wenn Sie mehr über solche Methoden erfahren wollen, können wir Ihnen das entsprechende Standardwerk von Guido Fischermanns empfehlen [Fis06].

Könnten wir den FPY-Ansatz auch in BPMN anwenden? Prinzipiell schon, und wir haben in Abschnitt 2.12.4 auf Seite 110 bereits gezeigt, wie man Kennzahlen und gemittelte Durchlaufzeiten in Prozessdiagrammen hinterlegen bzw. errechnen lassen kann. In unserem Fallbeispiel „Stellenausschreibung" gibt es zwei Korrekturschleifen, die unter Umständen durchlaufen werden:

1. Die Stellenmeldung ist für Christian noch nicht ausreichend und er muss bei Falko nachfragen. Hier gehen wir bereits im Prozessmodell davon aus, dass dies nur einmal erforderlich ist.
2. Die Stellenbeschreibung gefällt Falko noch nicht und er bittet Christian um eine Korrektur. Diese Schleife könnte laut Prozessmodell theoretisch unendlich oft durchlaufen werden, wir würden bei der Bewertung der Kennzahlen aber ein nicht-iteratives Verfahren anwenden.

Das Spezielle in BPMN ist, dass wir den operativen Prozess aus drei Perspektiven modelliert haben und die FPY-Methodik daher auch auf drei verschiedene Pools anwenden sollten (Falko, Christian und die Workflow Engine). Sofern wir den Prozess End-to-end in der Workflow Engine abbilden, reicht natürlich die Betrachtung ihres Pools für eine Anwendung des FPY-Ansatzes.

Im Kollaborationsdiagramm (Abbildung 4.13 auf Seite 153) wird sehr deutlich erkennbar, welche Teile des Prozesses durch die Workflow Engine in ihren Messungen direkt erfasst werden können und welche nicht. Dieses Wissen leitet sich direkt aus dem Prozess ab, der in ihrem Pool modelliert ist:

1. Die Workflow Engine kann die Durchlaufzeit der Aufgaben „Stelle beschreiben", „Stellenbeschreibung prüfen", „Stellenbeschreibung korrigieren", „Stellenbeschreibung anstoßen" und des Teilprozesses „Stelle ausschreiben" messen.
2. Sie kann außerdem messen, wie oft die Stellenbeschreibung korrigiert werden muss.

Diese Kennzahlen können Sie mithilfe einer entsprechenden Reporting Engine, im Zweifel auch einfach mit Microsoft Excel, über eine definierte Anzahl von Prozessinstanzen hinweg auswerten. Sie können Mittelwerte bilden und all die bunten Diagramme generieren, die Sie Ihrem Top-Management vorlegen müssen, damit es glücklich ist.

Wir sehen aber auch, welche Schritte die Workflow Engine nicht messen kann: Sie bekommt nichts davon mit, dass Christian mitunter bei Falko nachfragen muss, kann die Quote dieser notwendigen Korrekturläufe also nicht erfassen und für eine spätere Auswertung speichern. Sie weiß auch nicht, wie lange diese Klärung dauert. Aus ihrer Sicht gehört all das zur Aufgabe „Stelle beschreiben", die sie Christian zugewiesen hatte. Das kann natürlich zu Verzerrungen in der Messung führen, deren man sich bewusst sein muss. Es gibt drei Möglichkeiten, mit diesen Verzerrungen umzugehen:

1. Sie nehmen die Verzerrung bewusst in Kauf, weil Sie immerhin wissen, dass sie auf die Bewertung der Durchlaufzeit von „Stelle beschreiben" eingegrenzt werden kann.
2. Sie schätzen von Hand die Quote der notwendigen Klärungen sowie die durchschnittliche Zeit, die diese in Anspruch nehmen, und tragen diese Schätzungen manuell in der Datenbasis ein. Dann leiden Sie für diesen Teilaspekt des Prozesses unter denselben Nachteilen wie im klassischen organisatorischen Prozessmanagement.
3. Sie entscheiden, dass auch die Nachfrage bei einer unklaren Stellenmeldung als Human Workflow in der Workflow Engine abgebildet werden soll. Dann können Sie die entsprechenden Quoten und Zeiten differenziert messen und auswerten. Die Gefahr ist allerdings, dass Christian und Falko von dieser Idee wenig begeistert sein werden und die Klärungen auch zukünftig einfach an der Workflow Engine vorbei erledigen, weil ein Telefonat in einem solchen Fall nun mal einfach effektiver ist.

Wie Sie sehen, ist die Prozessautomatisierung zwar auch für das Prozesscontrolling ein sehr mächtiges Instrument, doch man sollte ihren Einsatz nicht zu weit treiben. Wie Sie aber hoffentlich ebenfalls sehen, hilft uns die BPMN dabei, genau diese Grenzen rechtzeitig zu erkennen und uns darauf einzustellen.

Auf der anderen Seite müssen wir uns klarmachen, dass die BPMN in „Rohform" keine ausreichende Unterstützung für eine kennzahlenbasierte Prozessanalyse bietet. Diese wird erst durch ein entsprechend mächtiges BPMN-Werkzeug ermöglicht, das die Kennzahlen im Idealfall aus der Workflow Engine erhält und diese dank konsistenter Prozessmodelle für die fachliche Analyse aggregieren kann.

Explizite Modellierung von Fehlern

Anders als in anderen Notationen haben wir in BPMN die Möglichkeit, Fehler mithilfe des entsprechenden Ereignistyps explizit zu modellieren (Abschnitt 2.6.4 auf Seite 60). Die Frage ist, wann wir diese Technik anwenden wollen. Im letzten Abschnitt haben wir über die Korrekturschleifen in der Stellenausschreibung gesprochen, die ja nur im Fall eines Fehlers durchlaufen werden. Trotzdem würden wir nicht dazu raten, in einem solchen Szenario mit Fehlerereignissen zu arbeiten. Mit einem Fehlerereignis stelle ich dar, dass eine Aktivität tatsächlich fehlgeschlagen ist, also nicht erfolgreich ausgeführt werden konnte. Es ist etwas anderes, wenn die Aktivität zwar erfolgreich ausgeführt werden konnte, aber das *Ergebnis* nicht gefällt. Diese Trennung ist nicht immer einfach, und es existieren durchaus Grauzonen. Sehen wir uns zur Veranschaulichung einen ganz einfachen Prozess an.

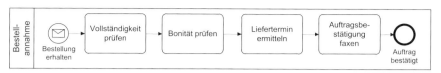

Abbildung 4.20 Die Bestellannahme im „Happy Path"

Die „Bestellannahme" besteht aus vier Schritten: Bei einer neuen Bestellung werden die Angaben in der Bestellung auf Vollständigkeit geprüft. Danach wird geprüft, ob der Kunde für diese Bestellung eine ausreichende Bonität besitzt. Als Nächstes wird ermittelt, zu welchem Termin die gewünschte Ware geliefert werden kann, und am Ende wird die Auftragsbestätigung gefaxt. In Abbildung 4.20 sehen wir den „Happy Path" für diesen Prozess. Die Frage ist jetzt, was alles schiefgehen kann, wie darauf reagiert werden soll und wie wir das im Prozessmodell darstellen wollen. Dazu gehen wir rückwärts vor: Das Ergebnis im „Happy Path" ist, dass der Auftrag bestätigt wurde. Was kann also alles dazu führen, dass der Auftrag **nicht** bestätigt wird? Theoretisch natürlich alles Mögliche bis hin zu Erdbeben oder ähnlich unwahrscheinlichen Ereignissen. Wir müssen also von vorneherein eine Auswahl treffen, die natürlich auch immer zu umfangreich oder zu kurz gegriffen sein kann. Wir haben uns hierfür entschieden:

1. Die Bestelldaten sind unvollständig.
2. Die Bestelldaten sind unleserlich.
3. Die Kundennummer in der Bestellung ist falsch.
4. Der Kunde besitzt keine ausreichende Bonität.
5. Der bestellte Artikel ist nicht lieferbar.
6. Beim Faxen der Auftragsbestätigung hebt am anderen Ende der Leitung eine Person ab und fragt unser Faxgerät, ob das ein schlechter Scherz sein soll.

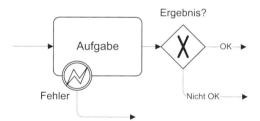

Abbildung 4.21 Mögliche Darstellung von Problemen im Prozess

Wenn wir all diese Eventualitäten im Prozess modellieren wollten, wie würden wir das tun? Prinzipiell haben wir zwei Möglichkeiten (in abstrakter Form in Abbildung 4.21 dargestellt): Entweder hat uns eine Aufgabe eine Information verschafft, die wir als „nicht ok" bewerten, dann modellieren wir dies über ein XOR-Split hinter der Aufgabe. Oder aber die Aufgabe konnte überhaupt nicht erfolgreich ausgeführt werden, dann brauchen wir das Fehlerereignis. Jetzt entscheiden wir für jeden unserer skizzierten Fälle, welches Konstrukt wir anwenden wollen. Denken Sie bitte zunächst einmal selbst darüber nach, was Sie nehmen würden, und lesen Sie dann erst weiter.

In Abbildung 4.22 auf der nächsten Seite haben wir das Ganze einmal ausmodelliert.

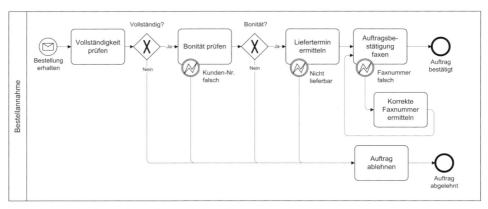

Abbildung 4.22 Darstellung der möglichen Alternativen zum „Happy Path"

- **Die Bestelldaten sind unvollständig.**
  Das ist einfach: Die Vollständigkeit wurde erfolgreich geprüft, aber das Ergebnis ist problematisch. Also ein XOR-Split hinter der Aufgabe.
- **Die Bestelldaten sind unleserlich.**
  Kann die Vollständigkeit der Angaben geprüft werden, wenn diese unleserlich sind? Nicht ganz so eindeutig wie im ersten Szenario, aber wir entscheiden uns für „Ja": Wenn wir eine Angabe nicht entziffern können, ist sie für uns auch nicht vorhanden, weshalb die Angaben unvollständig sind. Wir dürfen allerdings nicht vergessen, das dem Kunden auch entsprechend differenziert mitzuteilen, wenn wir die Bestellung ablehnen.
- **Die Kundennummer in der Bestellung ist falsch.**
  Ist das für die Bestellannahme überhaupt ein Problem? Möglicherweise, wenn wir die Bonität prüfen wollen und uns dafür die Daten unseres Bestandskunden aus dem CRM-System holen. Wir geben die falsche Kundennummer ein und bekommen vom System eine Meldung, dass der Kunde nicht gefunden wurde. Vielleicht bekommen wir sogar Kundendaten angezeigt, aber diese passen eindeutig nicht zu den Angaben auf dem Bestellformular. Dann wissen wir, dass die Kundennummer falsch ist und die Aufgabe „Bonität prüfen" nicht erfolgreich ausgeführt werden kann. Ein klarer Fall für ein angeheftetes Fehlerereignis.
- **Der Kunde besitzt keine ausreichende Bonität.**
  Die Bonitätsprüfung war erfolgreich, das Ergebnis verhindert aber eine Auftragsbestätigung. Also ein XOR-Split hinter der Aufgabe.
- **Der bestellte Artikel ist nicht lieferbar.**
  Nicht ganz so einfach, weshalb man pedantisch sein sollte. Wenn wir den Liefertermin ermitteln wollen, dann ist diese Aufgabe nur unter einer Bedingung „erfolgreich" ausgeführt worden: dass wir einen Termin ermittelt haben. Wenn der Artikel nicht lieferbar ist, kann natürlich auch kein Termin ermittelt werden, und das bedeutet, dass die Aufgabe nicht erfolgreich ausgeführt werden konnte. Wir müssen also ein Fehlerereignis anheften.
- **Beim Faxen der Auftragsbestätigung nimmt am anderen Ende der Leitung eine Person ab und fragt unser Faxgerät, ob das ein schlechter Scherz sein soll.**
  Die Art der Darstellung können Sie vermutlich selbst erraten.

Vielleicht fragen Sie sich, warum man überhaupt zwischen Fehlerereignissen und XOR-Gateways unterscheiden sollte, anstatt einfach alle Fehlerfälle wie in anderen Prozessnotationen auch über XOR-Gateways darzustellen. Grundsätzlich können Sie das auf jeden Fall tun, die BPMN kann es Ihnen nicht verbieten. Wir empfehlen die Unterscheidung aus folgenden Gründen:

- Wenn Prozesse im SOLL-Zustand konzipiert werden, denken die meisten Menschen nur an einen Teil der möglichen Probleme. Das ist genau der Teil, den sie in „Prüfungsaufgaben" und nachgelagerten XOR-Gateways ausmodellieren. Wenn der Prozess dann technisch umgesetzt werden soll, kommen häufig Fragen zu möglichen Problemen aus der IT, mit denen zuvor keiner gerechnet hat. Diese Fragen betreffen fast immer den Fall, dass bestimmte Aufgaben, auch und gerade die „Prüfungsaufgaben", nicht erfolgreich ausgeführt werden konnten. Im Rahmen des obligatorischen Ping-Pong-Spiels zwischen Business und IT dokumentieren wir diese Fragen mit angehefteten Fehlerereignissen. Dann können wir sie gezielt klären. Und nicht selten werden im Rahmen der Klärung daraus neue, vorgelagerte Prüfungsaufgaben, hinter denen dann wieder ein XOR-Gateway folgt. Man könnte z. B. vor die Aufgabe „Liefertermin ermitteln" zunächst einmal eine Aufgabe „Verfügbarkeit prüfen" setzen, was das Fehlerereignis bei „Liefertermin ermitteln" obsolet machen würde.

- Mit Fehlerereignissen können wir Prozesse absichern. Was passiert, wenn *irgendetwas* in der Prozessausführung schiefgeht? Dieses doppelte Netz lässt sich für einen ganzen Prozess oder auch einen Abschnitt innerhalb eines Prozesses nur mit einem angehefteten Fehlerereignis definieren.

- XOR-Gateways sind eine allgemeine Form, um Fallunterscheidungen darzustellen. Diese können sich auf Fehler beziehen, aber es können auch durchaus „positive" Unterscheidungen sein, z. B. bestimmte Schritte, die abhängig von der Art des bestellten Artikels sind. Das bedeutet: Auch ein „Happy Path" existiert nicht immer ohne XOR-Gateways. Aber solche „positiven" XOR-Gateways lassen sich von den XOR-Gateways zur Fehlerbehandlung nicht syntaktisch, geschweige denn optisch unterscheiden. Fehlerereignisse sind also visuell eindeutiger, und mit dem richtigen Tooling können wir mit ihrer Hilfe sogar zwischen einer vereinfachten „Happy Path"-Ansicht und einer kompletten Ansicht des Prozesses hin- und herschalten.

Kurz gesagt: Fehlerereignisse können ein sehr hilfreiches Instrument für die Prozessmodellierung sein und Sie sollten davon Gebrauch machen.

4.5.2 Der wahre Nutzen von Teilprozessen

Sie wissen bereits, dass unser BPMN-Framework aus mehreren Ebenen besteht, die unterschiedlich detaillierte Prozessmodelle enthalten. Auf der operativen Ebene arbeiten wir zusätzlich mit unterschiedlichen Sichten auf dasselbe Prozessmodell, um den jeweiligen Rollen immer nur das Diagramm zu zeigen, das für sie am hilfreichsten ist.

Vielleicht haben Sie sich schon gefragt, welche Rolle das BPMN-Symbol „Teilprozess" in diesem Framework spielt. In Abschnitt 2.8 auf Seite 79 haben wir dargestellt, dass Teilprozesse in BPMN vor allem für drei Dinge geeignet sind:

- Um komplexe Detailabläufe in kompakten, weil zugeklappten Teilprozessen zu verbergen und somit die Übersichtlichkeit im Diagramm zu erhöhen.

- Um eine Modularisierung und Wiederverwendbarkeit von Abläufen zu ermöglichen.
- Um innerhalb eines Prozesses einen Bereich (engl. „Scope") zu definieren und für diesen Bereich die Reaktion auf eingetretene Ereignisse zu definieren, indem diese angeheftet werden.

Diese Vorteile können Sie sowohl für strategische als auch für operative Prozessmodelle nutzen. Im Prozessmodell zur „Stellenausschreibung" haben wir beispielsweise im technischen Fluss (Pool der Workflow Engine) den Teilprozess „Ausschreibung durchführen" definiert, um das Diagramm nicht mit den diversen Schnittstellenaufrufen zu überfrachten (Abbildung 4.13 auf Seite 153). Wir hätten jetzt außerdem die Möglichkeit, für den gesamten Teilprozess eine Fehlerbehandlung zu definieren, indem wir ein Fehlerereignis anheften. Da wir diesen Teilprozess vermutlich in keinem anderen Prozess brauchen werden, sollten wir ihn in unserem BPMN-Tool auch nicht als „global" definieren. Da der Teilprozess somit „eingebettet" ist, handelt es sich gar nicht mehr um ein eigenständiges Modul, sondern nur um einen Bereich innerhalb des Oberprozesses, den man zwecks Übersichtlichkeit zuklappen kann.

Man verwendet Teilprozesse in BPMN also nicht zwangsläufig, um eine organisatorische Verfeinerung des Prozesses zu kennzeichnen. In der Praxis ist das sogar relativ selten der Fall. Deshalb kommt es auch häufig vor, dass wir im selben Diagramm Aufgaben und Teilprozesse mischen. Das ist nicht etwa eine unzulässige oder unschöne Vermischung der Granularitäten, sondern völlig in Ordnung. Wenn Sie keine anderen Prozessnotationen kennen, erscheint Ihnen diese Aussage vielleicht selbstverständlich. Aber die erfahreneren Prozessmodellierer unter Ihnen haben vermutlich Methoden kennengelernt, bei denen Teilprozesse ausschließlich für die inhaltlich-organisatorische Verfeinerung von Prozessmodellen verwendet wurden. Vielleicht haben Sie Ebenenkonzepte angewandt, bei denen jede Ebene einen gewissen Grad an „Prozesskomplexität" kennzeichnete, und jeder Teilprozess auf dieser Ebene musste in etwa so komplex sein wie die anderen Teilprozesse derselben Ebene. Falls Sie dieses Paradigma verinnerlicht haben sollten: Vergessen Sie es! Zumindest in Bezug auf BPMN. Dieses Verständnis von Teilprozessen ist, wenn überhaupt, nur auf Ebene der Prozesslandschaften sinnvoll, also oberhalb der Betrachtung einzelner Prozesse. In Ihren Prozesslandkarten können Sie wunderbar Prozessgruppen oder -cluster bilden und Sie können diese auch mehr oder weniger einheitlich hierarchisieren. Aber tun Sie das bitte nicht, wenn Sie sich mit einem einzelnen End-to-end-Prozess beschäftigen.

Für die Arbeit mit BPMN ist es also wichtig zu verstehen, dass „Teilprozesse" zunächst einmal ein rein handwerkliches Konstrukt für die Prozessmodellierung sind und ihnen per se überhaupt kein inhaltlicher Grad an Komplexität zugeordnet werden kann. Sie können genauso gut einen Teilprozess „Vertrieb" definieren, wie Sie einen Teilprozess „Schnürsenkel zubinden" definieren können. Und wenn Sie jetzt die beiden Teilprozesse zuklappen und in dasselbe Diagramm legen, ist das völlig in Ordnung.

Natürlich ist die Wahrscheinlichkeit groß, dass auch in unserem Framework auf strategischer Ebene mehr Teilprozesse definiert werden als auf operativer Ebene. Aber ein entsprechender Zwang existiert nicht. Sie können beide Ebenen unseres Frameworks auch auf extrem feingranulare Prozesse anwenden, und sei es der Prozess, wie man seine Schnürsenkel zubindet. Das Framework soll einfach nur den Übergang von einer grundsätzlichen, ergebnisorientierten Darstellung eines Prozesses über die arbeitsorganisatorische Umsetzung bis hin zur technischen Implementierung erleichtern. Teilprozesse können hierbei, genauso wie Aufgaben, auf allen Ebenen hilfreich sein.

4.5.3 Prozesse anhand der Systemgrenzen schneiden

In Abschnitt 1.5 auf Seite 23 haben wir bereits den Trend zu Microservices und die damit verbundenen Systemgrenzen eingeführt sowie auf „Bounded Contexts" hingewiesen. Diese Grenzen müssen in operativen Modellen berücksichtigt werden.

In unserem Beispiel könnte die Stellenausschreibung ein Microservice sein. Die Veröffentlichung der Stellenanzeige auf verschiedenen Onlineplattformen könnte Teil seiner Verantwortlichkeit sein, aber vielleicht ist das besser in einem eigenen Microservice aufgehoben. Schließlich kann es eine hohe Komplexität bedeuten, mit verschiedenen Online-Marktplätzen zu kommunizieren. Dieses Design ist sogar vorteilhaft, wenn man sich später entscheidet, diesen Service durch einen bestehenden Cloud-Service zu ersetzen, der die Anzeigen dann selbstständig aufgibt.

Die Kollaboration im Überblick können wir in BPMN wie in Abbildung 4.23 gezeigt modellieren. Die Veröffentlichung ist nun ein eigener technischer Fluss, der nicht nur in einem anderen Microservice beheimatet ist, sondern auch mit anderen Mitteln implementiert werden könnte.

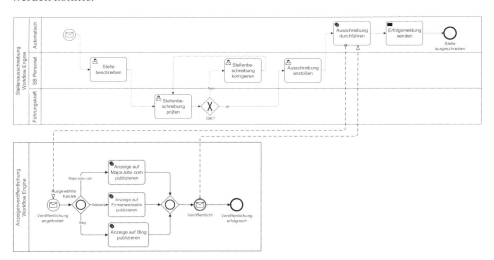

Abbildung 4.23 Dieses Kollaborationsmodell respektiert gegebene Systemgrenzen, zum Beispiel in Microservice-Architekturen.

Manchmal ist so ein Kollaborationsmodell hilfreich, um das Ping Pong zwischen den Microservices zu verstehen. Wir haben auch erlebt, dass die genauen Grenzen erst bei der Beschäftigung mit einem solchen Modell wirklich diskutiert und definiert werden. Trotzdem muss man ein solches Modell nicht zwingend erstellen, und vor allem ist es meist am sinnvollsten, es nach diesen Workshops wegzuwerfen. Die Wartung ist zu aufwendig und die Verantwortung für diese Arbeit nicht definiert. Die wirklichen Umsetzungsprojekte beziehen sich dann auf die einzelnen Microservices, also auch nur auf einen der technischen Flüsse. Kümmert man sich um die Stellenausschreibung, wird man die Veröffentlichung der Anzeigen als einen Service unter vielen sehen, den man per Schnittstelle aufruft. Und genau so soll es auch sein.

So wird ein End-to-end-Geschäftsprozess in kleinere Stücke zerteilt, die genau in den Kontext der Microservices passen. Auf diese Weise kann ein BPMN-Monolith vermieden werden, vor dem wir bereits in Abschnitt 1.5 auf Seite 23 gewarnt haben.

Um es nochmals klar zu sagen: Natürlich kann auch ein monolithischer Prozess sinnvoll sein, nämlich genau dann, wenn Sie ein monolithisches System entwerfen. Zwar wird „Monolith" heute meist negativ konnotiert. Es ist aber oft nach wie vor der einfachste Weg, falls sich genau ein Entwicklerteam um die gesamte Anwendung kümmern kann.

4.5.4 Die Grenzen der Formalisierung

BPMN basiert auf der Annahme, dass wir den Ablauf eines Prozesses als eindeutigen Kontrollfluss definieren können. Je genauer wir einen SOLL-Prozess in BPMN ausmodellieren, umso enger setzen wir den Rahmen, innerhalb dessen die Menschen in diesem Prozess agieren können. Überspitzt gesagt wäre eine totale Anwendung dieses Paradigmas das Äquivalent zur industriellen Fließbandarbeit, bei der die Arbeiten der einzelnen Prozessbeteiligten bis ins Detail vorgegeben werden und keine Gestaltungsspielräume existieren. Dieser Ansatz stößt nicht immer auf Gegenliebe und in diversen Internetforen finden mitunter Diskussionen darüber statt, die schon fast ideologischer Natur sind. Die Gegner dieses Paradigmas begreifen sich dann als eine Art Humanisten, die sich der zunehmenden Technokratisierung unserer Gesellschaft entgegenstellen.

In diesem Buch wollen wir diese Diskussion nicht führen, aber wir wollen einen ganz pragmatischen Hinweis geben: In vielen BPM-Projekten, in die wir involviert waren, haben wir „weiße Flecken" in den Prozessmodellen in Kauf nehmen müssen. So bezeichnen wir Abschnitte im Prozess, also Teilprozesse, die im Rahmen einer IST-Erhebung oder SOLL-Konzeption nicht eindeutig geklärt werden können. Hierfür gibt es eine negative und eine positive Ursache:

- Im negativen Fall herrscht eine zu große Unklarheit darüber, wie der Teilprozess genau abgewickelt wird oder werden soll. Das Wissen ist einfach aus den unterschiedlichsten Gründen (noch) nicht verfügbar. Diesen Zustand wollen wir aber ändern.
- Im positiven Fall wird der Teilprozess genauso abgewickelt, wie es am besten ist. Das Wissen darüber steckt zwar in den Köpfen der ausführenden Menschen, ist also impliziter Natur. Aber wir akzeptieren das.

Im ersten Fall müssen wir also einen unerwünschten Zwischenstand dokumentieren, wenn wir den Prozess modellieren. Im zweiten Fall dokumentieren wir einen gewünschten endgültigen Zustand. Für beide Fälle haben Sie in Abschnitt 2.8.4 auf Seite 86 bereits ein BPMN-Konstrukt kennengelernt, das uns dabei helfen kann: der Ad-hoc-Teilprozess (Beispiel in Abbildung 4.24).

Abbildung 4.24 Die Reisevorbereitung kann, muss aber nicht aus diesen Aufgaben bestehen.

Ad-hoc-Teilprozesse sind eine Art „Freibrief" für den Process Analyst: Sie halten ganz unverbindlich fest, welche Aufgaben im Rahmen seiner Abarbeitung ausgeführt werden können. Wie oft das passiert, in welcher Reihenfolge oder ob sie überhaupt ausgeführt werden, wird komplett dem Participant überlassen. Mit einem Ad-hoc-Teilprozess können Sie auch im Rahmen einer IST-Erhebung oder SOLL-Konzeption ganz gezielt Bereiche eingrenzen, die noch unklar sind, und den Prozess drumherum trotzdem schon mal präzisieren. Der Ad-hoc-Teilprozess ist also ein dankbares Werkzeug, das wir immer mal wieder in unseren BPM-Projekten eingesetzt haben.

Allerdings: Ad-hoc-Teilprozesse können nur selten in einer Engine ausgeführt werden und die Möglichkeiten zur Modellierung des Verhaltens von Ad-hoc-Teilprozessen sind eher rudimentär. Zur Umsetzung sollten Sie sich also einmal genau mit Ihrem Engine-Hersteller auseinandersetzen oder andere Möglichkeiten der Implementierung ins Auge fassen.

4.5.5 Flexibilität in BPMN-Modellen

Die BPMN erlaubt es, ein gewisses Maß an Flexibilität für einzelne Prozessinstanzen zu modellieren. In unseren Praxisprojekten haben sich dabei einige Muster bewährt, die wir Ihnen hier kurz vorstellen möchten. Im Grunde dreht es sich hierbei immer um die sinnvolle Verwendung von Ereignissen.

Stellen Sie sich einen einfachen Bestellprozess eines Industrieunternehmens vor, das größere Aufträge abarbeitet und dabei viel manuell prüft. So kann eine Kundenprüfung inklusive Sanktionsabgleich durchaus mehrere Tage in Anspruch nehmen. Vielleicht wird während dieser Zeit die inhaltlich bereits geprüfte Bestellung nochmal verändert. Sie muss also erneut geprüft werden. Dies lässt sich leicht – wie in Abbildung 4.25 gezeigt – mit einem nicht-unterbrechenden Bedingungsereignis modellieren.

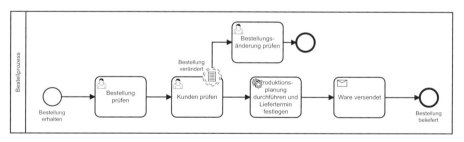

Abbildung 4.25 Dieses BPMN-Modell verwendet ein nicht-unterbrechendes Bedingungsereignis um – wenn notwendig – eine erneute Bestellprüfung anzustoßen.

Nun möchte Ihr Kunde vielleicht seine Bestellung stornieren, was Sie als kundenfreundliches Unternehmen natürlich erlauben wollen. Die Kundenfreundlichkeit hat aber Grenzen, denn wenn die Produktion bereits gestartet wurde, wollen Sie lieber erst mal nachfragen, welche Kosten eine Stornierung hervorruft. Abbildung 4.26 auf der nächsten Seite zeigt eine mögliche Umsetzung in BPMN: Geht ein Stornierungswunsch ein, wird ein Ereignisteilprozess gestartet. Wie Sie aus Kapitel 2.6.1 vielleicht noch wissen, ist das gestrichelt dargestellte Ereignis nicht-unterbrechend. Das heißt wir machen noch keine Pferde scheu und lassen die Bestellung normal weiterlaufen, während wir parallel die Stornierung klären.

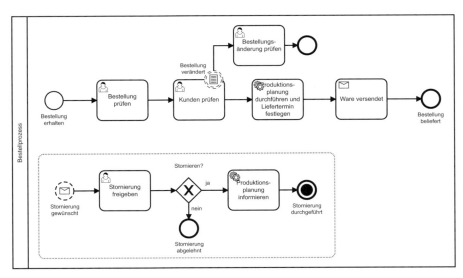

Abbildung 4.26 Dieses BPMN Modell kann jederzeit einen Stornierungswunsch bearbeiten, bricht den Bestellprozess aber nur ab, wenn die Stornierung bestätigt wird.

So lernen wir zum Beispiel, das bisher nur Dinge produziert wurden, die wir getrost auf Lager legen können. Daher bestätigen wir die Stornierung. Der Prozess läuft dann in das Terminierungsereignis, was dann auch den Hauptprozess beendet.

Ein Klassiker für Flexibilität ist übrigens die Statusabfrage zur Bestellung. Auch dies können Sie im Bestellprozess modellieren wie in Abbildung 4.27 gezeigt. Ähnlich kann man auch Zusatzaktionen des Mitarbeiters modellieren, zum Beispiel weil er eine Machbarkeitsprüfung anstoßen möchte oder für komplexe Lieferungen bereits die Zollabwicklung beauftragt. Sie kennen dieses Muster vielleicht auch schon von zeitgesteuerten Ereignisteilprozessen zur Eskalation.

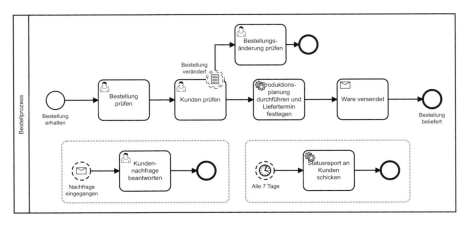

Abbildung 4.27 Parallele Pfade wie Nachfragen sind einfach zu modellieren.

Wie Sie sehen, stellt Ihnen die BPMN Handwerkszeug bereit, um Flexibilität in Prozessinstanzen zu erlauben. In unseren Projekten haben sich diese einfachen Muster sehr bewährt und können bereits ein Großteil der Anforderungen abdecken. Natürlich hat dies Grenzen, und Sie sollten akzeptieren wenn ein Prozess zu unstrukturiert abläuft um überhaupt noch mit BPMN eingefangen werden zu können. In diesem Fall können Sie, wie bereits in Abschnitt 4.5.4 erwähnt, beispielsweise auf den Ad-hoc-Teilprozess zurück greifen.

4.5.6 Geschäftsentscheidungen aus den Prozessen holen

In Abschnitt 4.5.1 auf Seite 162 haben wir uns den Prozess „Bestellannahme" angesehen und besprochen, welche Fehler während der Abarbeitung auftreten könnten.

Wir wollen uns jetzt eine weitere Frage stellen: Unter welchen Umständen muss die Bonität des Kunden überhaupt geprüft werden? Nehmen wir einmal an, dass diese Frage von bestimmten Eigenschaften des Kunden und dem Wert der Bestellung abhängt. Dann definieren wir den ersten Schritt im Prozess jetzt allgemein als „Bestelldaten prüfen" und entscheiden dann, ob eine Bonitätsprüfung erforderlich ist (Abbildung 4.28).

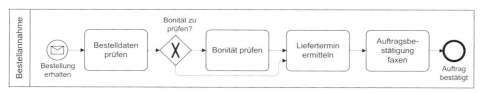

Abbildung 4.28 Bestellannahme mit Prüfung der Kundenbonität unter bestimmten Umständen

Jetzt müssen wir uns mit den konkreten Bedingungen beschäftigen, unter denen die Kundenbonität zu prüfen ist. Gehen wir einmal von folgenden Bedingungen aus:

- Die Bonität muss geprüft werden, wenn der Bestellwert 300.000 EUR übersteigt.
- Wenn der Kunde ein Neukunde ist, muss die Bonität bereits ab einem Bestellwert von 50.000 EUR geprüft werden.
- Wenn der Kunde ein A-Kunde ist, muss die Bonität gar nicht geprüft werden.

Jetzt könnten wir natürlich diese Bedingungen im Prozessdiagramm vollständig ausmodellieren, wie es in Abbildung 4.29 zu sehen ist.

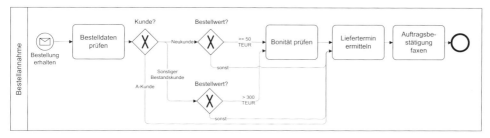

Abbildung 4.29 Bedingungen, die zur Prüfung der Kundenbonität führen

Was halten Sie von diesem Diagramm? Stellen Sie sich vor, dass noch einige weitere Bedingungen hinzukommen, die beispielsweise nur für ganz bestimmte Kunden gelten. Vermutlich denken Sie gerade selbst an die Probleme, die damit verbunden sind:

- Jede weitere Bedingung bläht das Diagramm um ein weiteres Gateway mit weiteren Sequenzflüssen auf.
- Dieses Problem verschärft sich, wenn die Bedingungen verschachtelt sind (in unserem Beispiel der Kundentyp und der Bestellwert).
- Das Prozessdiagramm wird sehr schnell sehr unübersichtlich.
- Wenn sich Bedingungen ändern, neue hinzukommen oder alte wegfallen, muss das im Diagramm angepasst werden, was einen wahren Rattenschwanz bei der Neuanordnung der umgebenden Symbole und Sequenzflüsse nach sich ziehen kann.
- Falls die Kundenbonität auch noch in anderen Prozessen zu prüfen ist, zum Beispiel im Rahmen einer unverbindlichen Anfrage, müssten Sie diese Bedingungen redundant ausmodellieren – und pflegen.

Die Kurzfassung: Dieser Umgang mit komplexen Entscheidungsbedingungen ist absolut nicht „Best Practice", sondern ein klassischer Fehler in der Prozessmodellierung. Um ihn zu vermeiden, müssen wir lernen, solche Bedingungen als „Geschäftsentscheidungen" (business decisions) zu verstehen und sie von den in Gateways umgesetzten „Routing-Entscheidungen" (Routing = engl. für leiten, über eine Strecke führen) zu separieren.

Der Umgang mit Geschäftsentscheidungen ist eine Disziplin für sich. Wie der Name schon sagt, geht es darum, (komplexe) Entscheidungen zu treffen. Die den Entscheidungen zugrunde liegenden Bedingungen geben vor, wie wir tagtäglich bestimmte Aufgaben ausführen oder unterlassen. Diese Bedingungen zentral, einfach und flexibel verwalten zu können, ist ein absolut kritischer Erfolgsfaktor für das Prozessmanagement. Für die Prozessmodellierung müssen wir deshalb einen Weg finden, Geschäfts- und Routing-Entscheidungen zu separieren.

Dafür sollten wir zunächst ein geeignetes Medium für die Modellierung von Entscheidungen auswählen. Hier kommt, Sie ahnen es, der DMN-Standard ins Spiel. Dieser wird in Abschnitt 5 auf Seite 177 ausführlich erklärt, weshalb wir uns an dieser Stelle nur ein einzelnes Element herauspicken wollen, die Entscheidungstabelle.

Eine Entscheidungstabelle für die Frage, ob die Kundenbonität geprüft werden soll, könnte zum Beispiel so aussehen wie in Abbildung 4.30.

Bedingungen		Entscheidung
Kundentyp	**Bestellhöhe**	**Bonität zu prüfen?**
A-Kunde	egal	NEIN
Sonstiger Bestandskunde	> 300.000 €	JA
	<= 300.000 €	NEIN
Neukunde	>= 50.000 €	JA
	< 50.000 €	NEIN

Abbildung 4.30 Entscheidungstabelle für die Frage, ob die Bonität zu prüfen ist

Wie bringen wir jetzt unsere Entscheidungstabelle mit dem Prozessmodell zusammen? Dafür können wir, wie in Abbildung 4.31 auf der nächsten Seite dargestellt, die Geschäftsregelaufgabe verwenden:

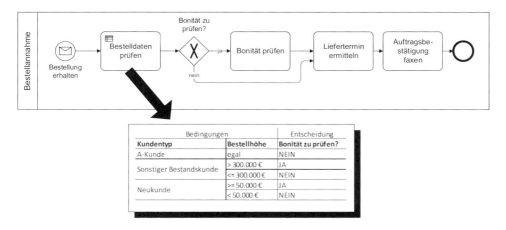

Abbildung 4.31 Bestellannahme mit Referenzierung auf die Entscheidungstabelle

- Vor dem XOR-Gateway wird eine Geschäftsregelaufgabe eingefügt, die einzig und allein für die Anwendung der modellierten Entscheidungstabelle vorgesehen ist.
- Das Ergebnis der Aufgabe ist die Entscheidung, was als Nächstes zu tun ist.
- Das XOR-Gateway bezieht sich nur noch auf diese Entscheidung und leitet entsprechend den Prozessfluss.
- Die Verknüpfung mit der Entscheidungstabelle nehmen wir auf Attributebene direkt in der Aufgabe vor.

Bitte machen Sie sich noch einmal die Unterscheidung der beiden Entscheidungstypen bewusst:

- **Routing-Entscheidungen** werden von XOR-Gateways, OR-Gateways oder Bedingungs-Sequenzflüssen vorgenommen. Sie sind prinzipiell sehr einfach und bestehen aus genauso vielen möglichen Bedingungen, wie es ausgehende Sequenzflüsse gibt. Routing-Bedingungen werden direkt im Prozessmodell hinterlegt.
- **Geschäftsentscheidungen** können ausgesprochen komplex sein und werden stets außerhalb des Prozessmodells verwaltet. Eine modellierte Entscheidung kann dazu dienen, die für die Routing-Entscheidung relevante Bedingung zu ermitteln. Beispiel: Die Geschäftsentscheidung „Bonität zu prüfen?" basiert auf dem Kundentyp und der Bestellhöhe und muss insgesamt fünf unterschiedliche Bedingungskombinationen prüfen. Es kann nur zwei mögliche Ergebnisse erzeugen: „Ja" oder „Nein". Das sind genau die beiden möglichen Bedingungen, auf die sich die entsprechende Routing-Entscheidung im XOR-Gateway des Prozessmodells bezieht.

 Tooling

Die dargestellte Verknüpfung der Geschäftsregelaufgabe mit der Entscheidungstabelle ist kein Bestandteil der Standard-Notation, sondern muss von Ihrem BPMN-Tool unterstützt werden. Das liegt daran, dass es zum Zeitpunkt der Entstehung des BPMN-Standards noch keinen DMN-Standard gab, d. h., die OMG hat die Frage nach

> der Verknüpfung bewusst offen gelassen. Es zeichnet sich aber ab, dass Softwarehersteller, die kombinierte Lösungen für BPMN und DMN anbieten, die Geschäftsregelaufgabe als das Mittel der Wahl sehen, um aus BPMN-Modellen in DMN-Modelle zu referenzieren. ∎

Theoretisch kann auch das Bedingungsereignis mit Geschäftsentscheidungen verknüpft werden. Leider ist die BPMN-Spezifikation etwas wortkarg, was dieses Ereignis angeht. Aus der technischen Perspektive kann man es so interpretieren, dass eine Decision Engine kontinuierlich prüft, ob die am Ereignis hinterlegte Bedingung eintritt. Wenn sie eintritt, meldet sie dies an die Workflow Engine, die das Ereignis nun als eingetreten wertet und den Prozess entsprechend startet oder fortsetzt (siehe Abbildung 4.32).

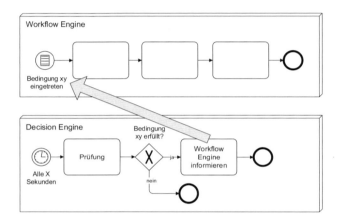

Abbildung 4.32 Bedingungsereignis und Decision Engine

Für das Business-IT-Alignment ist es wie immer wichtig, dass Sie das Grundprinzip hinter dieser Struktur verstehen, denn das ist keineswegs auf die technische Umsetzung beschränkt! Genau dieses Prinzip finden wir auch vor, wenn wir an eine rein organisatorische Umsetzung des Prozesses denken: In unserem Unternehmen sind gewisse Regeln einzuhalten, z. B. gesetzliche Vorgaben oder Sicherheitsbestimmungen. Jemand muss permanent überwachen, ob die Rahmenbedingungen eintreten, auf die sich diese Regeln beziehen. Wenn sie eintreten, muss etwas getan werden, es muss also ein Prozess gestartet werden. Anders herum darf ein Prozess vielleicht erst gestartet oder fortgesetzt werden, wenn eine definierte Bedingung eingetreten ist.

Aus unserer Sicht ist das systematische Managen von Entscheidungen, also das sogenannte Business Decision Management (BDM), ein elementarer Bestandteil des Business Process Management (BPM). Im BPM stellen wir uns die grundsätzlichste aller Fragen: Was muss unser Unternehmen tun, um erfolgreich zu sein? Das können sehr viele unterschiedliche Dinge sein und eines dieser Dinge ist, möglichst effizient möglichst gute Entscheidungen zu treffen.

4.6 Einschränkung der Symbolpalette?

Für die Erstellung von operativen Prozessmodellen geben wir keine allgemeine Empfehlung zur Einschränkung der Symbolpalette. Der Grund ist einfach, dass es sehr stark von Ihrer Organisation und Ihren Bedürfnissen abhängt, welche Symbole verwendet werden sollten. Es kann beispielsweise auch für ein rein fachliches Prozessmodell extrem wichtig sein, eine Transaktion mit den entsprechenden Kompensationspfaden auszumodellieren, wie wir sie in Abschnitt 2.8.5 auf Seite 88 vorgestellt haben. Auch wenn wir davon ausgehen, dass viele von Ihnen das nie tun werden, haben wir doch genug Kunden in unterschiedlichen Branchen, für die genau dieses Thema absolut erfolgskritisch ist.

Es gibt also kein einziges BPMN-Symbol, das man für die Verwendung auf operativer Ebene allgemeingültig ausschließen kann. Falls Sie die Symbolpalette auf dieser Ebene unbedingt einschränken wollen, müssen Sie diese Entscheidung selbst treffen.

5 DMN – Überblick und Einführung

5.1 DMN verstehen

DMN steht für „Decision Model and Notation" und wird genau wie BPMN von der OMG verwaltet. In diesem Buch beziehen wir uns auf die zum Zeitpunkt des Schreibens aktuelle Version 1.2. DMN erlaubt es, Entscheidungen zu modellieren und über eine Engine auch zu automatisieren. Eine Entscheidung im DMN-Sinn ist das Ableiten eines Ergebnisses („Output") aus gegebenen Tatsachen („Input") auf Basis einer definierten Logik („Decision Logic").

Es geht bei DMN also, anders als bei BPMN, nicht um Aktivitäten oder Abläufe. Ansonsten folgt DMN aber derselben Idee: Entscheidungen können durch Fachwender modelliert und in einer Decision Engine ausgeführt werden. Genau wie bei BPMN enthält die DMN-Standardspezifikation sowohl eine verbale Beschreibung der Notation als auch ein XML-basiertes, formales Metamodell und seit Version 1.2 auch Informationen zur Speicherung der Layoutinformationen.

Wir rechnen mit einer schnellen Verbreitung der DMN und entsprechenden Decision Engines. Das Thema an sich ist nicht neu. Es war bisher unter dem Namen „Business Rules Management" sowie „Rule Engine" bekannt, hat aber nie richtig abgehoben. Unserer Beobachtung zufolge vor allem deshalb, weil entsprechende Werkzeuge immer proprietär und relativ sperrig waren, was die Verbreitung stark behindert hat. Dies wird durch eine neue Generation von Werkzeugen sowie die Einigung auf den DMN-Standard nun korrigiert. Damit erhält auch das systematische Managen von Entscheidungen, also das sogenannte Business Decision Management (BDM), wieder Auftrieb.

Anwendungsfälle für Business Decision Management gibt es viele. Manchmal ist es aus Compliance-Gründen erforderlich, die Entscheidungsfindung genau zu analysieren und zu dokumentieren. Wesentlich häufiger jedoch geht es um die Automatisierung operativer Entscheidungen mit einer Decision Engine, was wir in Abschnitt 6.2.1 auf Seite 201 noch genauer betrachten.

DMN fokussiert übrigens bewusst auf operative und nicht auf strategische Entscheidungen. Es geht also um die Vielzahl „kleiner" tagtäglicher Entscheidungen. DMN adressiert damit nicht die großen strategischen Entscheidungen, z. B. ob Sie als Unternehmen BPMN oder DMN einführen. Diese Entscheidungen sind viel zu einzigartig und folgen meistens keinen expliziten Regeln, weswegen sich eine Modellierung nicht lohnt.

Typische Beispiele operativer Entscheidungen sind:

- Machbarkeitsprüfung oder Genehmigung, z. B. ob ein Kunde für ein bestimmtes Produkt qualifiziert ist oder auch ob ein Schadensfall vollautomatisiert reguliert wird
- Validierung, z. B. ob ein Antrag oder auch eine Schadensmeldung vollständig und inhaltlich gültig ist
- Betrugserkennung, z. B. ob eine Kreditkartenzahlung oder Schadensmeldung auffällig ist
- Risikobewertung, z. B. ob ein Kreditlimit oder ein bestimmter Bestellbetrag per Rechnung gewährt werden kann
- Berechnung, z. B. die Fracht oder Rabattberechnung eines Auftrags
- Zuweisung, wie das Skill-based Routing
- Maximierung, z. B. die Geschäftswertbewertung eines Auftrags zur Bestimmung der richtigen Priorität oder eine Kundenklassifizierung
- Zielgruppenansprache, z. B. welche Produkte „Sie auch interessieren könnten" oder welcher Werbebanner angezeigt wird

Wir verwenden in diesem Buch folgende Begriffe in Einklang mit der DMN-Spezifikation: Es gibt Entscheidungen („Decisions"), die auf Basis von Entscheidungslogik („Decision Logic") getroffen werden. Diese Logik ist über eine Reihe von Regeln („Rules") definiert, die oft als Entscheidungstabelle („Decision Table") zusammengeführt sind. Einzelne Zeilen einer Entscheidungstabelle oder auch die später noch ausführlich behandelten Bedingungen (FEEL-Ausdrücke) sind also Regeln und die Entscheidungstabelle ist ein Regelwerk.

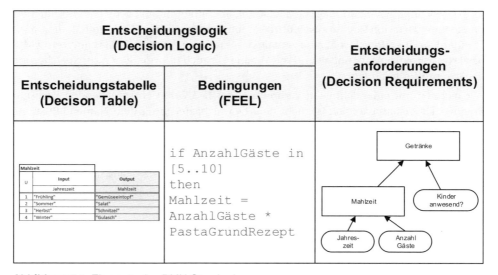

Abbildung 5.1 Elemente des DMN-Standards

Abbildung 5.1 zeigt den Inhalt der DMN-Spezifikation im Überblick. Wir möchten Ihnen in diesem Buch eine Einführung in die gesamte Breite der DMN geben. Wir konzentrieren uns aber auf die aus unserer Sicht praxisrelevanten Elemente und geben bewusst den Standard nicht vollständig wieder. Wir sind aber überzeugt, dass es ausreicht, dass Sie DMN einschätzen oder direkt damit loslegen können.

5.2 Notationselemente

5.2.1 Entscheidungstabellen

Entscheidungstabellen sind das zentrale Element der Spezifikation und **das** Mittel für Business-IT-Alignment. Eine Entscheidungstabelle ist recht intuitiv: Die linken Spalten enthalten die Bedingungen und Eingabewerte („Input") und die rechten Spalten die Ergebnisse („Output"). Jede Zeile entspricht einer Regel. Wenn die Bedingungen auf der linken Seite zutreffen, dann wird das Ergebnis der rechten Seite zurückgegeben.

Entscheidungstabellen sollen dabei immer durch den Fachbereich lesbar bleiben. Daher sind technische Ausdrücke, zum Beispiel um gegen konkrete Datentypen zu mappen, im Hintergrund versteckt. Bedingungen können in der eigens definierten Ausdruckssprache FEEL (Business „Friendly Enough Expression Language") ausgedrückt werden.

Tipp: Business-IT-Alignment

Entscheidungstabellen haben den großen Vorteil, dass sie im Business recht problemlos von einer großen Nutzergruppe verstanden werden. Mit geeigneten Decision Engines lassen sich diese Tabellen direkt „ausführen". In diesem Bereich ist das Business-IT-Alignment tatsächlich sehr einfach zu erreichen. Nutzen Sie diese Chance!

Doch grau ist alle Theorie, lassen Sie uns direkt mit einem Beispiel starten. Nehmen wir an, Sie wollen die äußert wichtige Entscheidung treffen, welches Essen Sie kochen möchten. Eine gewählte „Mahlzeit" soll also das Ergebnis sein. Und was sind die Eingabewerte? Im einfachsten Fall könnte das Essen von der Jahreszeit abhängen, was eine Entscheidungstabelle wie in Abbildung 5.2 ergibt. Natürlich könnte es etwas einseitig werden, den ganzen Frühling lang Spargel zu essen, aber wir haben ja auch gerade erst mit der DMN losgelegt.

Mahlzeit		
U	Jahreszeit	Mahlzeit
1	"Frühling"	"Spargel"
2	"Sommer"	"Salat"
3	"Herbst"	"Steak"
4	"Winter"	"Gulasch"

Abbildung 5.2 Eine einfache Entscheidungstabelle

Mag man einseitige Ernährung noch akzeptieren, so ist es heutzutage politisch nicht mehr korrekt, ein halbes Jahr lang nur Fleischgerichte zu servieren, falls Vegetarier anwesend sind. Um das zu lösen, können wir unserer Entscheidungstabelle eine weitere Eingabespalte hinzufügen. Mehrere Spalten sind dann immer UND-verknüpft, es müssen also alle Bedingungen zutreffen. Allerdings können Sie Zellen einer Tabelle leer lassen. Dies bedeutet, dass diese Bedingung nicht berücksichtigt wird. Im Beispiel in Abbildung 5.3 auf der nächsten Seite gibt es im Frühling also immer Spargel.

Mahlzeit			
U	Jahreszeit	Vegetarische Gäste?	Mahlzeit
1	"Frühling"	-	"Spargel"
2	"Sommer"	-	"Salat"
3	"Herbst"	false	"Steak"
4	"Winter"	false	"Gulasch"
5	"Herbst"	true	"Pasta"
6	"Winter"	true	"Pasta"

Abbildung 5.3 Entscheidungstabellen können mehrere Eingabespalten haben, die Bedingungen sind UND-verknüpft.

Wenn Sie sich die Tabelle genauer anschauen, sehen Sie nun zwei Regeln, die als Ergebnis Pasta liefern. Diese Regeln unterscheiden sich lediglich in der Jahreszeit. Dies kann man auch einfacher ausdrücken, indem man das Komma verwendet, das innerhalb einer Zelle ein ODER ausdrückt. Die Tabelle in Abbildung 5.4 ist daher inhaltlich identisch, aber übersichtlicher.

Mahlzeit			
U	Jahreszeit	Vegetarische Gäste?	Mahlzeit
1	"Frühling"	-	"Spargel"
2	"Sommer"	-	"Salat"
3	"Herbst"	false	"Steak"
4	"Winter"	false	"Gulasch"
5	"Herbst", "Winter"	true	"Pasta"

Abbildung 5.4 In einer Zelle können verschiedene Bedingungen durch Komma getrennt werden, die Bedingungen sind ODER-verknüpft.

Bisher haben wir uns bei unseren Vergleichen auf Gleichheit (=) beschränkt. Natürlich können auch andere arithmetische Vergleichsoperatoren verwendet werden, welche dann explizit in der Tabelle zu sehen sind. Nehmen wir an, Sie möchten gerne Dry Aged Steaks anbieten, können sich das aber nur leisten, wenn nicht zu viele Besucher anwesend sind. Abbildung 5.5 zeigt die passende Entscheidungstabelle, Dry Aged Steak gibt es nur bei bis zu drei Besuchern, danach wird auf ein deutlich günstigeres „normales" Steak zurückgegriffen.

Mahlzeit				
U	Jahreszeit	Vegetarische Gäste?	Anzahl Gäste	Mahlzeit
1	"Frühling"	-	-	"Spargel"
2	"Sommer"	-	-	"Salat"
3	"Herbst"	false	< 4	"Dry Aged Gourmet Steak"
3	"Herbst"	false	>= 4	"Steak"
4	"Winter"	false	-	"Gulasch"
5	"Herbst", "Winter"	true	-	"Pasta"

Abbildung 5.5 Natürlich beschränken sich Vergleiche nicht auf „=".

An dieser Stelle gibt es übrigens wieder eine Chance, die Tabelle noch ein bisschen übersichtlicher zu gestalten. DMN erlaubt das Verbinden von Zellen, alle verbundenen Zellen haben dann die gleiche Bedingung. Abbildung 5.6 zeigt die etwas aufgeräumte Variante. Dies mag nach wenig aussehen, kann bei großen Tabellen aber durchaus viel zur Lesbarkeit beitragen.

Mahlzeit				
U	Jahreszeit	Vegetarische Gäste?	Anzahl Gäste	Mahlzeit
1	"Frühling"	-	-	"Spargel"
2	"Sommer"	-	-	"Salat"
3	"Herbst"	false	< 4	"Dry Aged Gourmet Steak"
3			>= 4	"Steak"
4	"Winter"	false	-	"Gulasch"
5	"Herbst", "Winter"	true	-	"Pasta"

Abbildung 5.6 Zellen können für mehr Übersichtlichkeit verbunden werden.

Angenommen, Sie wollen jetzt noch eine jeweils passende Beilage definieren. Auch dies können wir recht einfach ausdrücken, denn DMN erlaubt beliebig viele Ergebnisspalten. Abbildung 5.7 zeigt das Ergebnis.

Mahlzeit				
U	Jahreszeit	Vegetarische Gäste?	Mahlzeit	Beilage
1	"Frühling"	-	"Spargel"	"Kartoffeln"
2	"Sommer"	-	"Salat"	"Brot"
3	"Herbst"	false	"Steak"	"Bratkartoffeln"
4	"Winter"	false	"Gulasch"	"Reis"
5	"Herbst", "Winter"	true	"Pasta"	"Salat"

Abbildung 5.7 Es sind mehrere Ergebnisspalten möglich.

Vermutlich fragen Sie sich bereits seit einigen Beispielen, warum wir ständig „true" und „false" in die Tabelle schreiben (statt zum Beispiel „Ja" oder „Nein") oder Jahreszeiten und Gerichte in Hochkommas einschließen. Dies kommt von der erwähnten Ausdruckssprache FEEL, da eine Entscheidungstabelle im Hintergrund immer in gültiges FEEL übersetzt werden können muss. Schauen wir uns das genauer an.

 Tooling

Da DMN-Entscheidungstabellen potenziell ausführbar sind und dafür in korrektes FEEL übersetzt werden, müssen Sie in den Tabellen korrekt arbeiten. Werkzeuge können Ihnen hier aber die Arbeit erleichtern und zum Beispiel Sichten anbieten, die für das Business-IT-Alignment gewisse FEEL-Charakteristika verstecken. So kann ein Werkzeug ja durchaus „Ja" und „Nein" anzeigen, im Hintergrund aber trotzdem „true" und „false" abspeichern.

5.2.2 Ausdrücke in Entscheidungstabellen

Um Bedingungen in Tabellen auszudrücken, wird die „Friendly Enough Expression Language" (FEEL) verwendet. Genauer gesagt werden Tabellen im Hintergrund in FEEL übersetzt, wie in Abbildung 5.8 beispielhaft gezeigt. Dabei gibt es folgende Elemente der Entscheidungstabelle:

- Die **Input Expression** wird im Spaltenkopf definiert. Spätestens bei der Automatisierung werden hier Variablen referenziert oder komplexe Expressions verwendet, z. B. Berechnungen. Es gibt Möglichkeiten, diese technischen Ausdrücke zu verstecken, so dass der Spaltenkopf fachlich lesbar bleibt.
- Ein **Input Entry** ist eine einzelne Zelle. Meist werden hier konkrete Werte (Literale) eingetragen. Berechnungen oder Funktionsaufrufe sind laut Standard nicht zulässig, werden aber evtl. durch Herstellererweiterungen erlaubt.
- Die **Output Expression** ist der Spaltenkopf eines Ergebnisses, welcher typischerweise den Namen der Ergebnisvariable enthält.
- Ein **Output Entry** ist eine Ergebniszelle, die meistens einen konkreten Wert (Literal) enthält, prinzipiell aber auch durch eine Expression ausgedrückt werden kann. Berechnungen oder Funktionsaufrufe sind also erlaubt.

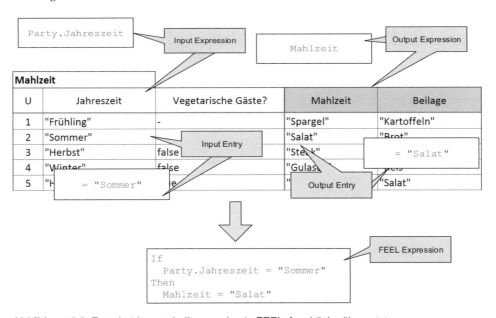

Abbildung 5.8 Entscheidungstabellen werden in FEEL-Ausdrücke übersetzt.

Am besten schauen wir uns dies wieder an konkreten Beispielen an. Wir möchten uns in diesem Abschnitt auf gängige Konstrukte in Entscheidungstabellen konzentrieren. Mehr Details zu FEEL, das übrigens auch außerhalb von Entscheidungstabellen angewendet werden kann, folgen dann in Abschnitt 5.2.4 auf Seite 188.

Im letzten Abschnitt haben wir bereits einfache Vergleiche kennengelernt. Was aber, wenn Sie bei genau 6, 7 oder 8 Gästen Spinat kochen möchten? Natürlich könnten Sie das Komma verwenden („6, 7, 8"), was aber bei größeren Wertebereichen äußert lästig wäre. Daher kennt FEEL Bereiche, was die Tabelle in Abbildung 5.9 ermöglicht.

Mahlzeit			
U	Jahreszeit	Anzahl Gäste	Mahlzeit
1	"Frühling"	<= 4	"grüner Spargel"
2		5	"weißer Spargel"
3		[6..8]	"Spinat"
4		>= 9	"Pasta"
5	not("Frühling")	-	"Lasagne"

Abbildung 5.9 Über [..] können Bereiche ausgedrückt werden.

Wir haben hier gleich noch mehr FEEL versteckt. Die „not"-Funktion negiert eine Bedingung, so dass wir der Einfachheit halber immer Lasagne essen, wenn nicht gerade Frühling ist.

Das bereits erwähnte Komma als ODER-Verknüpfung kann nun übrigens auch mit beliebigen Bedingungen verwendet werden. So könnte ein abergläubischer Mathematiker bei Primzahlen im Frühling grünen Spargel essen, wie in Abbildung 5.10 gezeigt.

Mahlzeit			
U	Jahreszeit	Anzahl Gäste	Mahlzeit
1	"Frühling"	<= 3, 5, 7, 13, 17	"grüner Spargel"
2	"Frühling"	4, 6, [8..12], [14..16], >17	"weißer Spargel"
5	not("Frühling")	-	"Lasagne"

Abbildung 5.10 Komplexe Oder-Verknüpfungen von Bedingungen mit Komma sind möglich.

Ein besonderes Augenmerk sollten Sie auf die Möglichkeiten der logischen Verknüpfungen richten. Dabei gibt es Grenzen der Ausdrucksfähigkeit in Entscheidungstabellen, genau genommen haben wir bereits alles gesehen. Sie können zum Beispiel keine Bedingungen in einer Zelle UND-verknüpfen, dazu müssten Sie stattdessen eine Spalte duplizieren. Abbildung 5.11 zeigt, wie der Bereich „[6..8]" in zwei Bedingungen aufgelöst werden müsste.

Mahlzeit				
U	Jahreszeit	Anzahl Gäste	Anzahl Gäste	Mahlzeit
1	"Frühling", "Sommer"	<= 4	-	"grüner Spargel"
2		5	-	"weißer Spargel"
3		>=6	<=8	"Spinat"
4		>= 9	-	"Pasta"
5	not("Frühling", "Sommer")	-	-	"Lasagne"

Abbildung 5.11 Eine UND-Verknüpfung zweier Bedingungen ist nur über Duplizieren der Spalten möglich.

In dieser Tabelle sehen Sie noch ein weiteres Beispiel der „not"-Funktion. Wenn Sie ausschließen wollen, dass verschiedene Bedingungen gelten, müssen diese innerhalb der Klammern aufgeführt sein. Sie dürften also nicht schreiben:

```
not("Fruehling"), not("Sommer")
```

Denn es ist **immer** entweder nicht Frühling **oder** nicht Sommer.

Zu guter Letzt möchten wir noch erwähnen, dass FEEL weitere Datentypen, wie zum Beispiel Uhrzeit, Datum und Zeitdauern, kennt. Damit können Sie ganz einfach ausdrücken, dass Sie an Silvester auf jeden Fall Fondue kochen möchten. Dies ist in Abbildung 5.12 gezeigt.

Mahlzeit			
U	Jahreszeit	Datum	Mahlzeit
1	-	date("2016-12-31")	"Fondue"
2	"Frühling"	-	"Spargel"
3	"Sommer"	-	"Salat"
4	"Herbst"	-	"Steak"
5	"Winter"	not(date("2016-12-31"))	"Gulasch"

Abbildung 5.12 Dank Datentyp Datum gibt es an Silvester Fondue.

Sie sehen, dass wir nun bei der Regel für den Winter prüfen müssen, dass nicht Silvester ist. Dies hat mit der sogenannten „Hit Policy" zu tun. Aktuell haben wir „Unique" verwendet, was Sie an dem „U" oben links in der Tabelle erkennen können. Es muss genau eine Regel (= 1 Zeile) der Tabelle zutreffen. Es ist nicht erlaubt, dass wir Fondue **und** Gulasch essen. Dies kann man ungerecht finden, es ist aber in der aktuellen Tabelle klar ausgedrückt. Das wollen wir uns genauer ansehen.

5.2.3 Hit Policy – die Auswertungsvorschrift

Die Hit Policy, auf Deutsch in etwa „Auswertungsvorschrift", gibt an, wie viele Regeln zutreffen können und wie damit umzugehen ist, falls mehrere zutreffen. Wir haben an dieser Stelle übrigens von der Übersetzung des Begriffs „Hit Policy" sowie der konkreten Ausprägung abgesehen, um Verwirrung vorzubeugen. Schließlich erscheinen die Anfangsbuchstaben der englischen Bezeichnung sehr prominent in jeder Tabelle und wir möchten Ihnen empfehlen, dies einfach zu akzeptieren.

Der Anfangsbuchstabe der Hit Policy wird in der linken oberen Ecke der Tabelle angezeigt. In unseren bisherigen Beispielen werden Sie immer ein „U" finden, dies ist die Hit Policy „Unique".

Unique (U): eindeutige Treffer

„Unique" (abgekürzt: U) bedeutet, dass genau eine Zeile (=1 Regel) zutreffen darf. Diese Hit Policy ist der Standard und wird auch verwendet, falls keine Hit Policy angegeben ist. Theoretisch könnten Sie das „U" in der grafischen Darstellung dann weglassen, wir empfehlen Ihnen jedoch, die Kennzeichnung immer anzugeben, um Missverständnissen vorzubeugen.

Typische Anwendungsfälle sind:

- Rabattermittlung,
- Ermittlung zuständiger Mitarbeiter für eine Aufgabe.

Wie wir bereits im letzten Beispiel in Abbildung 5.12 auf der vorherigen Seite gesehen haben, ist „Unique" aber nicht immer die beste Strategie, um eine übersichtliche Tabelle aufzustellen.

First (F): der erste Treffer

Die Beispieltabelle wird mit der Hit Policy „First" (abgekürzt: F) schon übersichtlicher, wie in Abbildung 5.13 gezeigt. Jetzt bestimmt die erste zutreffende Zeile das Ergebnis, alle weiteren Zeilen sind irrelevant. Die Reihenfolge ist von oben nach unten, wie in unserem Kulturkreis üblich. Nun können sehr einfache Regeln geschrieben werden, in denen Sonderfälle weiter oben abgehandelt werden, um danach die Standards zu definieren. So ist das Fondue an Silvester ja eine klare Ausnahme, hat sie nicht gegriffen, brauchen wir im Winter nicht mehr prüfen, dass nicht Silvester ist.

Mahlzeit			
F	Jahreszeit	Datum	Mahlzeit
1	-	date("2016-12-31")	"Fondue"
2	"Frühling"	-	"Spargel"
3	"Sommer"	-	"Salat"
4	"Herbst"	-	"Steak"
5	"Winter"	-	"Gulasch"

Abbildung 5.13 Mit Hit Policy First bestimmt die erste zutreffende Zeile das Ergebnis.

Eine Konsequenz dieser Hit Policy ist, dass die Reihenfolge der Zeilen bei der Regelpflege stets beachtet werden muss. Dies ist bei großen Regelwerken nicht immer einfach und setzt auch voraus, dass der Autor weiß, was „F" bedeutet.

Typische Anwendungsfälle sind:

- Ermittlung der Kreditwürdigkeit. So könnten zuerst klare Regelungen für schwarze Schafe oder Bestandskunden getroffen werden, um hinterher Neukunden mit einer umfangreicheren Tabelle zu bewerten.
- Risikoermittlung oder Betrugserkennung. Es könnten ja verschiedene Risiken zutreffen, wobei es aber oft reicht, das erste Risiko zu ermitteln.

„Priority": der wichtigste Treffer

Eine andere Variante ist die Verwendung von „Priority" (abgekürzt: P). Die Priorität wird in DMN über die Ergebnisspalten definiert. Dazu wollen wir noch eine Kleinigkeit nachschieben, die wir bisher unterschlagen haben: Sie können in Spalten Aufzählungen von gültigen Werten definieren. Diese Werte haben dann eine Reihenfolge, nämlich genau die Reihenfolge, in der sie aufgeschrieben sind.

Mahlzeit				
P	Jahreszeit	Datum	Relevanz *Ausnahme, Normal*	Mahlzeit
2	"Frühling"	-	Normal	"Spargel"
3	"Sommer"	-	Normal	"Salat"
4	"Herbst"	-	Normal	"Steak"
1	-	date("2016-12-31")	Ausnahme	"Fondue"
5	"Winter"	-	Normal	"Gulasch"

Abbildung 5.14 Die Ergebnisspalte kann eine Priorität definieren, die das Ergebnis bestimmt.

Im Beispiel in Abbildung 5.14 ist die Prioriät also

1. Ausnahme
2. Normal

Um die Priorität zu ermitteln, wird zuerst die erste Ergebnisspalte betrachtet (also die Ergebnisspalte ganz links). Alle zutreffenden Regeln mit Ergebniswert in dieser Spalte werden entsprechend der Priorität sortiert. Danach wird das Ergebnis mit der höchsten Priorität ausgewählt. Existieren mehrere Ergebnisse höchster Priorität, wird für diese die nächste Spalte angesehen. In unserem Beispiel ist es also wichtig, dass die Spalte „Relevanz" die erste Ergebnisspalte ist und sauber befüllt wird.

Ein Vorteil der Priorität ist, dass die Reihenfolge der Zeilen keine Rolle spielt, was die Pflege vereinfacht. Dagegen ist es nicht mehr so einfach ersichtlich, welche Regel gewinnt und wie mit Konflikten umgegangen wird.

Ein typischer Anwendungsfall ist die Risikoermittlung mit unterschiedlichen Risikostufen, wobei nur die härteste gefundene Risikostufe interessiert.

„Collect" (C): alle Treffer

Bisher hat immer genau eine Zeile das Ergebnis bestimmt. Dies muss nicht zwangsläufig so ein. Nehmen wir an, Sie wollen auch über die Getränke Ihrer Party entscheiden. Es ist durchaus realistisch, dass Sie nicht nur Bier oder Wein reichen, sondern vielleicht mindestens noch Soft-Drinks oder Wasser.

Dafür gibt es die Hit Policy „Collect" (abgekürzt: C). Mit dieser Hit Policy werden die Ergebnisse **aller** zutreffenden Zeilen aufgesammelt. Das Ergebnis der Entscheidung ist also eine Liste von Ergebnissen.

Getränke			
C	Mahlzeit	Kinder anwesend?	Getränk
1	"Spargel"	-	"Weißwein"
2	not("Spargel")	-	"Bier"
3	-	true	"Soft-Drinks"
4	-	-	"Wasser"

Abbildung 5.15 Es werden verschiedene passende Getränke aufgesammelt.

Abbildung 5.15 auf der vorherigen Seite zeigt ein Beispiel. Sie können mit dieser Entscheidungstabelle verschiedene Kombinationen von Getränken reichen. Schauen wir uns das Ergebnis bei Spargel an – jetzt gibt es Weißwein. Sind Kinder anwesend, gibt es zusätzlich Soft-Drinks. Und es gibt sowieso immer – völlig unabhängig vom Gericht – Wasser.

Typische Anwendungsfälle sind

- Risikoermittlung, wenn alle Risiken gesammelt werden,
- Betrugserkennung oder Validierung, wobei alle Auffälligkeiten gesammelt werden.

„Collect" mit Aggregation: Summe der Treffer

Sollten Sie eine Faschingsparty ausrichten, möchten Sie vielleicht die Kostüme Ihrer Gäste bewerten. Natürlich ist dies auch eine Entscheidung. Dies ist im Prinzip so ähnlich, wie wenn Ihre Bank Ihre Bonität bewertet. Dabei werden typischerweise Scoring-Modelle verwendet, die bestimmte Faktoren mit Punktzahlen belegen. Die Summe der Punkte ergibt Ihren Score.

Für unsere Faschingsparty kann dies wie in Abbildung 5.16 aussehen. Dabei können wir bestimmte Faktoren auch „bestrafen" und negative Punkte für langweilige Kostüme vergeben. Jetzt können wir diese Entscheidungstabelle auf jeden Gast mit Kostüm anwenden und erhalten eine entsprechende Bewertung. Das Aufsummieren aller Ergebniswerte übernimmt dabei DMN, was am kleinen „C+" in der linken oberen Ecke erkennbar ist.

Kostümbewertung					
C+	Herstellungsart	Schminke	Kreativitätsfaktor	Realistisch?	Score
1	"Selbst genäht"	-	-	-	20
2	"Aus anderen Kostümen zusammengewürfelt"	-	-	-	10
3	"Gekauft"	-	-	-	0
4	-	"Keine"	-	-	-10
5	-	"Ein bisschen"	-	-	10
6	-	"Ernsthaft"	-	-	20
7	-	-	"Langweilig"	-	-20
8	-	-	"Sehr kreativ"	-	20
9	-	-	-	true	5
10	-	-	-	false	0

Abbildung 5.16 Mit Aggregationsfunktion wird ein Gesamt-Score als Ergebnis berechnet.

Natürlich könnten Sie auch anders an die Sache herangehen und z. B. den Aspekt mit der höchsten Punktzahl als ausschlaggebend ansehen. Dann schreiben Sie einfach „C>", da Sie nun an dem Maximum interessiert sind. Konkret kennt DMN folgende Aggregationsfunktionen im Zusammenhang mit Collect:

- C+: Die Werte werden aufsummiert.
- C<: Der kleinste Wert wird verwendet.
- C>: Der größte Wert wird verwendet.
- C#: Die Anzahl der Treffer wird gezählt.

Ein typischer Anwendungsfall ist das Scoring.

Hit Policies in der Übersicht

Wir haben Ihnen nun die aus unserer Sicht relevanten Hit Policies gezeigt. Der Vollständigkeit halber möchten wir hier noch kurz alle laut Standard möglichen Policies kurz aufführen. Diese werden unterschieden, ob ein oder mehrere Ergebnisse zulässig sind. Folgende **Single Hit** Policies erlauben exakt ein eindeutiges Ergebnis:

- **U**nique: Es muss genau eine Zeile zutreffen.
- **F**irst: Die erste Zeile, die zutrifft, bestimmt das Ergebnis.
- **A**ny: Es können beliebig viele Zeilen zutreffen, diese müssen dann aber das gleiche Ergebnis liefern.
- **P**riority: Die Zeile mit der höchsten Priorität trifft zu.

Daneben erlauben die **Multiple Hit** Policies, dass mehrere Ergebnisse zurückgegeben werden:

- **C**ollect: Das Ergebnis ist eine Liste aller Ergebnisse ohne definierte Reihenfolge. Es kann optional eine der folgenden Aggregatfunktionen hinzugefügt werden: + (Summe), < (Minimum), > (Maximum), # (Anzahl). Mit Aggregatfunktion wird aber natürlich nur ein Ergebnis zurückgeliefert und Collect wird streng genommen zu einer Single Hit Policy.
- **R**ule Order: eine Liste der Ergebnisse in der Reihenfolge der Tabellenzeilen.
- **O**utput Order: eine Liste der Ergebnisse in der Reihenfolge der Priorität.

Die meisten Sachverhalte können Sie übrigens durchaus über mehrere Hit Policies adressieren, wie wir bereits beim einfachen Essensbeispiel gesehen haben. Dabei hat die Hit Policy Auswirkungen auf die Übersichtlichkeit und Wartbarkeit der Tabelle. Oft lohnt es sich, verschiedene Varianten auszuprobieren, bis man ein besseres Bauchgefühl dafür entwickelt hat. Wir können Ihnen dazu auch empfehlen, Tabellen möglichst früh real auszuprobieren. In der Praxis benutzen wir dazu oft den von uns frei zur Verfügung gestellten Online-Simulator unter *https://camunda.org/dmn/simulator/*.

5.2.4 FEEL für Fortgeschrittene

Wir haben die „Friendly Enough Expression Language" (FEEL) bereits mehrfach erwähnt und in Entscheidungstabellen auch bereits angewandt. Das Ziel bei der Standardisierung von FEEL war eine Ausdruckssprache, die von Fachbereichen verstanden wird, aber auch formal so präzise ist, dass sie von Engines direkt ausgeführt werden kann. Wenn Sie jetzt sagen, dass dies gar nicht möglich ist, dann möchten wir widersprechen. Schauen Sie sich nur Excel einmal genauer an. Was wir bei Kunden schon in Excel-Formeln gesehen haben, die wohlgemerkt vom Fachbereich erstellt wurden, würde die meisten studierten Informatiker an ihre Grenzen bringen. Aber auch das sind nur die Ausnahmen, die Vielzahl der Formeln sind vergleichsweise einfach und damit auch gut lesbar und verständlich.

Neben Entscheidungstabellen kann FEEL aber auch für einfache Entscheidungslogik ohne Tabelle verwendet werden. Dies mag auf den ersten Blick etwas verwirrend erscheinen, aber es gibt durchaus Entscheidungen, die sich nicht sinnvoll als Tabelle ausdrücken lassen. Wenn Sie sich an die Prämierung der Faschingskostüme erinnern, wäre eine sinnvolle Regel dort: „Das Kostüm mit der höchsten Punktzahl gewinnt. Bei Gleichstand geht es nach Alphabet des Nachnamens." Dies könnten Sie nun als FEEL-Ausdruck beschreiben.

Aber der Reihe nach. Starten wir mit einer einfachen FEEL-Expression, die Sie bereits aus Abbildung 5.8 auf Seite 182 kennen.

```
if
  Party.Jahreszeit = "Sommer"
then
  Mahlzeit = "Salat"
```

Dies ist eine gültige Regel und muss nicht unbedingt als Tabelle formuliert werden (natürlich wäre in diesem Beispiel eine Entscheidungstabelle hinsichtlich Business-IT-Alignment die bessere Wahl).

Im Rest dieses Kapitels wollen wir jetzt tiefer in die Natur von FEEL einsteigen. Dies ist mindestens dann hilfreich, wenn Sie Regeln für die Ausführung definieren oder auch nur gewisse Ausdrücke im Detail verstehen wollen. Sie können diese Details aber auch getrost überspringen, wenn Ihnen die bisherigen Beispiele ausreichen, um Ihre Entscheidungstabellen auszudrücken.

Datentypen

Sie können in FEEL konkrete Werte als Literal angeben, wobei folgende Datentypen erlaubt sind:

- Texte (String). Diese werden immer in Anführungszeichen geschrieben, z. B. „Sommer".
- Zahlen (Number). Diese werden ohne Anführungszeichen geschrieben, z. B. 42.
- Ja/nein (Boolean). Es wird *true* oder *false* geschrieben.
- Zeit und Datum (time, date). Werte werden als Funktion geschrieben, z. B. *date(„1980-01-01")*.
- Zeitdauer (in Tagen, Monaten oder Jahren).

Neben konkreten Werten können auch Variablen referenziert werden, die dann spätestens bei der Ausführung durch eine Engine bereitgestellt werden müssen. Variablennamen werden dabei immer ohne Anführungszeichen geschrieben. Hier gilt es genau aufzupassen, denn folgende Zeilen drücken nicht dasselbe aus:

```
Jahreszeit = "Sommer"
Jahreszeit = Sommer
```

Die erste Zeile vergleicht mit dem Text „Sommer" (Literal). Die zweite Zeile vergleicht mit dem Wert der Variablen mit dem Namen Sommer. Sie müssen also genau auf den Datentyp achten.

Übrigens können als Variablen auch komplexe Objekte verwendet werden, so könnte die Party ein Objekt mit mehreren Attributen sein:

```
Party.Jahreszeit = "Sommer"
Party.AnzahlGaeste > 17
```

Datumswerte müssen über die „date"-Funktion erzeugt werden, sonst werden sie nicht als Datum, sondern als Text behandelt. Will man also prüfen, ob die Party erst nach der BPMCON 2016 stattfindet, muss man schreiben:

```
Party.Datum > date("2016-09-16")
```

Übersetzungen der englischen Begriffe sind im Standard übrigens nicht vorgesehen, aber auch hier hält niemand die Hersteller auf, eigene Sichten anzubieten, die das in der Anzeige ändern. Wichtig ist immer, dass in der XML-Datei hinter den Kulissen die korrekten Werte stehen.

Die Spezifikation sieht übrigens vor, dass Texte statt mit Anführungszeichen auch alternativ kursiv und Datumswerte fett und kursiv dargestellt werden können. Dies ist allerdings ebenfalls eine reine Hilfe zur Anzeige, im Hintergrund müssen trotzdem korrekte Werte erzeugt werden. Da diese Details schnell übersehen werden können, sind wir übrigens keine Fans dieser alternativen Darstellung.

Operatoren

Die wichtigsten Operatoren sind:

- Vergleiche: =, !=, >, >=, <, <=.
- Bereiche: [1..10],]0..11[, (0..11). Alle Bereiche meinen 1 bis 10, da bei][sowie () die Grenzwerte **nicht** inkludiert sind, bei [] dagegen schon. In Projekten ist es empfehlenswert, nach Möglichkeit nur ein Konstrukt zu verwenden, wobei sich [1..10] bisher als beste Lösung herausgestellt hat, zumindest bei ganzen Zahlen.
- Negation: not().
- Berechnungen: Sie können die Grundrechenarten für mathematische Berechnungen verwenden.

Die folgenden Beispiele zeigen ein paar Operatoren in Aktion (wobei wir den Logikoperator „and" verwenden, der nur in FEEL und nicht in S-FEEL zur Verfügung steht):

```
if
  Party.Datum = date("2016-09-16") and
  Party.AnzahlGaeste in [25..100] and
  Party.CoolnessFaktor > 5 and
  not( Party.SchwerpunktZerocode )
then
  Empfehlung = "Party zeitgleich mit BPMCON! Aber zu wenige TN. Ignorieren."

if
  Party.AnzahlGaeste + Party.AnzahlVormeldungen > 500
then
  Empfehlung = "Neue Lokalitaet suchen"
```

5.2.5 Decision Requirements

Manche Entscheidungen können nicht in einer einfachen Tabelle ausgedrückt werden. Auch gibt es oft voneinander abhängige Entscheidungen. Diese Situationen können über den „Decision Requirements Graph" modelliert und als „Decision Requirements Diagram" (DRD) visualisiert werden.

Stellen Sie sich Ihre Dinner-Party vor. Sie möchten entscheiden, welches Getränk Sie reichen. Dies hängt aber nun natürlich auch von der Mahlzeit ab – schließlich wollen Sie einen guten Weißwein zu dem leckeren Spargel reichen – oder?

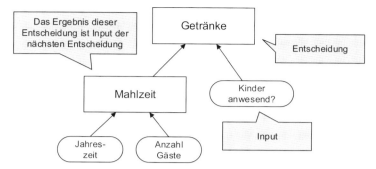

Abbildung 5.17 Das Decision Requirements Diagram (DRD) zeigt Entscheidungen, Eingabewerte und Beziehungen zwischen Entscheidungen.

Das DRD in Abbildung 5.17 zeigt die zu treffenden Entscheidungen, die notwendigen Inputs und die Beziehung der Entscheidungen untereinander. So verwenden Sie das Ergebnis der Mahlzeit-Entscheidung als Eingabewert für die Getränke-Entscheidung.

Das DRD ist ein gutes Werkzeug für Diskussionen über Entscheidungsstrukturen. So könnte Ihnen im Workshop mit Ihrem Partner auffallen, dass es ja auch noch andere Gästegruppen gibt, die antialkoholische Getränke bevorzugen. Auf Basis des DRD beschließen Sie vielleicht, dass Sie diese Entscheidung auslagern wollen, um die Getränke-Entscheidungstabelle nicht unnötig zu verkomplizieren. Sie ändern das DRD also wie in Abbildung 5.18 gezeigt.

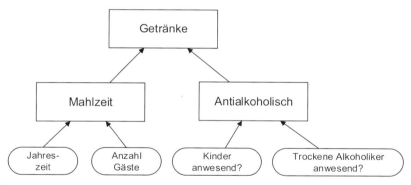

Abbildung 5.18 Dieses DRD hat die Entscheidung, ob Alkohol OK ist, ausgelagert.

Dies hat noch einen weiteren Vorteil: Sie können nun in Zukunft auch weitere Gründe für Alkoholabstinenz in die Tabelle einführen, ohne die Getränke-Entscheidung anfassen zu müssen. Außerdem wird die Logik wiederverwendbar, vielleicht wollen Sie ja auch beim Nachtisch aufpassen, dass sich dort kein Alkohol versteckt.

Ein Entscheidungsknoten im DRD ist mit Entscheidungslogik verknüpft. Das bedeutet, im Hintergrund kann FEEL oder natürlich meist eine Entscheidungstabelle verknüpft werden. Bei der Diskussion des DRD hilft es übrigens ungemein, beispielhafte Entscheidungstabellen zu erstellen, da dies die Situation meist wesentlich plastischer macht. Abbildung 5.19 auf der nächsten Seite zeigt dies exemplarisch. Dies ist vermutlich genau das, was Sie mit Ihrem Partner an das Whiteboard in der Küche gemalt hätten.

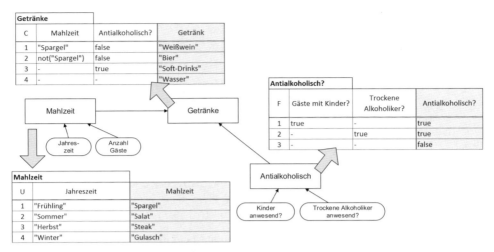

Abbildung 5.19 Entscheidungsknoten im DRD sind mit Entscheidungslogik, meist Entscheidungstabellen, verknüpft.

Es müssen übrigens nicht zwangsläufig alle in der Tabelle enthaltenen Inputs grafisch visualisiert werden. Im Gegenteil – in der Praxis ist es manchmal sogar wünschenswert eine eigene Granularität zu wählen. So wollen Sie vielleicht nur die „Party" als Objekt im DRD sehen, aber in den Tabellen auf einzelne Attribute, wie das Datum oder die Anzahl der Gäste, eingehen.

Die DMN erlaubt es, dass Sie einen komplexen „Decision Requirement Graph" (DRG) durch verschiedene DRDs visualisieren. Damit könnte jedes Diagramm nur Bruchteile zeigen, um bestimmte Sachverhalte zu erklären. Dies ist vergleichbar mit BPMN, wo Sie theoretisch auch mehrere Business Process Diagrams für ein und dieselbe Kollaboration zeichnen können. In der Praxis ist dies eher selten – und wir haben dies bei DMN bisher auch noch nicht erlebt. Daher können Sie der Einfachheit halber meist von DRG = DRD ausgehen.

■ 5.3 Praxistipps

5.3.1 Verknüpfung von BPMN und DMN

In Prozessen sind regelmäßig Entscheidungen zu treffen. In Abschnitt 4.5.6 auf Seite 171 haben wir bereits erläutert, wann und warum diese Entscheidungen nicht im Prozessmodell, zum Beispiel über Gateways, modelliert werden sollen. Stattdessen bietet BPMN einen eigenen Aufgabentyp an, um Regelwerke zu verknüpfen. Zum Zeitpunkt der Verabschiedung von BPMN sprach man noch von „Business Rules Management" anstatt wie heute von „Decision Management", daher heißt dieser Typ Geschäftsregel-Aufgabe („Business Rule Task").

Sie können sich das Vorgehen ganz einfach vorstellen: Sobald ein BPMN-Prozess in der Geschäftsregel-Aufgabe ankommt, wird er das Regelwerk auswerten. Danach liegt das Ergebnis der Entscheidung im Prozess vor und kann dort weiter ausgewertet werden, zum Beispiel über ein Gateway. In Abschnitt 6.2.6 auf Seite 206 gehen wir auch noch mal genauer auf die technische Integration von Workflow und Decision Engine ein, oft ist beides auch integriert in einer Engine zu finden. Die konkrete Verbindung zu DMN ist aktuell (noch) nicht standardisiert, da BPMN wesentlich älter ist als DMN. Dies wird aber durch Herstellererweiterungen abgefedert.

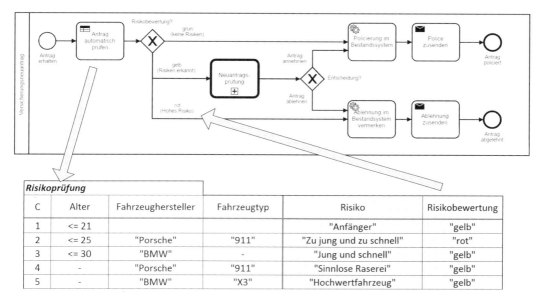

Abbildung 5.20 Logik für Geschäftsentscheidungen in DMN kann aus BPMN-Prozessen heraus aufgerufen werden. Das Ergebnis wird oft für Routing-Entscheidungen im Prozess verwendet.

Abbildung 5.20 zeigt das Beispiel aus unserem Einführungskapitel. Bei der Risikoprüfung wird also das DMN-Regelwerk bemüht und mit diesem Ergebnis treffen wir im Prozess danach eine Routing-Entscheidung. Vielleicht möchten Sie zu Abschnitt 4.5.6 auf Seite 171 zurückblättern, um sich den Unterschied zwischen Geschäftsentscheidungen und Routing-Entscheidungen noch einmal in Erinnerung zu rufen.

5.3.2 Entscheidungen mit Decision Flow

Nehmen wir an, Sie wollen über Datum und Ort Ihrer Feier entscheiden. Das sollte doch nicht schwer sein – also gehen Sie wieder in den Workshop mit Ihrem Partner. Am Whiteboard entsteht die Skizze in Abbildung 5.21 auf der nächsten Seite.

Das erscheint auch alles recht logisch. Daher gehen Sie frisch ans Werk und wollen die Entscheidungstabellen skizzieren. Doch leider klappt das nicht so, wie Sie es sich vorgestellt haben:

- Sie können schlecht eine Entscheidungstabelle erstellen, die alle möglichen Termine mit einer Bewertung enthält. Stattdessen müssen Sie in einem ersten Schritt alle relevanten

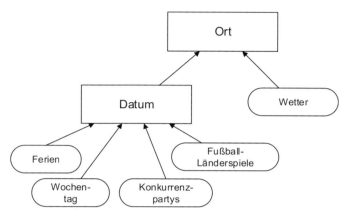

Abbildung 5.21 Eine einfache Entscheidung?

Tage ermitteln, z. B. Samstage im Mai oder Juni. Danach können Sie diese Tage bewerten, um herauszufinden, welcher Tag am besten geeignet ist.

- Sie möchten sich dann für einen Termin entscheiden, nämlich den mit der höchsten Bewertung. Diese Entscheidung ist nicht für eine Tabelle geeignet, sondern kann als einfache Expression ausgedrückt werden.
- Die Entscheidung über den Ort können Sie erst treffen, wenn Sie den Termin festgelegt haben. Dazu brauchen Sie außerdem weitere Informationen, wie beispielsweise den Wetterbericht, die Sie aber erst abrufen können, wenn Sie den Termin wissen.

Sie sehen schon, die Entscheidung ist kompliziert und verlangt an einigen Stellen nach einer Reihenfolge. Der DMN-Standard blendet dieses Thema zwar vollständig aus, aber in der Praxis hat es sich bewährt, in diesen Fällen einen „Decision Flow" zu modellieren, natürlich in BPMN.

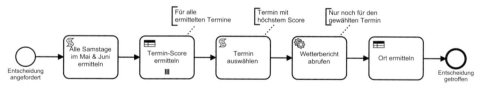

Abbildung 5.22 Der Decision Flow bringt eine Reihenfolge in komplexe Entscheidungen.

Abbildung 5.22 zeigt den Decision Flow für unsere Party. Sie sehen, dass wir zuerst alle interessanten Termine einsammeln (hier als Script-Aufgabe, das könnte natürlich auch eine Sevice-Aufgabe sein). Danach wird die Geschäftsregel-Aufgabe mehrfach, nämlich für jeden Termin, ausgeführt. Damit haben wir einen Score für jeden Termin und können recht einfach den bestgeignetsten Termin heraussuchen. Nur für diesen Termin rufen wir dann auch den Wetterbericht ab, was ja nun wirklich ein realer Service-Aufruf sein kann. Und mit diesen Daten gehen wir in die Entscheidung über den Ort.

Damit wir ein vollständiges Regelwerk für unsere Entscheidung haben, müssen wir natürlich noch die beiden notwendigen Entscheidungstabellen umsetzen. Dies ist jetzt aber recht einfach, Beispiele finden Sie in Abbildung 5.23 auf der nächsten Seite.

Termin-Score				
C+	Schulferien?	Entfernung Konkurrenz-Party (in km)	Fußball-Länderspiel?	Score
1	true	-	-	-5
2	-	<20	-	-50
3	-	[20..50]	-	-20
4	-	-	true	-10

Ort			
U	Jahreszeit	Wetter	Durchführungs-Ort
1	"Winter", "Herbst"	-	"Restaurant mieten"
2		"Regen"	"Esszimmer"
3	"Frühling", "Sommer"	"Wechselhaft"	"Balkon"
4		"Sonne"	"Garten"

Abbildung 5.23 Die Entscheidungstabellen, die im Decision Flow verwendet werden können

Dieses Beispiel zeigt übrigens ein sehr typisches Muster, wenn wir aus einer großen Menge von Werten etwas heraussuchen möchten. Wir haben dieses Muster den „Entscheidungstrichter" genannt. Er umfasst typischerweise folgende in Abbildung 5.24 abgebildeten Schritte:

1. Sie entscheiden über bestimmte Suchkriterien, in diesem Fall „alle Samstage im Mai und Juni". Dies ist eine nicht formalisierte Entscheidung, die Sie mit Ihrem Bauch treffen. Dies könnte aber auch mit DMN passieren, z. B. weil Sie anhand der Party-Anforderungen die richtigen Monate und mögliche Wochentage ermitteln.
2. Sie suchen aus einer großen Datenmenge die Elemente, die auf diese Kriterien passen. Dies wird typischerweise nicht mit DMN erledigt, sondern aus Performance-Gründen mit ausprogrammierten Services oder auch SQL-Abfragen an eine Datenbank.
3. Vielleicht filtern Sie die Ergebnisliste nochmals mit DMN, weil Sie z. B. Regeln definieren wollen, die bestimmte Elemente ausschließen. Dies haben wir in unserem Beispiel nicht gebraucht.
4. Sie bewerten alle Elemente der aktuellen Liste, meist mit einer DMN-Scoring-Tabelle.
5. Sie wählen genau ein Element aus, meistens das mit dem höchsten Score. Dies muss aber nicht immer so sein, so wird bei Ausschreibungen manchmal auch der zweit-günstigste gewählt.

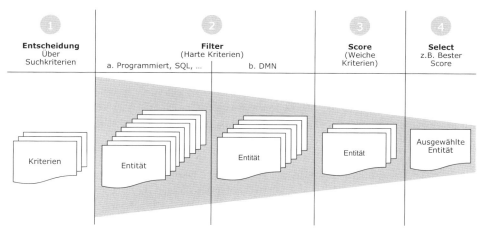

Abbildung 5.24 Möchten Sie einen Wert auswählen, durchlaufen Sie häufig den „Entscheidungstrichter".

Decision Flows sind ein mächtiges Werkzeug und wir setzen sie gerne ein. Wir möchten aber auch ein Wort der Warnung mitschicken: Obwohl Decision Flows auch in BPMN modelliert werden, sollten sie dennoch strikt von den eigentlichen Geschäftsprozessen getrennt sein. Erstellen Sie für einen Decision Flow immer ein getrenntes BPMN-Modell, welches dann – wie eine Entscheidungstabelle auch – in einem Knoten des Geschäftsprozesses aufgerufen wird. Sonst vermischen Sie Prozessfluss mit Geschäftsentscheidungen, was wir, wie bereits erwähnt, für keine gute Idee halten.

Technisch kann ein Decision Flow aber natürlich über eine normale Workflow-Engine automatisiert werden, wie jeder andere BPMN-Prozess auch.

5.3.3 Der Entscheidungsregelkreis

Bei der Arbeit mit DMN hat sich ein Regelkreis, ähnlich dem Camunda-BPM-Kreislauf aus Abbildung 1.1.3 auf Seite 3, etabliert. Wir möchten an dieser Stelle wieder versuchen, den Kompromiss zwischen überkorrekter Komplexität und simplifizierten Marketing-Bildchen zu finden. In Abbildung 5.25 auf der nächsten Seite sehen Sie diesen Kompromiss.

Der Regelkreis geht wieder davon aus, dass Sie eine Entscheidung umsetzen möchten. Für diese Entscheidung sollten Sie in einer ersten **Erhebung** möglichst viele Informationen sammeln. Mit diesen Informationen können Sie direkt in die **Analyse** einsteigen. Dabei sind die in Abschnitt 5.2.5 auf Seite 190 eingeführten Decision Requirement Diagrams (DRD) ein sehr hilfreiches Werkzeug. Erstellen Sie außerdem früh beispielhafte Tabellen, um die Regeln für alle Beteiligten möglichst konkret zu machen.

Mit dieser Vorarbeit können Sie prüfen, ob alle notwendigen Eingabedaten auch wirklich zur Verfügung stehen – und wo diese herkommen. In dieser frühen Phase haben wir häufig erlebt, dass Wunsch und Wirklichkeit aufeinanderprallen. Man merkt, dass die gewünschten Regeln so nicht umsetzbar sind, da die notwendigen Informationen nicht – oder nur mit großem Aufwand – zur Verfügung stehen. Das ist sehr gut, schließlich können Sie jetzt noch problemlos gegensteuern und entweder die Regeln verändern, oder natürlich Aufwand investieren, um die Informationen zu besorgen. Diese notwendige Kosten-Nutzen-Betrachtung ist an dieser Stelle nun sehr transparent.

Hat man sich geeinigt, kann man in das **Design** einsteigen. Dabei werden zuerst die Strukturen der Entscheidungstabellen erstellt (also die Spalten), meist mit ersten beispielhaften Regeln (also wenige Zeilen). Diese Vorarbeit wird von Spezialisten oder oft auch der IT erledigt, falls die Tabellen später automatisiert werden sollen. Im zweiten Schritt werden die Regeln vollständig erfasst, was manchmal sogar vom Fachbereich selbst erledigt wird. Mindestens abnehmen sollte er die Tabelle auf jeden Fall selbst, diese Verantwortung sollte nicht abgegeben werden.

Handelt es sich um ein Automatisierungsprojekt, sollten Sie gleichzeitig mit dem Design der Entscheidungstabelle direkt Testfälle definieren. Diese sind immens wichtig, um das entstehende Regelwerk später zu validieren. Achten Sie dabei darauf, Testfälle in einer Form zu erfassen, die auch der Fachbereich verstehen oder pflegen kann. Hier haben sich normale Excel-Tabellen recht gut bewährt, es gibt aber auch spezialisierte Test-Frameworks für genau dieses Problem.

Sind die Regeln fertig, sollten sie validiert werden. Im einfachsten Fall reicht ein Durchspielen der Tabellen von Hand, zum Beispiel mit dem kostenlosen Online-Simulator unter

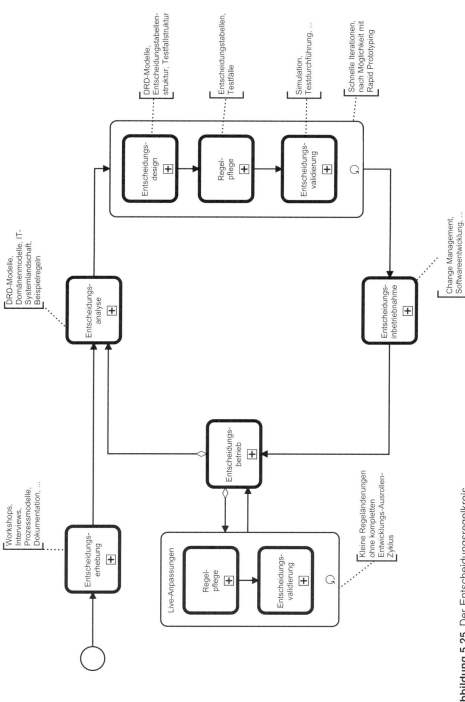

Abbildung 5.25 Der Entscheidungsregelkreis

https://camunda.org/dmn/simulator/. Oder Sie simulieren die Entscheidungen mit historischen Daten. Im besten Fall gibt es auch automatisierte Tests auf Basis der vorher definierten Testfälle.

Das **Ausrollen** der Entscheidungen ist je nach Art der Entscheidung sehr unterschiedlich und kann von umfangreichen Change-Management-Maßnahmen über einfache Arbeitsanweisungen per E-Mail bis hin zu Software-Releases reichen.

Sind die Entscheidungen einmal in Produktion, gibt es häufig den Wunsch, diese punktuell **anzupassen**. Dabei gilt die Faustformel, dass es vergleichsweise einfach ist, die Zeilen einer Tabelle anzupassen, im Gegensatz dazu ist es aber nicht so einfach, die Struktur anzufassen.

Decision Engines bieten meist eine Möglichkeit, Tabellen zur Laufzeit auf Knopfdruck zu ändern. In Produktion. Sofort. Dies klingt toll und sorgt bei Kunden meist für leuchtende Augen. Nach dem kurzen Moment der Begeisterung mischt sich jedoch oft Skepsis in den Blick und es dauert selten lange, bis sich jemand traut zu fragen: „Aber wer drückt denn diesen Knopf? Was passiert, wenn dabei Mist gemacht wird? Die Änderung ist dann ja wirklich sofort live? Also mir macht das Angst." Und das sind genau die richtigen Fragen, auf die es leider keine Pauschalantwort gibt. Machen Sie sich am besten für Ihre Organisation und Ihr Vorhaben Gedanken. Die gute Nachricht ist: Es gibt keine technischen Hürden, die Regeländerungen wirklich in Echtzeit live zu nehmen – theoretisch sogar ohne die IT zu involvieren.

6 Automatisierung

6.1 Ziel und Nutzen

In diesem Kapitel geht es darum, Geschäftsprozesse und Entscheidungen per Software zu automatisieren. Natürlich kann dies über klassische Softwareentwicklung geschehen, viel interessanter – vor allem im Rahmen des Business-IT-Alignments – ist es jedoch, eine Engine zu verwenden. Wir werden Ihnen in diesem Kapitel diese Möglichkeit noch genauer vorstellen und auf deren Vorteile eingehen.

Engines können prinzipiell beide in diesem Buch vorgestellten Standards beherrschen und wir verwenden daher den Begriff „Engine" als Oberbegriff für

- Workflow Engines, welche strukturierte Prozesse in BPMN ausführen. Synonym: Process Engine.
- Decision Engines, die Entscheidungen auf Basis von DMN treffen. Synonyme: Rules Engine, Business Rules Engine.

Es existieren Produkte, die beide Standards integriert anbieten.

Die Engine liest Modelle als XML-Datei ein und führt sie direkt aus. Die Modelle sind somit als Quellcode einer Softwarelösung anzusehen. Dies hat eine wichtige Auswirkung: Die Modelle müssen exakt und detailliert definiert sein, mit Interpretationsspielraum kann eine Engine nichts anfangen.

Dass die Modelle Quellcode sind, birgt eine riesige Chance: Die Modelle spiegeln immer den IST-Zustand wider! Werden Änderungen vorgenommen, muss das Modell angepasst werden. Mit Prozessmodellen in BPMN gibt es dabei noch die methodische Feinheit, dass nur die automatisierten Teile in der Engine landen. Damit sind wir bei einem zweiten sehr wichtigen Aspekt unseres Frameworks, auf den wir in Abschnitt 6.3 auf Seite 208 noch genauer eingehen: Werden die menschlichen und technischen Prozessflüsse sinnvoll miteinander verknüpft, hat man eine gute Chance, die dokumentierte Arbeitsorganisation aktuell zu halten. Geeignete Tools könnten technische Änderungen in die menschlichen Flüsse projizieren und im Rahmen des Prozesscontrollings Kennzahlen, von der Engine gemessen, auch für Nicht-Techniker leicht nachvollziehbar anzeigen.

6.2 Grundlagen

6.2.1 Modellausführung mit Workflow und Decision Engine

Die sogenannte „Engine" ist eine Softwarekomponente zur Ausführung von BPMN- oder DMN-Modellen.

Workflow Engine

Zur Workflow- oder Prozessautomatisierung benötigt die Workflow Engine den Geschäftsprozess in einem **BPMN**-Modell, das alle technischen Details enthält, die zur Ausführung benötigt werden. Zur Laufzeit werden dann Prozessinstanzen für jeden individuellen Prozessdurchlauf erzeugt, wobei die Workflow Engine den Kontrollfluss berechnet und immer „weiß", was als Nächstes zu tun ist. Das in Abschnitt 2.1.4 auf Seite 30 eingeführte Token-Konzept wird hier also tatsächlich zum Leben erweckt. Genau genommen wird also nicht der Geschäftsprozess automatisiert, sondern dessen Steuerung.

Eine Engine kennt zwei grundsätzlich unterschiedliche Arten von Aktivitäten: die, bei denen eine menschliche Interaktion notwendig ist, und alle anderen, die automatisiert ablaufen können. Letztere sind beispielsweise Serviceaufrufe, aber auch die Auswertung von Gateways, Ereignissen oder Wächtern. Für menschliche Interaktionen werden die Benutzer-Aufgaben eingesetzt. Engines bringen üblicherweise eine Aufgabenliste mit, vergleichbar mit einem E-Mail-Posteingang, anhand derer der Benutzer weiß, welche Aufgaben noch zu erledigen sind. Öffnet man eine Aufgabe, so bekommt man eine vorkonfigurierte Bildschirmmaske, mit der man Daten einsehen und bearbeiten oder Entscheidungen treffen kann. Einen Überblick über die Arbeitsweise einer Workflow Engine gibt Abbildung 6.1.

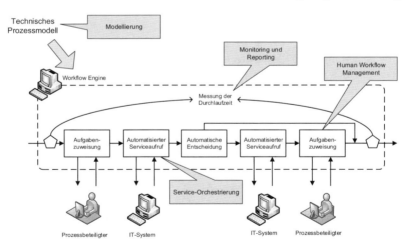

Abbildung 6.1 Arbeitsweise der Workflow Engine

Am Beispiel der Benutzeraufgaben wird schnell klar: Die Engine muss mehr machen, als nur den Kontrollfluss zu steuern, denn auch der Datenfluss im Prozess will berücksichtigt werden. So können zu einer Prozessinstanz zur Laufzeit Daten hinzugefügt werden, die die Engine dann zusammen mit dem Zustand verwaltet. Diese Daten werden üblicherweise auch persistent in einer Datenbank abgelegt, sodass sie auch bei einem Systemausfall noch zur Verfügung stehen.

Decision Engine

Entscheidungen an Hand eines **DMN**-Modells zu treffen, hat dagegen etwas andere Anforderungen, da hier kein Zustand zu halten ist, sondern auf eine Frage nach der Entscheidung direkt eine Antwort gegeben werden kann. Zur Einführung der Decision Engine möchten wir Wikipedia zitieren (*http://de.wikipedia.org/wiki/Business-Rule-Engine*), allerdings dort noch unter „dem alten Namen" Business Rule Engine geführt:

> Eine Business-Rule-Engine ist eine technische Softwarekomponente als Bestandteil eines Business-Rule-Management-Systems (BRMS), die eine effiziente Ausführung von Geschäftsregeln bzw. Business-Rules ermöglicht. Das primäre Ziel der Business-Rule-Engine ist es, die Geschäftslogik von der Programmlogik oder Prozesslogik zu trennen, was grundlegende Änderungen an der fachlichen Geschäftslogik ermöglicht, ohne Änderungen am Programm-Code oder am Design des Geschäftsprozesses vornehmen zu müssen.

Sie können sich die Decision Engine wie eine Black Box vorstellen, wie in Abbildung 6.2 gezeigt. In dieser Sichtweise wird eine Anfrage an die Engine geschickt, welche diese anhand der ihr bekannten Regeln beantwortet. Zur Auswertung der Regeln werden Daten verwendet; man spricht hierbei von Fakten. Die Fakten sind typischerweise in der Anfrage enthalten, können aber auch aus externen Quellen wie zum Beispiel einer Datenbank stammen.

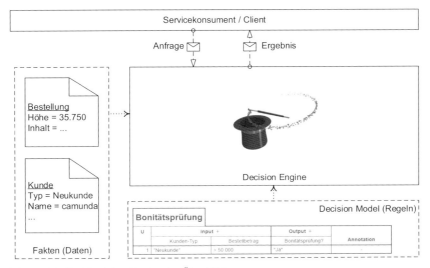

Abbildung 6.2 Die Decision Engine im Überblick

Vorteile der Engines

Eine typische Workflow oder Decision Engine stellt neben der Steuerung des Kontroll- und Datenflusses viele weitere Funktionen bereit:

- **Versionierung von Modellen:** Geschäftsprozesse sind von ihrer Natur her lang laufend; so kann ein Bestellprozess von einigen Tagen bis zu mehreren Monaten dauern. Das heißt aber auch, dass zu jedem Zeitpunkt, an dem ein Prozess verändert werden soll, noch laufende Instanzen existieren. Daher können die Engines verschiedene Versionen eines Modells gleichzeitig verarbeiten und somit den Übergang zu einem neuen Prozess durch „Auslaufenlassen" des alten ermöglichen.
- **Datensammlung, Kennzahlen und Auswertungen:** Die Engine kann während der Steuerung von Prozess- oder Entscheidungsinstanzen vollautomatisch Daten sammeln. So lässt sich beispielsweise bei einer bestimmten Bestellung genau nachvollziehen, wann die Freigabe erfolgte, wann die Auslieferung angestoßen oder abgeschlossen wurde und so weiter. Diese Daten können dann meist auch mithilfe von Auswertungen aggregiert und visualisiert werden, sodass man einen guten Überblick über Effizienz und mögliche Flaschenhälse im Prozessablauf bekommt. Gut aggregiert liefert dies auch einen Überblick über die gesamte Prozesslandschaft. Eine weitere Möglichkeit in diesem Bereich ist das sogenannte Business Activity Monitoring (BAM). Dieser Ansatz soll in Echtzeit bestimmte Muster erkennen, um Warnungen auszugeben oder selbstständig kontrollierend einzugreifen.
- **Technisches Monitoring und Administration:** Die Engine bietet Möglichkeiten, den aktuellen Status von Prozessinstanzen einzusehen. Dabei hat man diverse Eingriffsmöglichkeiten, wie zum Beispiel das Abbrechen oder Neustarten einer fehlerhaften Instanz.

6.2.2 Ausführbarkeit der Standards BPMN und DMN

Modelle in BPMN und DMN können als XML-Datei gespeichert werden. Die Standards definieren jeweils ein exaktes XML-Schema. Dabei werden nicht nur die zur Ausführung relevanten Informationen im XML abgelegt, sondern auch Koordinaten und andere Details zur grafischen Darstellung, „Diagram Interchange" genannt. Das XML ermöglicht es, Modelle zwischen verschiedenen Tools auszutauschen, ohne das Layout zu verlieren. Die zur Ausführung benötigten Konfigurationen und das grafische Layout sind in der gleichen XML-Datei abgelegt.

Beide Standards definieren außerdem eine Ausführungssemantik. Was das heißt? Im Prinzip ist es ganz einfach: Für jedes Notationselement ist exakt definiert, wie sich eine Engine an dieser Stelle zu verhalten hat. Diese präzise Definition ermöglicht es, dass Modelle ohne proprietäre Erweiterungen durch jede beliebige standardkompatible Engine ausgeführt werden können. Was es dabei zu beachten gilt, greifen wir in Abschnitt 6.4.3 auf Seite 215 aber noch einmal auf.

Wir möchten in diesem Buch keine umfangreiche Gesamteinführung in die vollständige Ausführungssemantik oder Details der XML-Schemas geben. Auch auf XML-Quellcode haben wir bewusst verzichtet bzw. sogar in neueren Auflagen entfernt, da dieser für Sie als Nutzer transparent sein sollte. Wir laden Sie jedoch gerne ein, mehr Beispiele zu schmökern, beispielsweise auf *http://camunda.org* oder in den offiziellen Beispieldokumenten.

6.2.3 Alternative Automatisierungssprachen

Die Web Services Business Process Execution Language, kurz **WS-BPEL**, ist eine XML-basierte Sprache, um Webservices zu neuen, mächtigeren Services zusammenzusetzen. Dies geschieht meist über das Kombinieren von Services als Prozess; man spricht hierbei von Orchestrierung. Sie wurde im Jahr 2002 von einigen großen Unternehmen der IT-Branche, darunter IBM und Microsoft, eingeführt.

Die größte Verbreitung besaß BPEL ungefähr im Jahr 2010. Mit der Verabschiedung von BPMN 2.0 ist sie gewissermaßen obsolet geworden, wenngleich manche Experten der Ansicht sind, dass sie bestimmte Funktionen bereitstellt, die BPMN fehlen. Es ist jedenfalls offensichtlich, dass es kaum Projekte gibt, die heutzutage noch auf BPEL setzen, und dass nur noch wenige Engines BPEL unterstützen.

Aus unserer Sicht macht es heutzutage keinen Sinn mehr, sich noch mit BPEL zu beschäftigen. Wir zollen den Autoren des Standards jedoch unseren Respekt, denn er war ein wichtiger Meilenstein auf dem Weg zur BPMN 2.0.

Wer sich für Geschichte interessiert, findet hier die Punkte, die unserer Ansicht nach verantwortlich dafür waren, dass sich BPMN gegenüber BPEL durchgesetzt hat:

- **Kontrollfluss als Graph:** Im Gegensatz zu BPEL sind BPMN-Prozesse graphorientiert. Damit sind fachlich modellierte Prozesse ohne Bruch ausführbar. Prinzipiell stellte dies die Hersteller der Workflow Engines vor gewisse Herausforderungen, die aber bewältigt werden können. Es wurden auch für komplizierte Gateway-Konstrukte entsprechend praxistaugliche Lösungen gefunden, die bestimmte, quasi esoterische Sonderfälle offen lassen. Dies mag für Theoretiker unbefriedigend sein, ist aber ein absolut praxistauglicher Kompromiss.
- **Keine feste Bindung an Webservices und XML:** In BPMN wird im Gegensatz zu BPEL bewusst offen gehalten, ob in einer Engine Webservices und XML zum Einsatz kommen oder nicht. Zwar stellen diese Technologien die Standardeinstellung dar, jedoch ist es wie gezeigt auch einfach, andere Technologien zu verwenden. Setzt beispielsweise ein Projekt komplett auf eine Java-Architektur, ist es oft sinnvoll, auch eine Java Workflow Engine einzusetzen, um sich so den Umweg über Webservices zu sparen. Dies war bisher praktisch nur mit proprietären Werkzeugen möglich. Mit BPMN 2.0 können jedoch auch solche Engines korrekt über den Standard angebunden werden.
- **Grafische Notation:** Die meisten BPEL-Werkzeuge bieten auch eine grafische Notation des Prozesses. Diese ist jedoch nicht standardisiert und die blockorientierten Diagramme ähneln dem fachlichen Modell meist gar nicht mehr. Im Gegenzug dazu besitzen BPMN-Prozesse ein definiertes Aussehen, das noch dazu mit den Konzepten und Ideen der fachlichen Modelle komplett angeglichen ist. Dies stellt einen großen Schritt in Richtung Business-IT-Alignment dar.

Eine zusammenfassende Bewertung der Zukunft von BPEL haben wir unter *http://BPEL.de* veröffentlicht.

Neben den Standards BPMN und BPEL gibt es auch noch die XML Process Definition Language (**XPDL**) der Workflow Management Coalition sowie viele proprietäre Sprachen von Workflow Engines mit architektonisch sehr unterschiedlichen Ansätzen.

XPDL ist ähnlich wie BPEL praktisch nicht mehr relevant, auch wenn es natürlich noch Produkthersteller und ihnen verbundene Dienstleister gibt, die aus verständlichen Gründen etwas anderes behaupten.

In Bezug auf Produkte mit proprietären, eigenen Sprachen können wir hier natürlich keinen Überblick geben. Unsere Wahrnehmung ist jedoch, dass auch diese Produkte zunehmend BPMN adaptieren, meistens im Zuge eines ohnehin anstehenden neuen Releases.

6.2.4 Wann lohnt sich der Einsatz einer Workflow Engine?

Warum sollten Sie überhaupt eine Workflow Engine in Ihren Projekten einsetzen? Sie könnten die erstellten Prozessdiagramme ja auch in der von Ihnen bevorzugten Programmiersprache umsetzen.

Die Frage ist berechtigt und die Antwort lautet wie so oft: „Es kommt drauf an." Aber lassen Sie uns zunächst noch etwas grundlegender an die Sache herangehen und das ganze Thema „Automatisierung" infrage stellen. Die Faustregel lautet, dass Prozessautomatisierung sich vor allem bei Geschäftsprozessen lohnt, die folgende Charakteristika aufweisen:

- **Hohe Wiederholungszahl:** Der Aufwand für die Automatisierung lohnt sich natürlich nur, wenn entsprechend viele Instanzen zur Ausführung kommen, da sonst die Entwicklungskosten eventuell eingesparte Prozesskosten bei Weitem übersteigen.
- **Standardisierung:** Sind Prozesse nur schwach strukturiert und laufen ständig anders ab, ist die Engine fehl am Platz. Ein Großteil der Instanzen muss also dem gleichen Muster folgen.
- **Informationslastig:** Prinzipiell eignen sich informationslastige Prozesse besser zur Automatisierung, da der Computer mit Informationen sehr gut umgehen kann. Werden oft physische Gegenstände bewegt, wozu wir fürs Erste auch das Papier rechnen wollen, ist die Automatisierung meist schwierig und weniger spannend.
- **Hoher potenzieller Automatisierungsgrad:** Effizienz im Prozessablauf kann man natürlich durch Automatisierung von Aufgaben steigern. Manche Aufgaben wie zum Beispiel das Buchen in einem ERP-System eignen sich sehr gut, um automatisiert aus der Engine heraus angesprochen zu werden. Die Daten müssen nicht mehr manuell in eine Maske eingegeben werden. Manche manuellen Aufgaben eignen sich nicht zur Automatisierung, beispielsweise das Anrufen eines Kunden.

Sie möchten also Ihre Geschäftsprozesse automatisieren? Dann kehren wir zu der Frage zurück, warum Sie dafür eine Engine einsetzen sollten:

- **Transparenz:** Ein wesentlicher Vorteil der Nutzung einer Engine ist, dass der Prozess nicht nur als Quellcode (XML, Java etc.), sondern auch als grafisches Diagramm vorliegt. Damit ist die Umsetzung des Prozesses nicht tief in der Software vergraben, sondern sichtbar gemacht worden. Dies ist ein wesentlicher Vorteil, denn so bekommt man einfach heraus, wie der Prozess aktuell abgebildet ist. Die Wahrheit steckt bekanntlich im Quellcode und dieser ist mit einem Mal für jeden zugänglich und verständlich. Dies hilft auch bei der Diskussion von Schwachstellen, möglichen Verbesserungen und Änderungen. Ohne Engine müssen Informatiker auf die archäologisch anmutende Suche gehen, wie der Prozess denn nun aktuell tatsächlich im IT-System umgesetzt ist. Somit schafft erst die Prozessautomatisierung die notwendige Transparenz, um sinnvolles Reengineering zu ermöglichen. Dass ein automatisierter Prozess tatsächlich genauso abläuft wie beschrieben und dies im Nachhinein durch Log-Dateien belegt werden kann, ist oft auch eine große Hilfe für Compliance-Anforderungen.

- **Agilität:** Oft wird BPM und SOA mit Lego verglichen. Man baut sich seinen neuen Prozess einfach aus bestehenden Services, den Lego-Bausteinen, zusammen. Ein Vorstand eines Kunden hat hierzu einmal passend angemerkt: „Schauen Sie sich mal heutige Lego-Baukästen an, sie enthalten hochkomplexe und spezialisierte Bausteine, die Sie mitnichten an anderen Stellen wiederverwenden." Und er hat recht, auch in der IT ist das heute so. Wollen wir ein komplexes Endprodukt Lego-Raumschiff, so können wir nicht mit simplen Bausteinen arbeiten. Und damit können wir die Bausteine auch nicht nach Belieben umsetzen. Also doch keine Agilität? Doch, denn wir glauben, dass durch die gesteigerte Transparenz ein Anpassen der Prozesse überhaupt erst praktikabel wird. Das geht zwar nicht auf Knopfdruck, aber immerhin können wir abschätzen, welche Auswirkungen eine Prozessänderung hat und wo wir angreifen müssen. Die Sichtbarkeit des Prozesses führt außerdem zu Services in geeigneter Granularität und unterstützt die sinnvolle Modularisierung von IT-Systemen.

- **Qualität:** Denken Sie an ein Versandhaus Ihrer Wahl. Wenn Sie anrufen und nach Ihrer Bestellung fragen, gibt es zwei Arten von Antwort: „Müssen wir erst rausfinden, bitte warten Sie einen Moment" oder sofort: „Ihre Bestellung wartet gerade auf xy". Das zweite Versandhaus setzt vermutlich eine Engine ein, die einen genauen Einblick in die Prozessdefinitionen und Prozessinstanzen ermöglicht. Eskalationen bei zu langen Wartezeiten erfolgen nicht durch den verärgerten Kunden, sondern durch die Engine selbst.

Theoretisch könnten Sie diese Vorteile auch realisieren, wenn Sie sich Ihre eigene Engine stricken. Aber würden Sie sich auch Ihre eigene Datenbank o. Ä. bauen? Eher nicht. Stattdessen setzen Sie auf bewährte Projekte, die vielleicht sogar frei verfügbar sind.

6.2.5 Wann lohnt sich der Einsatz einer Decision Engine?

Auch bei Entscheidungen und den zu Grunde liegenden Regeln gibt es zwei Grundsatzmöglichkeiten der Umsetzung:

- Programmierung als Quellcode,
- Decision Engine.

Auch heute ist die Programmierung der Entscheidungen in einer klassischen Programmiersprache noch sehr häufig verbreitet. Dieses Vorgehen hat aber einige Nachteile, die es beim konkreten Einsatz abzuwägen gilt:

- **Übersetzung:** Regeln müssen aus der Spezifikation immer durch einen Softwareentwickler in Programmcode übersetzt werden. Dies gilt für die initiale Entwicklung genauso wie für spätere Änderungen. Und selbst Entwickler finden regelmäßig die umgesetzte Entscheidungslogik im entstandenen Quellcode nicht wieder, was spätere Änderungen aufwendig und fehleranfällig macht.

- **Release-Zyklen:** Als programmierte Software unterliegen Entscheidungen den gleichen Release-Zyklen wie andere Softwarekomponenten. Durch umfangreiche Test- und Freigabeszenarien können diese Zyklen lange dauern. Dies ist insofern häufig ein Problem, da Geschäftsregeln sich im Gegensatz zu Geschäftsentitäten und Prozessen häufig ändern. Daher wird gerade in diesem Bereich der Ruf nach einem agileren Vorgehen laut.
- **Lesbarkeit:** Im Programmcode versteckte Regeln kann die Fachabteilung nicht verstehen. Dementsprechend ist eine fachliche Validierung schwierig. Und aus gewachsenen Systemen die tatsächlich angewendeten Geschäftsregeln herauszufinden, ist extrem schwierig; die Logik ist außerdem meist über das gesamte System verteilt.
- **Nachvollziehbarkeit:** Wird eine Entscheidung getroffen, ist es wünschenswert abzuspeichern, warum beispielsweise die Bonitätsprüfung nicht notwendig war – sei es aus gesetzlichen Gründen, zur internen Nachvollziehbarkeit oder auch, um den Kunden diese Information direkt anzuzeigen. So könnte man dem Kunden die Namen der Regeln, die zur Ablehnung seines Auftrags führen, eventuell direkt mitteilen. Dies in Quellcode nachzubilden, ist sehr aufwendig.

Unserer Einschätzung nach stellten vor allem die verfügbaren Werkzeuge in der Vergangenheit ein Hindernis für die flächendeckende Verbreitung von DMN dar. Diese als „Business Rule Management Systeme" (BRMS) bezeichneten Plattformen waren meist teuer, proprietär und unhandlich. Mit DMN wird aber eine neue Generation von Engines und Werkzeugen in den Markt eingeführt, die zu einer starken Verbreitung von Decision Engines sowie DMN beitragen werden. Auch gibt es bereits ernst zu nehmende Open-Source-Produkte in diesem Bereich. Vorbei sind also die Zeiten, in denen Decision (oder Rule) Engines entweder wissenschaftlich verstaubt oder zu teuer waren. Die Integration heutiger Decision Engines ist daher meist auch eine Kleinigkeit, was die steigende Beliebtheit erklärt.

Zusammenfassend möchten wir sagen, dass eine Decision Engine aus Sicht des Business-IT-Alignment auf jeden Fall eine „low hanging fruit" darstellt, die Sie sich nicht entgehen lassen sollten.

6.2.6 Workflow und Decision Engine im Zusammenspiel

Möchten Sie eine Workflow und Decision Engine in Kombination einsetzen, sollten Sie als Erstes klären, ob Decision und Workflow Engine ein integriertes Produkt bilden oder ob zwei verschiedene Engines eingesetzt werden. Aus architektonischer Sicht raten wir zu einer sauberen Trennung der beiden Konzepte, was jedoch nicht bedeutet, dass die Produkte nicht integriert sein dürfen.

Die Decision Engine kommt punktuell im Prozess zum Einsatz und wird dazu explizit aufgerufen. Dies ist in Abbildung 6.3 auf der nächsten Seite dargestellt. Ein großer Vorteil dieser Variante ist, dass Entscheidungen nun als Dienst bereitgestellt werden, den auch andere Komponenten außerhalb des Prozesses verwenden können. So wird unsere Bonitätsprüfung sicherlich noch an anderen Stellen im Prozess verwendet. Im Idealfall ist es dann aus Sicht des Prozesses sogar egal, ob hinter den Kulissen eine Decision Engine oder eine konventionell entwickelte Softwarekomponente tickt, solange das Ergebnis stimmt.

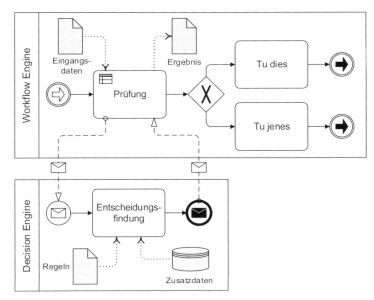

Abbildung 6.3 Die Decision Engine im Zusammenspiel mit Workflow Engine

Übrigens spielt die technische Anbindung dabei eine eher untergeordnete Rolle und hängt hauptsächlich von der Technologie der Workflow Engine ab. Die BPMN definiert für die Geschäftsregel-Aufgabe („RuleTask") drei Ausprägungen der Anbindung: „Business Rule Web Service", „generischer Web Service" oder „andere Technologie". Es ist natürlich so, dass Hersteller die im eigenen Portfolio befindlichen Decision Engines bevorzugt anbinden. Wir wissen aber aus Erfahrung, dass es meist auch gut möglich ist, andere Engines zu verwenden und über Webservice, REST oder Java anzubinden. Aus konzeptioneller Sicht ist dies relativ egal. Die direkte Integration in einem Produkt hat jedoch häufig Vorteile beim Monitoring.

Als Parameter können Daten aus den Prozessvariablen übergeben werden. Die Decision Engine kann dann selbstständig bei Bedarf durchaus Daten aus einer Datenbank oder anderen Ressourcen nachladen. Möchte man beispielsweise eine Bestellung validieren, benötigt man unter Umständen gewisse Informationen aus dem Artikelstamm: Daten, die man im Prozess nicht zur Verfügung hat – und auch gar nicht braucht.

 Unser Modellierungs-Knigge

Regeln für eine Entscheidung sollten unabhängig von der aktuellen Verwendung im Prozess geschrieben werden. Versuchen Sie immer, einen zweiten Anwendungsfall in einem anderen Prozess oder sogar einem ganz anderen Kontext im Kopf zu haben. Wenn Sie die Regeln dort ohne Änderungen auch anwenden können, haben Sie bessere Regeln, die wiederverwendet werden können, auch außerhalb des aktuellen Prozesses. ∎

6.3 Technische Prozessflüsse im operativen BPMN-Modell automatisieren

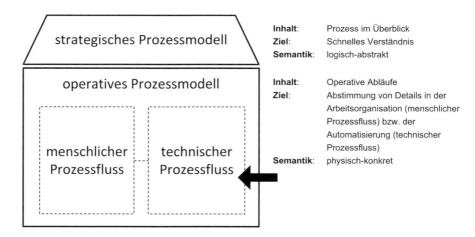

Abbildung 6.4 Technische Prozessflüsse im Camunda-Haus

6.3.1 Anforderungen an das Modell

Ausführbare BPMN-Modelle müssen nicht nur syntaktisch und semantisch korrekt sein, sondern es gilt auch, alle notwendigen technischen Details für die Automatisierung mit der Workflow Engine zu erfassen. Das Modell muss exakt und präzise erstellt werden und darf keinen Interpretationsspielraum bieten. Auch technische Fehlerfälle oder Ausnahmen müssen behandelt werden. Es ist schließlich der Quellcode für eine Softwarelösung.

Dies ist auch der wesentliche Unterschied des in diesem Buch vorgeschlagenen Frameworks zu früheren Ansätzen. Die präzise Modellierung stellt jedoch auch eine große Herausforderung für den Process Analyst dar. Viele Hersteller haben bisher versucht, diese Komplexität im fachlichen Modell zu verstecken, was aber leider nie funktioniert hat. Aus Erfahrung wissen wir, dass ein operatives Prozessmodell mit menschlichen und technischen Flüssen das Business-IT-Alignment ermöglichen kann – mit den Anforderungen, die daraus resultieren, ein entsprechendes Tooling vorausgesetzt (hierauf gehen wir in Abschnitt 7.4.2 auf Seite 240 nochmals ein).

6.3.2 Vorgehen

Das Vorgehen bei der Erstellung der technischen Flüsse ist ein kritischer Erfolgsfaktor zur Umsetzung der Automatisierung, denn hier prallt tatsächlich Business auf IT. Unserer

Erfahrung und Einschätzung nach hängen die Erfolgsaussichten stark von den Fähigkeiten des Process Analyst ab und wie gut er mit dem Process Engineer zusammenarbeitet und kommuniziert.

Das Vorgehen umfasst typischerweise folgende Schritte:

1. Klärung des SOLL-Prozesses in der Arbeitsorganisation (menschliche Flüsse), diesem Thema haben wir uns in Kapitel 4 gewidmet.
2. Entscheidung für eine Technologie, Sprache und Workflow Engine.
3. Wird eine BPMN Engine eingesetzt (siehe Abschnitt 6.3.3), muss „lediglich" die Definition des technischen Flusses erfolgen. Wird eine andere Ausführungstechnologie verwendet, muss ein Mapping zwischen dem in BPMN modellierten technischen Fluss und der Sprache der jeweiligen Technologie erfolgen. Wir raten allerdings dringend, eine BPMN Engine zu verwenden.
4. Iterative Verfeinerung und Präzisierung des operativen Prozessmodells beim Auftreten neuer Fragestellungen.
5. Testen und Ausführen des Prozesses mit gängigen Methoden der Softwareentwicklung.
6. Zurückspielen des Modells Richtung Process Analyst, damit diesem das atuellste und tatsächlich automatisierte Prozessmodell zur Verfügung steht.

Natürlich betrachten wir bisher nur den Aspekt der Prozesssteuerung, des Sequenzflusses. Bei der technischen Umsetzung gilt es, wie in Abschnitt 4.4.3 auf Seite 154 und vor allem in Abbildung 4.14 auf Seite 155 bereits erwähnt, noch viele weitere Aspekte der Softwaretechnik unter einen Hut zu bringen. Darauf möchten wir an dieser Stelle nicht weiter eingehen.

6.3.3 Das ausführbare BPMN-Modell

Für den technischen Fluss greifen wir nun (als Input) auf das bereits definierte Prozessmodell zurück, siehe Abbildung 4.13 auf Seite 153, berücksichtigen aber nur den Pool der Workflow Engine. Dieser Prozess ist in Abbildung 6.5 abgebildet. Wir haben lediglich eine

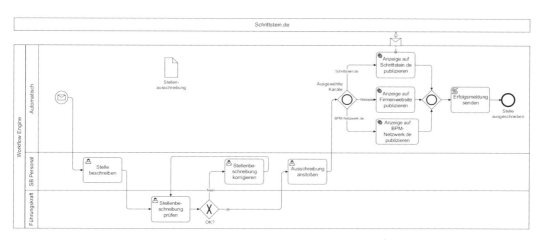

Abbildung 6.5 Technischer Fluss der Stellenausschreibung

kleine Änderung vorgenommen: Die Stellenausschreibung tatsächlich auf verschiedenen Job-Börsen durchzuführen, haben wir nicht als Teilprozess dargestellt, sondern der Einfachheit halber direkt eingebettet.

Zur Visualisierung haben wir übrigens „Schrittstein.de" auch einmal als eigenen Pool dargestellt, um vor allem auch den Nachrichtenfluss zu zeigen. Auf diese Visualisierung könnten Sie in diesem Fall aber getrost verzichten, da sie für uns keinen Mehrwert darstellt.

In diesem Beispiel entspricht der technische Fluss rein optisch tatsächlich dem in Kapitel 4 bereits definierten Fluss. Super, oder? Ein kleiner Hinweis für alle, die genau hinschauen – wir haben zwei Kleinigkeiten doch verändert:

- Wir haben das Datenobjekt „Stellenausschreibung" hinzugefügt, da wir in ablaufenden Prozessinstanzen gewisse Daten speichern müssen.
- „Erfolgsmeldung senden" haben wir von einer Sende-Aufgabe in eine Skript-Aufgabe geändert. Was hat es damit auf sich? Nun, die Erfolgsmeldung könnte auf unterschiedliche Weise gesendet werden, recht wahrscheinlich als E-Mail. In diesem Fall könnte die E-Mail entweder durch einen irgendwo im Unternehmen angebotenen Service versendet werden oder auch durch die Workflow Engine direkt. Letzteres haben wir für unser Beispiel einmal angenommen und dies führt dazu, dass man im Prozess eine Skript-Aufgabe verwenden muss.

Der abgebildete Prozess sieht nun noch gar nicht technisch aus, oder? Der Knackpunkt ist, dass sich die vielen notwendigen Details für die Automatisierung unter der Haube verbergen. Wie angesprochen, verbergen sich diese im zugrunde liegenden Modell, das als XML-Datei vorliegt. Dies sind insbesondere:

- Spezifikation der Daten in der gewünschten Technologie wie XML oder Java,
- Umsetzung der Entscheidungsknoten mit „Expression Language",
- Definition der Serviceaufrufe in der gewünschten Technologie, beispielsweise REST, Java oder Webservices,
- Human-Task-Details wie die Auflösung von Benutzern zu Benutzergruppen oder anzuzeigende Formulare.

Dies wollen wir uns noch etwas genauer anschauen.

Datenmodellierung und Expressions

Im Beispielprozess wird die Stellenausschreibung als Datenobjekt im Diagramm visualisiert. Zusätzlich zur reinen Visualisierung gibt es aber auch eine echte Modellierung des Datenobjekts im Prozess. BPMN hält sich jedoch aus der genauen technischen Umsetzung der Datenmodellierung heraus und bietet stattdessen Erweiterungspunkte an, um verschiedenste Technologien einzubinden. Die Standardeinstellung ist hierbei XML-Schema, es spricht jedoch grundsätzlich nichts dagegen, beispielsweise Java oder .NET-Datentypen direkt zu verwenden. Daten im Prozess müssen dabei übrigens nicht zwingend im grafischen Modell visualisiert werden.

Die Spezifikation kennt auch formale Sprachen zur Darstellung von Bedingungen. Eine formale Sprache wird „Expression Language" genannt und die Ausdrücke entsprechend „Expressions". Wir verwenden im Folgenden den englischen Ausdruck, da er in der Informatik einen feststehenden Begriff darstellt.

Expressions können aus bestehenden Daten neue Informationen gewinnen, im einfachsten Fall wird einfach auf „wahr" oder „falsch" geprüft. Ein gutes Anwendungsbeispiel ist das datenbasierte exklusive Gateway: Je nach Daten im Prozess wird das Token zur Ausführungszeit das Gateway durch einen bestimmten Ausgang verlassen.

Als Standardeinstellung wird in BPMN die XPath Expression Language verwendet. XPath ist eine Abfragesprache, die direkt auf XML-Daten arbeitet, und daher in Kombination mit XML-Schema für Datentypen sinnvoll. Auch diese Sprache lässt sich austauschen, so könnte man beispielsweise im Zusammenhang mit Datentypen der Programmiersprache Java auch die „Java Unified Expression Language" verwenden.

Diese Konfigurierbarkeit der Datentypen und der dazu passenden Expression Language bringt eine große Flexibilität. Auf diese Weise können Hersteller auch programmiersprachennahe, leichtgewichtige Engines entwickeln, wie beispielsweise wir das mit Camunda BPM getan haben. Auf der anderen Seite muss man natürlich anmerken, dass solche proprietären Erweiterungen dazu führen, dass ein Prozess nicht auf einer anderen Engine lauffähig ist. Dies greifen wir noch mal in Abschnitt 6.4.3 auf Seite 215 auf.

Serviceaufrufe

Aus BPMN-Prozessen heraus lassen sich IT-Systeme ansteuern. Dazu können Sie verschiedene Elemente verwenden:

- ServiceTask: Synchrone Kommunikation, bei der Sie direkt eine Antwort erhalten, wird über einen ServiceTask abgebildet. Der BPMN-Prozess verbleibt im ServiceTask, bis die Antwort eingetroffen ist.
- Send und Receive-Task: Bei asynchroner Kommunikation wird über die Send-Task eine Nachricht verschickt oder ein Service aufgerufen, der lediglich quittiert, dass er die Anfrage entgegengenommen hat. Die eigentliche Antwort erfolgt asynchron und wird dann über eine ReceiveTask – oder ein entsprechendes Ereignis – modelliert.

In beiden Fällen wird die Aufgabe um Logik erweitert, um den Service tatsächlich aufzurufen. Ist der Aufruf technologisch ein Webservice, so kann der Aufruf komplett standardisiert abgewickelt werden. Dazu müssen Datenobjekte, Nachrichten sowie Eingangs- und Ausgangs-Daten-Mappings definiert werden. BPMN ist aber nicht fest an Webservices gebunden, es können ebenso andere Technologien wie Java oder REST-basierte Services direkt angebunden werden.

In Abschnitt 7.4.3 auf Seite 241 gehen wir auf unsere eigene Plattform Camunda BPM ein, mit der wir bereits zahlreiche Praxisprojekte durchgeführt haben. Diese geht bei Serviceaufrufen einen anderen Weg: Es werden Erweiterungen – sogenannte „Extensions" – bereitgestellt, sodass ein Service-Task direkt mit Java-Code oder auch entsprechenden Expressions verknüpft wird. Damit weichen wir bewusst vom Standard ab, ohne ihn jedoch zu verletzen, da Erweiterungen erlaubt sind. Insgesamt wird es dadurch Java-Entwicklern wesentlich einfacher gemacht, mit der Prozessdefinition umzugehen. Natürlich ist der Erfolg abhängig von der jeweiligen Situation beim Kunden, aber wir haben sehr häufig erlebt, dass dies ein guter „Handel" ist.

Benutzeraufgaben

Die menschliche Interaktion erfolgt in Form einer Benutzeraufgabe („User Task"). Dieses Konstrukt im Prozess führt dazu, dass eine Aufgabe in einer Aufgabenverwaltung angelegt wird, sodass ein Benutzer sie auf seine Aufgabenliste bekommt. Erst wenn der Benutzer die Aufgabe fertiggestellt hat, läuft auch der Prozess weiter.

Die genaue technische Anbindung ist dabei oft ein Implementierungsdetail der verwendeten Workflow Engine, was eine nahtlose Integration ermöglicht. Ist Ihnen die Unabhängigkeit von der konkreten Engine sehr wichtig, gibt es prinzipiell einen standardisierten Weg über Webservices: WS-HumanTask (WS-HT). Diese eigene und sehr umfangreiche Spezifikation definiert Benutzeraufgaben sehr detailliert und mächtig. Auch Aspekte wie Zuständigkeiten, Delegation, Eskalation und sogar Metainformationen für die Anzeige, zum Beispiel ein Betreff, sind für eine Aufgabe definierbar. Das Problem der Spezifikation ist ihre Komplexität sowie die kaum vorhandene Unterstützung durch die Hersteller.

Formulare für Aufgaben oder sonstige Oberflächenkomponenten lässt BPMN übrigens komplett außen vor, hier gehen Workflow-Engine-Hersteller also jeweils eigene Wege.

■ 6.4 Praxistipps

6.4.1 Die „Zero Code"-Falle

Ist die Idee der Workflow Engine bekannt, stoßen wir häufig auf ein Problem: die Erwartungshaltung, dass eine magische BPM-Suite alle Probleme löst. Die Suite wird am besten mit einem durch die Fachanwender erstellten Modell gefüttert, integriert dann automatisch IT-Systeme und kümmert sich um das Human Workflow Management. Am Ende purzeln über ein Dashboard fachliche Kennzahlen heraus, anhand derer der Fachbereich in Echtzeit Prozessprobleme erkennen und selbst beheben kann.

Dieses Szenario klingt einfach zu gut, um wahr zu sein. Und so ist es in der Praxis auch: Die Entwicklung von Prozessanwendungen ist immer eine Art von Softwareentwicklung. Das Versprechen, diese könne zukünftig von Fachanwendern übernommen werden, ist verführerisch, kann aber nicht gehalten werden. Wir haben das in unserer langjährigen Praxiserfahrung immer und immer wieder erleben müssen. Am Ende des Tages werden umfangreiche Wizards und Formulare angeboten, um die Prozessanwendung modellgetrieben zu entwickeln. Dummerweise sind aber diese Wizards und Formulare selbst wiederum dermaßen komplex, dass sie den durchschnittlichen Fachanwender völlig überfordern.

Was passiert? Es wird die unternehmensinterne IT hinzugezogen, damit sie die Entwicklung übernimmt. Unglücklicherweise müssen aber auch die eigenen Softwareentwickler zunächst einmal verstehen, wie die BPM-Suite funktioniert. Sie können ja nicht einfach ihr ohnehin vorhandenes Wissen über Programmiersprachen verwenden, da die Technik hinter den Wizards und Formularen „versteckt" wurde. Das Ziel, die Entwicklung zu vereinfachen und zu beschleunigen, wird also ironischerweise völlig konterkariert.

In unserer mehrjährigen BPM-Projekterfahrung haben wir festgestellt, dass genau hier ein Kernproblem der klassischen BPM-Suiten liegt. Dieses Problem ist vor allem dann sehr ausgeprägt, wenn im Unternehmen bereits Softwareentwicklung betrieben wird, beispielsweise in Java. Es ergeben sich die folgenden Nachteile:

- **Hoher Programmieraufwand**: Da die Softwareentwicklung herstellerspezifisch ist, müssen die hauseigenen Entwickler diese Form erlernen und üben. Der damit verbundene Aufwand ist nicht nur initial, sondern kontinuierlich erforderlich, da ansonsten das Erlernte wieder vergessen wird. Die ggf. bereits vorhandenen Kenntnisse der Softwareentwicklung in Java können nicht angewandt werden. Hinzu kommt, dass vorhandene Tools, Techniken und Best Practices der Softwareentwicklung nicht oder nur eingeschränkt angewandt werden können (z. B. Unit Testing), weshalb die Produktivität der Entwickler stark eingeschränkt ist. Im Ergebnis ist die technische Umsetzung also deutlich aufwendiger, als es aufgrund gewisser Vorfertigungsgrade zunächst erscheint.
- **Keine passgenauen Prozesse**: Aufgrund des überwiegend modellgetriebenen Entwicklungsansatzes sind die Möglichkeiten der technischen Umsetzung eingeschränkt. Zur Veranschaulichung dieses Problems dient folgender Vergleich: Auf einer weißen Leinwand kann ein Künstler ein Bild in genau der Weise malen, wie es seiner Vorstellung entspricht. Alternativ dazu gibt es das Prinzip „Malen nach Zahlen", bei dem auch der künstlerische Laie ansprechende Bilder erstellen kann, indem er vorgegebene farblose Flächen nach Belieben ausmalt. Er kann aber eben nur entstehen lassen, was schematisch vorgegeben wurde. Ähnlich wie bei Standard-Software ist das Prinzip „Malen nach Zahlen" der BPM-Suiten häufig ausreichend flexibel für nicht sehr individuelle Unterstützungsprozesse (z. B. Urlaubsantrag, Rechnungsgang). Für die passgenaue Abbildung des Kerngeschäfts reichen die eingeschränkten Möglichkeiten der technischen Umsetzung jedoch nicht aus.
- **Nicht einbettbar in vorhandene IT**: Auf der Betriebsebene gelten die Nachteile von Standard-Software auch für klassische BPM-Suiten: Sie können nicht ohne Weiteres in vorhandene Strukturen eingebettet und als Baustein betrieben werden, sondern sind ein „Fremdkörper", der entsprechende Mehraufwände im Betrieb erzeugt.
- **Spezielle Entwickler benötigt**: Ein modellgetriebener Entwicklungsansatz ist zwangsläufig immer herstellerspezifisch. Man braucht speziell für die jeweilige BPM-Suite ausgebildete Entwickler. Sollten diese einmal nicht verfügbar sein, sind sie am Markt deutlich schwieriger zu bekommen, als Entwickler für verbreitete Programmiersprachen wie Java.
- **Herstellerabhängigkeit**: In der Konsequenz ergibt sich eine starke Abhängigkeit vom Hersteller der BPM-Suite, da in der Regel nur er selbst und seine Partner über Entwickler mit dem benötigten Ausbildungsstand verfügen. Was im Kontext von Unterstützungsprozessen (z. B. Urlaubsantrag, Rechnungseingang) vertretbar ist, ist für die Abbildung von Prozessen des Kerngeschäfts ein inakzeptables Risiko.

Unserer Einschätzung nach leiden klassische BPM-Suiten unter einem „stuck in the middle"-Problem, d. h., sie sind „weder Fisch noch Fleisch". Einerseits sind sie für die im Unternehmen existierende Softwareentwicklung ähnlich ungeeignet wie Standard-Software. Gleichzeitig stellen sie aber anders als Standard-Software für die zu automatisierenden Geschäftsprozesse auch keine out-of-the-box-Lösung bereit, sondern erfordern immer eine (herstellerspezifische) Form der Softwareentwicklung. Dieses Dilemma ist das Ergebnis einer misslungenen Suche nach einem Kompromiss zwischen den beiden Extremen und zu einem guten Teil das Resultat einer eher akademischen Strömung der letzten Dekade (der modellgetriebenen Softwareentwicklung). Die in den letzten zehn Jahren eher bescheidenen Wachstumsraten des Markts für solche Produkte scheinen diese Vermutung zu bestätigen.

Heißt das, dass die Nutzung von BPM-Software zur Prozessautomatisierung allgemein keine gute Idee sein soll? Natürlich nicht, es bedeutet nur, dass der richtige Ansatz wie so vieles im Leben nicht so simpel ist, wie man es sich wünschen würde. In der Praxis hat sich eine hybride Herangehensweise bewährt, bei der bestimmte Teile der Prozessanwendung (z. B. der Prozess selbst) modellgetrieben und andere Teile (z. B. komplexe Benutzeroberflächen) durch „klassische" Programmierung entwickelt werden. Sie müssen also akzeptieren, dass die Softwareentwicklung auch zukünftig Softwareentwickler erfordern wird. Klingt irgendwie logisch, oder?

In Abschnitt 7.4.3 auf Seite 241 beschreiben wir beispielhaft die Camunda BPM Platform, die den empfohlenen hybriden Ansatz unterstützt und als Open Source-Projekt verfügbar ist.

6.4.2 Eingebettete und dezentrale Workflow Engines

Wenn Sie Ihre BPMN-Modelle auf einer Workflow Engine ausführen wollen, stellt sich natürlich sofort die Frage, wie Sie diese Engine betreiben. In der Vergangenheit dominierte dabei vor allem das Bild der zentralen Workflow Engine oder BPM Suite. Verschiedene operative Prozesse wurden dann auf dieser zentralen Plattform betrieben. Die hatte vor allem den Vorteil, dass die Plattform nur einmal betrieben werden muss, sodass sich damit weniger Leute auskennen müssen und vielleicht auch Lizenzkosten gespart werden konnten.

Allerdings passt diese Sichtweise nicht in moderne Ansichten rund um den Trend zu Microservices. In Abschnitt 1.5 auf Seite 23 und Abschnitt 4.5.3 auf Seite 167 haben wir über BPMN-Monolithen gesprochen und aufgezeigt, dass ein operativer Geschäftsprozess auch auf die Systemgrenzen Rücksicht nehmen muss.

Dies zieht sich auch durch die technische Infrastruktur hindurch, denn man möchte den einzelnen Microservice-Teams möglichst viel Autonomie zuzugestehen. Ein Microservice wird eigentlich nur durch seine Verantwortlichkeit und die Schnittstelle definiert. Der Einsatz einer Workflow Engine und die Auswahl des konkreten Produkts ist ein Implementierungsdetail, das dem Team selbst überlassen sein sollte. Natürlich hat die Autonomie in der Praxis dann meist doch Grenzen, da Unternehmen einen Wildwuchs an Technologien vermeiden wollen und oft auch für Schlüsseltechnologien wie Workflow Kompetenzzentren bilden.

Aber trotzdem ist die Workflow Engine logisch Teil eines Microservices wie in Abbildung 6.6 dargestellt. Sie ist keine zentrale Infrastruktur oder gar ein Microservice an sich. Diese Sichtweise wird möglich, da leichtgewichtige Workflow Engines heute, anders als komplexe BPM Suiten früher, sehr einfach betrieben werden können. Wir möchten in diesem Buch in diese Details nicht weiter absteigen und lieber auf einschlägige Tutorials und How-tos im Internet verweisen, zum Beispiel rund um unsere Open Source Platform Camunda BPM.

Diese Sichtweise ist in Microservice-Architekturen essentiell. Wir erleben nämlich oft das Gegenteil. BPMN-Tools werden von vornherein abgelehnt, da mit ihnen automatisch zentrale oder monolithische BPM-Systeme verknüpft werden. Und in der von Dezentralisierung und Autonomie geprägten Microservice-Welt hat doch ein solches Tool nichts zu suchen! Umso wichtiger ist uns also die Verbreitung der Erkenntnis, dass eine Workflow Engine auch dezentral *in* einem Microservice zum Einsatz kommen kann. Dann wird sie schnell zu einem essentiellen Baustein im Einklang mit Ihrer Microservice Architektur.

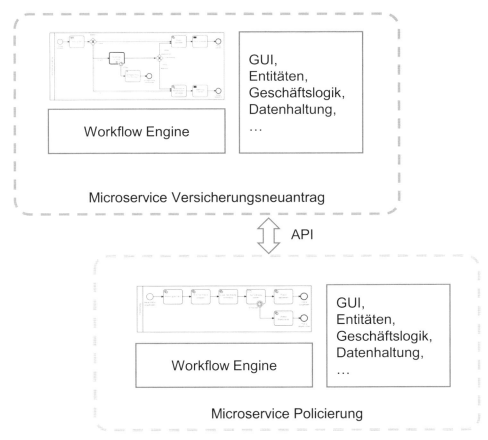

Abbildung 6.6 In Microservice-Architekturen ist die Workflow Engine meist ein Implementierungsdetail und keine zentrale Infrastruktur.

6.4.3 Mythos Austauschbarkeit der Engine

An einigen Stellen haben wir bereits Hinweise darauf gegeben, dass gewisse Aspekte in verschiedenen Produkten eventuell unterschiedlich gelöst werden. Die Flexibilität der Standards erlaubt den Herstellern Freiheiten bei der Wahl der Technologie. Ist ein Prozessmodell dann überhaupt noch auf verschiedenen Engines ablauffähig?

Die Antwort lautet: meistens nicht. Wir haben zumindest noch kein Modell gesehen, das reale Anforderungen vollständig abgedeckt hat und vollständig ohne Herstellererweiterungen ausgekommen ist.

Prinzipiell glauben wir aber auch nicht an die Notwendigkeit, eine BPMN Engine transparent austauschen zu müssen. Bereits im Bereich der Datenbanken ist dies gescheitert, obwohl der SQL-Standard schon lange Zeit hatte zu reifen. Oft möchte man eben doch auf besondere Features eines Produkts zurückgreifen, was wir auch für legitim halten. Daher sollte man die Anforderung, mal eben die Workflow Engine auszutauschen, ohne die eigene Prozesslösung anzufassen, nicht zu hoch hängen.

Die meisten Projekte erkaufen sich also eine deutlich vereinfachte Prozessumsetzung, z. B. über Java-Abkürzungen, zu dem Preis, die Austauschbarkeit aufzugeben. Dies wird zusätzlich dadurch katalysiert, dass Webservices nicht gerade als die Technologie der Zukunft gehandelt werden und viele Projekte andere Technologien bevorzugen (ob zu recht oder unrecht, möchten wir an dieser Stelle gar nicht bewerten).

Kurzum: Wir halten den beschriebenen Deal für sehr sinnvoll und empfehlen Ihnen, nicht an der Herstellerunabhängigkeit zu kleben. Freuen Sie sich, dass die Notationen und damit die fachlich abgestimmten BPMN-Modell-Stukturen (ohne Ausführungsattribute) einen Engine-Wechsel überleben werden.

6.4.4 Modellieren oder programmieren

Also gut, Sie setzen eine BPMN Engine ein. Dann stellt sich als Nächstes die Frage, welche Aspekte durch technische Prozessmodelle ausgedrückt werden und welche Anforderungen vielleicht besser auch weiterhin durch klassische Softwareentwicklung adressiert werden. Wie so oft lässt sich diese Frage nicht pauschal beantworten. Es gibt jedoch einige Einflussfaktoren, die Sie im Projekt berücksichtigen sollten. Auch wenn sie banal klingen, haben wir die Erfahrung gemacht, dass sie gerne vergessen werden. Über folgende Punkte sollten Sie sich ein paar Gedanken machen:

- **Technologie und Architektur:** Je nach verwendeter Workflow Engine und Gesamtarchitektur ist es einfach oder schwierig, gewisse Anforderungen innerhalb eines Prozesses umzusetzen. So ermöglichen es manche Engines, Java-Code, Konnektoren oder auch Skriptsprachen direkt einzubinden, andere reduzieren die Möglichkeiten auf Webservices.
- **Vorhandene Infrastruktur:** Die wenigsten Projekte entstehen auf der grünen Wiese. Existierende Systeme und Services sollen natürlich wiederverwendet oder eingebunden werden. Prozesse können dann auch beispielsweise über eine bestehende Scheduler-Infrastruktur und nicht die Workflow Engine selbst angestoßen werden. Diese Randbedingungen gilt es natürlich bei einer entsprechenden Entscheidung zu beachten.
- **Rollen im Projekt:** Ein wichtiger Punkt, der oft unterschätzt wird, ist die Berücksichtigung der vorhandenen Rollen und des Know-hows im Projekt. Oft gibt es Entwickler im Projekt, die eine gewisse Funktionalität relativ schnell in klassischer Programmierung umsetzen können, mit der Workflow Engine jedoch lange brauchen. Dagegen gibt es auch Projekte mit ausgebildeten Process Engineers, die mit Prozessmodellen besser zurechtkommen als mit Programmiersprachen.

Häufig erleben wir außerdem, dass die Workflow Engine, wenn sie erst einmal beschafft ist, „auf Teufel komm raus" verwendet werden muss. Dadurch oder aus ganz anderen Gründen entstehen dann extrem detaillierte Prozessmodelle, in denen man den Wald vor lauter Bäumen nicht mehr sieht. Diese Modelle helfen weder bei der Kommunikation mit dem Fachbereich noch sind sie in der Wartung besser als klassischer Programmcode. Hinzu kommt, dass die IT die zu detaillierten Modelle hassen wird, womit auch niemandem geholfen ist. Es kommt also auf die richtige Granularität an. Modellierte Prozesse sind dabei ein Teil des Puzzles, aber eben nur eines.

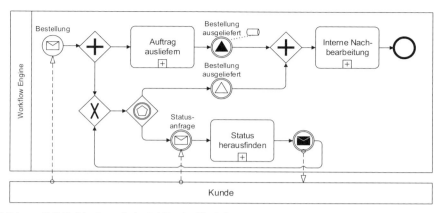

Abbildung 6.7 Schlechtes Beispiel für die Modellierung zu vieler Aspekte im Prozess

Abbildung 6.7 zeigt dazu ein Negativbeispiel: Es ist explizit im Prozess modelliert, wie eine Nachfrage des Kunden nach seinem aktuellen Prozesszustand beantwortet wird. Ob wir diesen Prozess wie dargestellt mit dem Signalereignis oder aber mit einem Bedingungsereignis oder vielleicht auch einem Terminierungs-Endereignis modellieren, ist erst einmal irrelevant. Sie sehen aber, dass der Prozess sehr kompliziert wird. Denn in diesem Fall ist es vielleicht keine so gute Idee, die Nachfrage des Kunden direkt in den eigentlichen Auftragsprozess zu integrieren. Besser wäre es, die Abfrage des Status in einem eigenen Prozess zu modellieren oder einen einfachen Service zur Abfrage des Instanzzustands der Workflow Engine zu nutzen. Die Anforderung an die Engine ist also: Der Status einer laufenden Prozessinstanz muss einfach abgefragt werden können. Die entsprechende Modellierung zeigen wir in Abbildung 6.8. Ob die Abfrage dann selbst als Prozess oder als einfacher Softwareservice realisiert ist, hängt von der Architektur ab.

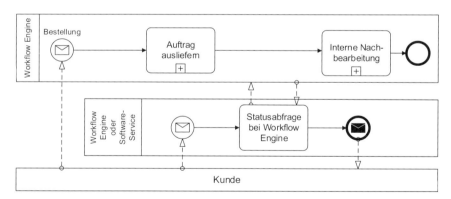

Abbildung 6.8 Besseres Beispiel: Die Statusabfrage wurde aus dem Prozess herausgelöst.

Tipp: Business-IT-Alignment

Business-IT-Alignment bedeutet nicht, dass keine Software mehr herkömmlich entwickelt werden darf. Vielmehr heißt es, die Workflow Engine und grafische Sichten auf technische Prozesse als zusätzliches Werkzeug in die eigene Architektur aufzunehmen. Hüten Sie sich vor zu feingranularen Prozessmodellen und orientieren Sie sich an den fachlichen Diagrammen, dann können auch Fachanwender die technisch ausführbaren Modelle noch verstehen.

6.4.5 Technische Herausforderungen meistern

In Automatisierungsprojekten rund um BPMN und DMN kristallisieren sich immer wieder typische Fallstricke und auch geeignete Lösungen heraus. Allerdings unterscheiden sich diese durchaus je nach technischer Umgebung und eingesetztem Werkzeug. Viele theoretische Probleme werden durch Features oder geeignete Erweiterungen der Hersteller adressiert. Somit lohnt es sich in diesem Buch kaum, in die Details zu gehen. Wir wollen Ihnen eher beispielhaft einige Probleme vorstellen, damit Sie ein besseres Verständnis entwickeln können, mit was für Problemen Sie im Projekt kämpfen müssen.

Daten im Prozess

Eine sehr spannende Diskussion gibt es in jedem Projekt: Wie viele Daten wollen wir im Prozess speichern? So brauchen wir doch für einen Auftragsprozess auch alle Auftragsdaten – oder? Unsere Empfehlung ist aber genau anders herum: Speichern Sie so wenig wie möglich – aber so viel wie nötig. Es ist normalerweise eine gute Idee, Auftragsdaten im führenden System für Aufträge zu speichern. Dem Prozess selbst reicht eine Referenz, also die Auftragsnummer. Braucht er weitere Daten, zum Beispiel weil er an einem Gateway eine Entscheidung treffen muss, so kann er die Auftragsdaten per Service-Aufruf nachladen. Dies hat viele Vorteile:

- Die Daten sind immer aktuell und können nicht auseinanderlaufen.
- Sie brauchen keine Daten redundant im Prozess ablegen, wo sie häufig noch versioniert – also mehrfach – abgespeichert sind.

Ausnahmen bestätigen wie immer die Regel, in folgenden Situationen macht es erfahrungsgemäß eben doch Sinn, Daten im Prozess zu halten:

- Die Schnittstelle zum führenden System ist zu langsam und das häufige Nachladen wird zum Performance-Problem. In diesem Fall könnten Sie einen Cache verwenden oder eben die Engine als Cache „missbrauchen".
- Sie möchten eine eingefrorene Kopie der Daten zu einem gewissen Zeitpunkt im Prozess halten und für die Prozesslaufzeit verwenden.
- Ihre BPM-Plattform bietet keine Möglichkeit, diese Daten im Hintergrund zu laden. Denn wenn Sie ständig einen Service Task modellieren müssen, um den Auftrag zu laden, werden Sie Ihr Modell hinterher nicht mehr lesen können. Wie angesprochen, gilt es die richtige Balance zwischen grafischem Modellieren und dem Programmieren hinter den Kulissen zu finden.

- Sie speichern Daten, die nur für die Steuerung des Prozessflusses benötigt werden. Ein Beispiel sind Entscheidungen in Benutzer-Aufgaben, die keine Relevanz für Bestandssysteme haben.
- Oft ist es wünschenswert, Nachrichten, die an Systeme geschickt oder von Systemen empfangen werden, im Prozess genauso abzuspeichern, wie sie über die Leitung gegangen sind. Das vereinfacht das Wiederholen von Serviceaufrufen oder auch die Fehlersuche im Problemfall.

Verpuffung von Ereignissen

Aus Sicht der Automatisierung sind Zwischenereignisse eine eingehendere Betrachtung wert. Als Erstes werfen wir einen Blick auf die in Abschnitt 2.6.1 auf Seite 52 schon angesprochene Verpuffungssemantik. Zur Erinnerung: Streng genommen „verpuffen" eingehende Ereignisse, wenn keine Prozessinstanz empfangsbereit ist. Ein Beispiel ist im oberen Teil von Abbildung 6.9 zu sehen: Ein Lieferauftrag wird einer Tourenplanung übergeben. Dann wird jedoch zuerst die Rechnung verschickt. Nehmen wir einmal an, dies sei eine manuelle Aufgabe, die ein bisschen dauern kann. Also kann die „Lieferung versendet"-Nachricht ankommen, während wir noch die Rechnung schreiben. In diesem Fall möchten wir ja nicht, dass die Nachricht verloren geht („verpufft").

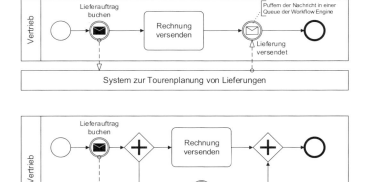

Abbildung 6.9 Keine Nachricht verpassen, auch wenn der Prozess nicht empfangsbereit ist. Workflow Engine Feature oder ausmodellieren?

In der fachlichen Modellierung siegt meist der Pragmatismus, da eine völlig korrekte Modellierung zu unübersichtlich wird. Prinzipiell können Workflow Engines dieses Thema dann auch technisch lösen, indem sie Nachrichten bis zur Zustellung puffern können. Dies ist eine Erweiterung des BPMN-Standards. Sollten Sie diese Funktionalität zur Verfügung haben, empfehlen wir eine Textanmerkung im Modell, die diesen Sachverhalt sichtbar macht.

Übrigens wirft auch das Puffern der Nachricht in einer Engine meist sofort eine Frage auf: Was passiert, wenn nie ein Prozess das Ereignis aus der Queue holen wird? Der Absender

der Nachricht kann nicht mehr informiert werden. Dementsprechend muss ein ausgefeilter Fehlerbehandlungsmechanismus existieren, der beispielsweise erkennt, wenn die Prozessinstanz endet, auf die das Ereignis korreliert werden könnte. Sie merken schon: Das ist nicht ganz einfach.

Eventuell bleibt Ihnen daher keine Wahl und Sie müssen das Modell umbauen. Dadurch können Sie parallel auf das Ereignis warten. Die funktionierende Alternative ist auch nicht unbedingt schwer, wie in Abbildung 6.9 auf der vorherigen Seite im unteren Prozess gezeigt. Aus Sicht der IT ist diese Umstellung ja auch kein Problem, oder? Na ja, immerhin ist das Diagramm doch deutlich komplizierter geworden, um einen fachlich logischen Sachverhalt auszumodellieren. Im Sinne des Business-IT-Alignments ist das unschön. Und auch diese Modellierung muss nicht immer stimmig sein, denn in manchen technischen Umgebungen kann die Antwort sogar schon eintreffen, bevor der Prozess sich überhaupt zum Empfangsereignis bewegt hat, der Teufel liegt also auch hier im Detail.

Testen von Prozessen

Ein sehr wichtiges Thema ist das Testen von Prozessen oder Entscheidungen. Ausgeführte Modelle sind Quellcode und müssen getestet werden. Wie in der Softwareentwicklung heute üblich, sollten Sie diese Tests automatisieren. Das hat den großen Vorteil, dass sie jederzeit ohne zusätzliche Kosten wiederholt werden können. Damit können Sie bei Prozessänderungen die Tests wiederholen und wissen, dass Sie nichts kaputt gemacht haben. Natürlich bedeutet das Vorgehen, dass Sie bei Änderungen an den Modellen auch die Testfälle an sich anpassen müssen. Testen geht also auf den ersten Blick auf die Kosten der Agilität. Langfristig sichert es aber erfahrungsgemäß die Agilität, denn sonst sind irgendwann keine Änderungen mehr möglich, da man stets Angst hat, damit etwas Bestehendes kaputt zu machen.

Es gibt heutzutage spannende Frameworks rund um Testautomatisierung, welche entweder das Schreiben von Tests sehr lesbar machen oder auch Testfälle über Tabellen oder menschenlesbare Sprachen erlauben. Außerdem kann man durch sogenannte Mocks ermöglichen, dass Prozesstests nicht zwingend Integrationstests sind, also die Services bei Umsystemen im Test nicht aufgerufen werden. Damit sind dann – sofern es die Engine unterstützt – Unit-Tests möglich, die ganz einfach ohne Umgebungsanforderungen automatisiert werden können.

Prozesse testet man typischerweise über konkrete fachliche Szenarien, die einen Durchlauf durch das BPMN-Modell abbilden.

6.4.6 Akzeptanzkriterien bei der Einführung einer BPM-Plattform

Wollen Sie eine BPM-Plattform einführen, gilt es nicht nur technische Herausforderungen zu meistern. Einige Aspekte haben wir bereits ausführlich behandelt:

- Die Relevanz des Business-IT-Alignment durch eine geeignete Methodik, wie in diesem Buch vorgeschlagen
- Der Roundtrip, damit alle Rollen auf die ausgeführte Wahrheit schauen
- Die richtige Granularität der Modelle, damit sie nur fachlich motivierte Sachverhalte enthalten

Daneben spielt aber auch das Vorgehen bei der Einführung eine große Rolle, insbesondere die **Tool-Auswahl** sowie die **ersten Schritte** mit der Plattform. In unserer Projekterfahrung hat sich das Vorgehen in Abbildung 6.10 auf der nächsten Seite bewährt.

Eine sinnvolle Evaluierung ist kein einfaches Unterfangen. Wir sehen regelmäßig sehr lange Tabellen mit Feature-Wünschen, die an verschiedene Hersteller von BPM-Plattformen versandt werden. Meistens wird mit „ja, nein, vielleicht" geantwortet und daraus eine Punktzahl errechnet. Jetzt passiert natürlich Folgendes: Der Hersteller möchte eine gute Punktzahl erreichen und antwortet möglichst oft mit „ja". Da dieses „Ja" oft der wichtigste Türöffner in einer frühen Phase der Evaluierung ist, werden sogar Features in Produkte eingebaut, nur um „ja" sagen zu können. Ob diese Features tatsächlich eine gute Lösung für die zu Grunde liegende Anforderung darstellen, ist dann manchmal zweitrangig. Auch hatten wir selbst schon ein einschneidendes Erlebnis, als uns ein Mitarbeiter eines potenziellen Kunden im Geheimen anrief: „Sie haben hier überall nein angegeben. Ihre Mitbewerber haben aber ja gesagt. Und ich weiß, dass Ihre Software in diesem Punkt besser ist als die des Wettbewerbs. Seien Sie bitte nicht zu ehrlich, sonst müssen wir das falsche Tool auswählen!"

Prozessautomatisierungsprojekte sind – wie bereits erwähnt – immer auch Softwareentwicklungsprojekte. Wenn Sie dies akzeptieren, braucht nicht jede Anforderung durch das Tool abgedeckt zu sein. Vielmehr können Sie viele Anforderungen durch normale Softwareentwicklung lösen. Also braucht es nicht zwingend ein „ja" für alle Wünsche in Ihrem Katalog, ein „vielleicht" reicht genauso gut, denn das bedeutet schließlich: „kann im Projekt umgesetzt werden". Und das ist das Entscheidende: Die Plattform muss entsprechende Erweiterungspunkte bieten, dass Sie Ihre Anforderungen im Zweifel selbst umsetzen können. Viel schlimmer ist eine vernagelte Plattform, bei der Sie irgendwann „am Ende sind". Natürlich bleibt die Frage des Umsetzungsaufwands und Vorfertigung durch den Hersteller ist wünschenswert. In Summe haben wir aber einfach viel zu selten erlebt, dass die **Philosophie** bzw. Vision des BPM-Herstellers genau abgeklopft wird, um zu sehen, ob dies mit den eigenen Ansprüchen und Wünschen zusammenpasst.

Ist ein Kandidat ermittelt, empfiehlt sich ein **„Proof of Concept (POC)"**. Dabei sollten Sie einen Ihrer Prozesse in der geplanten Zielumgebung umsetzen. Lassen Sie sich gerne vom Hersteller helfen, damit Sie schneller sind. Aber seien Sie auf jeden Fall dabei, damit Sie wirklich erleben, wie eine Prozessanwendung entsteht, wie viel Aufwand dies ist und welches Know-how Sie dafür brauchen. Achten Sie auf geheime Tricks, die Berater des Herstellers oft aus dem Hut zaubern.

Für den POC müssen Sie sich unbedingt vorher über Ihr Ziel klar werden. Wollen Sie verifizieren, ob das Tool in Ihre technische Architektur passt und z. B. Services korrekt aufrufen kann? Oder wollen Sie einen Katalog an detaillierten Fragen an den Hersteller loswerden? Oder brauchen Sie eigentlich einen möglichst bunten Showcase, um die Entscheidung für BPM oder das konkrete Werkzeug im eigenen Unternehmen zu verkaufen? Je nach Ziel werden Sie den POC anders gestalten, daher ist Klarheit für alle Beteiligten wichtig.

Haben Sie sich für ein Werkzeug entschieden, setzen Sie möglichst rasch einen geeigneten Prozess um. Bringen Sie diesen Prozess in den Live-Betrieb! Geeignete Prozesse sollten folgenden Anforderungen genügen:

- Relevant, am besten auch nahe den Kernprozessen des Unternehmens.
- Nicht zu klein, sonst ist es zu einfach und Sie können das Projekt schwierig als BPM-Erfolgsgeschichte vorzeigen.

222 6 Automatisierung

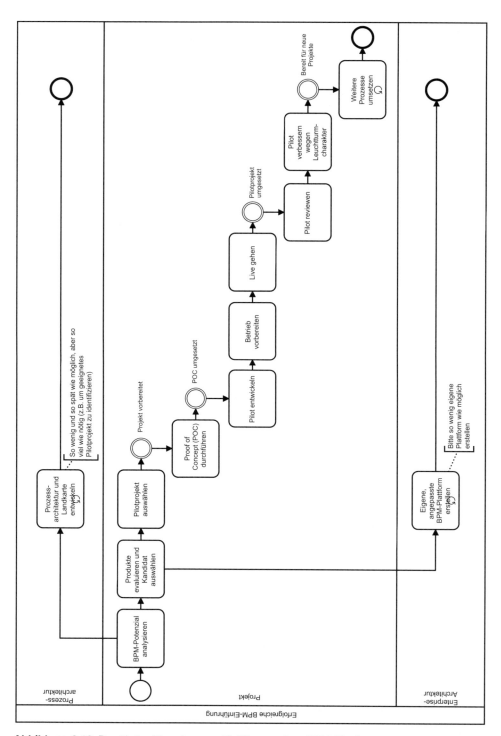

Abbildung 6.10 Bewährtes Vorgehen zur Einführung einer BPM-Plattform

- Nicht zu groß, sonst steigt das Risiko, dass Sie zu lange brauchen, um Ergebnisse zu liefern.
- Kein politisches Minenfeld, was leider bei Geschäftsprozessen häufig der Fall ist.
- Geeignet, um Vorteile und Nutzen von BPM aufzuzeigen, denn schließlich wird am ersten Projekt gemessen, wie es weitergehen wird.
- Nicht zu viel organisatorische Veränderung, denn dies erzeugt Widerstände, die man nur mit viel Willen und langem Atem überwinden kann. Das sollte nicht unbedingt gleichzeitig mit der Einführung einer neuen technischen Plattform geschehen. Natürlich sind organisatorische Änderungen nicht völlig vermeidbar, schließlich ist der Wunsch nach Veränderung meist der Auslöser für die Einführung der BPM-Plattform.

Im Rahmen des letzten Punkts kann es übrigens eine gute Idee sein, bestehende Aufgabenlisten zu behalten und Aufgaben der neuen BPM-Plattform dort hineinzugeben. Damit müssen die Endbenutzer (Process Participants) keine neuen Oberflächen oder gar zwei verschiedene Aufgabenlisten gleichzeitig bedienen. Löst man ein bestehendes Workflow Management Tool ab, ist dies vielleicht sogar transparent für die Nutzer.

Im ersten Projekt sollten Sie möglichst rasch vorwärtskommen und sich nicht zu lange mit Konventionen, Mustern oder dem Aufbau einer eigenen BPM-Anwendungsblaupause aufhalten. Schließlich werden Sie gerade im ersten Projekt so viel lernen, dass Sie besser **nach** dem Projekt Zeit einplanen, um „Lessons Learned" und „Best Practices" herauszuarbeiten und aufzuschreiben. Am besten überarbeiten Sie Ihren Prozess dann nochmals, da er sicherlich als Leuchtturm sichtbar sein wird und hoffentlich viele Folgeprojekte von Ihnen abschreiben. In Summe wird die Überarbeitung im Nachgang aber weniger Aufwand brauchen, als wenn Sie versuchen, es beim ersten Wurf „komplett richtig" zu machen. Im Prinzip empfehlen wir damit auch ein Vorgehen nach agilen Prinzipien.

So ausgestattet können Sie in die nächsten Projekte gehen und wir wünschen Ihnen schon mal viel Spaß bei der Automatisierung vieler Ihrer Geschäftsprozesse! Weitere Informationen zu BPM-Werkzeugen finden Sie auch in Abschnitt 7.4.1 auf Seite 238.

7 BPMN im Unternehmen einführen

7.1 Ziele

In den letzten Jahren haben wir vielen Organisationen dabei geholfen, die BPMN einzuführen. Dabei ging es nicht einfach darum, dass ein oder zwei Personen mit Hilfe der Notation den einen oder anderen Prozess modellieren sollten. Vielmehr sollte die BPMN in der Breite eingeführt werden, damit unternehmens- oder zumindest bereichsweit die Prozesse auf eine einheitliche Art und Weise modelliert werden:

„Bei uns malt der eine seine Prozesse mit Visio, der andere beschreibt sie in Word oder PowerPoint und wieder jemand in Excel. Irgendjemand hat auch mal ein BPM-Tool eingeführt, aber das arbeitet auch wieder mit seiner eigenen Notation, und jetzt haben wir einen Wildwuchs verschiedenster Prozessmodelle, was uns die tägliche Arbeit erheblich erschwert!"

Das ist eine typische Aussage, wie wir sie häufig im Vorfeld einer BPMN-Einführung hören. Allerdings wäre es ein Fehler, jetzt einfach ein neues BPMN-Tool zu kaufen und zu erwarten, dass alles besser wird. Die Komplexität der BPMN kann schnell dazu führen, dass trotz der gemeinsamen Sprache sehr unterschiedlich modelliert wird oder, schlimmer noch, die Modellierer überfordert sind und frustriert aufgeben. Ganz allgemein wird das Thema Prozessmodellierung häufig unterschätzt, nach dem Motto:

„Hauptsache, das Tool ist einfach zu bedienen. Dann besorgen wir uns einen billigen Werkstudenten, der die Kollegen interviewt und herausfindet, wie sie arbeiten, und dann einfach die Diagramme malt. Kann doch nicht so schwer sein!".

Ist es aber. Wir glauben, dass ein guter Teil der in den neunziger Jahren entstandenen berüchtigten „Schrankware", also der unhandlichen Prozesstapeten, die keiner angucken will, genau auf diese Fehleinschätzung zurückzuführen ist. Wer Prozessmodellierung für reine Fleißarbeit hält, wird in den meisten Fällen viel Papier und wenig Nutzen produzieren.

Eine erfolgreiche Einführung beginnt dagegen mit der Klärung und Priorisierung der konkreten Ziele, die man erreichen möchte. Das klingt vielleicht banal, aber in der Praxis ist das häufig gar nicht so einfach. Allzu oft sind die Ziele nämlich sehr schwammig formuliert. Ein paar Beispiele:

- Wir wollen Transparenz in unsere Prozesse bringen.
- Wir wollen die Kundenorientierung maximieren.
- Wir wollen die Prozesse auf Effizienz optimieren.

Klingt an sich alles plausibel, oder? Wenn man so einen Auftrag von der Geschäftsführung bekommt, möchte man als Projektleiter lieber nicht widersprechen. Unser Rat lautet aber, genau das zu tun, und zwar so früh wie möglich! Diese Ziele sind nicht das, was man im Projektmanagement als S.M.A.R.T. bezeichnet (Details finden Sie auch im Internet, z. B. unter *http://de.wikipedia.org/wiki/SMART_(Projektmanagement)*):

- **S**pezifisch: Eindeutige, präzise formulierte Ziele lassen nur wenig Interpretationsspielräume zu. Was genau ist mit „Transparenz in den Prozessen" gemeint? Dass sie alle dokumentiert sind? In welcher Tiefe? In welcher Form? Für welche Zielgruppe? Wann genau ist denn „Transparenz" tatsächlich erreicht?
- **M**essbar: Die Zielerreichung muss überprüfbar sein. Woran kann ich denn erkennen, ob die Kundenorientierung verbessert wurde, geschweige denn „maximiert" wurde? Und vor allem, in welchem konkreten Zusammenhang steht diese Zielsetzung mit meinem BPM(N)-Vorhaben?
- **A**kzeptabel: Das Ziel muss von den Ausführenden als erreichbares und angemessenes Ziel akzeptiert werden können. Wenn ich die Parole ausgebe, in einem 1.000 Mitarbeiter starken Unternehmen mit einem Team von 3 Mitgliedern innerhalb von 6 Monaten sämtliche Prozesse zu optimieren, darf ich mich nicht wundern, wenn das Projekt scheitert.
- **R**ealistisch: Das Ziel muss möglich sein.
- **T**erminiert: Ohne eine klare Vorstellung, zu welchem Zeitpunkt ein definiertes Ziel erreicht werden soll, müssen wir damit rechnen, dass die zugeordneten Ressourcen immer wieder zu Gunsten anderer, kurzfristig dringenderer Themen abgezogen werden. Das führt letztendlich dazu, dass das Projekt im Sande verläuft.

Fast genauso wichtig wie die Qualität der definierten Ziele ist ihre eindeutige Priorisierung. Die Wahrscheinlichkeit, dass Ihr Projektteam nicht alle gewünschten Ziele erreichen wird, ist erfahrungsgemäß sehr hoch. Ohne klare Prioritäten wird das Team versuchen, alle Ziele gleichermaßen zu erreichen, und im schlimmsten Fall keine der zahlreichen Baustellen tatsächlich abschließen können. Eine klassische Konsequenz ist dann, dass zum Beispiel die Prozessdokumentation nur noch „schnell, schnell" irgendwie über die Bühne gebracht wird, um offiziell einen Haken dran machen zu können und die Budget- und Zeitvorgaben nicht zu sprengen. Das führt aber zu einer Alibi-Dokumentation, deren Schicksal als ungenutzte Schrankware so gut wie besiegelt ist. Dann hätte man sich das Ganze besser von vornherein gespart.

Aus klar definierten und priorisierten Zielen können Sie im nächsten Schritt ableiten, welche Rollen, Methoden, Werkzeuge und Meta-Prozesse benötigt werden, um BPMN erfolgreich einzusetzen. Wir sprechen hierbei von den vier „Themen-Clustern" (siehe Abbildung 7.1 auf der nächsten Seite), die wir im Vorfeld und während der BPMN-Einführung kontinuierlich im Blick haben müssen. Wir werden sie deshalb in den nächsten Abschnitten genauer erklären.

Am Ende kommt es also darauf an, die unterschiedlichen Implikationen der jeweiligen Ziele zu erkennen: Wenn zum Beispiel alle Prozesse des Unternehmens soweit dokumentiert werden sollen, dass man damit eine Zertifizierung nach ISO 9001:2000 besteht, dann

Abbildung 7.1 Die Klärung der Ziele ist von zentraler Bedeutung.

ergeben sich daraus ganz andere Anforderungen an die Rollen, Methoden, Werkzeuge und Meta-Prozesse, als wenn es um die Automatisierung bestimmter Kernprozesse mit einer technischen BPM-Plattform geht. Auch deshalb ist es so wichtig, die Zielsetzung des BPM(N)-Vorhabens nicht auf die leichte Schulter zu nehmen, sondern sorgfältig durchzuführen.

7.2 Rollen

7.2.1 Von Gurus, Anhängern und Ungläubigen

Die erfolgreiche Einführung von BPMN hängt, wie so vieles, zu allererst von den beteiligten Menschen ab. Es ist ein Trugschluss zu glauben, man könnte BPMN beziehungsweise generell die Prozessmodellierung nebenbei erlernen. Dafür ist das Thema zu kompliziert und es erfordert eine Menge Übung und viel Erfahrung, bis einem die Prozessmodellierung mit BPMN in Fleisch und Blut übergegangen ist. In der Konsequenz muss eine Organisation sich darüber im Klaren sein, dass man BPMN nicht kurzfristig in der Breite ausrollen kann. Zuvor muss man eine Art Epizentrum schaffen, eine Gruppe hochkarätiger Methodenexperten. Diese Experten nennen wir kurz „BPMN-Gurus", weil dieser Begriff ganz gut transportiert, worauf es bei diesen Menschen ankommt:

- Sie haben die BPMN wirklich vollständig verstanden.
- Sie besitzen vielleicht noch keine jahrelange Erfahrung mit BPMN, bauen diese aber zügig auf, indem sie sich so oft wie möglich in der praktischen Anwendung üben.
- Sie besitzen eine große Affinität, natürlich für BPMN, aber auch für Business Process Management insgesamt, und sind in der Lage, mit ihrer Leidenschaft und ihrer Kompetenz die übrigen Kollegen zu unterstützen und zu begeistern.
- Sie werden innerhalb der Organisation als maßgebliche Kompetenz für BPMN anerkannt und akzeptiert.

Wir wollen nicht behaupten, dass es nur solcher Gurus bedarf und schon ist der Erfolg garantiert. Aber wir können durchaus feststellen, dass eine Nutzung von BPMN in der Breite *ohne* diese Gurus in den meisten Fällen zum Scheitern verurteilt ist.

Auf der anderen Seite der Know-how-Skala befinden sich die „Ungläubigen". Diese Bezeichnung hat zwar einen etwas seltsamen Beigeschmack, so als ob man die so Genannten bekehren müsste. Darum geht es aber eigentlich gar nicht. Die Ungläubigen sind einfach nur all jene Menschen in der Organisation, die sich für die BPMN an sich überhaupt nicht interessieren und sie höchstens als notwendiges Mittel zum Zweck der Prozessverbesserung verstehen. Insofern haben sie auch keine Lust, sich mit den diversen Symbolen, syntaktischen Regeln oder gar den Feinheiten des Tokenflusses zu beschäftigen. In der Regel handelt es sich bei den Ungläubigen, Sie ahnen es bereits, um die überwältigende Mehrheit Ihrer Kolleginnen und Kollegen, seien sie nun Führungskräfte wie die Process Owner oder Process Manager, oder auch die Menschen, die in den Prozessen arbeiten, die Process Participants.

Verübeln kann man den Ungläubigen ihre Verweigerungshaltung nicht, und selbst wenn wir es täten, wäre es ein Fehler zu glauben, wir könnten sie ändern. Stattdessen müssen wir uns überlegen, wie wir unsere Kollegen „an der Front" am besten in die Arbeit mit BPMN einbeziehen. Meistens können wir ja nicht erwarten, dass Ungläubige gute, also aussagekräftige und formal korrekte BPMN-Prozessmodelle erstellen. Dafür ist die Lernkurve einfach zu steil. Wenn wir an unser Framework denken, können wir von Ungläubigen höchstens eine Modellierung auf strategischer Ebene erwarten. Und selbst dann müssen wir damit rechnen, dass wir, die Gurus, diese Modelle wahrscheinlich noch einmal einer Qualitätssicherung unterziehen müssen. Eine operative Prozessmodellierung von den Ungläubigen zu erwarten, ist in den meisten Fällen völlig unangebracht. Beim Lesen der Modelle sieht das aber schon anders aus: Obwohl viele Symbole zunächst nicht bekannt sind, können die meisten Ungläubigen unserer Erfahrung nach im Anschluss an eine kurze Erklärung auch Diagramme auf operativer Ebene interpretieren, vor allem dann, wenn sie nur „ihre" Pools (vgl. Abschnitt 4.3 auf Seite 145) gezeigt bekommen. Wir müssen also nicht nur eine Unterscheidung nach der Ebene treffen, sondern auch danach, ob derjenige selbst ein Modell erstellen oder es nur interpretieren muss (siehe Abbildung 7.2).

	Gurus		Anhänger		Ungläubige	
	Modellieren	Lesen	Modellieren	Lesen	Modellieren	Lesen
Strategisches Modell	Ja	Ja	Ja	Ja	bedingt	Ja
Operatives Modell Menschliche Flüsse	Ja	Ja	bedingt	Ja	Nein	Ja
Operatives Modell Technische Flüsse	bedingt	Ja	Nein	Ja	Nein	bedingt

Abbildung 7.2 Prozesse modellieren und Modelle betrachten: Wer kann was?

In größeren Organisationen reicht es häufig nicht, nur zwischen Gurus und Ungläubigen zu unterscheiden. So wie ein religiöser Guru seine Jünger braucht, so muss auch ein BPMN-Guru mitunter auf Multiplikatoren zurückgreifen, auf Menschen aus der Organisation, die als Vermittler zwischen Guru und Ungläubigen auftreten können. Diese „BPMN-Anhänger", wie wir sie nennen, finden die BPMN zwar an sich interessant, sind aber nicht so sehr in sie vernarrt wie die Gurus. Meistens kennen sie das Tagesgeschäft ihrer ungläubigen Kollegen sehr gut, weil sie auch selbst darin arbeiten. Sie haben aber den Auftrag und die zeitlichen Mittel bekommen, sich mithilfe der Gurus so weit in die BPMN einzuarbeiten, dass sie die Prozessmodellierung auf einem gewissen Niveau praktizieren können. Mit diesem Know-how können sie nun die Tätigkeiten ihrer ungläubigen Kollegen in sinnvolle Prozessmodelle überführen, wobei sie sich bei Fragen und Unklarheiten, wie man einen bestimmten Sachverhalt gut modelliert, jederzeit an die Gurus wenden können. Die Anhänger sind gewissermaßen die Delegierten der jeweiligen Fachabteilungen, wenn es um BPMN-Themen geht, und entlasten in dieser Funktion sowohl die Gurus als auch die Ungläubigen.

7.2.2 Verankerung in der Organisation

Zunächst einmal sollte man nicht den Fehler machen, externe Berater als BPMN-Gurus einzukaufen, zumindest nicht auf Dauer. Das ist natürlich genau die Situation, in die wir selbst relativ häufig geraten sind, und aus kurzfristig ökonomischer Sicht ist das für eine Unternehmensberatung ja auch gar nicht mal schlecht. Wenn ein Unternehmen jedoch den Anspruch hat, mit BPMN langfristig erfolgreich zu sein, muss man auch als Berater von einer solchen Strategie unbedingt abraten. Denn die BPMN-Gurus sind innerhalb des Unternehmens sowohl Unterstützer als auch Antreiber und müssen deshalb tagtäglich verfügbar sein. Eine derart entscheidende Rolle kann von einer externen Kraft, die nur sporadisch oder zeitlich begrenzt im Hause ist, nicht ausgefüllt werden.

Innerhalb des Unternehmens findet man die potenziellen BPMN-Gurus meistens in der Betriebsorganisation und/oder der IT-Abteilung. Daraus ergibt sich eine interessante Situation: Wie Sie sich denken können, geht mit dem „Guru-Status" auch eine gewisse Hoheit über das Thema BPM insgesamt einher. Wenn wir innerhalb eines Unternehmens sowohl eine Betriebsorganisation als auch eine IT haben, wer soll dann diese Hoheit bekommen? Hier kann es schnell zu politisch motivierten und sehr unproduktiven Grabenkämpfen kommen. Aus neutraler Perspektive können wir diese Frage eigentlich nicht pauschal beantworten. Natürlich ist es so, dass die Organisatoren traditionell das Thema BPM (meistens unter dem Begriff „Prozessmanagement") für sich beanspruchen. Wir dürfen aber auch nicht ignorieren, dass wir seit einigen Jahren in eine neue Ära des BPM eingetreten sind, in der IT eine sehr viel größere Rolle spielt als noch in den neunziger Jahren. Wer das Thema nicht ganzheitlich versteht, und das heißt sowohl organisatorisch als auch IT-technisch, dem kann man nicht guten Gewissens die Gesamtverantwortung für das BPM-Thema übertragen. Eine Faustregel besagt: Falls eine der beiden Fraktionen die Kompetenzen und Anliegen der jeweils anderen Fraktion als vergleichsweise irrelevant abtut, ist sie für die ganzheitliche Verantwortung eigentlich ungeeignet. Die folgenden zwei Zitate sollen ein plastisches Gefühl dafür vermitteln, was wir damit meinen:

- *Betriebsorganisation:* „Wir haben keine Ahnung von dem, was die IT da unten eigentlich treibt. Und wissen Sie was: Im Grunde ist es uns auch egal. IT muss laufen, und wie die das hinbekommen, ist ihr Problem. Wir machen nur die Vorgaben. Es heißt ja nicht umsonst 'IT follows Business'!"
- *IT:* „Manchmal fragen wir uns schon, wofür diese Orga-Fritzen eigentlich bezahlt werden. Den ganzen Tag in Meetings sitzen und Kästchen und Pfeile malen ist ja eigentlich keine wirkliche Arbeit. Und wenn sie uns dann mal ihre Anforderungen übergeben, sind die dermaßen unsinnig, dass wir damit nichts anfangen können. Im Grunde verstehen wir sowieso viel besser, was eigentlich gebraucht wird."

In einer solchen Situation ist die einzige Lösung, ein gemeinsames Gremium zu bilden, ein „BPM Competence Center (BPM CC)". In diesem CC sitzen dann auch die BPMN-Gurus,

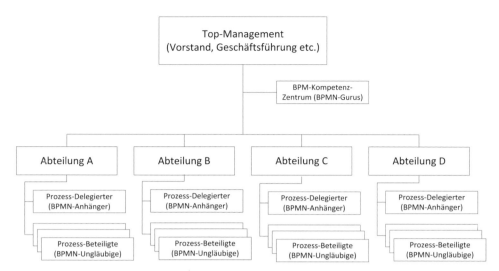

Abbildung 7.3 Typische Zuordnung von BPMN-Gurus, -Anhängern und -Ungläubigen in einer Organisation

die wiederum als Ansprechpartner der BPMN-Delegierten in den Fachabteilungen agieren (siehe Abbildung 7.3).

7.2.3 Ausbildung der BPMN-Gurus

Wenn der Erfolg der Einführung von BPMN mit den hausinternen Gurus steht und fällt, wie können wir dann die auserwählten Kandidaten entsprechend qualifizieren? Die Lektüre dieses Buchs ist sicher kein schlechter Anfang, und eine unserer hervorragenden Schulungen (oder die eines anderen Anbieters) zu besuchen, ist ebenfalls hilfreich. Aber am meisten lernt man natürlich „by doing". Insofern kann man gar nicht schnell genug anfangen, BPMN direkt in der eigenen Praxis anzuwenden. Wenn man das nicht macht, wird man auch das in der Schulung Erlernte bald wieder vergessen haben. Ein recht erfolgreiches Vorgehen ist unserer Erfahrung nach:

1. BPMN-Buch lesen, um prinzipiell zu verstehen, worum es geht, und bewerten zu können, ob BPMN für die eigene Arbeit hilfreich sein kann.
2. Schulung besuchen bzw. im eigenen Hause durchführen.
3. BPMN anwenden, am besten in der eigenen Arbeit, und wenn es da gerade nichts zu modellieren gibt, probiert man es mit Kochrezepten (ernsthaft!).
4. Optional: Die modellierten Prozesse von einem BPMN-Experten (zum Beispiel der externe Berater oder Trainer) reviewen und korrigieren lassen.

Der vierte Schritt ist natürlich nicht immer so leicht realisierbar, aber er hat sich in der Praxis als sehr ergiebig herausgestellt. Es ist erstaunlich: In der initialen Schulung zeigen wir die typischen Anfängerfehler, aber trotzdem finden wir im einige Wochen später stattfindenden Review häufig einen guten Teil genau dieser Anfängerfehler wieder. Erst nachdem sie einem anhand des „eigenen" Prozessmodells erklärt werden, fällt dann tatsächlich der Groschen.

Das gilt natürlich erst recht für gewisse Best Practices, die in der Prozessmodellierung angewandt werden können.

Und wer es dann wirklich ernst meint mit dem Guru-Status, der kann sich sogar von der Object Management Group (OMG) höchst offiziell zertifizieren lassen. Der OMG Certifed Expert in BPM (OCEB) ist jemand, der, je nach Zertifizierungsstufe, eine bestimmte Wissensprüfung der OMG bestanden hat. Die erste Prüfung zertifiziert auf dem Niveau „Fundamental", fragt also die wesentlichen Grundlagen von BPM ab. Da sich circa 40 % dieser Fragen auf BPMN beziehen und teilweise auch ganz schön ans Eingemachte gehen, darf man davon ausgehen, dass jemand, der nach „OCEB Fundamental" zertifiziert ist, die BPMN ganz gut verstanden hat. Die auf „Fundamental" aufbauenden Stufen heißen „Intermediate" und schließlich „Advanced", wobei es jeweils eine „Business"-Variante und eine „Technical"-Variante der Prüfung gibt, je nachdem, wo der Prüfling seinen Kompetenzschwerpunkt legen möchte (Abbildung 7.4). Wer mehr über OCEB erfahren möchte, kann sich direkt auf der Homepage der OMG (*www.omg.org/oceb/*) informieren oder direkt die entsprechende Schulung bei Camunda besuchen: *http://camunda.com/de/oceb*.

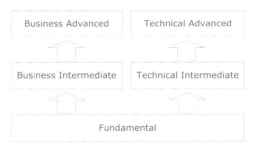

Abbildung 7.4 Stufen der Zertifizierung nach OCEB

7.3 Methoden

BPMN alleine wird in den meisten Projekten nicht reichen, wenn es um die Modellierung der Unternehmensrealität geht:

Wenn Sie beispielsweise Ihre Prozesslandschaft dokumentieren wollen, werden Sie vermutlich so etwas wie eine Prozesslandkarte brauchen, also eine übersichtliche Darstellung aller Prozesse Ihres Unternehmens. Ausgehend von der Prozesslandkarte werden Sie dann eine Verfeinerung vornehmen, bis Sie irgendwann bei einzelnen BPMN-Ablaufdiagrammen landen. Möglicherweise werden Sie diese wiederum mit Organigrammen verknüpfen wollen, um die Beziehungen zwischen der Aufbau- und Ablauforganisation darzustellen, und Sie werden vielleicht entscheiden, dass auf der detailliertesten Ebene sogar eine textuelle Arbeitsanweisung sinnvoll ist, die einzelnen Aufgaben im BPMN-Diagramm zugeordnet ist.

Wenn es Ihnen hingegen um die Prozessmodellierung im Kontext von IT-Projekten geht, werden Sie wahrscheinlich neben der reinen Prozessbeschreibung auch eine Definition der Datenstrukturen brauchen, die in der IT-Lösung abgebildet werden sollen. Dafür greifen Sie eventuell auf UML-Klassendiagramme zurück, die Sie dann wiederum mit Ihren BPMN-

Diagrammen sinnvoll verknüpfen müssen. Dasselbe gilt für Maskenskizzen, Anwendungsfalldiagramme etc. (vgl. auch Abschnitt 4.4.5 auf Seite 157).

Eine erste Fragestellung im Methoden-Cluster ist also, in welchem methodischen Kontext BPMN eingesetzt werden soll und wie die BPMN-Diagramme mit den übrigen Modellierungsnotationen sinnvoll kombiniert werden.

Die zweite Fragestellung bezieht sich auf die Modellierungskonventionen, also auf die Richtlinien zur Prozessmodellierung mit BPMN. Wir nennen solche Konventionen „BPMN-Guidelines", weil dieser Begriff weniger sperrig und deshalb im Alltag leichter zu handhaben ist. Die Definition von BPMN-Guidelines ist fast immer sinnvoll, weil

- BPMN eine vergleichsweise umfangreiche Modellierungssprache ist, die gerade Anfänger schnell überfordern kann;
- man denselben Sachverhalt in BPMN sehr unterschiedlich modellieren kann, was die einheitliche Modellierung und somit das gegenseitige Verständnis beim Betrachten der Modelle erschwert;
- eine Guideline eine praktische Orientierungshilfe ist, die gerade bei Anfängern die Akzeptanz für die Notation erhöht;
- unterm Strich dadurch die Modellierung gleichzeitig leichter und schneller vonstattengeht, während trotzdem eine hohe Qualität der Prozessmodelle sichergestellt wird.

Welche Guidelines genau sinnvoll sind, hängt ebenfalls von den Zielen ab, die Sie mit BPMN verfolgen: Das Ziel „Prozessdokumentation" beispielsweise führt zu anderen Guidelines als das Ziel „Anforderungserhebung für IT-Projekte". In diesem Zusammenhang ist auch unser Camunda-Haus zu beachten: Auch hier ergibt sich die Wahl der Modellierungsebene, und somit auch die Wahl der Methodik, aus der jeweiligen Zielsetzung für die Modellierung.

Unabhängig von der Zielsetzung haben wir aber feststellen können, dass in allen Guidelines die nachfolgend beschriebenen Kategorien sinnvoll sind.

7.3.1 Symbolpalette

Hier geht es zunächst einmal darum, eine Teilmenge der verfügbaren Symbole zu definieren. Das ist besonders am Anfang sinnvoll, wenn noch nicht alle Beteiligten mit der kompletten Symbolpalette vertraut sind. Aber es ist auch empfehlenswert, den BPMN-Anhängern, die die BPMN ja auch auf längere Sicht nicht in der Tiefe beherrschen werden, eine verkleinerte und somit übersichtlichere Palette an die Hand zu geben.

Da wir in der Regel mit unserem Methodenframework arbeiten, macht sich die verwendete Symbolpalette in unserer Projektpraxis an der jeweiligen Modellierungsebene fest. Die Palette für strategische Prozessmodelle haben wir bereits in Abschnitt 3.3 auf Seite 121 vorgestellt. Auf der operativen Ebene schränken wir die Palette für menschliche Prozessflüsse in der Regel gar nicht oder nur marginal ein und für technische Prozessflüsse hängt die Palette von den BPMN-Symbolen ab, die in der vorgesehenen Workflow Engine unterstützt werden. Wir dürfen nämlich leider nicht davon ausgehen, dass jedes offiziell BPMN-kompatible BPM-Softwareprodukt auch tatsächlich alle Symbole kennt.

Auf der anderen Seite kann es sinnvoll sein, die Palette um eigene Artefakte zu erweitern (Abschnitt 2.11.2 auf Seite 104). Das erscheint zunächst einmal widersprüchlich: Erst sollen wir die Palette einschränken, sie aber dann doch wieder erweitern? Aber tatsächlich hat sich herausgestellt, dass eigene Artefakte häufig ganz bestimmte Modellierungsprobleme lösen, die die BPMN im reinen Standardformat nicht lösen kann. Beispielsweise haben wir mittlerweile einige Versicherungen kennengelernt, die aus bestimmten rechtlichen Gründen gewisse Risiken in ihren Prozessen dokumentieren müssen. Genau zu diesem Zweck haben diese BPMN-Anwender ein rotes Warndreieck in ihre Symbolpalette aufgenommen, das sie nun, wann immer sinnvoll, einsetzen. Wichtig dabei ist nur, dass man die Syntaxregeln für Artefakte beachtet und die eigenen Symbole niemals direkt in den Sequenzfluss einhängt, sondern immer nur über Assoziationen mit Flussobjekten verknüpft.

7.3.2 Namenskonventionen

Im Rahmen des „Modellierungs-Knigge" in Abschnitt 2 auf Seite 27 sind wir bereits darauf eingegangen, nach welchem Schema wir bestimmte Symbole bezeichnen. Beispielsweise verwenden wir für Aufgaben das Schema [Objekt] + [Verb] und für Ereignisse das Schema [Objekt] + [Zustand]. Natürlich gibt es Situationen, in denen man diese Namenskonventionen nicht hundertprozentig einhalten kann, aber man sollte es zumindest anstreben. Gerade Anfänger machen gern bestimmte Fehler in der Modellierung, die sich durch Namenskonventionen vermeiden lassen. Ein ganz extremes Beispiel ist in Abbildung 7.5 zu sehen. Vielleicht halten Sie es jetzt für unwahrscheinlich, dass selbst ein Anfänger einen derart offensichtlichen Fehler macht. Wir haben es jedoch schon oft genug erlebt. Wenn es aber eine Namenskonvention gibt, die der Modellierer bei der Beschriftung von Aufgaben einzuhalten hat, dann besteht eine gute Chance, dass er den Fehler selbst erkennt und korrigiert.

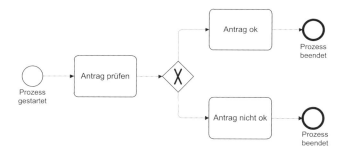

Abbildung 7.5 Falsch: Die Bedingungen der Verzweigung stehen in den Aufgaben.

Ein anderes Beispiel sehen Sie in Abbildung 7.6 auf der nächsten Seite. Hier handelt es sich nicht einmal um einen Fehler, sondern nur um eine unterschiedliche Auffassung darüber, ob die Tätigkeit „Vorgang schließen" als Ereignis oder als Aufgabe modelliert wird. Sie denken jetzt wahrscheinlich, dass das doch klar sei, als Aufgabe natürlich. Aber in der Praxis schleichen sich solche Endereignisse, die als finale Tätigkeit verstanden werden, gerne mal ein. Bei gewissen Endereignissen kann das ja sogar korrekt sein, zum Beispiel beim Nachrichten-Endereignis. Aber gerade am Anfang sollte man ein gemeinsames Verständnis herstellen, was mit einem (Blanko-)Endereignis symbolisiert wird, und das ist nun mal nichts weiter als das Setzen eines Status. Ansonsten besteht die Gefahr, dass manche Kollegen die

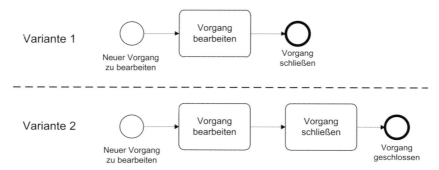

Abbildung 7.6 Variante 1 verletzt die Namenskonvention für die Bezeichnung von Ereignissen.

finale Tätigkeit als Endereignis modellieren wie in Variante 1 und andere wie in Variante 2 diese explizit als Aufgabe modellieren. Dieser kleine Unterschied kann sich in komplexeren Prozessmodellen schnell zu einer weiteren Verständnis- und somit auch Akzeptanzhürde entwickeln.

Wenn wir eine Namenskonvention als Guideline festhalten, bedienen wir uns eines recht einfachen Schemas, das wir auch auf andere Guidelines anwenden:

- **Vorgabe**: Hier wird die eigentliche Guideline in einem kurzen, prägnanten Satz festgehalten.
- **Begründung**: Eine kurze Erklärung hilft den Modellierern, die Intention zu verstehen und die Guideline zu akzeptieren.
- **Beispiel**: Erfahrungsgemäß schauen die meisten Modellierer gleich auf das exemplarische Prozessmodell, das die Anwendung der Guideline verdeutlicht.
- **Gegenbeispiel**: Ein oder mehrere Gegenbeispiele sind ebenfalls sehr hilfreich, damit die Modellierer wirklich begreifen, wie die Guideline gemeint ist.

Weitere sinnvolle Namenskonventionen können zum Beispiel die Beschriftung von Teilprozessen, Gateways und Pools betreffen.

7.3.3 Layouting

In dieser Kategorie geht es um Guidelines, die das visuelle Erscheinungsbild der Prozessdiagramme betreffen. Dadurch werden die Diagramme einheitlicher und zum Teil auch besser lesbar, zum Beispiel indem eine verwirrende Führung der Sequenzflüsse vermieden wird. Ein Beispiel für eine Guideline aus dieser Kategorie wäre die Vorgabe zur Darstellung von XOR-Gateways:

- **Vorgabe**: Das XOR-Gateway wird immer mit dem X-Marker dargestellt.
- **Begründung**: Diese Markierung unterscheidet das Gateway auf den ersten Blick von den anderen Gateway-Arten und verringert daher die Gefahr der Verwechslung.
- **Beispiel und Gegenbeispiel**: siehe Abbildung 7.7 auf der nächsten Seite.

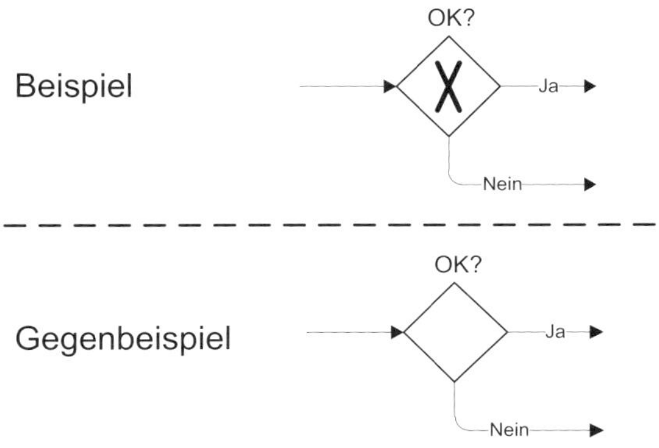

OK?

Beispiel → ◇ Ja →
        Nein →

- -

OK?

Gegenbeispiel → ◇ Ja →
              Nein →

Abbildung 7.7 Beispiel und Gegenbeispiel zur Darstellung des XOR-Gateways

7.3.4 Modellierungsalternativen

Während das Layouting die rein visuelle Darstellung betrifft, regeln die Guidelines aus dieser Kategorie, welche der diversen Möglichkeiten der BPMN benutzt werden soll, um bestimmte Sachverhalte zu modellieren. Diese Sachverhalte sind allerdings noch sehr grundsätzlich und abstrakt zu verstehen, sie beziehen sich also nicht auf konkrete inhaltliche Prozesse oder Prozessfragmente, wie das bei den Design Patterns im nächsten Abschnitt der Fall ist.

Ein Beispiel betrifft die Verwendung von Endereignissen:

- **Vorgabe**: Inhaltlich gleichbedeutende Endereignisse sollten in einem Symbol zusammengefasst, inhaltlich unterschiedliche jedoch einzeln modelliert werden.
- **Begründung**: Auf diese Weise wird dem Betrachter schneller bewusst, dass es unterschiedliche mögliche Endzustände für einen Prozess gibt, und er kann schneller erkennen, welche das jeweils sind.
- **Beispiel und Gegenbeispiel**: siehe Abbildung 7.8 auf der nächsten Seite.

7.3.5 Design Patterns

Als Design Pattern bezeichnen wir eine Art Kochrezept, das einem Modellierer einen Leitfaden liefert, wenn er bestimmte Situationen modellieren muss. Auch hier gibt es natürlich eine gewisse Abstraktion, denn ein Pattern soll ja auf unterschiedliche Szenarien angewandt werden können. Im Gegensatz zu den übrigen Guidelines haben Design Patterns aber deutlich mehr Empfehlungscharakter, sind also weniger bindend für den Modellierer. Deshalb wird die Beschreibung eines Design Patterns auch etwas anders strukturiert als die einer Guideline:

- **Anforderung**: Hier wird beschrieben, in welcher Situation das vorliegende Design Pattern hilfreich sein kann.
- **Empfehlung**: Die Empfehlung bezieht sich auf eines der nachfolgend vorgestellten alternativen Patterns, sie benennt also einen Favoriten. Dabei kann es vorkommen, dass abhängig von der Modellierungsebene im Camunda-Haus eine andere Empfehlung ausgesprochen wird.

Beispiel

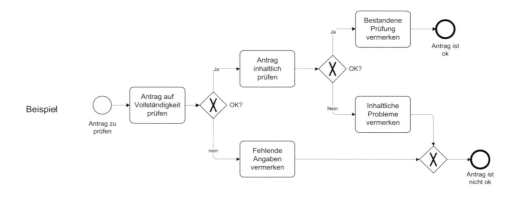

Gegenbeispiel

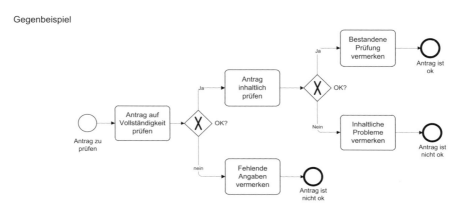

Abbildung 7.8 Im positiven Beispiel gibt es nur ein Endereignis für den Fall, dass der Antrag nicht ok ist.

- **Verfügbare Design Patterns**: Die konkrete Beschreibung der für den Sachverhalt geeigneten Design Patterns erfolgt wiederum anhand von Beispielen.

Exemplarisch wollen wir die Design Patterns zur Modellierung einer zweistufigen Eskalation vorstellen:

Anforderung

Ich möchte, dass mein Interaktionspartner etwas tut, und schicke ihm deshalb eine Nachricht (typische Beispiele: Eine Rechnung soll bezahlt werden, eine Ware geliefert werden, eine Arbeitsanweisung soll ausgeführt werden).

Mein Interaktionspartner reagiert aber nicht. Nach einer Weile erinnere ich ihn an meine Bitte und setze ihm eine „Nachfrist". Das kann ich ggf. ein paar Mal wiederholen, doch irgendwann muss ich das Ganze weiter eskalieren (z. B. Abgabe an Inkasso-Dienstleister, Bestellung stornieren, Vorgesetzten informieren).

Empfehlung

Von den nachfolgend dargestellten Design Patterns wird „Ereignisbasiertes Gateway mit Schleife" empfohlen, da es übersichtlich, leicht verständlich und formal korrekt ist. Da die Modellierung technischer Prozessflüsse von den Möglichkeiten der Workflow Engine abhängt und die zu verwendende Engine das ereignisbasierte Gateway eventuell nicht interpretieren kann, kann hier ggf. auch auf das Pattern „Angeheftete Zeitereignisse" ausgewichen werden.

Verfügbare Design Patterns

In Abbildung 7.9 sind die verfügbaren Design Patterns am Beispiel der Pizzabestellung dargestellt:

- **Ereignisbasiertes Gateway mit Schleife**: Wenn die Pizza nach einer Stunde noch nicht geliefert wurde, wird nachgefragt, wo sie bleibt. Vor der Nachfrage steht die Prüfung, ob zuvor bereits nachgefragt wurde. Auf diese Weise wird sichergestellt, dass nur einmal nachgefragt wird. Da nach der Nachfrage der Rücksprung zum ereignisbasierten Gateway erfolgt, wird in Summe also maximal zwei Stunden auf die Pizza gewartet. Neben der Übersichtlichkeit ist an diesem Pattern auch charmant, dass man ohne große Änderung

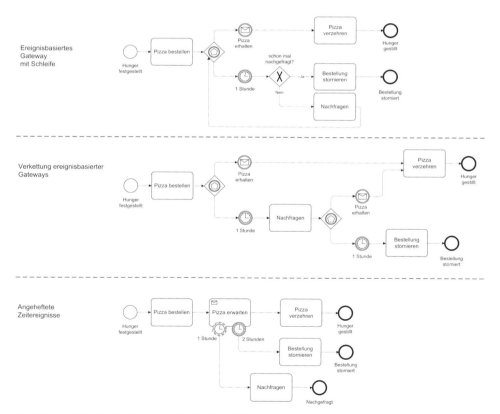

Abbildung 7.9 Design Patterns für die Modellierung einer zweistufigen Eskalation

des Modells auch etwas mehr Geduld für die Lieferung aufbringen könnte: einfach, indem man die Frage „Schon Mal nachgefragt" beispielsweise durch „Schon zwei Mal nachgefragt" oder, wenn man ganz besonders geduldig ist, „Schon zehn Mal nachgefragt" ersetzt.

- **Verkettung ereignisbasierter Gateways**: Das Verhalten in diesem Modell ist identisch zu dem im vorherigen Modell, sonst wäre es ja auch kein gültiges Muster für dieses Szenario. Allerdings wird jetzt mit einer Verkettung der ereignisbasierten Gateways gearbeitet. Das ist unübersichtlicher und aufwendiger in der Anpassung, dafür sieht man aber auf den ersten Blick, wie viele Eskalationsstufen es gibt.
- **Angeheftete Zeitereignisse**: Wir können das gewünschte Verhalten auch völlig ohne ereignisbasiertes Gateway modellieren, indem wir unterbrechende und nicht-unterbrechende Zeitereignisse verwenden, die wir an eine Aufgabe vom Typ „Empfangen" (Abschnitt 2.7 auf Seite 73) heften.

7.4 Werkzeuge

7.4.1 Definition des eigenen BPM-Stacks

In den vorangegangenen Kapiteln haben wir immer wieder Hinweise zu typischen Anforderungen gegeben, die ein BPMN-Tool erfüllen sollte. Mit dieser Bezeichnung meinen wir das Softwareprodukt, mit dem wir Prozesse in BPMN modellieren können, um sie für andere Betrachter zu dokumentieren, sie in Bezug auf Verbesserungspotenziale zu analysieren oder auch verbesserte oder neue Prozesse darin zu konzipieren. Eine andere Art Software ist die schon mehrfach angesprochene Workflow Engine, die sich der technischen Ausführung von BPMN-Prozessmodellen widmet. Ein drittes Thema betrifft die Entwicklungsumgebung, mit der ein Process Engineer arbeitet, um ein im BPMN-Modellierungswerkzeug konzipiertes Prozessmodell soweit anzureichern und mit anderen technischen Komponenten wie einem Enterprise Service Bus, Entitäten- und Datenmodellen oder Benutzeroberflächen zu kombinieren, dass es in der Workflow Engine auch tatsächlich ausgeführt werden kann. Und schlussendlich kann auch die Workflow Engine in den seltensten Fällen als eigenständiges Stück Software funktionieren. Auch sie braucht wiederum eine Umgebung, die sich auch um die Ausführung all der peripheren Komponenten der letztendlichen Prozessanwendung kümmert wie beispielsweise die bereits angesprochenen Benutzeroberflächen. Als komplementäres Pendant zur Entwicklungsumgebung brauchen wir also eine Ausführungsumgebung.

Eine sehr grobe Aufzählung eines ganzheitlichen BPM-Stacks umfasst also:

- Das BPMN-Modellierungswerkzeug
- Die Entwicklungsumgebung
- Die Workflow Engine
- Die weiteren technischen Komponenten für eine Prozessanwendung
- Die Ausführungsumgebung

Falls Sie gar keine Umsetzung von Prozessanwendungen planen, interessiert Sie natürlich nur das BPMN-Modellierungswerkzeug, und Sie können gleich zum nächsten Abschnitt springen. Ansonsten müssen Sie sich die Frage beantworten, mit welchem Ansatz Sie den dargestellten Stack im eigenen Hause umsetzen wollen. Prinzipiell gibt es zwei mögliche Strategien:

- Ein Produkt, das den gesamten Stack in sich integriert („1-Produkt-Stack")
- Eine Zusammenstellung von Produkten („Kompositer Stack")

Man muss allerdings nicht befürchten, dass es hierbei auch um die Entscheidung „alles aus einer Hand" versus „verschiedene Lieferanten" geht. Es gibt auch Hersteller, die einen vollständigen, kompositen Stack anbieten. Der springende Punkt ist, dass die Komponenten eines 1-Produkt-Stacks in der Regel nahtloser miteinander verwoben sind, während sie bei einem kompositen Stack vergleichsweise lose gekoppelt sind und sogar durch Produkte anderer Anbieter ausgetauscht werden können. Damit wird bereits deutlich, wo die jeweiligen Stärken der beiden Strategien liegen: Ein 1-Produkt-Stack ist häufig leichter zu handhaben, man kann damit relativ schnell Prozessanwendungen entwickeln, weil vieles vorgefertigt ist und man im Prinzip nur die Bausteine zusammensetzen muss. Bei einem kompositen Stack besteht dagegen meistens ein größerer Gestaltungsspielraum und man kann Prozessanwendungen entwickeln, die besser auf die individuellen Bedürfnisse zugeschnitten sind. Da die Komponenten in einem kompositen Stack für die jeweiligen Einsatzgebiete optimiert sind (beispielsweise das BPMN-Modellierungswerkzeug für die Prozessmodellierung), sind sie häufig den jeweils entsprechenden Komponenten eines 1-Produkt-Stacks überlegen, da dort ein einziges Produkt als „eierlegende Wollmilchsau" agieren muss und im schlimmsten Fall zwar alles kann, aber nichts davon richtig.

Mit der Entscheidung für oder gegen einen kompositen Stack geht meistens auch die Entscheidung einher, ob der BPM-Stack inklusive Quellcode erworben werden soll oder nicht. Bei einem 1-Produkt-Stack ist der Quellcode in der Regel nicht verfügar, bei einem kompositen Stack kann das durchaus der Fall sein. Der Hintergrund einer solchen Entscheidung ist jedoch weniger, dass man dank sogenannter „Open Source"-Software das Geld für die Produktlizenzen sparen könnte, zumal man die bloße Verfügbarkeit des Quellcodes nicht mit dem Begriff „Open Source" verwechseln sollte: Ein Softwareprodukt, das unter einer Open-Source-Lizenz veröffentlicht wurde, kann tatsächlich kostenlos genutzt und, je nach Lizenz, sogar in eigene Produkte eingebettet werden. Es gibt aber auch Produkte, die zwar in Form einer pauschalen oder monatlichen Gebühr erworben werden müssen, aber inklusive Quellcode ausgeliefert werden. Die tatsächlichen Vorteile eines solchen Ansatzes sind nämlich nicht die Kostenvorteile, sondern

- die geringere Abhängigkeit vom Hersteller („Vendor Lock-In"),
- verringerte Risiken im Fall der Akquisition oder Insolvenz des Herstellers,
- die höhere Transparenz der Software, die nun keine „Black Box" mehr ist, sondern bei Bedarf ihr Innenleben offenbart,
- die maximale Flexibilität bei der Entwicklung von Prozessanwendungen,
- die Integrierbarkeit des Stacks in die eigene Infrastruktur, zum Beispiel für Testautomatisierung, Versionsverwaltung, Deployment etc.

Wie Sie sich vielleicht schon denken, ist der Ansatz eines kompositen, quelloffenen BPM-Stacks nur dann interessant, wenn Sie über Softwareentwickler verfügen, die mit diesem Stack umgehen können. In der Praxis geht es hier meistens um die Programmiersprache

Java. Wenn Sie also Java-Entwickler in Ihren Reihen wissen, dürfte ein BPM-Stack, wie er beispielsweise im Abschnitt 7.4.3 auf der nächsten Seite beschrieben wird, sehr interessant sein. Wenn das hingegen nicht der Fall ist, sollten Sie sich eher in Richtung 1-Produkt-Stack orientieren und möglicherweise sogar in Richtung Software as a Service (SaaS), da dies für den Einstieg der einfachste und kostengünstigste Weg ist, um Prozessanwendungen zu erstellen. Ihnen muss allerdings klar sein, dass Sie mit 1-Produkt-Stacks im Allgemeinen und SaaS-Plattformen im Besonderen eine höhere Herstellerabhängigkeit und geringere Individualität Ihrer Prozessanwendungen in Kauf nehmen.

7.4.2 Das BPMN-Modellierungswerkzeug

„A fool with a tool is still a fool" – diese Lebensweisheit gilt natürlich besonders für die Prozessmodellierung. Aber das bedeutet noch lange nicht, dass das Tool eine Nebensache oder sogar unwichtig wäre – diese weit verbreitete Auffassung ist völlig verkehrt. Auch der beste Handwerker ist machtlos ohne sein Werkzeug, außer vielleicht MacGyver.

Ganz grundsätzlich sollte man ein Tool wählen, das alle Symbole der BPMN abbilden kann. Auf welche Symbole Sie verzichten wollen, ist Ihre Entscheidung, nicht die des Tool-Herstellers (vgl. Abschnitt 7.3.1 auf Seite 232). Wenn Sie zunächst einmal persönlich mit der BPMN herumspielen und sie nicht gleich im größeren Kreis im Unternehmen einführen wollen, sollten Sie eine möglichst kostengünstige Lösung nehmen, denn es kann durchaus sein, dass Sie später umsteigen wollen.

Wir von Camunda haben inzwischen ein eigenes, kostenlos verfügbares Modellierungstool entwickelt. Es unterstützt BPMN und DMN und speichert die erstellten Modelle stets direkt im standardkonformen XML. Das bedeutet, Sie können diese Modelle auch in den entsprechenden Engines ausführen. Der Camunda Modeler ist Teil der Camunda BPM Platform und kann hier heruntergeladen werden:

https://camunda.org/download/modeler/

Aktuell ist der Camunda Modeler als Desktop-Anwendung bereitgestellt, tatsächlich besteht er aber aus Komponenten, die auch direkt in einem Web-Browser genutzt werden können. Es gibt daher auch eine Cloud-Angebot, dass kollaborative Modellierung direkt im Browser erlaubt:

https://cawemo.com/

Der Camunda Modeler fokussiert sich auf die Erstellung von Modellen, die (potenziell) ausführbar sind. Er ist sehr benutzerfreundlich und daher auch für Fachanwender geeignet, aber er stellt keine umfangreichen Funktionen für die Prozessdokumentation zur Verfügung. Wenn Sie diese benötigen, können wir aus eigener Erfahrung Produkte der folgenden Hersteller empfehlen (in alphabetischer Reihenfolge):

- BOC Adonis (*http://www.boc-group.com/de/*)
- ibo Prometheus (*http://www.ibo.de*)
- Signavio Process Editor (*http://signavio.de*)

Alle drei Produkte unterstützen den BPMN-Standard in der Modellierung und bieten zusätzliche Funktionen für die Prozessdokumentation, d. h., Sie können darin zum Beispiel zusätzliche Arbeitsanweisungen hinterlegen, Mitarbeiterhandbücher generieren usw. Diese

Produkte erlauben außerdem den Export der erstellten Diagramme im BPMN-Standardformat, sodass diese in eine BPMN Workflow Engine übernommen werden können, und ermöglichen den Import, um technisch motivierte Veränderungen des Modells auch den fachlichen Anwendern zugänglich zu machen.

Mit allen drei Produkten konnten wir bereits Erfahrungen in Kombination mit unserer eigenen Workflow Engine sammeln, die im nachfolgenden Abschnitt vorgestellt wird.

7.4.3 Camunda BPM – eine Open-Source-BPM-Plattform

Nachdem wir schon einige Jahre Projekterfahrung im BPM-Bereich gesammelt und auch viele BPM-Softwareprodukte kennengelernt hatten, entschlossen wir uns Ende 2011, eine eigene BPM-Plattform für die Prozessautomatisierung zu entwickeln.

In Anlehnung an den vorherigen Abschnitt kann man Camunda BPM als technisch quelloffenen, kompositen BPM-Stack bezeichnen, der vor allem für die Entwicklung vergleichsweise individueller Prozessanwendungen in Java gedacht ist. Deshalb sprechen wir auch bewusst von einer Plattform und nicht von einer „BPM-Suite".

Die wesentlichen Komponenten sind:

- **Modeler**: das im vorherigen Abschnitt bereits besprochene Modellierungswerkzeug. Es unterstützt BPMN und DMN.
- **Engine**: die Engine, mit der sich die im Modeler erstellten Modelle technisch ausführen lassen.
- **Tasklist**: eine Webanwendung für die Abarbeitung von Benutzeraufgaben durch Prozessbeteiligte.
- **Cockpit**: eine Webanwendung für die Überwachung und Administration laufender Prozesse sowie die Betrachtung von Reports für das Business Activity Monitoring (BAM).
- **Cycle**: eine Webanwendung für den BPMN-Roundtrip, um die Entwicklungsumgebung der IT mit unterschiedlichen fachlichen BPMN-Modellierungswerkzeugen zu synchronisieren.
- **Admin**: eine Webanwendung für die Verwaltung von Benutzern, Benutzergruppen und Berechtigungen.

Es mag ungewöhnlich und vielleich sogar etwas anrüchig erscheinen, dass wir in einem allgemeinen Fachbuch zur BPMN unser eigenes Produkt vorstellen. Man muss das Ganze aber auch im historischen Kontext sehen: Als wir die erste Auflage dieses Buchs veröffentlichten, waren wir ein reines Beratungshaus. Nachdem wir aber feststellen mussten, dass es – nach unserem Empfinden – keine wirklich rundum gute technische BPM-Plattform gab, diese aber benötigt wird, entschieden wir, selbst eine zu entwickeln. Als erklärte Anhänger der Open-Source-Idee machten wir unser Produkt frei verfügbar, um das Ganze über bezahlte zusätzliche Features und Support zu finanzieren.

Damit waren wir so erfolgreich, dass wir uns innerhalb kurzer Zeit vom Beratungs- zum Softwarehaus verwandelten. Was nicht bedeutet, dass wir unsere Leidenschaft für die methodischen Fragen der BPMN-Anwendung verloren hätten, eher im Gegenteil.

Heute arbeiten viele namhafte Unternehmen und Behörden mit der Plattform und sind damit sehr glücklich. Wir sind uns deshalb sicher, mit Camunda BPM einen Beitrag zur erfolgreichen Anwendung der drei BPM-Standards zu leisten. Insofern ist es unserer Ansicht nach in Ordnung und für Sie als Leser auch hilfreich, wenn wir in diesem Buch darauf hinweisen.

Weitere Informationen zu Camunda BPM finden Sie unter:

- *http://camunda.de/bpm* für eine eher managementorientierte Beschreibung und
- *http://camunda.org* für das Open-Source-Projekt inkl. Download und Dokumentation.

7.4.4 Es muss nicht immer Software sein

Gerade bei den ersten Prozessdiskussionen in Gruppen kann es manchmal eher ungünstig sein, den Prozess mit einer Software zu modellieren:

- Es kann immer nur derjenige modellieren, der am Computer sitzt. Alle Vorschläge müssen von den Workshop-Teilnehmern an denjenigen adressiert werden, was eine erste Hürde darstellt.
- Der Modellierer muss mit dem Tool zurechtkommen, was gerade am Anfang oft gar nicht so einfach ist. Im schlimmsten Fall wird also der Workshop dadurch verzögert und die Beteiligten können sich nicht auf das Prozessmodell konzentrieren.
- Die Teilnehmer haben häufig einen gewissen Respekt vor dem Prozessmodell in der Software. Weil es weniger nach „work in progress" aussieht, entsteht eine weitere Hemmschwelle für spontane Ideen, Kritik und Vorschläge.

Die Alternative ist eine Zeichnung am Whiteboard, die aber ebenfalls bei der Umgestaltung des Modells oder auch dem Zeichnen der jeweiligen BPMN-Symbole recht unhandlich werden kann. Deshalb haben wir vor einiger Zeit ein paar einfache Magnete gebastelt, die in solchen Workshops leicht eingesetzt werden können.

Die Herstellung ist denkbar einfach:

1. Symbole auf A6 (Aufgaben und Teilprozesse) bzw. A7 (alle anderen Symbole) drucken.
2. Heißlaminieren.
3. Auf der Rückseite Magnetband ankleben.

Die Schritte 1 und 2 haben wir damals im Copyshop machen lassen, Schritt 3 war noch etwas mühsame Handarbeit (Abbildung 7.10 auf der nächsten Seite). Aber es hat sich gelohnt, die Teilnehmer haben wie folgt damit gearbeitet:

1. Kärtchen mit Boardmarker beschriften.
2. Prozess zunächst nur mit den Kärtchen am Whiteboard darstellen, jetzt kann man die Kärtchen noch gut verschieben.
3. Wenn sich alle einig sind, kommen noch Linien dorthin, wo es hilft.

Die Linien kommen erst am Ende (Flüsse, Pools und Lanes etc.), weil diese bei einer Änderung ja wieder abgewischt und neu gemalt werden müssen, was mühsam ist (vgl. Abbildung 7.11 auf der nächsten Seite).

Das Ganze ist für Übungen und erstmalige Erhebungen und Diskussionen von einfachen Prozessen bzw. für die grobe Darstellung komplexer Prozesse sowie die Detaildarstellung von Prozessfragmenten sehr hilfreich. Alle können mitmachen und es gibt kein Softwaretool, das die Modellierung behindert. Bei diesem Verfahren kann man auch ganz einfach noch

7.4 Werkzeuge

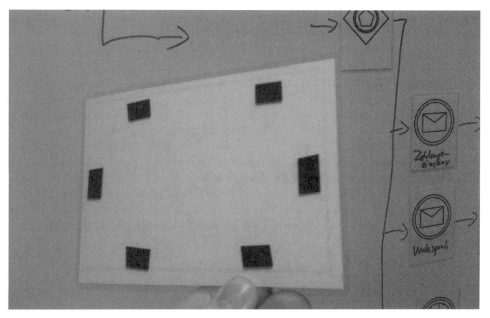

Abbildung 7.10 Selbstklebendes Magnetband auf der Rückseite

Abbildung 7.11 Wenn die Linien gezeichnet sind, ist Verschieben eher unpraktisch.

eigene Artefakte dazunehmen. Natürlich muss das Ergebnis am Ende wieder in einem Tool abmodelliert werden. Und wenn komplexe Prozesse komplett modelliert werden sollen, ist das Whiteboard schnell am Ende.

Vom Potsdamer Hasso-Plattner-Institut kommt eine weitere interessante Idee: Dort hat Dr. Alexander Lübbe den Ansatz des „tangible bpm (t.bpm)", zu Deutsch „greifbare Prozessmodellierung", entwickelt. Modelliert wird dabei mit Plexiglas-Bausteinen in den Grundformen der BPMN (Aktivitäten, Ereignisse, Gateways und Daten). Aus diesen Bausteinen werden Prozesse auf dem Tisch modelliert. Dabei steht die Diskussion zwischen den Teilnehmern im Vordergrund (Abbildung 7.12). Auf der gemeinsamen Arbeitsfläche können Ideen direkt durch Zeigen und Arrangieren verdeutlicht werden. Das Ergebnis des Workshops wird im Prozessmodell dokumentiert. In seiner Forschung hat Alex gezeigt, dass dieser Ansatz die Teilnehmer stark motiviert, sich einzubringen. Das selbst mitgestaltete Prozessmodell wird schon während des Workshops kritisch geprüft und das Workshop-Ergebnis ist ein Teamergebnis. Somit erhöht sich die Akzeptanz der gefundenen Lösung. Weitere Infos zum Ansatz gibt es unter *www.t-bpm.de*.

Abbildung 7.12 Tangible BPM (t-bpm) im Einsatz

7.5 (Meta-)Prozesse

Schon in Abschnitt 1.1.3 auf Seite 3 haben wir den Camunda-BPM-Kreislauf mit seinen Phasen zur

- Erhebung,
- Dokumentation,
- Analyse,
- Konzeption,
- Umsetzung und
- Controlling

von Geschäftsprozessen vorgestellt. Diese Phasen lassen sich selbst wiederum als Prozesse verstehen und bilden deshalb die „Meta-Prozesse". Die genauere Klärung, wie diese Meta-Prozesse abgewickelt werden sollen, wird spätestens dann erforderlich, wenn BPMN in mehr als nur einem Projekt und in Teams eingesetzt wird, deren Zusammensetzung nicht konstant ist. Die Verantwortung für die Gestaltung und Einhaltung der Meta-Prozesse liegt sinnvollerweise in derselben Hand wie die Verantwortung für die bereits beschriebenen BPMN-Guidelines, also bei den BPMN-Gurus. Mit der Beschreibung der Meta-Prozesse wachsen auch die bislang vorgestellten Klärungsgebiete Rollen, Methoden und Werkzeuge zusammen, wie wir am Beispiel eines typischen Prozesses zur Erhebung und Dokumentation von Geschäftsprozessen sehen können (Abbildung 7.13).

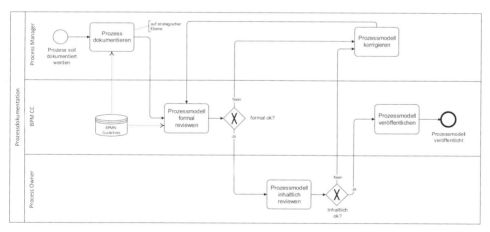

Abbildung 7.13 Der Meta-Prozess zur Prozessdokumentation, wie er in vielen Unternehmen gelebt wird.

Der Hintergrund dieses Meta-Prozesses ist die Dokumentation einer großen Anzahl von Geschäftsprozessen. Diese wird dezentral von den jeweils verantwortlichen Process Managers vorgenommen, die in Bezug auf ihre BPMN-Kompetenz den Anhängerstatus besitzen könnten. Sie sollen ihre Prozesse lediglich auf strategischer Ebene dokumentieren, da eine Dokumentation auf operativer Ebene zu aufwendig und schwierig wäre, um in der Breite vorgenommen zu werden. Nach erfolgter Dokumentation führt das BPM Competence Center (BPM CC), in dem die BPMN-Gurus sitzen, ein formales Review durch, wobei es u. a.

überprüft, ob die definierten BPMN-Guidelines eingehalten wurden. Im Zweifel muss der Process Manager das Modell noch einmal korrigieren. Ansonsten führt der Process Owner, der als Senior Manager durchaus auch ein Vorgesetzter des Process Managers sein kann, ein inhaltliches Review durch, um die Dokumentation abzunehmen. Ist die Abnahme vollzogen, kümmert sich das BPM CC um die Veröffentlichung der Dokumentation, die beispielsweise über das Intranet erfolgen könnte.

Bei diesem Meta-Prozess handelt es sich natürlich nur um ein Beispiel und nicht etwa um eine mustergültige Vorlage für alle erdenklichen Unternehmen. Es ist also durchaus möglich, dass in Ihrem Fall ein etwas oder auch komplett anderer Prozess besser geeignet wäre. Wir wollten an dieser Stelle nur zeigen, worum es beim Thema „Meta-Prozesse" geht und warum es wichtig ist, diese zu klären.

■ 7.6 Praxisbeispiel: Prozessdokumentation bei Energie Südbayern

7.6.1 Unternehmensprofil

Energie Südbayern (ESB) – ein bundesweit agierendes Energieunternehmen – beliefert rund 160.000 Privat- und Geschäftskunden sowie Kommunen und kommunale Energieversorger mit Strom und Erdgas. Im Fokus des nachhaltig ausgerichteten Leistungsspektrums stehen integrierte Energie- und Klimakonzepte – von der Energieerzeugung und dem Betrieb von Energienetzen über Energiehandel und Energielieferung bis hin zu innovativen Lösungen für Energieeffizienz und Eco-Mobilität. ESB beschäftigt mehr als 300 Mitarbeiterinnen und Mitarbeiter und ist seit 50 Jahren erfolgreich am Markt.

7.6.2 Ausgangspunkt und Beauftragung

Aufgrund des starken Wachstums hat die ESB entschieden, das systematische Management ihrer Geschäftsprozesse voranzutreiben. Diese Aufgabe fiel ESB-seitig der Abteilung Organisationsentwicklung zu, die die Entwicklung und Umsetzung einer wirksamen BPM-Governance in Angriff nahm. Unser Auftrag war, diese Aktivitäten mit einem begleitenden Coaching zu unterstützen, insbesondere in Bezug auf die Prozessdokumentation mit BPMN.

7.6.3 Projektverlauf

Zu Beginn wurde das Thema BPM grundsätzlich diskutiert, eine Roadmap zur Einführung und eine Vorlage für eine Geschäftsführungsanweisung entwickelt, um das benötigte Management-Commitment für diese Initiative zu erhalten. In diesem Zusammenhang wurde auch der Camunda-BPM-Kreislauf als Referenzmodell durch Energie Südbayern adaptiert.

Nach einer ersten BPMN-Schulung des Projekt-Kernteams musste ein geeignetes BPMN-Tool ausgewählt werden. Hierzu wurde ein ESB-spezifischer Kriterienkatalog entwickelt. Da geplant war, das Thema BPM im Unternehmen möglichst breit einzuführen, wurden auch die Prozessverantwortlichen der Fachabteilungen mit in diesen Prozess einbezogen. Dies betraf sowohl die Auswahl und Gewichtung der Kriterien als auch die Bewertung der möglichen Kandidaten. Im Anschluss an die erfolgreiche Auswahl und Beschaffung des Werkzeugs erhielt das Projekt-Kernteam eine vertiefende BPMN-Schulung. Darüber hinaus wurden auf Basis unserer Best-Practice-Guidelines geeignete Modellierungskonventionen für die ESB definiert. In den darauffolgenden Schulungen für die mehr als 20 Prozessverantwortlichen wurde die durch die Konventionen definierte relevante Teilmenge der BPMN vermittelt. Auf diese Weise haben wir vermieden, dass die Komplexität der BPMN die kurzfristige Nutzung in der Breite erschwert. Gleichzeitig wurde das Fundament für formal korrekte und in Richtung Automatisierung ausbaufähige Prozessmodelle gelegt. Zusätzlich wurde ein Meta-Prozess zur Erstellung, Qualitätssicherung und Freigabe von Prozessdokumentationen entwickelt und eingeführt. Gegen Ende dieser Aufbauphase wurde das Projekt-Kernteam auf die Prüfung zum OMG Certified Expert in BPM (OCEB) vorbereitet. Diese bescheinigt auch offiziell die im Rahmen dieses 6-monatigen Coachings intensiv aufgebaute BPM-Kompetenz.

7.6.4 Fazit

Getreu dem Motto „Hilfe zur Selbsthilfe" haben wir Energie Südbayern dabei unterstützt, das Thema BPM und speziell die Prozessdokumentation mit BPMN innerhalb kurzer Zeit erfolgreich im Unternehmen einzuführen. Unsere eigene Leistung bestand darin, die Mitarbeiter des Projekt-Kernteams kontinuierlich zu qualifizieren und in die Lage zu versetzen, die Einführung erfolgreich abzuwickeln. Der Projekterfolg ist also eigentlich nicht uns, sondern dem engagierten Projektteam der ESB zuzuschreiben. Diese Tatsache ist eine wichtige Voraussetzung dafür, dass BPM auch in Zukunft und ohne unser Zutun bei der ESB erfolgreich praktiziert wird.

7.6.5 Interview mit dem Projektverantwortlichen

John-Uwe Scherberich ist Leiter der Organisationsentwicklung bei Energie Südbayern und war in dieser Funktion auch für die Einführung von BPMN verantwortlich. Wir haben John-Uwe einige typische Fragen gestellt, wie wir sie auch in anderen Kundenprojekten immer wieder hören:

Jakob: Hallo John-Uwe, du hast in 2011 mit deinem Team bei der Energie Südbayern eine erfolgreiche BPM-Initiative gestartet. Was wurde bislang erreicht und was möchtet ihr noch erreichen?

John-Uwe: Für unser Team der Organisationsentwicklung und der damit verbundenen Rolle „Zentraler Prozessmanager" stellte sich die Aufgabe, wie wir eine möglichst einfache und leicht zu handhabende Prozessdokumentation im Unternehmen vorhalten.

Hier sind dann im Laufe der Jahre die verschiedensten Prozessmodelle und deren Dokumentation entstanden. Es wurden Prozesse in den unterschiedlichsten Anwendungen und

Dateiformaten erstellt. Von Excel-Diagrammen über PowerPoint-Präsentationen bis hin zu Visio-Prozessmodellen, die teilweise sogar in Word-Dokumente eingefügt wurden – alles das hat sich in den letzten Jahren so angesammelt. Von einem Standard war da wirklich nicht zu sprechen, obwohl wir natürlich hinsichtlich der Prozessmodellierung unsere Empfehlung hatten. Begleitet hat uns in all den Jahren eine übersichtliche Prozesslandkarte, die alle unternehmensrelevanten Prozesse darstellt. Damit die Dimension deutlich wird: Wir reden hier von über 200 Einzelprozessen in verschiedensten Detailierungsstufen und auch unterschiedlichsten Komplexitätsgraden.

Unsere Herausforderung und Motivation in 2011 bestand einerseits darin, ein verbindliches Regelwerk und einen Standard für die zukünftige Prozessdokumentation, für die Verwaltung und Versionierung und für die Aufgabenstellung der am GPM Beteiligten zu schaffen. Andererseits war es das Ziel, die Prozessarbeit auch weiterhin in den jeweiligen Fachbereichen dezentral aufzustellen, und ein auf unsere Bedürfnisse abgestimmtes internes GPM-Netzwerk zu schaffen. Transparenz über die Prozessarbeit für das ganze Unternehmen ist uns dabei sehr wichtig. Und das haben wir erst mal geschafft!

So sehen wir unsere künftigen Schritte: Wir wollen unsere Prozessmodelle optimieren und hinsichtlich ihres Reifegrades weiterentwickeln, was besonders für unsere Massenprozesse gelten wird. Hier werden wir verstärkt eine neue und erweiterte IT-Sichtweise in die Prozessmodellierung einbringen.

Jakob: Warum habt ihr euch zu Beginn des Projekts für BPMN entschieden und nicht für eine andere Prozessnotation?

John-Uwe: Wir haben Erfahrungen mit unterschiedlichen Notationsformen gesammelt, unter anderem auch mit EPK-Modellierungen. BPMN 2.0 erschien uns von Anfang an sehr attraktiv, da sie eine klare und eindeutige Logik hervorbringt. Sie ist einfach zu modellieren und liefert hinsichtlich ihrer Skalierung in der Anwendung hervorragende Optionen.

Jakob: Ihr setzt die BPMN bislang vor allem für die organisatorische Prozessdokumentation ein. Kritiker behaupten gerne, die BPMN sei gerade für diesen Zweck zu kompliziert. Wie siehst du das?

John-Uwe: Diese Aussage kann ich nicht unterstützen. Die eindeutige Logik der Notationssprache macht es am Ende doch einfacher, oder? Unserer Erfahrung nach ist es hilfreich, am Anfang eine Vorauswahl der zu verwendenden BPMN-Symbole zu treffen. Nach gewachsenem Grundverständnis und entsprechender praktischer Übung bei den Modellierern kann das Angebot der Symbolpalette sukzessive erweitert werden. Des Weiteren bin ich der Meinung, dass es eher die Softwaretools sind, die das Ganze kompliziert machen. Umso wichtiger war es uns, ein Tool zu finden, das zu unseren Bedürfnissen passt. Dafür haben wir einen erheblichen Teil unserer Zeit investiert.

Jakob: Was sind aus deiner Sicht die wesentlichen Erfolgsfaktoren und Best Practices, wenn man mit BPMN arbeiten möchte?

John-Uwe: Erst einmal sollte man aus der Veränderungsmotivation heraus das große Bild entwickeln. Ganz am Anfang ist die Frage zu beantworten: „Was wollen wir erreichen?" Die Ziele dann SMART zu definieren, versteht sich von selbst. Ich warne eindringlich vor zu hoch gesteckten Zielen, die sich am Ende als unrealistisch herausstellen. Im nächsten Schritt geht es darum zu hinterfragen, wer dabei unterstützen kann und bei wem Widerstände welcher Art zu erwarten sind. Als geeignete Methode bietet sich hier die Erarbeitung einer Stakeholder-Matrix an. Und damit ist man dann schon mitten im Change-Management-Prozess. Dieser ist m.E. schon zu Beginn zwingend zu berücksichtigen und einer der wesentlichen Erfolgsfaktoren für die Implementierung. Erst dann ist die Frage des Tools und dessen Funktionsumfangs zu erarbeiten. Die Anforderungen müssen in einem Lastenheft konkret formuliert werden. Das unterstützt die spätere Toolauswahl. Ab diesem Prozessschritt geht nichts mehr ohne die zukünftigen Anwender. Da sie diejenigen sind, die mit dem Tool arbeiten müssen und hoffentlich auch wollen, sind ihre Meinung und ihre Anforderungsdefinition so wichtig. Der Rest orientiert sich an dem klassischen Prozess des Software-Auswahlverfahrens, der Implementierung der Anwendung, den Tests und dem Roll-Out. Ich empfehle, bei der Auswahl des Tools auf jeden Fall den sogenannten Beauty Contest durchzuführen. Man sollte sich die Software vom Hersteller direkt vorstellen lassen und selber im Team auf einer Testumgebung eigene Erfahrungen sammeln und dokumentieren. Oft kommt es in dieser Phase noch zu Veränderungen der Anforderungen und ihrer Priorisierung. Im Rahmen des Change-Managements haben wir auch die Erfahrung gemacht, dass die Einführung eines neuen Verfahrens für die Prozessmodellierung und -dokumentation schon frühzeitig in der Einführungsphase zu kommunizieren ist. Wir haben dazu in unserem Intranet ein Wiki installiert und regelmäßig über den Stand der Einführung und die tägliche Prozessarbeit kommuniziert. Auch die entsprechenden Regelwerke sind hier erfasst und stehen allen Prozessverantwortlichen zur Verfügung.

Jakob: Und was würdest du aus heutiger Sicht anders machen?

John-Uwe: Aus heutiger Sicht würde ich noch früher einen konkreten und klar umrissenen Rahmen für die Prozessarbeit, deren Anforderungen und Regelungen verbindlich vereinbaren und im Rahmen der Betrieblichen Dokumentation publizieren. Das bringt dann ein klares Commitment aller Beteiligten zu dem Vorhaben.

8 Tipps für den Einstieg

■ 8.1 Entwickeln Sie Ihren Stil

Wir haben jetzt die BPMN an sich erklärt und anhand unseres Frameworks dargestellt, wie man sie praktisch anwenden kann. Jetzt sind Sie an der Reihe. Sie müssen sich überlegen, wofür genau Sie die BPMN einsetzen wollen, und daraus Ihr eigenes Vorgehen mit den entsprechenden Konventionen entwickeln. Natürlich können Sie auf unser Framework zurückgreifen, aber auch das lässt ja immer noch – ganz bewusst – einen großen Spielraum zu. Sie kommen also nicht umhin, die BPMN zu verinnerlichen und selbst zu entscheiden, wann Sie welche Symbole und Konstrukte einsetzen wollen.

Ihren BPMN-Stil entwickeln Sie am besten nicht abstrakt, sondern anhand eines ganz konkreten Prozesses aus Ihrem Unternehmen. Er sollte relativ überschaubar sein, beispielsweise:

- der Urlaubsantrag,
- der Rechnungseingang mit Prüfung und Freigabe,
- die Beschaffung von Büromaterial.

Natürlich können Sie sich auch gleich auf Ihre Kernprozesse stürzen und versuchen, diese vollständig zu erheben und zu dokumentieren. Aus diesem Vorhaben kann man ein wunderbar langlebiges Projekt machen, das eines fernen Tages, vielleicht im nächsten Leben, auch einen Nutzen generieren wird. Für den Einstieg in die BPMN können wir diesen Ansatz aber nicht empfehlen.

Nehmen Sie lieber einen kompakten und leicht handhabbaren Unterstützungsprozess, und modellieren Sie diesen zunächst strategisch, also vorgangs- bzw. ergebnisorientiert. Beim Beschaffungsprozess hat der Mitarbeiter einen akuten Bedarf, er meldet diesen Bedarf, der Einkauf besorgt den Artikel, der Mitarbeiter bekommt ihn und ist glücklich. Auf der operativen Ebene können Sie dann auf die genaue operative Abwicklung eingehen und z. B. dem Umstand Rechnung tragen, dass der Einkauf nicht sofort den Artikel beschaffen wird, sondern die Bedarfsmeldungen sammelt und irgendwann eine Sammelbestellung generiert. Daraus können Sie einen einfachen technischen Prozessfluss ableiten und im Zweifel auch direkt implementieren. Voilà, Sie haben einen Prozess automatisiert, er ist jetzt transparenter, effizienter und agiler, und Sie können sich das nächstschwierige Thema vorknöpfen. Wie wäre es mit dem Rechnungseingang?

Natürlich steckt der Teufel im Detail, auch bei relativ einfachen Prozessen. Und Sie müssen sich bewusst machen, dass in diesen Prozessen häufig nicht alle möglichen Baustellen enthalten sind, denen Sie in Ihren Kernprozessen begegnen werden. Unterm Strich gilt aber trotzdem, was wir bereits in der Einführung schreiben: BPM funktioniert am besten Schritt für Schritt, sofern Sie Karte und Kompass dabeihaben.

8.2 Finden Sie Leidensgenossen

Sie sind nicht allein. Viele Menschen in den unterschiedlichsten Organisationen haben bereits Erfahrungen mit BPMN gesammelt. Suchen Sie den Kontakt zu diesen Menschen und tauschen Sie sich aus. Wir empfehlen Ihnen dazu die Recherche im Internet, sei es über Suchmaschine oder soziale Netzwerke. Auf der Camunda Homepage finden Sie außerdem ein Forum, in dem Sie viele Fragen loswerden können, und eine Sammlung von Erfahrungsberichten rund um BPMN.

Entwickeln Sie Geberlaune!

Verstehen Sie eine Community nicht als Möglichkeit, kostenlos das Wissen anderer „abzusaugen". Wenn Sie immer nur Fragen stellen oder Kritik äußern, ohne Antworten oder Verbesserungsvorschläge zu liefern, will irgendwann niemand mehr mit Ihnen sprechen. Profitieren Sie von den Ideen und der Erfahrung anderer, aber lassen Sie diese auch an Ihren Ideen und Ihrer Erfahrung teilhaben. Geben ist nicht nur seliger als Nehmen, es führt auch zu mehr Erfolg. Das klingt vielleicht esoterisch, aber es funktioniert.

8.3 Fangen Sie an

Vielen Dank, dass Sie sich die Zeit für dieses Buch genommen haben. Hoffentlich hilft es Ihnen dabei, die Prozesse Ihrer Organisation zu verbessern. Wenn alles klappt, kann sie sich dank guter Prozesse wieder voll auf das konzentrieren, worin ihre eigentliche Wertschöpfung besteht. Dann haben auch wir unser Ziel erreicht.

Bitte mailen Sie uns Ihr Feedback an bpmn@camunda.com, damit wir dieses Buch verbessern können. Besonders gespannt sind wir auf Ihre Ideen und Anforderungen zur Weiterentwicklung unseres BPMN-Frameworks.

Jetzt haben wir Sie lange genug aufgehalten. Legen Sie los!

9 Übersetzung BPMN Englisch-Deutsch

Englisch	Deutsch
Abstract Process	Abstrakter Prozess
Activity	Aktivität
Adhoc Subprocess	Ad-hoc-Teilprozess
Annotation	Anmerkung
Association	Assoziation
(not directed/directed/bidirectional)	(ungerichtet/gerichtet/beidseitig gerichtet)
Attached Event	Angeheftetes Ereignis
Cancel Event	Abbruchsereignis
Catching Event	Eingetretenes Ereignis
Collaboration Process	Kollaborationsprozess
Collaborational Process	Kollaborierender Prozess
Collapsed Subprocess	Zugeklappter Teilprozess
Compensation Event	Kompensationsereignis
Complex Gateway	Komplexes Gateway
Conditional Event	Bedingungsereignis
Conditional Flow	Bedingter Fluss
Compensation	Kompensation
Data Object	Datenobjekt
Data-based Exclusive Gateway	Datenbasiertes exklusives Gateway (XOR)
Default Flow	Standardfluss
End Event	Endereignis
Error Event	Fehlerereignis
Event	Ereignis
Event-based Exclusive Gateway	Ereignisbasiertes exklusives Gateway
Exception	Ausnahme
Exception Flow	Ausnahmefluss
Expanded Subprocess	Aufgeklappter Teilprozess

Gateway	Gateway
Group	Gruppierung
Inclusive Gateway	Inklusives Gateway (OR)
Intermediate Event	Zwischenereignis
Lane	Lane
Link Event	Linkereignis
Loop	Schleife
Loop Activity	Schleifenaktivität
Message	Nachricht
Message Event	Nachrichtenereignis
Message Flow	Nachrichtenfluss
Multiple Event	Mehrfachereignis
Multiple Instance	Mehrfache Instanz
Parallel Gateway	Paralleles Gateway (AND)
Participant	Teilnehmer
Pool	Pool
Private Process	Privater Prozess
Process	Prozess
Property	Eigenschaft
Public Process	Öffentlicher Prozess
Role	Rolle
Rule	Regel
Sequence Flow	Sequenzfluss
Signal Event	Signalereignis
Start Event	Startereignis
Subprocess	Teilprozess
Task	Aufgabe
Terminate Event	Terminierungsereignis
Throwing Event	Ausgelöstes Ereignis
Timer Event	Timerereignis, Zeitereignis
Transaction	Transaktion
Trigger	Auslöser

Literatur

[All08] ALLWEYER, THOMAS: *BPMN - Business Process Modeling Notation*. Books on Demand, 2008.

[Cam18] CAMUNDA: *A Recap of The 2018 Microservices Orchestration Survey*. https://blog.camunda.com/post/2018/09/microservices-orchestration-survey-results-2018/, 2018.

[Eur09] EUROPEAN ASSOCIATION OF BPM: *Common Body of Knowledge for BPM*. Schmidt (Götz), Wettenberg, 2009.

[Fis06] FISCHERMANNS, GUIDO: *Praxishandbuch Prozessmanagement*. Schmidt (Götz), Wettenberg, 2006.

[Obj09] OBJECT MANAGEMENT GROUP: *Business Process Modeling Notation (BPMN) Version 1.2*. http://www.omg.org/spec/BPMN/1.2/PDF, 2009.

Index

A
Ad-hoc Workflow 168
Anforderungen 154
Anhänger 227
Attribute 32, 110
Ausbildung 230

B
Basiselemente der BPMN 28
Bearbeitungszeit 110, 132
Befragung zu BPMN 175
Betriebsorganisation 229
BPEL 203
BPM 1
– Common Body of Knowledge 1
– Definition 1
– Kreislauf 3, 132
BPM Compentence Center 229
BPM-Kreislauf 245
BPMN 2.0
– Ausführungssemantik 209
– Beispiel 209
  – Benutzeraufgabe 212
  – Datenmodellierung 210
  – Expressions 210
  – Serviceaufruf 211
– Finalization Task Force 135
– Modellaustausch 202, 209
– Process Execution 209
– XML 202
BPMN-Guidelines 231
BPM-Technologiestack 238
Business Process Engine → Process Engine
Business Process Execution Language → BPEL
Business Process Management → BPM
Business Rules 154, 171

Business Rule Engine → Rule Engine
Business-IT-Alignment 15, 30, 43, 92, 151, 171, 199, 218

C
Camunda BPM 241
Choreographie 140
Choreographiediagramm 135
CMMN 7

D
Design Patterns 235
DMN 7
Durchlaufzeit 110, 132

E
EABPM 1
Energie Südbayern 246
Entscheidungstabelle 171

F
Fehler 160
First Pass Yield 160
Flussobjekte 28

G
Geschäftslogik 154
Geschäftsregeln → Business Rules
Gurus 227

H
Happy Path 125, 160
Human Workflow Management 5

K
Kennzahlen 110
Kollaboration 96
Kollaborationsdiagramm 140

Konsistenz 143
Konversationsdiagramm 135
Korrelation 30

L
Liegezeit 110, 132

M
Magnete 242
Masken 154
Maskenfluss 156
Modellierungskonventionen 231

N
Namenskonventionen 233

O
Object Management Group → OMG
OCEB 230
OMG 7, 135
Open Source 7
Orchestrierung 92, 140

P
Palette 121, 175
Participant 30
Process Analyst 16, 139
Process Engine 139, 200
– Magic Process Engine 212
Process Engineer 16, 139
Process Execution 5, 149, 212
– BPMN 2.0 209
– Sprachen 203
Process Manager 16, 115
Process Owner 16
Process Participant 16, 139
Prozessanalyse 3, 110, 132
– Kausalkette 132
Prozessautomatisierung → Process Execution

Prozesscontrolling 3
Prozessdokumentation 3
Prozesserhebung 3, 117
Prozessfreigabe 245
Prozessinstanz 30
Prozesskonzeption 3
Prozesslandkarte 18
Prozess-Matrixorganisation 16
Prozessumsetzung 3

R
Rollen 227
Roundtrip 241
Rule Engine 171, 206
– Zusammenspiel mit Process Engine 206

S
Semantik 140
Serviceorchestrierung 5
Softwareentwicklung 157
Symbolpalette 232
Syntax 140

T
t-bpm 242
Tool 238, 240

U
Ungläubige 227

V
Verfeinerung 165
Verpuffung von Ereignissen 219

W
Workflow Engine 5, 149, 238, → Process Engine

X
XPDL 203

Professionell mit Anforderungen umgehen

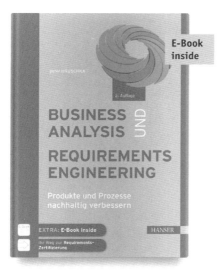

Hruschka

Business Analysis und Requirements Engineering
Produkte und Prozesse nachhaltig verbessern
2., aktualisierte Auflage
361 Seiten. Inklusive E-Book
€ 36,–. ISBN 978-3-446-45589-4

Auch einzeln als E-Book erhältlich

Wir alle wollen schlanke Geschäftsprozesse und optimale IT-Unterstützung. Wir finden für jedes Problem eine Lösung – wenn wir uns nur genau darauf einigen könnten, was unser Problem ist. Das Verstehen von Problemen und Formulieren von Anforderungen, was wir gerne anders hätten, ist Thema dieses Buches.

Es zeigt einen integrierten Ansatz zum Umgang mit Anforderungen. Es stellt Ihnen Methoden, Notationen und viele pragmatische Tipps (Best Practices) zur Verfügung, mit denen Anforderungen effektiv zwischen Auftraggebern und Auftragnehmern behandelt werden können – von Entdeckungstechniken über Dokumentationstechniken, Prüftechniken bis hin zu Verwaltungstechniken.

Mehr Informationen finden Sie unter **www.hanser-fachbuch.de**

HANSER

IT-Dokumentation umsetzen

Reiss, Reiss
Praxisbuch IT-Dokumentation
Vom Betriebshandbuch bis zum Dokumentationsmanagement – die Dokumentation im Griff
3., aktualisierte Auflage
472 Seiten. Inklusive E-Book
€ 49,–. ISBN 978-3-446-45592-4
Auch einzeln als E-Book erhältlich

- Eine ganzheitliche und nachhaltige IT-Dokumentation aufbauen
- Alle relevanten Compliance-Anforderungen erfüllen
- Optimale Umsetzung für Ihre IT-Organisation durch den managementbezogenen Strukturierungsansatz
- Langfristiger Erfolg durch Best-Practice-Anleitungen
- Inklusive einem Beispiel für den Aufbau der IT-Dokumentation in Microsoft SharePoint

Mehr Informationen finden Sie unter **www.hanser-fachbuch.de**

Framework für Digitalisierung und Industrie 4.0

Hanschke
Digitalisierung und Industrie 4.0 – einfach und effektiv
Systematisch und lean die Digitale Transformation meistern
422 Seiten. Inklusive E-Book
€ 44,–. ISBN 978-3-446-45293-0

Auch einzeln als E-Book erhältlich

Inge Hanschke zeigt Ihnen, was Digitalisierung und Industrie 4.0 ausmacht, was für Unternehmen wichtig ist und wie man Erfolge dann auch mit einem guten Kosten-Nutzen-Verhältnis erzielen kann.

- Umfassende, systematische Methode für alle Aspekte der digitalen Transformation und der Industrie 4.0.
- Erläutert die wesentlichen Herausforderungen auf Business- und IT-Seite und bietet die erforderlichen Bausteine zur Bewältigung
- Enthält einen Schritt-für-Schritt-Leitfaden, Vorlagen, Tipps und Best Practices

Mehr Informationen finden Sie unter **www.hanser-fachbuch.de**

HANSER

IT und Unternehmensziele in Einklang bringen

Hanschke

Enterprise Architecture Management – einfach und effektiv

Ein praktischer Leitfaden für die Einführung von EAM

2., überarbeitete Auflage

544 Seiten. Inklusive E-Book

€ 42,–. ISBN 978-3-446-44724-0

Auch einzeln als E-Book erhältlich

€ 33,99. E-Book-ISBN 978-3-446-45143-8

Enterprise Architecture Management (EAM) in einem Unternehmen einzuführen ist eine komplexe Aufgabe. Entscheidend für den Erfolg sind ein klares Zielbild und eine nutzenstiftende, machbare erste Einführungsstufe.

Genau dabei unterstützt Sie dieser Praxisleitfaden. Er hat zwei Schwerpunkte. Einerseits vermittelt er eine ganzheitliche Sicht auf das Enterprise Architecture Management, seine Ziele und seinen Nutzen. So erhalten Sie nachvollziehbare Argumente, um ihr Unternehmen von der Notwendigkeit von EAM zu überzeugen. Andererseits erfahren Sie ganz konkret, wie Sie EAM Schritt für Schritt einführen können. Mit dieser Anleitung können Sie EAM in der ersten Ausbaustufe erfolgreich in kurzer Zeit umsetzen und dann ausbauen.

Mehr Informationen finden Sie unter **www.hanser-fachbuch.de**

HANSER

Tatgeber für IT-Projekte

Peters
IT-Projekte erfolgreich durchführen
Einfach. Schnell. Erledigt.
120 Seiten
€ 16,–. ISBN 978-3-446-45547-4

Auch einzeln als E-Book erhältlich

Jedes Unternehmen, das ein IT-Projekt plant, kann von dem Buch profitieren. Es verhindert Fehlentscheidungen von Beginn bis zum letzten Termin. Das Unternehmen plant vernünftig, behält die Kontrolle über das Projekt und dessen Kosten. Der Erfolg, d. h. das gesteckte Ziel des Projektes wird in jedem Fall erreicht. Es scheitert nicht. Der ROI ist ein hoher und die Nachhaltigkeit gewährleistet. Die Zufriedenheit der Mitarbeiter durch den hohen Nutzen ist garantiert.

Mehr Informationen finden Sie unter **www.hanser-fachbuch.de**